Edgar Wolfrum (Hrsg.)
Die Deutschen im 20. Jahrhundert

Edgar Wolfrum (Hrsg.)

Die Deutschen im 20. Jahrhundert

Einbandgestaltung: Jutta Schneider, Frankfurt a. M.
Einbandabbildung: Reichstag und Lehrter Bahnhof im Abendlicht
Foto: picture-alliance/dpa/Jochen Eckel

Die Deutsche Bibliothek verzeichnet diese Publikation
in der Deutschen Nationalbibliografie;
detaillierte bibliografische Daten sind im Internet über
http://dnb.ddb.de abrufbar.

Das Werk ist in allen seinen Teilen urheberrechtlich geschützt.
Jede Verwertung ist ohne Zustimmung des Verlages unzulässig.
Das gilt insbesondere für Vervielfältigungen,
Übersetzungen, Mikroverfilmungen und die Einspeicherung in
und Verarbeitung durch elektronische Systeme.

© 2004 by Wissenschaftliche Buchgesellschaft, Darmstadt
Gedruckt auf säurefreiem und alterungsbeständigem Papier
Printed in Germany

www.primusverlag.de

ISBN 3-89678-505-2

Inhalt

Die Deutschen im 20. Jahrhundert VII

I. Demokratie und Diktatur
Grundzüge der Politik

Die Zerstörung der Weimarer Demokratie:
  Krisenverschärfung und Alternativenverschleiß 3

Das „Dritte Reich": Führerstaat – Widerstand – Nonkonformismus 14

Ankunft im Westen: Die Bundesrepublik Deutschland 26

Aufbruch im Osten? Die DDR 40

II. Fußball, Informell und Agitprop
Kulturelle Trends

Weimar: Perikleisches Zeitalter und archimedische Punkte 55

NS-Staat: „Entartete" und „völkische" Kunst und Kultur 67

Die Amerikanisierung der Bundesrepublik 77

Parteiauftrag: Der neue Mensch 89

III. Daimler, Trabi, DAX
Wirtschaft und Konsum

Wirtschaft und Sozialstaat in Weimar: Kompromiss und Experiment 101

Die deutsche Kriegswirtschaft: „Rüstungswunder" und Zwangsarbeit 112

Wirtschaftswunder und Wohlstandsgesellschaft in der Bundesrepublik .. 123

Sozialistische Planwirtschaft: Die Ökonomie als Schicksal der DDR ... 134

IV. Von der „Volksgemeinschaft" zur „Spaßgesellschaft"
Mentalitätswandel

Weimarer Weltanschauungen und Organisationsfetischismus 149

„Volksgenossen" und „Volksgemeinschaft": Anspruch und Wirklichkeit 159

Liberalisierung der Lebens- und Umgangsformen: '68 und die Folgen im Westen 169

Die DDR: Versäumte Revolten und nationales Trauma 181

V. Krieg, Vernichtung, Demokratie und Diktatur
Das deutsche Gedächtnis

Vom Ersten Weltkrieg zum Nationalsozialismus 195

„Drittes Reich", Zweiter Weltkrieg und Holocaust in der Erinnerung 213

Geteilte Vergangenheit: Geschichtspolitik zwischen West und Ost 230

Die Zukunft der Geschichte heute 249

Anmerkungen 263

Literaturverzeichnis 283

Die Deutschen im 20. Jahrhundert – eine Chronologie 291

Abbildungsnachweis 300

Namenregister 301

Autoren 304

EDGAR WOLFRUM

Die Deutschen im 20. Jahrhundert

Lässt sich das 20. Jahrhundert auf einen Begriff bringen? Gibt es eine Warte, von der aus man alles überblicken kann, und die es erleichtert, das Jahrhundert zu verstehen? Das „Gesicht des Jahrhunderts", so Hans-Peter Schwarz, prägten vor allem Diktatoren, angefangen bei Lenin, über Mussolini, Hitler, Stalin und Mao bis hin zu ihren vielen kleinen, aber grausamen Epigonen in allen Teilen der Welt. Diesen „Monstern" und zahlreichen Mediokritäten standen „Retter" gegenüber, demokratische Persönlichkeiten wie Roosevelt, Churchill, de Gaulle, Adenauer und Brandt bis hin zu Mandela.[1] Unter politikgeschichtlicher Perspektive sind Diktatur und Demokratie das Schlüsselpaar des 20. Jahrhunderts. In mehreren Schüben, in deren Verlauf Rückschläge nicht ausblieben, gelangen bis zum Ende des Jahrhunderts die Durchbrüche zur liberalen Demokratie und wurde der Kampf zwischen Diktatur und Demokratie entschieden.[2]

Doch damit ist die Geschichte nicht an ihr Ende gekommen. Wir sind keineswegs in einen Zustand störungsfreier Stabilität eingetreten, wie uns nach dem Ende des Ost-West-Konflikts einige Wissenschaftler glauben machen wollten.[3] Auch vermag diese Perspektive der politischen Geschichte, die für die erste Hälfte des Jahrhunderts die großen Katastrophen herausstellt und für ihre zweite Hälfte eine von Erfolg gekrönte Erneuerung, kaum alleinige Erklärungskraft zu beanspruchen, wenn etwa die Bereiche Wirtschaft, Kultur und Mentalitäten untersucht werden. Ist beispielsweise unter wirtschaftsgeschichtlichen Gesichtspunkten nicht die Entfesselung der Dynamik eines globalen Marktes entscheidender, die bereits am Ende des 19. Jahrhunderts begann?[4] Und existieren nicht kulturelle Traditionen und mentale Prägungen, Einstellungen und Vorstellungen der Menschen von langer Dauer, die sich nicht an politische Zäsuren zu halten pflegen? Vor allem: Müsste unter globaler Perspektive nicht einiges anders gesehen werden als unter einer eurozentristischen? Es empfiehlt sich, vorsichtig zu sein gegenüber einer (zu) einheitlichen Erzählung über das 20. Jahrhundert.

Vielleicht werden künftige Historiker die heute so stark betonte Geschlossenheit des 20. Jahrhunderts anzweifeln und aus der Vogelperspektive zu anderen Interpretationen gelangen, zumal wir ja nicht davon ausgehen können, dass der gegenwärtig gewonnene Fortschritt dauerhaft ist. Geschichte ist immer ein offener Prozess mit vielen Weggabelungen und Alternativen. Deutungen und Periodisierungen der Geschichte stehen nicht ein für alle Mal fest, sie bleiben umstritten. Die alte Welt des 19. Jahrhunderts, so sehen wir es heute, ist in den Stürmen des Ersten Weltkrieges, der „Urkatastrophe" des 20. Jahrhunderts (George F. Kennan), zu Ende gegangen. Der Weltkrieg zerstörte die alte Ordnung und die weltpolitische Vormachtstellung Europas. Er ließ zwei neue Großmächte mit gegensätzlichen Gesellschaftssystemen entstehen: die liberal-kapitalistische USA und die kommunistische Sowjetunion. Mit dem Kriegseintritt der USA und der russischen Oktoberrevolution 1917 begann eine neue universalgeschichtliche

Epoche. Der tendenziell bereits „totale" Weltkrieg löste politische Orkane, ideologische Spaltungen und territoriale Veränderungen aus, er nährte einen aggressiven Nationalismus und radikalen Antisemitismus. Weder der Kommunismus noch der Faschismus und der Nationalsozialismus wären ohne ihn zu erklären. Durchaus problematisch ist die Frage, wann das 20. Jahrhundert zu Ende gegangen ist: schon 1989 mit dem Zusammenbruch des Kommunismus und dem Ende des seit 1917 bestehenden Antagonismus der Supermächte, um die herum sich bald große Teile der Welt gruppiert hatten, oder erst am 11. September 2001 mit den Terroranschlägen auf das World Trade Center in New York? Wurde mit den „neuen Kriegen", den terroristischen, in denen die Staaten nicht mehr das Monopol auf militärische Gewalt besitzen, ein welthistorischer Wendepunkt erreicht?[5]

So oder so: Das 20. Jahrhundert erscheint als „außergewöhnlichste[s] und furchtbarste[s] Jahrhundert in der menschlichen Geschichte".[6] Eric Hobsbawm hat das 20. Jahrhundert, das „Zeitalter der Extreme", wie er es nannte, als ein kurzes Jahrhundert bezeichnet.[7] Doch in seiner Deutung endet das Jahrhundert im Jahr 1989 nicht in Triumph und Glück, sondern in einer Krise, vor allem deshalb, weil mit dem Wegfall des sozialistischen Gegenmodells auch die Reform des Kapitalismus erlahmt sei. Doch niemand, der die kommunistischen Diktaturen kannte, wird ihnen nachtrauern.[8]

Der Ausdruck des „kurzen" 20. Jahrhunderts ist mittlerweile populär geworden. Aber kurz war dieses Jahrhundert nur, was seine zeitliche Dimension vom Ersten Weltkrieg bis 1989 anbelangt. Von den Erfahrungen der Menschen her betrachtet, erscheint das 20. Jahrhundert vielmehr als ein „langes" Jahrhundert, besonders für die Deutschen: Zwei Weltkriege, der Untergang des Kaiserreichs 1918, eine gescheiterte Demokratie: die Weimarer Republik, zwei Diktaturen: die NS-Diktatur, die in nur zwölf Jahren mehr Verbrechen verübte als je ein System zuvor und den Holocaust zu verantworten hat, und die vierzig Jahre dauernde SED-Diktatur, die die Ostdeutschen einmauerte, die Teilung der Nation nach 1945 und die endlich erfolgreiche Demokratiegründung im Westen, schließlich die unverhoffte Wiedervereinigung 1989/90 – mit diesen „fünf Deutschlands" vom Kaiserreich bis zur Wiedervereinigung durchlebten die Deutschen ein Wechselbad von Stolz und Hochmut, Erniedrigung und Fall, Verstrickung und Schuld, Elend und Unglück, Gunst und Erfolg in einem Ausmaß, das anderen Völkern und Nationen fremd ist.

Zumindest in der ersten Hälfte des Jahrhunderts hat kein Land Europa und der Welt so tief seinen Stempel eingebrannt wie Deutschland, und auch nach 1945 lag im gespaltenen Deutschland die Schnittstelle des Kalten Krieges, der die Welt bis 1989 teilte. Kann man deshalb von einem „deutschen Jahrhundert"[9], so Eberhard Jäckel, oder von den „Deutschen in ihrem Jahrhundert"[10], so Christian Graf von Krockow, sprechen, weil der direkte oder indirekte Einfluss der Deutschen auf die Weltpolitik und die Zeitläufte im 20. Jahrhundert so groß gewesen ist wie der keines anderen Volkes? Indessen: Anzunehmen, dass sich wirklich alles um die Deutschen gedreht habe, wäre vermessen. Und schon gar nicht – aber das unterstellen die beiden Historiker auch nicht – handelte es sich beim „deutschen Jahrhundert" um eine Erfolgsbilanz. Ganz im Gegenteil: Das

Drama der Deutschen war, dass sie bis 1945 jegliches Maß sprengten, zweimal nach der Weltmacht griffen und beim zweiten Mal nicht nur Rechtlosigkeit und Gewalt, sondern einen Vernichtungskrieg und die Ermordung der europäischen Juden ins Werk setzten. Es war eine Schreckensbilanz. Die Deutschen haben den Krieg zweimal verloren, 1918 und 1945, zermürbt und erschöpft das erste Mal, geradezu vernichtend geschlagen das zweite Mal. „Insofern ist es den Deutschen [...] gerade nicht gelungen, das Jahrhundert zu dem ihren zu machen."[11] Glücklicherweise, muss man hinzufügen. Der Tenor der deutschen Geschichte im 20. Jahrhundert lautet: verspielte Größe.[12]

Nach 1945 war es ein langer Weg, den die beiden deutschen Staaten zurückzulegen hatten, bis sie auf der internationalen Bühne, zunächst jeder in seinem Blocksystem, wieder mitspielen konnten und in der Welt geachtet waren, mit Blick auf die DDR: trotz Mauer und Stacheldraht. Die Teilung war die Bedingung für den Wiederaufstieg der Deutschen in ihrem jeweiligen Lager. Vierzig Jahre lang wurde einmal mehr einmal weniger um die „deutsche Frage" gerungen; die Welt blickte nach dem Zweiten Weltkrieg mehrmals in die Abgründe eines drohenden Krieges. Niemand wusste, wie am Ende eine Lösung aussehen würde, aber dass der Kalte Krieg, die Teilung der Welt, Europas und Deutschlands in einem langen Zeitraum irgendwie überwunden werden musste, war den meisten bewusst. Heute haben die Deutschen den freiesten Staat, den sie jemals in ihrer Geschichte kannten; Deutschland ist als ein „demokratischer, postklassischer Nationalstaat unter anderen"[13] stärker denn je verbunden mit seinen Nachbarn in Europa.

Dieses Buch durchschreitet das gesamte 20. Jahrhundert, das wie kein anderes besonders für die Deutschen ein extremes Zeitalter darstellte. Ausgehend vom Ersten Weltkrieg werden die Republikgründung von Weimar, die NS-Diktatur, der Zweite Weltkrieg und der Untergang des „Dritten Reiches", dann die Besatzungszeit und die doppelte Staatsgründung sowie die Verflechtung und Abgrenzung[14] zwischen den beiden deutschen Staaten – der pluralistischen Bundesrepublik und der diktatorischen DDR – bis zum Ende des Ost-West-Konflikts und zur Wiedervereinigung Deutschlands in den Blick genommen und mit den jeweiligen internationalen Rahmenbedingungen in Beziehung gesetzt. Dabei wird ein doppeltes Gliederungsprinzip zu Grunde gelegt: Das Buch ist systematisch nach den Bereichen Politik, Kultur, Wirtschaft und Mentalitäten und innerhalb dieser Systematik wiederum chronologisch vom Beginn des 20. Jahrhunderts bis zu seinem Ausgang gegliedert. Obwohl die Politik im Mittelpunkt steht, erschöpft sich das Buch nicht in einer Politikgeschichte, sondern nimmt moderne Ansätze der Geschichtswissenschaft auf. „Die Deutschen im 20. Jahrhundert": Der Titel soll ausdrücken, dass nicht nur „von oben", aus der Vogelperspektive auf den Gegenstand geblickt wird, sondern dass der Blick auf die Menschen in der Gesellschaft, auf ihr Leben, Streben, auch Leiden, die grundsätzliche Perspektive des Bandes ausmacht. Ein abschließendes umfangreiches Kapitel spannt unter dem Blickwinkel des „deutschen Gedächtnisses" noch einmal den Bogen über das gesamte Jahrhundert vom Ersten Weltkrieg bis zu den Terroranschlägen des 11. September 2001 und bindet so alles zusammen, fragt nach der sich im Zeitverlauf wandelnden Erinnerung der Deutschen an die beiden Weltkriege, an den Holocaust, an Demokratie und Diktatur und den Folgen, die sich für heute daraus ergeben. So ergibt sich ein anschauliches, weit aufgefächertes, mannigfaches Gesamtbild der Epoche. Es entsteht kein eintöniges, nur zwischen Schwarz und Weiß changierendes Bild, sondern eines mit vielen Schattierungen.

Die Texte der fünf Autorinnen und Autoren – alles Spezialisten in ihrem Bereich – erfüllen wissenschaftliche Standards, sind aber lebendig geschrieben und für ein breiteres Lesepublikum verfasst. In die Darstellung sind zahlreiche Quellen eingearbeitet, aus denen ausführlich zitiert wird; Fotos sollen den Text zusätzlich auflockern und das Ganze noch anschaulicher machen; am Ende steht eine ausführliche Zeitleiste und ein Verzeichnis mit ausgewählter weiterführender Literatur.

Im ersten Kapitel „Demokratie und Diktatur. Grundzüge der Politik" werden die Strukturen der Herrschaft beschrieben, es geht um Macht, Herrschaftswandel und -zerfall. Geschildert werden die Möglichkeiten politischer Teilhabe für die Menschen. Wie wurden innerhalb der deutschen Gesellschaften Konflikte reguliert? Welche Rolle spielten Protest, Opposition und Widerstand? Es zeigt sich, dass das Scheitern der Weimarer Republik, der ersten Demokratie auf deutschem Boden, keineswegs zwangsläufig war. Die politische Beteiligung blieb hoch, noch in den Dauerwahlkämpfen des Jahres 1932 gingen über 80% der Wählerinnen und Wähler zur Wahlurne. Allerdings wählten diese immer weniger die demokratischen Parteien, sondern die Zerstörer der Republik auf der rechten und linken Seite. Das Dilemma Weimars war es, dass viele Deutsche das politische System nach 1919 aus dem Blickwinkel rückwirkend idealisierter Vorkriegszustände wahrnahmen. Das Odium des verlorenen Krieges und der Versailler Vertrag belasteten die Republik. Außerdem griff die wirtschaftliche und soziale Krise am Ende der 1920er-Jahre bald auf die Politik über, so dass viele Menschen glaubten, nicht allein mit einer „Staatskrise" konfrontiert zu sein, sondern mit einer „Systemkrise".

Dies machten sich die Nationalsozialisten zu Nutze. Wesentliches Kennzeichen des nationalsozialistischen Herrschaftssystems war der Führerkult bzw. der Hitler-Mythos, auf ihm basierte die massenhafte Zustimmung der Deutschen zum „Dritten Reich". Darunter existierte jedoch ein polykratisches Herrschaftsgefüge mit zahlreichen Machtzentren. Auch die Verschmelzung von Partei- und Staatsorganen und die Einrichtung von Sonderbehörden gaben der NS-Diktatur ihr Gepräge. Unmittelbar nach der Machtübernahme setzte die Verfolgung der politischen Gegner ein. Seit 1935 dienten alle Entscheidungen Hitlers mehr oder weniger durchsichtig der Kriegsvorbereitung. Allerdings: Ein Mann allein konnte keinen Weltbrand entfachen, die meisten Deutschen machten mit. Die Ausgrenzung der jüdischen Bürgerinnen und Bürger weitete sich mit dem Beginn des Weltkrieges in eine Verfolgungs- und Vernichtungspolitik aus. Aufs Ganze gesehen blieben Opposition und Widerstand marginal, die Deutschen schüttelten die Diktatur nicht selbst ab, sie mussten von außen, von den Alliierten, befreit werden.

Ein Verständnis dafür, wie unlösbar Niederlage und Befreiung miteinander verbunden waren, fehlte den meisten Deutschen 1945. Zwar war man dankbar, lebend aus dem

mörderischen Krieg herausgekommen zu sein, doch Trauer und Bitternis über die
Niederlage herrschten allenthalben vor. Dass 1945/49 eine „Stunde Null" geschlagen
habe, gehört zu jenen Topoi, die ständig wiederholt werden, aber falsch sind. Es gab
trotz des Neubeginns ein hohes Maß an Kontinuität zwischen der Weimarer Republik
und der Bundesrepublik: Beides waren parlamentarische Demokratien, Verfassungsstaaten, Sozialstaaten und Bundesstaaten. Aber während in Weimar sich die deutsche
Entwicklung derjenigen des Westens zwar annäherte, doch bei den meisten Menschen
als ungeliebter West-Import diffamiert wurde, gelang in der Bundesrepublik eine
dauerhafte Versöhnung der Deutschen mit der Demokratie, die auch Krisen überstand
– etwa den Terrorismus der 1970er-Jahre oder wirtschaftliche Einbrüche –, so dass man
von einer „Ankunft im Westen" gesprochen hat.[15] Absehbar oder gar selbstverständlich
war diese „Erfolgsstory" der Bundesrepublik jedoch keineswegs; sie bleibt erklärungs-
bedürftig. Auch die DDR knüpfte anfangs an gewisse Weimarer Traditionen an, die indessen immer mehr in den Hintergrund gedrängt wurden. 1952 verkündete die SED
den Aufbau des Sozialismus als Staatsziel; im März 1953 starb Stalin, und dieses Jahr
war für den gesamten Ostblock ein existenzgefährdendes Krisenjahr. In der DDR ereig-
nete sich der Volksaufstand des 17. Juni, der mehr als eine Million Menschen gegen das
kommunistische Regime auf die Straße brachte, ein Schock, von dem sich die SED-
Führungsriege nie mehr erholen sollte. 1961 mauerte die SED ihre Bevölkerung ein. Bis
zum Zusammenbruch ihres Staates 1989 wussten die führenden Genossen, dass sie
gegen den Willen der Volksmehrheit regierten. Michail Gorbatschows „Perestroika"
und „Glasnost" stießen bei den Altstalinisten der SED auf taube Ohren, sie wurden
dafür von der Geschichte bestraft.

„Fußball, Informell und Agitprop. Kulturelle Trends" ist das zweite Kapitel über-
schrieben, in dem auf die kulturellen Ausdrucksformen, auf Literatur, Musik, bildende
Künste, Architektur, aber auch die Alltagskultur – deshalb das Stichwort „Fußball" –
der deutschen Gesellschaften im 20. Jahrhundert geblickt wird. Die Vorgeschichte unserer Gegenwartskultur ist die klassische Moderne der 1920er-Jahre. Aber die „Goldenen
Zwanziger" bilden keine einheitliche Epoche. In Weimar existierten mehre Kulturen
nebeneinander, die zudem fast alle ihre Wurzeln in der Vorkriegszeit hatten. Es war eine
Mischung aus Modernität und Traditionalität, und was wir im Rückblick als „den"
Weimarer Stil erkennen wollen: die Neue Sachlichkeit oder das Bauhaus, blieb in Wahrheit in seiner Reichweite sehr begrenzt. Allerdings entstanden mit dem Rundfunk und
dem Film neue, revolutionäre Massenmedien, deren sich seit 1933 dann die Nationalsozialisten mit Erfolg bedienten. Gerade auf dem Gebiet der Kultur werden Kontinuitäten und Brüche, besonders aber auch die Ambivalenzen deutlich, die charakteristisch
waren für das NS-Regime. Die Nationalsozialisten griffen die Sehnsucht vieler Deutschen nach einer „reinen", gefälligen, affirmativen und nicht „entarteten" Kunst und
Kultur auf und verbanden sie mit rassenideologischen Elementen. Im Rassengedanken,
der „Nicht-Arier" aus der Kulturproduktion und -rezeption ausschloss, lag der zentrale
Unterschied zu den kulturkonservativen Strömungen Weimars.

Wie die Westdeutschen nach 1945 nach jahrelanger Abschottung auf die Kulturmission des Westens, insbesondere auf die amerikanische Kulturoffensive reagierten, ist eine spannende Frage. Waren die 1950er-Jahre noch eine bleierne Zeit, eine Zeit des „motorisierten Biedermeier", wie Erich Kästner sie sarkastisch genannt hat, oder bereits eine Epoche aufregender Modernisierung? Mit der ersten Kasseler documenta im Jahr 1955 beispielsweise suchten die Deutschen nach dem „Blut-und-Boden"-Stil des „Dritten Reiches" wieder Anschluss an die westliche Malerei, an Abstraktion und Informell. Vor allem die musikalische Jugendkultur – ermöglicht durch neue massenmediale Formen der Kommunikation – unterstützte die Westbindung nachhaltig, und wer die Berliner „Love-Parade" seit den 1990er-Jahren erlebt hat, erkennt, wie gewaltig der Unterschied zur deutschtümelnden Kultur am Anfang des Jahrhunderts ist. Entsprach der Verwestlichung der Bundesrepublik eine Veröstlichung der DDR, hatte die Amerikanisierung in einer Sowjetisierung ihr Pendant? Erstmals in der Weltgeschichte, so tönte die SED, seien im Sozialismus Macht und Geist versöhnt. Doch niemals in der Weltgeschichte war eine politisch angeblich revolutionäre Epoche kulturell und künstlerisch weniger revolutionär als in der DDR. Weil alles staatlich reglementiert wurde, entstand unter den Ostdeutschen die Kunst des genauen Hinhörens, des Lesens zwischen den Zeilen, des Aufspürens doppeldeutiger Metaphern.

Kaum etwas hat das Leben der Menschen in den Industrienationen in den letzten hundert Jahren so stark verändert wie die Wohlstandsexplosion, die neuen Konsummöglichkeiten und die technologische Modernisierung; und kaum etwas hat Staaten und Gesellschaften in größere Krisen gestürzt als ein Rückgang des wirtschaftlichen Wachstums. Ökonomischer Wandel, Massenkonsum, Krisenerfahrungen und -bekämpfung stehen deshalb im Mittelpunkt des Kapitels „Daimler, Trabi, DAX. Wirtschaft und Konsum". Sucht man Gründe, warum „Stabilität" für die Deutschen fast alle anderen Werte überragt, und zwar im Bereich der Politik wie im Bereich der Wirtschaft, so wird man Antworten in den Weimarer Erfahrungen finden. Die Inflation von 1923, die für Millionen Deutsche eine faktische Enteignung bedeutete, war ein Generationen übergreifendes Trauma. Wirtschaft und Sozialstaat trugen in Weimar, anders als in der Bundesrepublik, nicht zur Entschärfung von politischen Konflikten bei, sie stabilisierten die Demokratie nicht, sondern untergruben sie. Im „Dritten Reich" gab es eine Sozialpolitik auf Pump, und die Wirtschaft boomte infolge von Rüstungsaufträgen. „Rüstungswunder" und Zwangsarbeit gingen im Krieg Hand in Hand. So erhöhte sich zum Beispiel der Anteil ausländischer Zwangsarbeiter bei Daimler-Benz von 9,8% im Jahr 1941 auf 35,2% im Jahr 1944. In anderen Unternehmen sah es nicht viel anders aus, doch bis in die 1990er-Jahre hinein haben die meisten deutschen Industriebetriebe Forderungen ehemaliger Zwangsarbeiter mit der unzutreffenden Begründung abgelehnt, sie hätten nur „im Auftrag des Reiches" gehandelt.

Hinsichtlich der Bundesrepublik Deutschland ist einmal gesagt worden, bei ihr handele es sich um eine Wirtschaft, die sich einen Staat leiste. Die Bundesrepublik habe nicht eine Wirtschaft, sie sei eine Wirtschaft. Zweifellos zogen die Bundesdeutschen ihre Identität vor allem aus dem „Wirtschaftswunder" und der „sozialen Marktwirtschaft". Die Herkunftsbezeichnung „Made in Germany" wurde nach dem Krieg schnell wieder zu einem Gütesiegel, und das Bruttoinlandsprodukt, also der Wert aller Güter und Dienstleistungen, kletterte von Jahr zu Jahr steil nach oben, von 79 Milliarden DM 1949 auf 303 Milliarden 1960, womit noch lange kein Ende erreicht war. Die Bundesrepublik stieg wirtschaftlich zu einer Weltmacht auf. Profitierten auch längst nicht alle Westdeutschen gleichermaßen von der wirtschaftlichen Aufwärtsentwicklung, so waren es doch der Ausbau des Sozialstaates und die insgesamt historisch beispiellose Erhöhung des Lebensstandards, die die zweite deutsche Republik außerordentlich stabilisierten, bis in den 1970er-Jahren, zuerst mit dem Ölpreisschock, weltwirtschaftliche Krisen eintraten, von denen sich der Sozialstaat bis heute nicht erholt hat. Die „Grenzen des Wachstums" offenbarten auch dessen Kehrseite, die rapide Umweltzerstörung. Geradezu frappierend erscheint, wie sehr man sich im Westen über die wirtschaftliche Situation der DDR getäuscht hat. Die Blendkraft des schönen Scheins, von der SED stets aufs Neue heraufbeschworen, ließ ein völlig falsches Bild von der Kraft der DDR entstehen, die in Wirtschaftsstatistiken der 1980er-Jahre zum Teil sogar vor Großbritannien auftauchte. Noch in den Versprechungen nach der Wiedervereinigung, bald würden „blühende Landschaften" entstehen, setzte sich die Mär von der Wirtschaftsstärke der DDR fort. In Wahrheit lebte der ostdeutsche Staat permanent über seine Verhältnisse. In vielem setzte die DDR Traditionen deutscher Sozialstaatlichkeit fort,[16] aber deren Fundamente wurden weggespült, wie überhaupt die Ökonomie das Schicksal des „real existierenden Sozialismus" darstellte.

Welche Einstellungen, Werte und Verhaltensmuster zeichneten die Deutschen durch die Zeitläufte hindurch aus? So wird im Kapitel „Von der ‚Volksgemeinschaft' zur ‚Spaßgesellschaft'. Mentalitätswandel" gefragt. Es geht hier um die ideellen Grundlagen der deutschen Gesellschaften, um den Wertewandel und den weiten Weg, den die meisten Deutschen seit dem Beginn des 20. Jahrhunderts zurücklegten: weg von obrigkeitsstaatlichen und hin zu liberalen, individualistischen, weltoffenen Mustern. Mentalitäten sind an Generationen und Geschlecht, vor allem aber an Milieus gebunden, jedenfalls solange es abgrenzbare Milieus gegeben hat. Weimar war eine tief fragmentierte Gesellschaft, in der verschiedene „Weltanschauungen" – ein so sehr deutscher Begriff, dass er im Englischen zu einem Germanismus wurde – gleichsam zu politischen Religionen aufstiegen, die das ganze Leben, von der Wiege bis zur Bahre, regelten. Die „Volksgemeinschaft" ist ein Schlüsselbegriff im beginnenden 20. Jahrhundert und wurde im Verlauf des Weltkrieges und der Weimarer Republik zum Ausdruck eines gegen den westlichen bürgerlichen Liberalismus und Individualismus gerichteten Bestrebens. Lange hat sich die Forschung darüber gestritten, ob die im Nationalsozialismus viel beschworene „Volksgemeinschaft" nur mehr ein Konstrukt oder real gewesen sei. Mittlerweile wird sie als durchaus wirkungsmächtiges Bindeglied zwischen der Bevölkerung und dem NS-Regime betrachtet.

Blickt man auf die Deutschen in der Bundesrepublik, so gehört es zu den erstaunlichsten Aspekten, wie nachhaltig sie sich von der alten „Volksgemeinschaftsideologie" gelöst haben. Der Bewusstseinswandel setzte nicht abrupt ein, es handelte sich um einen länger dauernden Prozess und er erfasste nicht alle Gruppen in der Gesellschaft gleichermaßen. Doch seit den 1960er-Jahren machten sich gesellschaftliche Veränderungen und Lernprozesse bemerkbar, so dass man von einer „Fundamentalliberalisierung" (Jürgen Habermas) gesprochen hat. Mit bis dahin nicht gekannter Dynamik wandelten sich Wertorientierungen, Lebensstile, Umgangsformen und Mentalitäten, namentlich im Generationenwechsel und -konflikt. Der Wertewandel, die „stille Revolution", war dabei kein westdeutsches, sondern er war ein internationales Phänomen. Welche Bedeutung kommt der 68er-Bewegung, die Westeuropa und die USA miteinander verband, in diesem Zusammenhang zu? Und welche Wirkungen entfalteten sich in Osteuropa? Im „Prager Frühling" wurde Anfang 1968 ein „Sozialismus mit menschlichem Antlitz" propagiert, bevor sowjetische Panzer die Reformbewegung niederwalzten. Erhielt sich bei den oppositionellen Gruppen in der DDR bis zur „friedlichen Revolution" 1989 eine reformsozialistische Denkrichtung? Das Leben der Ostdeutschen war voller Paradoxien. Wie richteten ganz normale Menschen ihren Alltag in der SED-Diktatur ein? Für viele war „der Westen" Projektionsfläche aller Hoffnungen und Sehnsüchte. Die Präsenz von Westfernsehen führte allabendlich im Wohnzimmer zu einer kollektiven Ausreise aus der DDR. Wie ist die Entfremdung zwischen den West- und den Ostdeutschen nach der Wiedervereinigung zu erklären, wurzelt sie in den Denkmustern und Mentalitäten aus der Zeit der Teilung?

Die neuen, sehr vielfältigen Forschungen zu den Erinnerungskulturen haben gezeigt, wie wichtig das kollektive Gedächtnis für die Identität und den Zusammenhalt einer Gesellschaft ist.[17] Deshalb schließt ein großes Kapitel „Krieg, Vernichtung, Demokratie und Diktatur. Das deutsche Gedächtnis" diesen Band ab. Erinnerungen sind zwischen verschiedenen Gruppen innerhalb einer Gesellschaft immer umstritten, sie beziehen sich jedoch auf gemeinsame Bezugsereignisse, und allein schon der Streit um ihre Deutung verbürgt Kontinuität über die politischen Zäsuren hinweg. Dies erklärt, warum die Geschichte der Deutschen im 20. Jahrhundert allen Umbrüchen zum Trotz eine Einheit bildet. Allerdings können die Primärerfahrungen der Zeitgenossen, öffentliche Erinnerungskultur und die Forschungsergebnisse der Geschichtswissenschaft in Konflikt miteinander geraten.[18] In der Weimarer Republik fand ein regelrechter Bürgerkrieg der Erinnerungen statt: Kriegsausbruch, Revolution, Republikgründung wurden je unterschiedlich gewertet. Die „Dolchstoßlegende" ist der verhängnisvollste Mythos der 1920er-Jahre. Unausweichlich prägten das Erbe des Weltkrieges und die Ehrung der 2,4 Millionen Kriegstoten die Weimarer Republik. „Kontinuitätsinszenierungen"[19] standen am Beginn des „Dritten Reiches", als die Nationalsozialisten im März 1933 den „Tag von Potsdam" als devote Geste vor der preußischen Geschichte aufzogen; bald hatte diese ausgedient und fortan dominierte eine rassistische Geschichtsmystik. So unmittelbar und brutal wie noch nie zuvor waren die Deutschen 1945 mit der eigenen Geschichte konfrontiert: Millionenfacher Soldatentod, über 600 000 zivile Opfer durch den Bombenkrieg, zwei Millionen Tote durch Flucht und Vertreibung – die Deutschen fühlten sich als Opfer, nicht als Täter, und so wurde der Holocaust an den Juden von den meisten lange Zeit verdrängt. Während jedoch in der Bundesrepublik Deutschland permanent über die Bewältigung der NS-Vergangenheit gestritten wurde, erklärte die

SED das Problem mit dem Abschluss der „antifaschistisch-demokratischen" Umwälzung schlicht für erledigt. Die Deutschen im „besseren Deutschland" hatten angeblich mit dem Nationalsozialismus nichts zu tun. Spätestens seit den 1970er-Jahren bildete im Westen ein Erinnerungsimperativ an den Holocaust das Zentrum des Selbstverständnisses, und nicht wenige Intellektuelle meinten auch noch 1989, Deutschland habe aufgrund seiner historischen Schuld das Recht auf nationale Einheit verspielt. Nach dem Zusammenbruch der DDR blieb der Umgang mit der SED-Vergangenheit heftig umkämpft, doch das Erbe der roten Diktatur hat nicht, wie manche befürchtet hatten, die Beschäftigung mit der braunen Diktatur verdrängt. Im Gegenteil, die Deutschen erleben gegenwärtig eine intensive Vergangenheitsdebatte, der Streit um das Berliner Holocaust-Mahnmal bildet nur die Spitze eines Eisberges. Die dahinter stehenden generellen Fragen lauten: Woher kommen wir? Wer sind wir? Wohin wollen wir? Vergangenheitsdeutung, Gegenwartsverständnis und Zukunftsperspektive verbinden sich. Jedes Leben wird vorwärts gelebt und rückwärts gedeutet. Erst im Rückblick erkennen die Deutschen, wie sie wurden, was sie heute sind.

I. Demokratie und Diktatur
Grundzüge der Politik

Siegfried Weichlein

Die Zerstörung der Weimarer Demokratie: Krisenverschärfung und Alternativenverschleiß

Die Rede von der Zerstörung der Weimarer Demokratie verdeckt das hohe Maß an Kontinuität, in dem die Bundesrepublik und die Weimarer Republik zueinander stehen. Beide sind Verfassungsstaaten, Sozial- und Wohlfahrtsstaaten, Bundesstaaten und parlamentarische Demokratien. Beide legen die politische Willensbildung in die Hand von Parteien und Parlament. Vor allem aber sind beide Rechtsstaaten. Die Weimarer Republik ihrerseits stand trotz Krieg und Revolution in einer Kontinuität zum Kaiserreich, das sowohl Rechtsstaat als auch Bundesstaat, sowohl Sozial- als auch Verfassungsstaat gewesen war. Mit dem Untergang der Weimarer politischen Institutionen sind nicht zugleich – auf einen längeren Zeitraum betrachtet – ihre politischen Ordnungsideen untergegangen. Nicht nur die politische und die wirtschaftliche Ordnung verbindet uns mit der ersten deutschen Nachkriegszeit. Die Vorgeschichte unserer Gegenwartskultur ist die „klassische Moderne" der Zwanzigerjahre, wie sie uns in Theaterprogrammen, Museen und Konzertsälen täglich begegnet. Dazu gehören die Dramen Bertolt Brechts, die Musik Alban Bergs, die Bilder Paul Klees und die Architektur von Walter Gropius, die zum kulturellen Kennzeichen dieser Jahre geworden sind. Bei aller Nähe zur Tradition bildeten sich im ersten Drittel des 20. Jahrhunderts diejenigen Vermittlungsformen zwischen Eigenem und Fremdem, zwischen Teil und Ganzem und zwischen Ich und Wir aus, mit denen wir uns auch heute noch selbst beschreiben. Gleichzeitig waren es Jahre eines tiefen Widerspruchs. Zur Entdeckung des gesellschaftlichen Pluralismus kam der „Traum vom neuen Menschen". Die parlamentarische Republik von Weimar wurde von der Idee des Führerstaates herausgefordert. Die Deutschen der Weimarer Republik sind uns nah und fern zugleich.

Die Widersprüche der Weimarer Gesellschaft verhinderten, dass demokratische politische Ordnungsideen selbstverständlich wurden. Die Republik scheiterte an der wechselseitigen Verschärfung politischer und wirtschaftlicher Krisen. Was wir gemeinhin Weimarer Republik nennen, verband die demokratische Willensbildung und die parlamentarische Repräsentation mit republikanischen Institutionen. Zuerst ging der Parlamentarismus mit dem ersten Präsidialkabinett Brüning im März 1930 zugrunde, danach schleichend die demokratische Partizipation und schließlich wurden offen die republikanischen Institutionen zerstört. Dass zunächst der Parlamentarismus und dann erst die Demokratie beseitigt wurde, hatte viel mit dem spezifisch deutschen Weg in die politische Moderne zu tun. Das nationale Wahlrecht wurde bereits mit der Nationalstaatsgründung 1867 demokratisiert. Dennoch blieben die demokratischen Parteien stets im Vorhof der Macht stehen. Die Reichsregierung war bis zum Oktober 1918 vom Vertrauen des Parlaments unabhängig. Die umgekehrte Reihenfolge von frühzeitiger Parlamentarisierung und späterer Demokratisierung war weniger konfliktträchtig, wie

Weimar, 11. Februar 1919.
Friedrich Ebert hält nach seiner Wahl zum ersten Reichspräsidenten eine Rede vom Balkon des Neuen Theaters.

die englische Geschichte bewies. Dort gab es bis zum Ersten Weltkrieg kein demokratisches Wahlrecht, wohl aber konnte das englische Parlament auf eine mehrhundertjährige machtvolle Geschichte zurückblicken.

Einen tiefen Bruch brachte auch die Revolution vom November 1918 nicht. Zwar beseitigte sie das Kaiserreich aus revolutionärem Recht. Auch führte sie das Frauenwahlrecht ein, noch bevor die Nationalversammlung darüber befinden konnte. Die neue politische Ordnung basierte auf einem Kompromiss zwischen der gemäßigten Arbeiterbewegung, dem politischen Katholizismus und dem liberalen Bürgertum. Die Mehrheitssozialdemokratie (MSPD), die katholische Zentrumspartei und die linksliberale Deutsche Demokratische Partei (DDP) vertraten in der Weimarer Nationalversammlung drei Viertel der deutschen Wähler. Dieser Gründungskompromiss wertete die Arbeiterbewegung enorm auf und machte sie zur führenden politischen Kraft auf Zeit. Im Gegenzug hielten die Mehrheitssozialdemokraten an der privatkapitalistischen Eigentums- und Wirtschaftsordnung fest und sicherten die Stellung der Kirchen. Dennoch blieb das Bürgertum tief verunsichert und fürchtete um seine Sekurität – nach Jacob Burckhardt das historisch einzigartige Ergebnis der deutschen Staatsbildung im 19. Jahrhundert. Bis zum Juni 1919 befand sich die Politik im „Traumland der Waffenstillstandsperiode" (Ernst Troeltsch), der endgültige Friedensschluss schuf ein wesentlich härteres Klima, in dem die politischen und sozialen Konflikte mit aller Schärfe hervortraten. Ernst Troeltsch schrieb:

20. 3. 1919: [...] Und da zankt man in Deutschland um Republik oder Restauration, um Partikularismus oder Unitarismus. Wir sind im Elend und zerfleischen uns dabei noch selbst! Wir sind hilflos und werden immer noch grenzenlos gefürchtet! Es ist, als ob das Abendland in eine Periode eingetreten wäre, wie es in der römischen Geschichte von den Gracchen bis Cäsar und Augustus war. Endlose Zuckungen und Wirren, tobender Wahnsinn unter begleitendem Moralisieren ohnmächtiger Philosophen und Philanthropen.[1]

Die politisch extremen Kräfte begannen die Massen gegen die Verfassungsparteien zu mobilisieren. Auf der Rechten war dies die Deutschnationale Volkspartei (DNVP), aber auch die republikskeptische wirtschaftsliberale Deutsche Volkspartei (DVP). Auf der Linken mobilisierte die im Januar 1919 gegründete KPD gegen die demokratische Republik, im Fortgang der Auseinandersetzungen konzentrierten sich ihre Angriffe zunehmend auf die Sozialdemokratie.

Im Juni 1920 verloren die drei Weimarer Verfassungsparteien ihre parlamentarische Mehrheit, um sie nie mehr wiederzugewinnen. Fortan trug nur noch die Regierung des mit zwei Dritteln des Reichsgebietes größten Bundesstaates Preußen den Verfassungskompromiss vom Frühjahr 1919. Hier besaß die Weimarer Koalition – anders als im Reich – bis 1932 die parlamentarische Mehrheit. Auf nationaler Ebene arbeitete das Parlament nicht am Verfassungsausbau, sondern vielmehr am Verfassungsumbau. Das deutlichste Zeichen der Abkehr vom Verfassungskompromiss war die Wahl des kaiserlichen Generalfeldmarschalls Paul von Hindenburg zum Nachfolger des Sozialdemokraten Friedrich Ebert als Reichspräsident 1925. Auch wenn diese Wahl eine gewisse Annäherung der konservativen Parteien an die Republik brachte, so ging diese nie so weit, dass die politische Rechte die gesamte Verfassungsordnung mittrug.

Nachdem die Weimarer Koalition aus MSPD, Zentrum und DDP bei den Reichstagswahlen im Juni 1920 für immer ihre Mehrheit verloren hatte, war die Mehrheitsbildung ungefähr zehn Jahre lang abhängig davon, ob die Innen- oder die Außenpolitik im Vordergrund stand. Eine Koalition aus Mitte-rechts-Parteien von der linksliberalen DDP bis hin zur konservativen DNVP trug die innenpolitischen Entscheidungen. Die Außenpolitik wurde dagegen von einer nach links verschobenen großen Koalition unter Einschluss der 1922 wieder vereinigten SPD getragen. Der langjährige Außenminister Gustav Stresemann hielt die Unterstützung der internationalistischen Sozialdemokratie in einer großen Koalition schon deswegen für unerlässlich, weil er im Ausland in der Reparationsfrage um Vertrauen werben musste. Stresemanns Außenpolitik, aber auch die seiner Vorgänger und Nachfolger, verfolgte einen doppelten Kurs: Den westlichen Nachbarn sicherte das Reich Vertragstreue zu und garantierte die Unverletzbarkeit der Grenzen wie sie der Versailler Vertrag gezogen hatte. Der Höhepunkt dieser Politik war das Vertragswerk von Locarno vom Oktober 1925. Konsequenterweise trat Deutschland am 10. September 1926 dem Völkerbund bei. Im Osten behielt sich Deutschland jedoch die Revision der Grenzen vor. Was im Westen vertraglich fest zugesagt war, verweigerte die Reichsregierung im Osten gegenüber dem 1918 neu gegründeten polnischen Staat. Deutlichster Ausdruck dieser Machtpolitik im Osten war der Rapallo-Pakt mit Sowjetrussland, in dem beide Staaten auf wechselseitige Reparationsansprüche verzichteten. Die Außenpolitik der Weimarer Republik war einerseits den Zwängen des Versailler Vertrages geschuldet, andererseits betrieb das Reich schon bald nach 1918 wieder nationale Machtpolitik.

Diese Schere zwischen Innen- und Außenpolitik dauerte bis zum Abschluss des Young-Plans im Winter 1929/30, der auf längere Sicht die Reparationsfrage regelte. Schon zuvor hatten Hindenburg und seine hochkonservativen Gesinnungsfreunde den aktiven Verfassungsumbau von rechts her vorbereitet. Kurz nach der endgültigen Unterzeichnung des Young-Plans schied am 27. März 1930 die letzte parlamentarische Mehrheitsregierung der Republik unter dem Sozialdemokraten Hermann Müller aus dem Amt. Ihr folgte ein Präsidialkabinett, das sich ausschließlich auf das Vertrauen des Reichspräsidenten und nicht mehr des Reichstages stützte. Der neue Reichskanzler Heinrich Brüning von der katholischen Zentrumspartei sollte ohne das Parlament und in der Tendenz sogar gegen dessen größte Partei, die Sozialdemokratie, regieren. Von Hindenburg und seinen Beratern beabsichtigt, verschob sich das politische Entscheidungszentrum von der Legislative hin zum Reichspräsidenten. Die Krise der Weimarer Republik war die Stunde der Exekutive. Die öffentliche Wahrnehmung der Krise war jedoch eine andere. Verantwortlich für das Scheitern von Parlamentarismus und Demokratie waren in den Augen der deutschen Öffentlichkeit nicht Brüning und Hindenburg, sondern der Reichstag und die politischen Parteien. Das Präsidialregime bediente ab 1930 den seit dem Kaiserreich weit verbreiteten antiparlamentarischen Affekt.

Die außenpolitische Krisenentschärfung begünstigte im Ergebnis die innenpolitische Krisenverschärfung. Die Weltwirtschaftskrise betraf auch die westlichen Nachbarn Frankreich und England, besonders aber die Vereinigten Staaten. Deren politische Systeme hatten mehr Erfahrung im Krisenmanagement als Deutschland. Die größere Fähigkeit zur Krisenlösung in den westlichen Staaten machte Deutschland noch nicht zu einem Sonderfall. Wohl aber bildete Deutschland einen extremen Fall, in dem sich politische, wirtschaftliche und kulturelle Krisenwahrnehmungen wechselseitig verschärften. Selbst die Lehre, die die deutsche Politik aus der Hyperinflation 1923 gezogen hatte, der Antiinflationskonsens, verschärfte die Krise seit 1930 weiter, statt sie zu entschärfen. Die Krisen der Weimarer Wirtschaft und Gesellschaft schlugen binnen kurzem auf alle klassischen Funktionen des Staates durch.

Die politische Identität der Weimarer Republik war schon weit vor der Staatskrise ab 1930 prekär. Die Gründung der Republik wurde von einem großen Teil der Bevölkerung als Folge der Weltkriegsniederlage erlebt. Sie besaß damit in den Augen vieler keine eigene Legitimität, sondern war die Fortsetzung einer Geschichte von Hunger, millionenfachem Tod und Niederlage. Die Wahrnehmung des politischen Systems nach 1919 geschah aus dem Blickwinkel rückwirkend idealisierter Vorkriegszustände. Das Selbstbild des wilhelminischen Obrigkeitsstaates bildete auch nach 1919 die Messlatte für die Erwartungen an die Republik. Eine echte Profilierung der Weimarer Republik hätte die Distanzierung von den für den Ausbruch des Ersten Weltkrieges Verantwortlichen gefordert. Als der Sozialdemokrat Karl Kautsky dem Reichskabinett im April 1919 Dokumente zur Julikrise 1914 vorlegte, die die kaiserliche Reichsführung belasteten, unterließ Friedrich Ebert deren Veröffentlichung, da er befürchtete, die alliierten Siegermächte könnten die Friedensbedingungen verschärfen. Zu den politisch wirksamen Legenden nach 1918 gehörte nicht nur die Leugnung der militärischen Niederlage, die Novemberverbrecherlüge, sondern auch ihre Zwillingsschwester, die Kriegsunschuldslegende.[2] Die Distanzierung von der ersten Lüge durch die republikanischen Parteien wurde konterkariert durch die stillschweigende Akzeptanz der zweiten.[3] Einerseits blieb die Republik von älteren Erfahrungen geprägt, andererseits war der Kontrast zum Kaiserreich in der politischen Dynamik, in der wirtschaftlich-sozialen Entwicklung und in der kulturellen Experimentierfreudigkeit deutlich spürbar. Die Weimarer Republikaner traten eine Erbschaft ohne Testament an.[4]

Auch die rationale politische Legitimation des republikanisch-parlamentarischen Politikstils stieß auf immer größere Vorbehalte. Die Reserven reichten weit über die Intellektuellenschicht hinaus. Die Weimarer Republik appellierte an eine andere politische Rationalität als der durch monarchische Prärogativen durchbrochene Teilparlamentarismus des Kaiserreiches. Alle Macht ging jetzt ganz nüchtern vom deutschen Volke aus. Halb- und Teilkonstruktionen mit ihrem Hintersinn und ihrem geborgten Glanz fanden damit ihr Ende. Die Republik kam ohne jede Sakralität politischer Herrschaft aus. Sachlich und nüchtern sollte die schmucklose Republik den Willen des Volkes durchsetzen. Doch wer gehörte zum deutschen Volk nach der Abtrennung der polnischen Ostgebiete und des Elsass und nach dem alliierten Verbot des Anschlusses Deutsch-Österreichs? Die nationale Rechte bestand darauf, dass die Grundfrage nach dem politischen Souverän anders zu beantworten war, als es die Republik im Sinne des Staatsvolks tat. Der sachliche Politikstil stieß auf ein verbreitetes nationales Ressentiment, das alle politischen Grundbegriffe der Republik in Zweifel zog und dem es auch nicht genügte, wenn die Republik bei den Reparationsverhandlungen mit den Alliierten einen stramm nationalen Standpunkt vertrat. Der neue rationale Politikstil blieb theoretisch. Praktisch setzte sich das Bild einer glanzlosen Republik durch. Die politische Nüchternheit und die ästhetische Enthaltsamkeit der Republik provozierten ätzende Kritik. Das Schlagwort „Schwarz-Rot-Senf" für die Reichsflagge war dabei noch eine der zurückhaltenderen Verunglimpfungen. In die gleiche Richtung zielte die Delegitimation der republikanischen Politiker durch ein Foto, das Friedrich Ebert und Gustav Noske mit entblößtem Oberkörper beim Baden zeigte. Der Körper der Republik reichte kaum über die Körper der Politiker hinaus. In der ästhetischen Ablehnung der Republik stimmten sowohl die äußerste Rechte als auch die äußerste Linke der ›Weltbühne‹ Carl von Ossietzkys überein.

Die fortschreitende Delegitimierung der Weimarer Republik bedeutete das Scheitern der Basiskompromisse vom November 1918 zwischen der gemäßigten Arbeiterbewegung und den bürgerlichen Parteien. 1924 kündigten die Unternehmer die Zentrale Arbeitsgemeinschaft von Arbeitgebern und Gewerkschaften auf. Die Verschärfung der sozialen Verteilungskämpfe belegte aus der Sicht der alten Eliten nur, dass mit Gewerkschaften und politischer Arbeiterbewegung kein Staat zu machen war. 1930 schließlich legten Hindenburg, die wirtschaftsliberale Deutsche Volkspartei und der Zentrumskanzler Heinrich Brüning die parlamentarische Republik sang- und klanglos ad acta. Der politische Basiskompromiss der Republik, der auch ein sozialer Kompromiss war, ging an der Pluralismusfeindschaft und dem intransigenten Antisozialismus zugrunde.

Die folgende Entmachtung des Parlaments bedeutete die Rücknahme eines Partizipationsversprechens, das bis zur Gründung des deutschen Nationalstaates zurückreichte. Seit 1867 gab es auf nationaler Ebene das allgemeine und gleiche Wahlrecht. Die Parteien sollten wie vor 1918 im Vorhof der Macht gehalten werden. Weil die Verweigerung politischer Partizipation auf eine Fundamentalpolitisierung der Wahlbevölkerung traf, standen die Grundlagen der politischen Ordnung und die Legitimität der Republik zur Debatte. Durch die kollektive Erfahrung des Weltkrieges, durch die ins Unermessliche gesteigerten Erwartungen, durch die Revolution und die Unruhen der Nachkriegszeit war die deutsche Gesellschaft in einem bisher ungekannten Maße politisiert worden. Ablesbar war dieser Prozess an den sehr hohen Wahlbeteiligungen und der Intensität der Wahlkämpfe. Bereits an den Wahlen zur Nationalversammlung am 19. Januar 1919 nahmen 83 Prozent aller Wahlberechtigten teil. Auch bei den Dauerwahlkämpfen des Jahres 1932 gingen über 80 Prozent, bei den Reichstagswahlen vom 31. Juli 1932 sogar 84,1 Prozent zur Wahlurne. Der Politisierung entsprach in der Ära der Präsidialkabinette nach 1930 keine echte politische Teilhabe mehr. Es war die stärkste Oppositionspartei, die NSDAP, die sich zum Sprachrohr des Protests gegen die Partizipationsverweigerung und damit zum Anwalt des demokratischen Versprechens im Nationalstaat machte.

Über allem stand die alltäglich erfahrbare Distributionskrise, die alle anderen Krisenwahrnehmungen verstärkte und miteinander verband. Die Wirtschafts- und Sozialordnung der Weimarer Republik basierte ursprünglich auf einem Ausgleich von Arbeitnehmer- und Arbeitgeberinteressen. Eine ihrer Errungenschaften war der Acht-Stunden-Arbeitstag. Dass der Kompromiss nicht auf einem Konsens beruhte, zeigte die Hyperinflation des Jahres 1923, als die Arbeitgeber das Ende des Achtstundentages erzwangen. In den Verteilungskämpfen der Zwanzigerjahre trat der aggressive Wille der Unternehmer zur Totalrevision der zwischen 1918 und 1920 beschlossenen Sozialordnung immer offener zutage. Auch in den Jahren der relativen Stabilisierung blieb die Arbeitslosigkeit hoch. 1926 waren zwei Millionen Erwerbstätige oder jeder Zehnte arbeitslos, im Februar 1929 waren es bereits 3,05 Millionen, im Dezember 1930 4,384 Millionen und ein Jahr später 5,668 Millionen. Im Februar 1932, beim ersten Wahlgang für den Reichspräsidenten, erreichte die Arbeitslosenzahl ihren Höhepunkt mit 6,128 Millionen Erwerbslosen. Bei der Machtübertragung an die NSDAP waren es noch 6,014 Millionen.[5] Die 1927 eingeführte Arbeitslosenversicherung war für eine solche Massenarbeitslosigkeit nicht konzipiert worden. Ihre Leistungen wurden reduziert und die Berechtigungen verschärft. Mit der Deflationspolitik der Präsidialkabinette verabschiedete sich der Staat aus seiner Rolle als gesellschaftlicher Umverteiler in Zeiten der Not. Die Kommunen mussten selbst für das Allernötigste zum Überleben sorgen – und brachen darunter finanziell zusammen.

Die wirtschaftlich-soziale Krise griff bald auf die Politik über. Es herrschte der Eindruck der „Staatskrise", bei vielen auch der „Systemkrise" vor. Eine Staatskrise war es deshalb, weil letztlich unklar war, wer die Rechtsetzung beherrschte, wer über Ein- und Ausschluss aus der Gesellschaft und wer über Berechtigungen und Verweigerungen bestimmte: der Reichspräsident, seine in der Verfassung nicht vorgesehenen Berater oder das Parlament? Wie im preußischen Verfassungskonflikt zwischen 1862 und 1866 um „Parlamentsherrschaft oder monarchische Herrschaft" neigte die Staatsführung auch in dieser Krise des Staates nach 1930 nicht zu einer Strategie der Entschärfung und der Konsenssuche, sondern zur Verschärfung und zur Dramatisierung. Auf jedes noch so vorsichtige Ansinnen einer sozialen Balance in den Notverordnungen, das die SPD an Brüning richtete, reagierte der Zentrumskanzler mit der Drohung, die Weimarer Koalition mit der SPD in Preußen aufzukündigen, wo der sozialdemokratische Innenminister Carl Severing die Kontrolle über die preußische Polizei besaß. Für eine legislative Rolle des Parlaments blieb dabei kein Raum. In der öffentlichen Meinung herrschte der Eindruck vor, das Zeitalter des Liberalismus und des liberalen Nationalstaates gehe zu Ende.

Das Scheitern der Weimarer Republik war dennoch nicht zwangsläufig. Es war keine automatische Folge der politischen und wirtschaftlichen Krise. Bis zum Januar 1933 gab es Alternativen zum Führerstaat. Zwischen 1930 und 1933 deuteten die Krisenlösungsversuche auf eine autoritäre und keine rassistische Umformung der Verfassung hin. In dem Maße, in dem die Nationalsozialisten an Wählerzulauf gewannen, wurde dieser innere Verfassungswandel, den die autoritäre Rechte um Hindenburg, Papen und Schleicher anstrebte, zur einzigen realistischen Alternative gegen eine Regierung Hitler. Dieser Prozess ging so weit, dass sich die Sozialdemokraten nicht nur zur Tolerierung des Präsidialkabinetts Brüning bereit fanden, sondern den Generalfeldmarschall Paul von Hindenburg in den beiden Wahlgängen 1932 zu ihrem Kandidaten machten und ihm zum Sieg verhalfen. Bei den Reichspräsidentenwahlen 1925 hatten sie ihn noch erbittert bekämpft. Für die SPD reduzierte sich der politische Kampf auf den Grundsatz, Kapital zu sammeln und dem Teufel nicht den kleinen Finger zu geben. Aus der Sicht der republikanischen Verteidigerkoalition, die sich zusehends auf die Sozialdemokraten und wenige Linksliberale reduzierte, scheiterte die Weimarer Republik erst in dem Moment, als ihre schärfsten Widersacher, die Nationalsozialisten, an die Macht kamen.[6] Ihr politischer Kampf seit den Septemberwahlen 1930 orientierte sich an der Parole „Für oder gegen Hitler".

Das klare Feindbild am Ende der Weimarer Republik begünstigte ein älteres Kennzeichen der deutschen Parteien: ihre weltanschauliche Abschottung und die Konzentration auf das Binnenleben. Eine politische Selbstanerkennung des Pluralismus in der Republik war damit nicht zu vereinbaren gewesen. Carl Schmitt zu Beginn des Jahres 1933:

> Es ist in der Sache eine geradezu *phantastische Option* zwischen fünf untereinander völlig unvereinbaren, völlig entgegengesetzten, in ihrem Nebeneinander sinnlosen, aber jedes in sich geschlossenen und in sich totalen *Systemen*, mit fünf entgegengesetzten Weltanschauungen, Staatsformen und Wirtschaftssystemen. Zwischen fünf organisierten Systemen, von denen jedes in sich total ist und jedes, konsequent zu Ende gedacht, das andere aufhebt und vernichtet, also z. B. zwischen Atheismus oder Christentum, gleichzeitig zwischen Sozialismus oder Kapitalismus, gleichzeitig etwa zwischen Monarchie oder Republik, zwischen Moskau, Rom, Wittenberg, Genf und Braunem Haus und ähnlich inkompatiblen Freund-Feind-Alternativen, hinter denen feste Organisationen stehen, soll ein Volk mehrmals im Jahre optieren![7]

Die politischen Sozialmilieus orientierten sich nicht an der Integration in den Gesamtstaat. Sie verstanden sich nicht als Spieler in einem Konzert von Meinungen und Interessen, sondern als ideell vorweggenommene Mehrheitsparteien, wie gering ihr Stimmenanteil auch immer sein mochte. Die Differenz zur Mehrheit wurde von der Ideologie beglichen. Dieser Zusammenhang erreichte im Kampf gegen Hitler seinen Höhepunkt. Erst 1931 besaß die Vereinskultur der Sozialdemokratie ihre größte Dichte und Geschlossenheit. Bezeichnenderweise drängten gerade diejenigen Gruppen, die neu zur SPD stießen, wie Angestellte, Lehrer und Beamte, weniger auf eine Öffnung hin zur Volkspartei, sondern eher auf eine ideologische Schließung der Parteilinie, was die politische Widerstandskraft der Milieuparteien eher stärkte als schwächte.

Alle Krisenlösungsversuche nach 1930 hatten eines gemeinsam: Sie wollten den Weimarer politischen Pluralismus durch eine autoritär gesteuerte Willensbildung ersetzen. Insgesamt lassen sich mindestens vier verschiedene autoritäre Transformations- und Krisenstabilisierungsversuche unterscheiden, die unterschiedliche Ziele verfolgten und verschiedene Trägergruppen besaßen:

1. Reichspräsident Paul von Hindenburg, seine rechtskonservative Umgebung, weite Teile der Unternehmerschaft gerade aus der Schwerindustrie, der großagrarische Reichslandbund und die Reichswehr teilten einen scharfen, oft militanten Antisozialismus. Im Reich wie auch in Preußen war auf Dauer jedoch eine parlamentarische Regierung gegen die Sozialdemokratie nicht möglich. Die SPD hatte bei den Reichstagswahlen 1928 ein knappes Drittel der Stimmen errungen, war die mit Abstand größte Partei und stellte seitdem mit Hermann Müller den Kanzler im Reich und länger schon mit Otto Braun den Ministerpräsidenten in Preußen. Ein konsequenter Antisozialismus musste daher die parlamentarische Machtbasis der Sozialdemokratie ausschalten und die politische Entscheidungsebene vom Parlament auf den Reichspräsidenten verlagern.

Der sozialdemokratische Staatsrechtslehrer Hermann Heller kam auf die Gründe dafür zu sprechen, warum der Antisozialismus bei den alten Eliten so stark war.[8] Gerade das Bürgertum, die soziale Trägerschicht des Antisozialismus, distanzierte sich von seiner ureigensten Erfindung, dem Rechtsstaat, genau in dem Moment, als ihn sich die Arbeiterschaft zu Eigen gemacht und politischen Einfluss in der Legislative gewonnen hatte. Der Positionsgewinn der Arbeiterbewegung 1918/19 konnte am Willkürverbot und am Gleichheitsgrundsatz in der Verfassung abgelesen werden. Die Arbeiterbewegung konnte damit nach 1918 nicht mehr wie im Kaiserreich unter Ausnahmerecht gestellt werden. Ein Zurückdrängen der Arbeiterbewegung auf rechtsstaatlichem Wege war nach 1918 ausgeschlossen. Die Arbeiterparteien eindämmen hieß gegen den demokratischen Rechtsstaat vorgehen. Tatsächlich gehörten die Unternehmer zu den Ersten, die 1929 in ihrer Denkschrift ›Aufstieg oder Niedergang?‹ die Abkehr von der Weimarer republikanischen Staatsordnung forderten.[9] Nur wenn die wirtschaftliche Entwicklung einen Fahrstuhleffekt ermöglicht hätte, in dem es allen besser gegangen wäre, die relativen Unterschiede aber beibehalten worden wären, hätten die Unternehmer die Verfassungsordnung der Weimarer Republik akzeptiert. Dieser Effekt trat aber nicht ein.

Dieser antisozialistisch-autoritäre Stabilisierungsversuch hielt sich im Rahmen der Verfassung, die im Notverordnungsartikel 48 das nötige Instrument vorgab. Auch der sozialdemokratische Reichspräsident Friedrich Ebert hatte ihn 1923 beschritten, damals freilich mit nachträglicher Billigung durch den Reichstag. Der Antiparlamentarismus der Präsidialkabinette seit 1930 war dagegen ein Ausdruck des Antisozialismus, auch des Antiliberalismus. Anklang fand er bei der Zentrumspartei und den alten Eliten in Politik und Verwaltung. Ein markantes Zeichen für die dramatischen Zwangslagen der sozialdemokratischen Republikverteidiger war es, dass die SPD dieses offen antisozialistische Kabinett nach dem Wahlsieg der Nationalsozialisten am 14. September 1930 tolerierte. Der Antisozialismus des Präsidialregimes wurde für sie nur durch seinen gleichzeitigen Antinationalsozialismus einigermaßen erträglich gemacht. Der Notverordnungsartikel 48 bildete aus der Sicht der Verfassungsparteien eine Not- und Reserveverfassung im Kampf gegen Hitler.

Der Antiparlamentarismus der Präsidialkabinette war zuerst einmal formal und gab noch keine inhaltliche politische Linie vor. Anders als es sich die Konstrukteure des autoritären Verfassungsumbaus gedacht hatten, waren auch die Präsidialkabinette zu Kompromissen gezwungen. Ganz unterschiedliche Politikziele konnten sich hinter dem zur Schau getragenen Antiparlamentarismus verbergen. Letztlich wiederholen sich die politischen Auseinandersetzungen, die bis dahin ihr Forum im Reichstag gefunden hatten, in den Präsidialkabinetten. Sie entschieden sich für ein Verbot der paramilitärischen SA und auch dagegen, für Rücksicht auf die SPD und dagegen, für eine deflationäre Wirtschaftspolitik aus dem Geist der Inflationsangst von 1923 und gegen eine aktive Wirtschafts- und Sozialpolitik, die die Arbeitslosigkeit gemindert hätte. Brüning behauptete später sogar in seinen Memoiren, gezielt auf eine Wiedereinführung der Monarchie hingearbeitet zu haben, wofür indessen jeder Beleg fehlt.[10]

Die unmittelbare Folge der autoritären Wende hin zum Reichspräsidenten als Ersatzmonarchen war der rasante Zerfall des politischen Personals. Brüning meinte, Ende Mai

1932 sinnloserweise nur hundert Meter vor dem Ziel, der endgültigen Streichung der Reparationen, gestürzt worden zu sein. Jedoch hatte er selbst die Konzentration der Politik beim Reichspräsidenten und seiner Umgebung maßgeblich mit ins Werk gesetzt. Was er mit geschaffen hatte, wirkte jetzt auf ihn zurück. Der Reichspräsident besaß kein echtes Korrektiv mehr unter den Bedingungen der autoritären Präsidialkabinette. Deren Rationalität wurde mit den immer häufigeren Minister- und Kabinettswechseln dysfunktional. Je autoritärer die Politik wurde, umso mehr politisches Personal wurde verschlissen.

2. Nach der von Reichskanzler Heinrich Brüning inszenierten Wiederwahl Hindenburgs im April 1932 war die Bahn frei für eine dauerhafte Umgestaltung der Verfassung und der Institutionen der Weimarer Republik, die jetzt über die Verfassungsordnung hinausgehen sollte. Deutlichstes Zeichen dieser autoritären Politik jenseits des Verfassungsbruchs war der „Preußenschlag" am 20. Juli 1932, also die Absetzung der von den Parteien der Weimarer Koalition (SPD, Zentrum und liberale Staatspartei) gebildeten geschäftsführenden preußischen Regierung. Zu diesem Zeitpunkt war Franz von Papen bereits Kanzler eines „Kabinetts der Barone", so benannt, weil ihm Mitglieder des hocharistokratischen Berliner „Herrenclubs" angehörten. Ganz nach dem Geschmack von Schwerindustrie und Hochfinanz betrieb er nicht nur den Staatsumbau, sondern auch den Gesellschaftsumbau. Ziel seines Kabinetts war der von der Aristokratie und der Industrie getragene autoritäre Staat auf ständischer Grundlage, der auf das allgemeine Wahlrecht verzichtete. Umgesetzt werden konnte diese Vision nur zusammen mit den Nationalsozialisten, die bei den Reichstagswahlen am 31. Juli 1932 mit 37,3 Prozent und 230 Mandaten zur mit Abstand stärksten Partei geworden waren. Die gemeinsame Feindschaft gegen jedwede Form von Demokratie und Republik reichte indessen für eine Zusammenarbeit zwischen Papen und Hitler nicht aus. Die Tolerierung Papens durch die NSDAP fand ihr rasches Ende, als sich Hindenburg weigerte, den „böhmischen Gefreiten" Adolf Hitler zum Reichskanzler zu ernennen, was dessen unabdingbare Forderung für den Eintritt in die Reichsregierung bildete. Sowohl Papen als auch Hitler bezahlten für das Scheitern dieses Plans einen hohen Preis. Papens Stellung als Reichskanzler war nicht zu halten. Die NSDAP verlor bei den vorgezogenen Neuwahlen am 6. November 1932 und bei anschließenden Landtagswahlen zum ersten Mal deutlich an Stimmen und Mandaten. Der Mythos der Unbesiegbarkeit Hitlers war dahin.

3. Papen war auch gescheitert, weil er für seinen Verfassungsumbau keine Massenbasis besaß. An diesem Punkt setzte sein langjähriger politischer Mentor, der Chef des Ministeramtes im Reichswehrministerium Kurt von Schleicher, an, der am 2. Dezember 1932 die Regierungsgeschäfte übernahm. Der autoritäre Verfassungsumbau sollte sich nach seinen Plänen auf eine politische Massenbasis stützen, die quer zu den politischen Lagern verlief. Die Versuche des „sozialen Generals", eine „Querfront" aus linken Nationalsozialisten um den zweiten Mann in der NSDAP, Gregor Strasser, und aus den sozialistischen Gewerkschaften aufzubauen, scheiterte schon in den allerersten Anfängen. Strasser musste das Angebot nach einem Streit mit Hitler ablehnen und legte alle Parteiämter nieder. Die politische Integration der Nationalsozialisten in eine offen autoritäre politische Ordnung war damit zum zweiten Mal gescheitert.

4. Übrig blieben Notstandsplanungen, wie sie schon im Sommer 1932 nach dem Scheitern der Einbindung Hitlers in ein Kabinett Papen diskutiert worden waren. Kern dieser Staatsnotstandsplanungen war die dauerhafte Ausschaltung des Parlaments und seiner nationalsozialistischen und kommunistischen Verhinderungsmehrheit. Dazu sollte der Reichstag aufgelöst und – entgegen der Bestimmung in der Verfassung – sollten keine Neuwahlen innerhalb von 60 Tagen abgehalten werden. Der offene Verfassungsbruch hätte die Nationalsozialisten ihres wichtigsten Forums beraubt. Sein Manko war die schwer zu kalkulierende Gefahr eines Bürgerkrieges bei der Verweigerung von Neuwahlen. Auch der autoritärste Wirtschaftsführer und militanteste Reichswehrgeneral musste 1932 den hohen Politisierungsgrad der Bevölkerung in Rechnung stellen. Nicht nur die Gegenreaktionen der Parteien, sondern auch der politische Handlungsspielraum eines solchen Staatsnotstandskabinetts blieben aber unkalkulierbar. Reichskanzler Schleicher, der Propagandist dieser Staatsnotstandslösung Ende Januar 1933, hatte sich Mitte Dezember 1932 zum Anwalt einer politischen Einbindung der NSDAP im Querfrontprogramm gemacht, verfocht sechs Wochen später aber eine Staatsnotstandslösung gegen die NSDAP, was seine Glaubwürdigkeit und diejenige der Notstandsplanungen beim Reichspräsidenten nicht gerade verstärkte. Schleichers Plänen widersprachen hitlernahe Kreise aus der Industrie, der Landwirtschaft und den Banken, die seit November 1932 forderten, eine möglichst große „Volkskraft" hinter ein neues Kabinett zu bringen. Das konnte aus ihrer Sicht nur durch ein Kabinett Hitler geschehen:

Der Ausgang der Reichstagswahl vom 6. November d. J. (1932) hat gezeigt, dass das derzeitige Kabinett (Papen), dessen aufrechten Willen niemand im deutschen Volke bezweifelt, für den von ihm eingeschlagenen Weg keine ausreichende Stütze im deutschen Volke gefunden hat, dass aber das von Eurer Exzellenz gezeigte Ziel eine volle Mehrheit im deutschen Volke besitzt, wenn man – wie es geschehen muss – von der staatsverneinenden kommunistischen Partei absieht. Gegen das bisherige parlamentarische Parteiregime sind nicht nur die Deutschnationale Volkspartei und die ihr nahe stehenden kleineren Gruppen, sondern auch die Nationalsozialistische Deutsche Arbeiterpartei grundsätzlich eingestellt und haben damit das Ziel Eurer Exzellenz bejaht. Wir halten dieses Ergebnis für außerordentlich erfreulich und können uns nicht vorstellen, dass die Verwirklichung des Zieles nunmehr an der Beibehaltung einer unwirksamen Methode scheitern sollte.[11]

Hitler kam ironischerweise als das geringere Übel an die Macht. Ende Januar 1933 schien es Schlimmeres als ein Kabinett Hitler zu geben: den Bürgerkrieg. Für Hindenburg und seine Umgebung war die Verweigerung von Neuwahlen mit noch größeren Risiken behaftet als eine Regierung Hitler, in der die bekannten Figuren der politischen Rechten die meisten Ministerämter innehatten. Schleichers Krisenlösung des Staatsnotstandes durch Verfassungsbruch fand dagegen weder in der Landwirtschaft noch in der Industrie oder bei der Reichswehrführung Unterstützung. Genauso wenig wie der Mord an den europäischen Juden auf anonyme Kräfte einer sich selbst radikalisierenden Antimoderne zurückgeführt werden kann, sondern ein Gesicht hat und Täter kennt, ist die Weimarer Republik nicht an der inneren Widersprüchlichkeit irgendwelcher Ismen gescheitert, sondern an benennbaren Interessen und Strategien.

Daniela Münkel

Das „Dritte Reich":
Führerstaat – Widerstand – Nonkonformismus

Die ersten Monate nach der Ernennung Hitlers zum Reichskanzler am 30. Januar 1933 waren von politischem Terror und dem Bestreben gekennzeichnet, in möglichst alle staatlichen und gesellschaftlichen Bereiche einzudringen, die dem totalen Herrschaftsanspruch gemäß dem nationalsozialistischen Zugriff nicht entzogen werden durften. Um nur einige Eckdaten zu nennen: die Verordnung des Reichspräsidenten „Zum Schutz des deutschen Volkes" vom 4. Februar, die Reichstagsbrandverordnung vom 28. Februar, das Ermächtigungsgesetz vom 23. März, das vorläufige „Gesetz zur Gleichschaltung der Länder mit dem Reich" vom 31. März, das „Gesetz zur Wiederherstellung des Berufsbeamtentums" vom 7. April, die Zerschlagung der freien Gewerkschaften am 2. Mai, das Verbot der SPD vom 22. Juni und die Selbstauflösung der anderen Parteien.

Trotz dieses systematisch wirkenden Zugriffs hatten weder die NSDAP noch ihre Führungs- und Regierungsspitze ein durchdachtes Herrschaftskonzept, und dies änderte sich auch nach der Machtübernahme nicht. Das Herrschaftssystem des Nationalsozialismus stand auf mehreren Pfeilern: einerseits auf der monokratischen Stellung des „Führers" und Reichskanzlers Adolf Hitler, andererseits auf polykratischen Herrschaftsstrukturen sowie auf Konsens und Terror. Was auf den ersten Blick diametral entgegengesetzt wirkt, funktionierte jedoch, wenn auch mit hohen Reibungsverlusten.

Zentral war das durch große propagandistische Anstrengungen nach innen und außen immer wieder aktualisierte Bild eines monolithischen, ganz auf den „Führer" ausgerichteten und zentrierten totalen Herrschaftssystems. Auf diese Art wurde suggeriert, dass es sich um einen Staat handelte, in dem die Hierarchien strikt von oben nach unten verliefen und die Anweisungen Hitlers konsequent umgesetzt würden. Wie viel Wirkungsmächtigkeit dieses Bild entfaltete, zeigt sich daran, dass große Teile der Bevölkerung meinten, alle Macht gehe von Hitler aus. Er wurde als fast schon unfehlbar stilisiert und man koppelte ihn von Fehlentscheidungen in der jeweiligen näheren Erlebniswelt ab: „Wenn das der Führer wüsste ..." war eine beliebte Floskel, um untere Amtsträger zu kritisieren. Auch lange Zeit nach 1945 wirkte bei vielen – auch bei Historikern – die Vorstellung eines monolithischen „Führerstaates" nach. Jahrzehntelange historiographische Kontroversen folgten zwischen Intentionalisten und Strukturalisten um die Struktur des NS-Herrschaftssystems, wobei heute die Ansicht dominiert, dass das Herrschaftssystem des NS-Staates sowohl mono- als auch polykratische Elemente aufwies. Hinter der propagandistisch sorgfältig aufgebauten Fassade des unumschränkten Führerwillens tobten Machtkämpfe und Kompetenzkonflikte, ohne dass Hitlers Autorität in Frage gestellt wurde. „Führerkult" und „Hitler-Mythos" bildeten sozusagen die Klammer, die das System zusammenhielt, und sie waren das entscheidende Integrationsmittel des NS-Staates. Hitlers Autorität blieb unbestritten und wuchs während der

Kriegsjahre noch einmal. In den Konsolidierungsjahren des „Dritten Reiches" von 1935 bis 1938 erlebte das Land den Höhepunkt der Führer-Euphorie.

Die Übernahme zahlreicher Aufgabenbereiche in Staat und Gesellschaft seitens der NSDAP, ihrer direkten und indirekten Untergliederungen, die Gründung neuer Massenorganisationen wie der Deutschen Arbeitsfront (DAF), die wiederum diverse Unterabteilungen hatte, führten zu einer immer größeren Aufgliederung der Partei. So entstanden viele, oft konkurrierende Macht- und Interessengruppen. Daneben wurden jenseits der staatlichen Verwaltung „führerunmittelbare" Zentralorgane und Sondergruppen gebildet, wie z. B. die so genannte Organisation Todt, die zunächst den Autobahnbau organisierte; andere Sondergewalten waren u. a. die SS oder der RAD (Reichsarbeitsdienst). Insgesamt ergab sich ein polykratisches Geflecht von staatlichen, halbstaatlichen und parteiamtlichen Behörden und Organisationen, in dem die NSDAP als Massenorganisation zunehmend an Gewicht verlor. Noch in der Vorkriegszeit kristallisierten sich zwei Machtblöcke heraus: erstens der Komplex der politischen Organisationen der NSDAP und zweitens die SS, der SD und die Gestapo. Im Laufe des Zweiten Weltkrieges gewann der Block von SS, SD und Gestapo immer mehr Macht und Bedeutung und baute zeitweise „einen Staat im Staate" auf. Die Charakteristika des NS-Herrschaftssystems waren: Führerkult, Polykratie, Terror, massenhafter Konsens, die Verschmelzung von Partei- und Staatsorganen sowie die Installierung von Sonderbehörden jenseits der vorhandenen Hierarchiestrukturen. Im Folgenden werden anhand einiger Beispiele unterschiedliche Verhaltensweisen verschiedener Gruppen und Einzelpersonen gegenüber dem NS-Staat in den Blick genommen.

Ende August 1934 verbreitete sich in rasanter Geschwindigkeit ein Gerücht in den Dörfern des nordwestlichen Teils des niedersächsischen Landkreises Celle und löste große Unruhe unter den dortigen Bauern und ihren Familien aus. Der Anlegung eines großen Truppenübungsplatzes[1] sollten mehrere Dörfer zum Opfer fallen – zahlreiche Ortsbesichtigungen durch Offiziere gaben dem Gerücht weitere Nahrung. Landrat, Kreisbauernführer und die Ortsbürgermeister wandten sich an die übergeordneten Stellen, um Klarheit über den Sachverhalt zu bekommen, da ihnen die zunehmende Unzufriedenheit der potenziell Betroffenen Sorge bereitete. Die entsprechenden Reichswehrstellen bestätigten daraufhin derartige Pläne. Dies bedeutete, dass mehrere hundert Bauernhöfe aufgegeben und deren Besitzer umgesiedelt werden mussten. Die betroffenen Bauern, die in der überwiegenden Mehrzahl vom Regime zu Erbhofbauern erhoben worden waren und damit gemäß der NS-Blut-und-Boden-Ideologie zur bäuerlichen Elite gehörten, waren nicht gewillt, ihre Höfe, auf denen sie vielfach seit Generationen ansässig waren, ohne weiteres den „wehrpolitischen Notwendigkeiten" zu opfern. Sie kamen zusammen, um ihr gemeinsames Vorgehen zu beratschlagen. Zunächst verständigte man sich darauf, Protestbriefe an die führenden Repräsentanten des „Dritten Reiches" zu verfassen – ein in Diktaturen gangbarer Weg des Protests. Es ergingen Briefe an Adolf Hitler und den Reichsbauernführer Richard Walther Darré. Als auf diese Eingaben keine Reaktion erfolgte, entschlossen sich einige der Bauern zu weitergehenden Maßnahmen. Zunächst versuchte man es mit Aktionen vor Ort. In den betroffenen Gebieten wehten wieder die schwarzen Protestfahnen der Landvolkbewegung aus der Zeit der Weimarer Republik. Eingriffe der lokalen Polizeiorgane gegen diese Aktionen wurden boykottiert:

In Hörsten, Hohne und Manhorn wurde die schwarze Fahne gehisst. Die Polizei musste sie wieder herunterreißen. Dann wurde sie wieder hochgebracht, der Schaft mit Stacheldraht umwickelt, wenn dann die Polizei kam, gab keiner im Dorf eine Axt[2],

so die Erinnerung eines Augenzeugen. Als all dies keine Wirkung zeigte, wurde eine Delegation von 77 Bauern zusammengestellt, die Mitte März 1935 nach Berlin fuhr, um im Zentrum der Macht ihr Anliegen direkt vorzubringen. Man wollte mit Göring und Darré persönlich verhandeln und auf diese Weise eine Verlegung des Truppenübungsplatzes erreichen. Beim preußischen Ernährungsministerium wurden sie zunächst „abgewimmelt" und dann von einem Staatsrat über die „Notwendigkeit der Landesverteidigung" „aufgeklärt". Weitere Eingaben und öffentliche Unmutsbekundungen seitens der Bauern folgten, auch sie blieben ohne die gewünschte Resonanz. Im November 1935 wurde mit der Umsiedlung der Bauernfamilien begonnen und im Mai 1936 trafen die ersten Truppen auf dem Truppenübungsplatz Bergen ein.

Das beschriebene Verhalten der Bauern im Landkreis Celle wird man kaum als Widerstand bezeichnen können. Es stellte weder das NS-Regime als Ganzes in Frage noch war es auf dessen Sturz ausgerichtet. Dennoch wurde der postulierte absolute Machtanspruch des NS-Staates auf diese Weise angezweifelt sowie der Anspruch erhoben, die eigenen Interessen gegen das propagierte „Volksganze" und „Gemeinwohl" durchzusetzen – und dies auch auf die Gefahr hin, sich Repressionen auszusetzen. An dem dargestellten Fall ist weiterhin bemerkenswert, dass die Behörden nicht mit Verfolgungsmaßnahmen reagierten. Hätten zur gleichen Zeit die roten Fahnen der Arbeiterbewegung auf einem Fabrikschornstein geweht, wäre der staatliche Verfolgungsapparat mit allen Mitteln eingeschritten. Das unterschiedliche Verhalten ist damit zu erklären, dass große Teile der Bauernschaft, vor allem in den nördlichen Gebieten Deutschlands, nicht nur zur Wählerklientel der NSDAP gehörten, sondern diese auch aktiv unterstützten. Da man bei ihnen keine grundsätzliche Opposition vermutete und sie auf dem Lande einen wichtigen Grundpfeiler zur Etablierung der nationalsozialistischen Herrschaft bildeten, wurde bis zum Kriegsausbruch hier gegen Normverstöße vergleichsweise zurückhaltend vorgegangen.

Das Spektrum der Handlungen breiter Bevölkerungsteile, die sich gegen Teilbereiche des NS-Herrschaft oder das Regime als Ganzes richteten, waren vielgestaltig. Sie reichten vom Verweigern des Hitlergrußes, der Umgehung einzelner Gesetze, dem Feindsenderhören und dem Verteilen von Flugblättern, über die Hilfe für Verfolgte bis hin zu Attentaten auf Adolf Hitler von Einzeltätern wie Georg Elser oder der Widerstandsgruppe des 20. Juli 1944. Diese Handlungen waren unorganisiert und spontan oder organisiert und geplant, sie resultierten aus politischer oder religiöser Überzeugung, aus humanitären Erwägungen oder waren einfach situationsbedingt.

Für die Widerstandsforschung in der DDR bildete der kommunistische Widerstand

– unter Anleitung des Zentralkomitees der KPD – als entscheidender Repräsentant der antifaschistischen Widerstandsaktivitäten von Beginn an den Fokus, und dies änderte sich bis zum Zusammenbruch der DDR nur graduell. Eine so ausgerichtete Widerstandsforschung galt als wichtige Legitimation für den Gründungsmythos und das Selbstverständnis der DDR als antifaschistischer Staat.

Die historiographische Erforschung des Widerstands gegen den Nationalsozialismus in der Bundesrepublik hingegen unterlag bzw. unterliegt seit Kriegsende mehreren Paradigmenwechseln, die nicht nur neue Erkenntnisse über das NS-Herrschaftssystem erbrachten, sondern auch als Spiegel des Umgangs der bundesdeutschen Gesellschaft mit dem Nationalsozialismus sowie des jeweiligen „Zeitgeistes" gesehen werden können und damit immer auch ein Stück Vergangenheitspolitik darstellen. Nach Kriegsende stand der Widerstand zunächst kaum auf der Agenda der Historiographie – angesichts der Kollektivschuldthese der Alliierten galt das Thema als Tabu.[3] In den 50er-Jahren trat dann besonders die Beschäftigung mit dem militärisch-konservativen Widerstand hervor, wobei dem Attentat des 20. Juli 1944 eine Schlüsselrolle zukam. Dieser wurde als antitotalitär und per se demokratisch stilisiert und auf diese Weise in eine Kontinuitätslinie mit der demokratischen Entwicklung der Bundesrepublik gesetzt. Zur gleichen Zeit begann die Auseinandersetzung mit dem kirchlichem Widerstand, der vielfach von den Kirchen, insbesondere der evangelischen, selbst befördert wurde. Auch einzelne Widerstandsgruppen wie die „Weiße Rose" wurden nun erstmals untersucht. Erst seit der zweiten Hälfte der 60er-Jahre, im Zuge der leichten Entschärfung des Kalten Krieges und der aufkommenden Studentenbewegung sowie der ersten Anfänge der modernen Sozialgeschichtsschreibung geriet der sozialdemokratische, kommunistische und gewerkschaftliche Widerstand der Arbeiterbewegung in das Visier der Geschichtsschreibung.

Mitte der 70er-Jahre erfolgte ein Paradigmenwechsel in der Widerstandsforschung, der bis heute nachwirkt. Nicht mehr der Widerstand im engeren Sinne stand im Mittelpunkt dieser Forschung, sondern das unorganisierte, vielfach spontane Widerstehen breiter Bevölkerungsschichten während der NS-Diktatur. Unter dem Motto „Herrschaft und Gesellschaft im Konflikt" wandte man sich dem alltäglichen Verhalten der Menschen unter der Diktatur zu. Dabei lag das Interesse nicht darin, nun der falschen Kollektivschuldthese eine ebenso unrichtige vom Volk der Widerstandskämpfer entgegenzusetzen, sondern die Widersprüche des Regimes, seinen polykratischen Charakter, der sich auch im Alltag der Menschen ausdrückte, herauszuarbeiten und sichtbar zu machen. So war es möglich, die Gemengelage zwischen Unterstützen, Mitmachen, Verweigern und Widerstehen exemplarisch zu konkretisieren. Das Projekt „Bayern in der NS-Zeit"[4] war nicht nur wegweisend, sondern hatte auch Vorbildcharakter für viele nachfolgende Untersuchungen auf diesem Feld. Hier wurde erstmals der neue Ansatz der Widerstandsforschung auf breiter Basis am regionalgeschichtlichen Beispiel angewandt, auch wenn dies zunächst nicht nur auf uneingeschränkte Zustimmung traf. Vor allem der von Martin Broszat eingeführte Begriff der „Resistenz" zur Beschreibung nonkonformer Verhaltensweisen löste heftige Debatten aus.[5] Besonders Ian Kershaw, Detlev

Liebling des Volks zu sein — Heil Hitler Dir!

Und das will Euer Führer sein? Nein! Niemals!

Flugblatt des Exil-Vorstandes der SPD
anlässlich der Volksabstimmung über Hitlers Nachfolge
als Reichspräsident vom 19. 8. 1934.

Peukert und später Gerhard Paul sowie Klaus-Michael Mallmann kritisierten den Terminus der „Resistenz" und versuchten ihrerseits andere Begrifflichkeiten zu finden. Der Kernpunkt der Kritik war: Durch die Benutzung des Terminus „Resistenz" bestehe die Gefahr, den Widerstandsbegriff zu verwässern und darunter fast jedes Verhalten außer direkter Zustimmung zu subsumieren. Dahinter stand die – nicht ganz unbegründete – Befürchtung, eine einseitige, primär auf das Widerstandspotenzial und damit auf eine Entlastung der Deutschen ausgerichtete NS-Geschichtsschreibung könne entstehen. Als Alternativen wurden vorgeschlagen: „Dissens"[6], „loyale Widerwilligkeit"[7] oder ein abgestuftes Modell, dessen Bezugspunkt der jeweilige Grad der Ablehnung des Regimes bildete: „Nonkonformität – Verweigerung – Protest – Widerstand"[8]. Als allgemein gültig durchgesetzt hat sich letztlich keiner der Vorschläge, und die Debatte um die Begrifflichkeiten hat heute auf diesem Feld an Schärfe verloren: Sie werden je nach Definition und Standpunkt der jeweiligen Autoren parallel benutzt. Dennoch waren diese historiographischen Kontroversen wichtig, um Gegenstand und Zielrichtung der „erweiterten" Widerstandsforschung, die einen zusätzlichen Antrieb durch die Alltagsgeschichtsschreibung seit Anfang der 80er-Jahre erhielt, zu konkretisieren. Retrospektiv betrachtet löste das „Bayern-Projekt" einen regelrechten Boom von neuen regionalgeschichtlichen Untersuchungen zur NS-Zeit aus, der bis heute anhält und in deren Fokus die Frage nach dem nonkonformen und widerständigen Verhalten der ortsansässigen Bevölkerung eine zentrale Rolle spielt. Von Kiel bis München, von Köln bis Berlin, von Oberbayern bis Schleswig: Es gibt nur noch wenige Regionen in Deutschland, die nicht unter diesem Aspekt erforscht worden sind. Dabei wird einerseits deutlich, dass es zwar ständig Reibungspunkte zwischen Teilen der Bevölkerung und dem Regime gab, diese bezogen sich jedoch in der Regel auf Einzelmaßnahmen und stellten keine reale Bedrohung der NS-Herrschaft dar. Darüber hinaus gilt es zu beachten, dass die Grenzen zwischen Konsens, Dissens, Mitmachen und Verweigern fließend waren und sich sogar in ein und derselben Person vereinen konnten. Um die Widersprüche und Grauzonen zu verdeutlichen, war die Hinwendung zu Fragen der direkten Unterstützung des Regimes beispielsweise durch Denunziationen sinnvoll.[9] Nur durch die Untersuchung der ganzen Bandbreite der Verhaltensweisen unter dem Nationalsozialismus ist es möglich, ein mehrdimensionales Bild der Gesellschaft im NS-Staat zu zeichnen und somit weiteren Aufschluss über das Funktionieren des NS-Herrschaftssystems zu bekommen.

In den letzten Jahren kamen Spezialuntersuchungen zu bis dahin vernachlässigten Gruppen oder Einzelpersonen hinzu. Die Frauen beispielsweise, denen es durch ihren mehrtägigen öffentlichen Protest Anfang März 1943 in der Berliner Rosenstraße gelang, die Deportation ihrer jüdischen Ehemänner und „halbjüdischen" Kinder in die Konzentrationslager zu verhindern,[10] werden nun genauso wie die „Frauen des 20. Juli"[11] oder Frauen aus dem sozialdemokratischen, kommunistischen oder kirchlichen Widerstand gewürdigt. Grundsätzlich gilt, dass nun nicht mehr vornehmlich die „bekannten Helden" des Widerstands gegen die NS-Diktatur präsentiert wurden, sondern „normale Bürger". Zahlreiche unbekannte oder vergessene Personen, die sich dem Nationalsozialismus entgegengestellt hatten, traten so ins öffentliche Bewusstsein und verdeutlichen, dass es doch möglich war, „etwas" gegen das verbrecherische Regime zu unternehmen. Die relativ späte Einbeziehung dieser Personengruppen in die Widerstandsforschung hat mehrere Ursachen. Zum einen ist von Bedeutung, dass es sich um Personen unterschiedlichster Herkunft handelte, die aus völlig verschiedenen Motivationen heraus agierten und deren Handeln in den meisten Fällen nicht auf den Sturz des Regimes als Ganzes ausgerichtet war. Zum anderen waren sie in den seltensten Fällen in Gruppen organisiert, sie agierten im Verborgenen und ihre Aktivitäten konnten – sofern sie nicht selbst durch Entdeckung dem Verfolgungsapparat der Nationalsozialisten zum Opfer fielen – nach 1945 in der Regel nur durch die von ihnen Unterstützten, wenn diese überlebt hatten, bekannt und öffentlich werden. Forciert wurden

Forschungen über die so genannten anderen Deutschen seit den 90er-Jahren zusätzlich durch die Medien, die ein Interesse der Öffentlichkeit an solchen Vorgängen begünstigen. Filme wie ›Schindlers Liste‹ (1993) von Steven Spielberg oder ›Der Pianist‹ (2002) von Roman Polanski und deren Rezeption, vor allem in der Presse, sind derartige Beispiele. Auch Autobiographien und Berichte bekannter Persönlichkeiten, wie z. B. der Schriftstellerin Inge Deutschkron[12] oder des Schauspielers Michael Degen[13], die durch die Hilfe von nichtjüdischen Mitmenschen die NS-Zeit im Untergrund überleben konnten, trugen zu einem öffentlichen und wissenschaftlichen Interesse an solchen Fällen bei. Man schätzt, dass von den insgesamt 5000 bis 10 000 in Deutschland untergetauchten Juden die Hälfte in Berlin diesen Weg beschritt. Insgesamt überlebten jedoch nur 1500 Personen. Jeder der Überlebenden brauchte mindestens sieben Personen, die ihm halfen: mit Unterkunft, Lebensmitteln, Papieren usw. Die genaue Zahl wird sich kaum mehr ermitteln lassen und gemessen an der Gesamtbevölkerung handelte es sich bei den Helfern um eine verschwindende Minderheit. Dennoch wird durch diese Einzelfälle nochmals deutlich, dass der postulierte absolute Herrschaftsanspruch des nationalsozialistischen Regimes begrenzt blieb – auch unter Androhung massiver Sanktionsmaßnahmen bis hin zur Todesstrafe – und es Personen gab, die – aus welchen Beweggründen auch immer – bereit waren, sich gegen die rassistischen und menschenverachtenden Verfolgungen zur Wehr zu setzen.

Im Zuge der neueren Forschungen über die Wehrmacht im Allgemeinen und den militärischen Widerstand im Besonderen rückten erneut die Widerstandskämpfer des 20. Juli 1944 in den Mittelpunkt von Forschung, Debatten und Kontroversen. Hier werden besonders gut die Ambivalenzen zwischen Widerstand, Unterstützung, Wegschauen und Mitmachen deutlich, die vielfach kennzeichnend für das Verhalten unter dem NS-Regime waren. In den 50er-Jahren wurde der 20. Juli als „Aufstand des Gewissens" stilisiert, die politischen Vorstellungen der Gruppe als per se antitotalitär bezeichnet und somit in eine Traditionslinie mit der freiheitlich-demokratischen Grundordnung der Bundesrepublik gesetzt.[14] Der militärisch-konservative Widerstand wurde so auch zu einem Gründungs- und Legitimationsmythos des demokratischen Deutschland. Dies änderte sich erst langsam gegen Ende der 60er-Jahre, als man die politischen Zielsetzungen und Verfassungsvorstellungen der Protagonisten des 20. Juli näher untersuchte, womit zutage trat, dass deren elitäre und in Teilen wenig demokratische Gesellschaftsvorstellungen nicht zur Stilisierung als Vorläufer des Grundgesetzes taugten. Seit Ende der 80er-Jahre erschienen dann vermehrt Einzelporträts prominenter Widerstandskämpfer des 20. Juli. Sie verfolgten das Ziel, durch die Beschäftigung mit der Biographie Einzelner, der Frage näher zu kommen, inwieweit deren Handeln in früher angelegten Überzeugungen und Meinungen wurzelte. Darüber hinaus war von Interesse, wie sich deren Einstellung zur nationalsozialistischen Kriegspolitik und -führung gestaltete, die die hohen Offiziere als ranghohe Mitglieder dieser Gruppe, zumindest einen gewissen Zeitraum lang, mitgetragen haben. Inwieweit unterstützten die Offiziere des 20. Juli Hitlers Kriegführung und die Massenvernichtungsaktionen von Wehrmacht und SS insbesondere an der Ostfront und in welchem Maß waren sie in Kriegführung und Massenvernichtungsaktionen involviert? Genau an diesen Fragen entzündete sich eine erneute Kontroverse um die Bewertung des Widerstands vom 20. Juli 1944.[15] Ausgangspunkt war die Heeresgruppe Mitte, in der mehrere prominente Offiziere, die dem Widerstand des 20. Juli angehörten, wie u. a. Henning von Tresckow, Rudolf-Christoph von Gersdorff sowie Peter Graf York von Wartenburg, Dienst taten. Wie verhielten sie sich gegenüber den Gewalttaten, die dort verübt wurden? Dabei ist ein Bild entstanden, welches durchaus zwischen den Handlungen des Einzelnen differenziert. Es widerlegt allerdings den bis dahin kaum in Frage gestellten Mythos eines frühen, zunächst systemimmanenten Protests gegen die Besatzungsverbrechen und die aus der NS-Rassenpolitik resultierenden Massenmorde als ein wesentliches Movens der Attentatsplanungen. Was die Handlungsweisen und Motive anbelangt, so sind besonders antibolschewistische, antisemitische und kriegerische Vorprägungen, die in der Regel bereits aus der Zeit vor der nationalsozialistischen „Machtergreifung" resultierten – bei den Älteren spielte der Erste Weltkrieg eine prägende Rolle –, festzustellen. Bis die Entscheidung zum Widerstand fiel, trugen diese Prägungen zu einer Unterstützung der Kriegshandlungen, solange sie erfolgreich verliefen, genauso bei wie zu einer passiven oder sogar aktiven Unterstützung der Gewaltverbrechen in den besetzten Gebieten.[16] Hans Mommsen hebt in diesem Kontext die Ambivalenz in der Einstellung zur „Judenfrage" aller am 20. Juli Beteiligten und nicht nur der Militärs hervor, welche sich aus dem Fortwirken des konservativen Antisemitismus des Kaiserreiches, gepaart mit einem ausgeprägten Antibolschewismus ergab. Bei der Mehrheit von ihnen fand erst dann ein Lernprozess statt, nachdem den Einzelnen das ganze Ausmaß der Judenvernichtung bekannt wurde – ungefähr in der zweiten Hälfte des Jahres 1942. Der Entschluss zum Attentat resultierte aus der Einsicht, dass die Fortführung des Krieges unter den Bedingungen Hitlers sinn- und aussichtslos war und die weitere Einbindung der Wehrmacht in die Verbrechen beendet werden müsse.

Die These, dass auch Mitglieder des 20. Juli aktiv an Massenvernichtungen von Juden beteiligt gewesen sein sollen, löste heftige Reaktionen aus. Zunächst kam es vor allem zu moralischer Empörung, weil man an dem Topos vom „Aufstand des Gewissens" festhielt und eine Verunglimpfung der Beteiligten des 20. Juli ausmachte.[17]

Obwohl letztgültige Aussagen über den wirklichen Grad der Verstrickung, vor allem in die Massenvernichtungsaktionen, weiterer Forschungen bedürfen, ist jetzt schon zu konstatieren, dass ein Großteil der „Verschwörer des 20. Juli" enger in die Kriegs- und Vernichtungspolitik des NS-Regimes involviert war, als dies bisher angenommen wurde. Damit wird auch hier – wie auf anderen Feldern – deutlich, dass die Grenzen zwischen Tätern, Widerständlern und Opfern oft fließend waren und sich in einer Person vereinigen konnten. Dies kann auch als Indiz dafür gesehen werden, weshalb das NS-Regime so lange relativ unangefochten agieren konnte. Es gab gerade unter den alten Eliten nur wenige uneingeschränkte Gegner der NS-Diktatur.

Warum gab es keinen Widerstand der sozialdemokratisch oder kommunistisch orientierten Arbeiterschaft auf breiter Front, der das Regime ernsthaft hätte beeinträchtigen können? Neben dem organisierten Widerstand von KPD und SPD, sozialistischer

Splittergruppen und Gewerkschaften gilt das Interesse verstärkt dem Verhalten der Arbeiterschaft vor Ort. In zahlreichen Lokal- und Regionalstudien kamen die meisten Autoren zu dem Schluss, dass das Verhalten großer Teile der Arbeiterschaft im Besonderen durch Loyalität zum und Integration in das Regime gekennzeichnet gewesen sei.[18] Nach anfänglicher breiter Ablehnung des Nationalsozialismus sei es dem Regime durch ein System von sozialer Bestechung und Terror dann doch gelungen, dass sich die Mehrheit der Arbeiter mit den Gegebenheiten abfanden und sich sogar loyal gegenüber den neuen Machthabern verhielten. Auch wenn andere für die Vorkriegszeit eine politische Distanz zum Nationalsozialismus konstatierten, bleibt der Hinweis, dass die wirtschaftlichen und sozialen Verbesserungen für die Arbeiterschaft seit etwa 1935 zur Neutralisierung und teilweisen Integration führten.[19] Aber es wurde auch eingewandt, dass man nicht von Integration oder gar Loyalität gegenüber dem Regime sprechen könne, vielmehr von einer Neutralisierung durch Terror und Kontrolle reden müsse.[20] Darüber hinaus wurde eine weit verbreitete Ablehnung des NS-Regimes über die Jahre hinweg festgestellt. Diese manifestierte sich u. a. im Ignorieren und Isolieren von NS-Funktionären und NS-Arbeitern im Betrieb, in dem Boykott von DAF-Veranstaltungen, der Verweigerung des Hitlergrußes, in Protesten gegen die Sammlungen zum Winterhilfswerk sowie gegen die Zwangsbeiträge zur DAF. Als entscheidende Faktoren für die antinationalsozialistische Einstellung etwa der Hamburger Werft- und Hafenarbeiterschaft werden die starke Prägung durch die vor allem sozialdemokratische Arbeiterbewegung, die Erfahrungen mit dem Nationalsozialismus in Betrieb und im Alltag sowie die Benachteiligung Hamburgs durch die NS-Autarkiepolitik genannt; diese Benachteiligung der Hafenstadt hatte auch zur Folge, dass die Partizipation am wirtschaftlichem Aufschwung geringer war als anderswo. Von zentraler Bedeutung war die Aufrechterhaltung der alten Kommunikationsstrukturen und Gesprächskreise am Arbeitsplatz, die der Belegschaft gewohnten Rückhalt boten und den Zugang ehemaliger Funktionäre zu illegalen Informationen ermöglichten.

Grundsätzlich lässt sich das Verhalten der Arbeiterschaft im „Dritten Reich" in vier Phasen untergliedern[21]: Die Phase von 1933 bis Anfang 1935 war in der Arbeiterschaft vor allem durch Distanz und Abwarten gekennzeichnet. In der Folgezeit bis zum Jahr 1937 hatte das Regime eine gewisse Stabilität erreicht, die Verbesserung der Arbeitsmarktsituation ließ auf eine Erhöhung des Lebensstandards hoffen, die Stellung der Arbeiter insgesamt wurde gestärkt, das NS-Regime schien sich etwas zu öffnen und galt als veränderbar; daraufhin nahmen nonkonforme Verhaltensweisen zu. Im Laufe des Jahres 1937 wurde allerdings deutlich, dass die Annahme, der Kurs würde sich ändern, eine Illusion darstellte. Die forcierte Kriegsvorbereitung, mit der auch ein weiterer Ausbau des Verfolgungs- und Terrorapparates einherging, erhöhte den Druck auf die Arbeiterschaft weiter. Diese reagierte in ihrer Mehrheit mit einem starken Rückgang der Konfliktbereitschaft. Viele Menschen versuchten, Vorteile für sich zu nutzen, und zogen sich in den häuslichen Bereich zurück. Dennoch verschwanden Unzufriedenheit und Ängste nicht, sie wurden nur nicht mehr offen geäußert. Mit Ausbruch des Zweiten Weltkrieges schien oppositionelles Verhalten der Arbeiterschaft auf breiter Basis vollends unmöglich geworden zu sein. Zum einen wurden die Arbeiter in die Kriegsanstrengungen integriert, zum anderen kam es zum weiteren Ausbau des Verfolgungsapparates. Zwar löste der Krieg bei vielen auch die vergebliche Hoffnung aus, dass nun bald der Zusammenbruch des NS-Regimes folgen würde. Auf der anderen Seite standen viele Männer und Frauen aber auch loyal zu ihrem Vaterland. Darüber hinaus wurden durch die Einziehung von Arbeitern zur Wehrmacht und durch die kriegsbedingten Veränderungen in den Betrieben die alten Kommunikationsstrukturen und Beziehungen zerstört.

Der Widerstand von KPD und SPD unterschied sich nicht nur durch die Ausgangsanalyse, sondern auch durch unterschiedliches Vorgehen und differierende Konzepte. Zwar gingen die Führungsspitzen beider Parteien zunächst davon aus, dass die Nationalsozialisten sich nicht allzu lange an der Macht halten würden, die Gründe für diese Annahme waren jedoch völlig verschieden. Meinten die Kommunisten, der Nationalsozialismus sei die letzte Rettung des in seiner Endkrise befindlichen Kapitalismus, gingen die Sozialdemokraten davon aus, dass das Regime relativ bald an den sich zunehmend verschärfenden inneren Widersprüchen zerbrechen werde. Aus der jeweiligen Grundannahme resultierte dann eine spezifische Strategie.

Die Kommunisten wollten in den ersten Monaten nach der Machtübernahme durch eine aktive Gegenwehr den Sturz Hitlers einleiten. Trotz großer personeller Verluste infolge Verhaftungen rückte die Parteileitung nicht von ihren Plänen ab. Im Gegensatz zur SPD hatte sich die KPD gezielter auf die Illegalität vorbereitet. Auch im Untergrund sollte die territoriale und hierarchische Organisationsstruktur weitestgehend beibehalten werden. Dies ging so weit, dass bis 1935 noch die Beiträge der Mitglieder kassiert und teilweise weiterhin Beitragsmarken ausgegeben wurden. Die Aktivitäten der KPD-Gruppen waren darauf ausgerichtet, nach „außen" zu wirken und dadurch die Bevölkerung aufzuklären. Dies geschah vor allem durch die Herstellung und das massenhafte Verteilen von illegalen Flugblättern und Literatur sowie durch die Beschriftung von Mauern und Häuserwänden mit entsprechenden Parolen. Weiteres Material wurde aus dem Ausland ins Reich geschmuggelt, so das Zentralorgan der Partei ›Die Rote Fahne‹, welche von der Auslandsleitung in Paris weiterhin gedruckt wurde. Die Form der Agitation, die Rekonstruktion der Organisation und die damit verbundene „Befehlsstruktur" von oben nach unten erleichterten es Polizei und Gestapo, effektiv gegen die Kommunisten vorzugehen. Durch die erfolgreiche Einschleusung von Spitzeln zum Teil bis in die höchsten Führungsebenen der illegalen Parteiorganisation und eine systematische Beobachtung, unterstützt von Denunziationen aus der Bevölkerung, gelang es den NS-Verfolgungsbehörden über Personen, Aktionen und Strategien bestens informiert zu sein und im erfolgversprechendsten Moment zuzuschlagen. Verhaftungen von KP-Mitgliedern und KP-Funktionären erfolgten massenhaft. Bis 1935 gelang es, besonders in ehemaligen KPD-Hochburgen, einzelne Gruppen immer wieder zu ersetzen, den Funktionärskorps soweit wie nötig auszutauschen und die Verbindungen untereinander nicht abreißen zu lassen. Auf Dauer ließ sich dieses Vorgehen jedoch nicht durchhalten, hinzu kam, dass seit 1935/36 der Terror- und Verfolgungsapparat des NS-Staates weiter ausgebaut wurde. Auf der „Brüsseler Konferenz" beschloss die KPD-Führung – mit dem Rückhalt der Komintern – eine neue Strategie. Man setzte mehr auf Dezentralisierung: Der Kontakt zwischen den Auslandsleitungen und den Gruppen in angrenzenden Gebieten des Reiches wurde aufrechterhalten, während man die Agitationsmaßnahmen stark reduzierte. Nun ging es primär darum, die persönlichen Kontakte untereinander und die politische Gesinnung zu gewährleisten, um für die Zeit „nach Hitler" gewappnet zu sein. Man kann von „Abwarten" und „Überwintern" sprechen. Außerdem war auf dem VII. Weltkongress der Kommunistischen Internationale vom 25. Juli bis 20. August 1935 in Moskau der Aufbau einer „antifaschistischen Volksfront" – unter Einbeziehung aller Gegner des Nationalsozialismus, unabhängig von ihrer parteipolitischen oder weltanschaulichen Ausrichtung – beschlossen worden. Diese blieb jedoch reine Theorie. Obwohl es während der gesamten NS-Zeit zu keiner relevanten Zusammenarbeit zwischen kommunistischem und sozialdemokratischem Widerstand kam, hatten sich deren Vorgehensweisen nach dem Strategiewechsel der KPD in wesentlichen Punkten angenähert.

Im Gegensatz zur KPD gingen die SPD und ihre Parteiführung unvorbereiteter und mit einer anderen Analyse der Ausgangssituation in die Illegalität. Sie unterschätzten zunächst die Erfolgsfähigkeit, den Machtwillen sowie das Terror- und Verfolgungspotenzial der neuen Machthaber und sahen demzufolge das Ende der NS-Regierung in nicht allzu ferner Zukunft kommen. Die Parteiführung zielte nicht darauf ab, die Organisationsstruktur der Partei in der Illegalität aufrechtzuerhalten, sondern wollte sozialdemokratische Ideen, Einstellungen, Traditionen und Ideale bewahren. Die Partei sollte auf diese Art und Weise als „Gesinnungsgemeinschaft" die Zeit des „Dritten Reiches" überdauern. Dabei spielten die sozialdemokratischen Milieus, auch nach dem offiziellen Verbot der SPD am 2. Juni 1933, eine zentrale Rolle. Ihre Existenz ermöglichte es, alte Kommunikationsstrukturen zu bewahren. Vereine, Stammtische, Diskussionszirkel usw. boten eine gute Tarnung, um sich auch weiterhin auszutauschen und den Kontakt untereinander nicht zu verlieren. Diese Form nonkonformen oder auch widerständigen Verhaltens erschwerte es der Gestapo zunächst, in diese Kreise einzudringen. Dennoch waren auch viele Sozialdemokraten Opfer von Verfolgung und Terror. Seit Mitte der 30er-Jahre reduzierte sich – angesichts von Vollbeschäftigung, steigenden Arbeitszeitanforderungen und der Stabilisierung des NS-Regimes – die Bindungs- und vor allem Resistenzkraft der sozialdemokratischen Milieus. In den folgenden Jahren und besonders im Zweiten Weltkrieg setzte sich dieser Prozess weiter fort. Neben diesem Verhalten der Masse der (ehemaligen) SPD-Parteimitglieder gab es auch organisierte Widerstandsgruppen, die auf unterschiedlichen Feldern agierten. Es existierten zahlreiche Gruppen besonders in urbanen Zentren, die u. a. illegale Flugblätter oder Literatur verteilten. Sie arbeiteten oft mit der Exil-SPD oder anderen gleich gesinnten Gruppen zusammen. Der Exil-Vorstand der SPD, die Sopade, hielt sich mit Anweisungen für die Widerstandsarbeit grundsätzlich eher zurück, da man um die Gefahren für die Genossen im Reich wusste. Die Sopade verlegte sich dann auch eher auf die Produktion von Flugschriften oder den berühmten Deutschlandberichten, um so das Bestreben, eine begrenzte Gegenaufklärung betreiben zu können, zu unterstützen.

Andere sozialdemokratische Widerstandsgruppen wurden ohne Unterstützung von außen aktiv und organisierten vor Ort Widerstandsaktionen. Ein Beispiel dafür ist die „Sozialistische Front" (SF) in Hannover. Sie hatte sich bereits 1932 nach dem „Preußenschlag" konstituiert und existierte bis in den Krieg hinein. Im Jahr 1935 hatte sie etwa 1000 Mitglieder, die in Fünfergruppen organisiert waren. Sie war nicht von oben nach unten hierarchisch aufgebaut und knüpfte Verbindungen primär durch die Vorteile des sozialdemokratischen Milieus. Durch diese Organisationsform der „Sozialistischen Front" war es für die Gestapo schwierig, die Gruppe aufzuspüren. Erst im Spätsommer des Jahres 1936 gelang es mithilfe eines Spitzels, einen Großteil der Mitglieder zu verhaften. Bis zum September 1937 wurden 300 Personen festgenommen, davon 250 verurteilt. Die Übrigen agierten – wenn auch eingeschränkt – bis in den Krieg hinein weiter.

Neben Gruppen gab es auch immer wieder Einzelpersonen aus der Arbeiterbewegung, die sich an anderen Widerstandsgruppen und Aktionen beteiligten; so etwa Julius Leber, der zum engsten Kreis um den 20. Juli gehörte und am 5. Januar 1945 in Plötzensee hingerichtet wurde.

Zur Beschreibung und Analyse von Herrschaft und Gesellschaft im „Dritten Reich" gehören neben der Begeisterung für, der Unterstützung der, des Mitmachens in der und der Integration in die „Volksgemeinschaft" auch die vielfältigen Formen nonkonformen und widerständigen Verhaltens. Sie lassen sich in fast allen gesellschaftlichen Gruppen zu jeder Zeit in unterschiedlicher Ausprägung und Intensität feststellen. Das dargelegte Spektrum konnte nur einen kleinen Ausschnitt derartiger Verhaltensweisen aufzeigen. Jugendopposition, kirchlicher Widerstand, Studentenopposition wie die „Weiße Rose", die verschiedenen Oppositionsgruppen wie der „Kreisauer Kreis" oder die „Rote Kapelle" sowie mutige Einzeltaten wie das gescheiterte Attentat Georg Elsers im Münchner Bürgerbräukeller gehören ebenso wie die erwähnten Beispiele dazu und unterstreichen die ganze Bandbreite des Phänomens. Die Integration der Frage nach den Ausprägungen der Widerständigkeit der deutschen Bevölkerung in eine Sozial- und Alltagsgeschichte des „Dritten Reiches" ermöglicht es, einerseits die Widersprüche des Systems aufzuzeigen. Denn trotz seines postulierten absoluten Macht- und Herrschaftsanspruchs war die politische Führung nicht in der Lage, diesen durchzusetzen. Es gab Reibungsverluste durch innere Machtkämpfe und Konflikte, und der Verfolgungsapparat der Gestapo, der zwar effektiv, aber auch nicht allmächtig war, stieß an seine Grenzen. Andererseits werden die Ambivalenzen im Verhalten und in der Einstellung des Einzelnen zum nationalsozialistischen Staat deutlich: Man konnte ein glühender Anhänger des „Führers" sein und die ökonomischen wie außenpolitischen Maßnahmen des Regimes begrüßen, gleichzeitig aber die Rassengesetze oder die Euthanasiemaßnahmen verurteilen. Welche Konsequenzen der Einzelne aus diesen Widersprüchen für sein konkretes Verhalten zog, war in der Regel individuell, hing von seinen geistigen und politischen Vorprägungen und nicht zuletzt von den zu befürchtenden Sanktionen ab. Trotz der zahlreichen Formen nonkonformer Verhaltensweisen bis hin zum Attentat bleibt der Befund, dass die weitaus überwiegende Mehrheit der Bevölkerung das NS-Regime nicht nur bis zu seinem bitteren Ende mittrug, sondern in weiten Teilen auch mit seiner Politik übereinstimmte. Das NS-Regime ist nicht von innen, sondern von außen zerschlagen worden.

Julia Angster

Ankunft im Westen: Die Bundesrepublik Deutschland

Zum vierzigjährigen Bestehen der Bundesrepublik Deutschland und wenige Monate vor dem Fall der Mauer zog der Philosoph Jürgen Habermas Bilanz: „Wir sind zum ersten Mal ein halbwegs normaler Bestandteil der westlichen Staatengemeinschaft geworden. Freilich", so fuhr er fort, „hat sich dieser Prozess zunächst ökonomisch und politisch, später in Ansätzen auch kulturell vollzogen. Dieser Prozess wird erst irreversibel, wenn die kulturelle Verwestlichung die Mentalität der gesamten Bevölkerung durchdrungen haben wird."[1]

Dass die Bundesrepublik zu einem normalen westlichen Land geworden ist, kann man als das eigentliche Wunder der westdeutschen Nachkriegszeit bezeichnen. Wie sollte ein Land, das eben noch dem Nationalsozialismus gefolgt war und die halbe Welt mit einem Angriffskrieg überzogen hatte, eine friedliche Demokratie werden? Wie sollten die alte deutsche Autoritätsgläubigkeit und Staatsverehrung überwunden werden? Die Deutschen hatten seit Bismarcks Zeiten auf die westlichen Demokratien, also vor allem England, Frankreich und die USA, herabgesehen. „Händler" seien das, Krämerseelen, die sogar über ihr Gemeinwesen einen Vertrag abschließen mussten. Die Deutschen dagegen waren „Helden", die als Volk in einer Gemeinschaft ohne Konflikte lebten. Die Propagandamaschinen des Ersten Weltkrieges heizten diese Stereotype weiter an, und die ungeliebte parlamentarische Ordnung der Weimarer Republik wurde als „Diktat" der westlichen Siegermächte empfunden. Die deutsche Volksgemeinschaft unter einem mächtigen Staat war vielen Deutschen lieber als das ewige Aushandeln verschiedener Interessen in den „Schwatzbuden" der Parlamente.

Es war ein langer und schwieriger Weg, bis sich die Deutschen die Grundwerte der liberalen Demokratie und der pluralistischen Gesellschaft zu Eigen machten, bis sie beispielsweise eine Vielfalt von gegensätzlichen Meinungen und Interessen in ihrer Gesellschaft als normal empfanden oder den Staat nicht mehr als Obrigkeit verstanden, sondern als Regierung, als eine Institution, die von der Gesellschaft eingesetzt wird und auch wieder abgesetzt werden kann.

Dieses Umdenken einer ganzen Gesellschaft hat zur Stabilisierung der zweiten deutschen Republik mindestens ebenso beigetragen wie das so genannte Wirtschaftswunder. Mit der Gründung der Bundesrepublik war es aber noch keineswegs abgeschlossen. Der Weg der Bundesrepublik in den Westen vollzog sich vielmehr schrittweise zwischen dem Ende der 40er- und dem Ende der 60er-Jahre.

Zuerst wurde mit dem Grundgesetz die neue politische Ordnung etabliert. Die westlichen Alliierten kontrollierten die Demokratiegründung, indem sie klare Rahmenbedingungen vorgaben, innerhalb deren die Deutschen jedoch ihre eigenen Vorstellungen umsetzen konnten. Im zweiten Schritt wurde die neue Republik in die wirtschaftlichen und militärischen Bündnissysteme des Westens eingebunden: in die NATO und die

Europäischen Gemeinschaften. Jetzt gehörte die Bundesrepublik formal zum „Westen". Sie erhielt dadurch einen wesentlichen Teil ihrer staatlichen Souveränität zurück, die das Deutsche Reich 1945 verloren hatte. Der Preis dafür war jedoch, dass die Teilung des Landes zementiert wurde, da die sowjetische Besatzungszone zugleich in den Ostblock eingebunden wurde. Aber erst der dritte Schritt, die Annäherung der westdeutschen Gesellschaft an westliche Wertvorstellungen, brachte der Bundesrepublik eine liberaldemokratische und pluralistische politische Kultur und füllte so den innen- und außenpolitischen Rahmen mit Leben.[2]

Ganz aus sich selbst heraus hatten die Westdeutschen diese Neuorientierung allerdings nicht geleistet. Wertvorstellungen und politische Institutionen, Waren, Moden und Verhaltensweisen waren aus westlichen Ländern in die Bundesrepublik getragen worden und hatten dort allmählich eine große Wirkung entfaltet. Es war der Austausch mit anderen Ländern und ihren Kulturen, der zu dem Wandel im Denken der Deutschen führte und am Ende auch die politische Geschichte des Landes verändert hat.

Im Mai 1945 endete der Krieg und die nationalsozialistische Herrschaft brach zusammen. Es zeigte sich aber bald, dass die „Stunde Null", der vollkommene Bruch mit allem Vorangegangenem, den viele Zeitgenossen erwarteten und zu erleben glaubten, nicht stattgefunden hatte. Zu groß waren die Kontinuitäten in manchen Bereichen, zu deutlich der Rückgriff auf die Weimarer Zeit. In erster Linie war es den Deutschen schließlich darum zu tun, wieder ein normales Leben führen zu können, so wie man es vor dem Krieg getan hatte. Und auch wenn fast alle politischen Richtungen in den ersten Jahren des Wiederaufbaus nach einer Neuordnung der Verhältnisse strebten und sozialistische Programme verabschiedeten, so erwiesen sich doch die wirtschaftlichen, bürokratischen und gesellschaftlichen Strukturen als widerstandsfähig. Sie hatten schließlich im Großen und Ganzen auch die Zeit des „Dritten Reiches" überstanden.

Anders verhielt es sich bei den politischen Strukturen: Hier gab es tatsächlich einen Neuanfang. Mit der bedingungslosen Kapitulation des Deutschen Reiches am 8. und 9. Mai 1945 endete jegliche deutsche Staatlichkeit. Von nun an war Politik in Deutschland die Sache der alliierten Siegermächte. Die USA, die Sowjetunion und Großbritannien besetzten das Gebiet des Deutschen Reiches und teilten es, gemeinsam mit Frankreich, in vier Besatzungszonen auf.

Im Juni übernahmen die Alliierten die oberste Regierungsgewalt. Sie sahen sich vor die Aufgabe gestellt, einerseits dem Bedürfnis der Europäer und der Welt nach Sicherheit vor Deutschland, auch nach Strafe, zu entsprechen. Andererseits mussten sie aber den Not leidenden Deutschen einen materiellen wie politischen Wiederaufbau ermöglichen.

Die Trümmer des Krieges bestimmten die Stadtbilder: Millionen Menschen waren ohne Obdach, hungerten und froren. Es galt, Städte und Fabriken wiederaufzubauen, Verkehrswege wiederherzustellen, es galt Millionen von Flüchtlingen zu integrieren und mit Wohnraum zu versorgen. Weiter wollte man sicherstellen, dass die Deutschen fürs Erste nicht am politischen Wiederaufbau ihres Landes mitwirkten. Sie sollten erst entnazifiziert und umerzogen werden, ehe sie sich politisch betätigen durften. Dies machten die Anweisungen noch einmal deutlich, die der amerikanische Generalstab seinem Oberbefehlshaber in Deutschland, General Lucius D. Clay, mit auf den Weg gab:

a) Es muss den Deutschen klar gemacht werden, dass Deutschlands rücksichtslose Kriegsführung und der fanatische Widerstand der Nazis die deutsche Wirtschaft zerstört und Chaos und Leiden unvermeidlich gemacht haben, und dass sie nicht der Verantwortung für das entgehen können, was sie selbst auf sich geladen haben.
b) Deutschland wird nicht besetzt zum Zwecke seiner Befreiung, sondern als ein besiegter Feindstaat. […]
c) Das Hauptziel der Alliierten ist es, Deutschland daran zu hindern, je wieder eine Bedrohung des Weltfriedens zu werden. Wichtige Schritte zur Erreichung dieses Zieles sind die Ausschaltung des Nazismus und des Militarismus in jeder Form, die sofortige Verhaftung der Kriegsverbrecher zum Zwecke der Bestrafung, die industrielle Abrüstung und Entmilitarisierung Deutschlands mit langfristiger Kontrolle des deutschen Kriegspotenzials und die Vorbereitungen zu einem späteren Wiederaufbau des deutschen politischen Lebens auf demokratischer Grundlage.[3]

Mit dem Krieg endete auch das Bündnis der Siegermächte. Der Konflikt zwischen den USA und der UdSSR hatte schon lange geschwelt und war nur durch die gemeinsame Gegnerschaft gegen Deutschland beiseite geschoben worden. Nun wuchs er sich rasch zur offenen Konfrontation zwischen den beiden neuen „Supermächten" aus, der Kalte Krieg begann. Dies hatte unmittelbare Auswirkungen auf die Behandlung Deutschlands durch die Siegermächte. Innerhalb der Besatzungszonen wurden Entnazifizierung, Reparationen und politischer Wiederaufbau unterschiedlich gehandhabt, auch die Versorgung der Bevölkerung mit Nahrungsmitteln war nicht einheitlich. Die Zonen entwickelten sich daher bald zu getrennten Verwaltungs- und Wirtschaftsräumen.

Die Anfänge des öffentlichen und politischen Lebens in Deutschland wurden von den Alliierten überwacht und gesteuert. Die politischen Strukturen in den westlichen Besatzungszonen entwickelten sich zuerst auf der lokalen Ebene und dann in den Ländern. Ab September 1945 amtierten in der amerikanischen Besatzungszone wieder Ministerpräsidenten der Länder; in allen Zonen wurden Parteien gegründet: Die wichtigsten waren SPD, KPD und FDP sowie – als neue, überkonfessionelle Partei – die CDU bzw. in Bayern die CSU. Sie alle traten zunächst mit einer relativ stark sozialistisch geprägten Programmatik für einen politischen Neuanfang ein. Selbst die CDU folgte in ihrem Ahlener Programm von 1947 diesem Zeitgeist. Das Personal der ersten Stunde bestand dabei zum großen Teil aus ehemaligen Politikern und Funktionären der Weimarer Republik. Dennoch entstanden liberaldemokratische Strukturen nach angelsächsisch-westlichem Vorbild. So recht wollten die Westalliierten den Deutschen die Selbstständigkeit aber noch nicht zutrauen, deshalb sollten demokratische Selbstbestimmung und pluralistische Meinungsvielfalt vorerst unter alliierter Kontrolle geübt werden.

Als sich aber der Kalte Krieg verschärfte und Washington die Sowjetunion immer stärker als Bedrohung wahrnahm, begann sich die amerikanische Haltung gegenüber den Deutschen zu wandeln. Die UdSSR schien darauf aus zu sein, sich die gesamte Welt zu unterwerfen und dabei nicht nur auf militärische Stärke zu setzen, sondern vor allem auf die Überzeugungskraft ihrer Ideen. Die Bedrohung ging also ebenso sehr vom Kommunismus als Ideengebäude und gesellschaftlichem Ordnungskonzept aus wie von der Sowjetunion als politischer und militärischer Vormacht des Ostens. Deswegen würde sich der Westen nicht nur militärisch, sondern auch wirtschaftlich und ideell zur Wehr setzen müssen. Die USA taten dies 1947 mit der Trumandoktrin, die dem Expansionsdrang der Sowjetunion Einhalt gebieten wollte, und mit dem Marshallplan, der Westeuropa wirtschaftlich stabilisieren sollte. Wirtschaftsordnung, politisches System und Wertewelt wurden in den USA als ein enger Zusammenhang gesehen.

Dies wirkte sich auch auf die amerikanische Deutschlandpolitik aus. Denn Westdeutschland wurde, wegen seiner Wirtschaftskraft und seiner geographischen Lage an der Grenze zwischen den nun entstehenden Blöcken, schnell zu einem wichtigen Verbündeten des Westens. Die Deutschen sollten nun nicht mehr bestraft und umerzogen, sondern „umorientiert" und in das westliche Bündnis integriert werden. Das Land sollte nicht mehr geschwächt und geteilt, sondern möglichst gestärkt werden. Die westlichen Alliierten begannen daher trotz französischer Bedenken, ihre Besatzungszonen zu fusionieren, während die Sowjetunion die ihre zunehmend isolierte. Beide Seiten setzten ihre jeweilige Wirtschafts- und Gesellschaftsordnung durch, und die „doppelte Staatsgründung" schritt voran. So entstanden in Deutschland zwei antagonistische politische Systeme mit gegensätzlichen Konzepten von Politik und Staat, die vierzig Jahre lang Bestand haben sollten.

Der erste bedeutende Schritt zur Gründung eines westdeutschen Staates war die Währungsreform, die am 24. Juni 1948 gemeinsam in den drei Westzonen vollzogen wurde. Ein erster Verfassungsentwurf entstand im August desselben Jahres, und im September trat in Bonn der Parlamentarische Rat zusammen. Die deutschen „Verfassungsväter" und „-mütter" erhielten von den Alliierten klare Vorgaben, was den Rahmen der Verfassung anbelangte, konnten aber innerhalb dieses Rahmens ihre eigenen Vorstellungen umsetzen. Die demokratischen Traditionen der Paulskirche und der Weimarer Reichsverfassung flossen so mit in die westdeutsche Verfassungsgebung ein.

Das Grundgesetz der Bundesrepublik Deutschland trat am 23. Mai 1949 in Kraft. Der Verzicht auf den Namen „Verfassung" sollte zum Ausdruck bringen, dass es als Provisorium für die Zeit bis zur deutschen Wiedervereinigung gedacht war. Ein föderaler, sozialer Rechtsstaat war entstanden, eine repräsentative parlamentarische Demokratie, die die strukturellen Fehler ihrer Weimarer Vorgängerin zu vermeiden suchte, etwa durch die hervorgehobene Stellung der Grundrechte, die Unveränderbarkeit des Kernbestands der Verfassung oder das „konstruktive Misstrauensvotum". Auch die besonders betonte Rolle der Parteien bei der politischen Willensbildung gehört in diesen Kontext. Die neue Republik verstand sich als „streitbare Demokratie". Man wollte den Kern der Verfassungsordnung dem Mehrheitsentscheid entziehen, um zu verhindern, dass die Gegner der Demokratie deren Spielregeln nutzen konnten, um sie abzuschaffen: „Keine Freiheit für die Feinde der Freiheit." Die Wirtschaftsordnung wurde dagegen durch das Grundgesetz nicht eindeutig festgelegt; man überließ die Entscheidung zwischen sozialer Marktwirtschaft und Planwirtschaft der gesellschaftspolitischen Auseinandersetzung.

Da Berlin außerhalb des Bundesgebietes lag und unter alliierter Verwaltung stand, brauchte die junge Republik eine neue Hauptstadt. Man entschied sich für das kleine Bonn am Rhein, so wollte man den provisorischen Charakter des Teilstaates betonen. Diese Wahl drückte das Selbstverständnis der Bundesrepublik aus, und man kann vielleicht sogar sagen, dass Bonn das Wesen dieser Republik mitgeprägt hat. Denn der Gegensatz zwischen dem katholischen Rheinland und dem protestantischen Preußen symbolisierte auch den Unterschied zwischen der jungen Westrepublik und dem Deutschen Reich von 1871. Besonders der erste Kanzler, Konrad Adenauer (CDU), personifizierte diesen Gegensatz. Der bereits über siebzigjährige ehemalige Kölner Oberbürgermeister war ein Vertreter des katholischen Konservatismus. Als Gegner Preußens und des Wilhelminischen Kaiserreiches lehnte er Nationalismus, Militarismus und politischen Zentralismus ab. Stattdessen trat er für den Föderalismus und eine enge Anbindung der jungen Bundesrepublik an die Staaten Westeuropas ein.[4]

Der von der CDU unter Adenauer geführten ersten Bundesregierung stand die SPD als starke Opposition gegenüber. Sie wurde von Kurt Schumacher angeführt, einem Überlebenden der nationalsozialistischen Konzentrationslager. Die Sozialdemokratie trat innen- und wirtschaftspolitisch für eine sozialistische Gesellschaftsreform ein und außenpolitisch für den Versuch, die deutsche Teilung zu überwinden. Damit waren die grundsätzlichen Konfliktlinien für die „Ära Adenauer" vorgezeichnet, die bis 1963 dauern sollte. Denn SPD und CDU bestimmten die politische Auseinandersetzung in der Bundesrepublik von Anfang an. Zwar war das Parteiensystem zunächst noch instabil und zersplittert, zahlreiche kleine Interessenparteien hatten sich gebildet. Aber bereits mit der zweiten Bundestagswahl 1953 setzte ein Konzentrationsprozess ein. Die beiden großen Parteien vermochten es seit Anfang der 50er-Jahre, stets über zwei Drittel aller Wählerstimmen auf sich zu vereinen. So ließen sich, im Gegensatz zu den Verhältnissen in der Weimarer Republik, immer stabile Regierungen bilden.

Einig war man sich in der doppelten Abgrenzung der „Bonner Republik" sowohl vom nationalsozialistischen Deutschland als auch von der DDR, deren staatliche Eigenständigkeit nicht anerkannt wurde. Gleich nach Gründung des zweiten deutschen Staates im Oktober 1949 erklärte Bundeskanzler Adenauer:

Ich stelle folgendes fest: In der Sowjetzone gibt es keinen freien Willen der deutschen Bevölkerung. Das, was jetzt dort geschieht, wird nicht von der Bevölkerung getragen und damit legitimiert. Die Bundesrepublik Deutschland stützt sich dagegen auf die Anerkennung durch den frei bekundeten Willen von rund 23 Millionen stimmberechtigter Deutscher. Die Bundesrepublik Deutschland ist somit bis zur Erreichung der deutschen Einheit insgesamt die alleinige legitimierte staatliche Organisation des deutschen Volkes. [...] Die Bundesrepublik Deutschland fühlt sich auch verantwortlich für das Schicksal der 18 Millionen Deutschen, die in der Sowjetzone leben. Sie versichert sie ihrer Treue und ihrer Sorge. Die Bundesrepublik Deutschland ist allein befugt, für das deutsche Volk zu sprechen. Sie erkennt Erklärungen der Sowjetzone nicht als verbindlich für das deutsche Volk an.[5]

Rhöndorf, 17. März 1953. Konrad Adenauer im Rosengarten seines Wohnsitzes.

Entsprechend groß war für die Bundesrepublik die Bedeutung des 17. Juni 1953, als es in der DDR zu einem Volksaufstand gegen das kommunistische Regime kam, der rasch niedergeschlagen wurde. Der westdeutsche Nationalfeiertag sollte künftig das Streben des gesamten deutschen Volkes nach Einheit in Freiheit symbolisieren.[6] Die Freiheit aber, davon war man in der Bundesregierung überzeugt, durfte für die Einheit nicht preisgegeben werden.

Der politische Handlungsspielraum der Bonner Republik war anfangs noch stark eingeschränkt, da sie nicht über staatliche Souveränität verfügte. Das Besatzungsstatut schrieb Vorbehaltsrechte der Westmächte fest, die das Grundgesetz überlagerten und die Handlungsfreiheit der Bundesrepublik deutlich einschränkten. Die Westmächte garantierten die Sicherheit der Bundesrepublik; sie verfügten über die Souveränität des Weststaates und übten dessen Außen- und Außenwirtschaftspolitik aus. Die Besatzungszeit kam erst im Laufe der 50er-Jahre zu einem offiziellen Ende, als die Bundesrepublik durch die Integration in das westliche Bündnis Gleichberechtigung und zumindest weitgehende Souveränität zurückerlangte.

Die 50er-Jahre waren von der Auseinandersetzung zwischen der jeweils von Adenauer geführten Bundesregierung und der sozialdemokratischen Opposition um die grundlegenden innen- und außenpolitischen Weichenstellungen geprägt. Innenpolitisch stand die ordnungspolitische Ausgestaltung der Bundesrepublik zur Debatte, vor allem die Frage der Wirtschaftsordnung. SPD und Gewerkschaften forderten eine Sozialisierung der Schlüsselindustrien und betriebliche Mitbestimmung. Sie warnten vor der offensichtlichen Restauration kapitalistischer Strukturen und betonten den Zusammenhang von Demokratie und Sozialismus. CDU und FDP dagegen beharrten auf dem Konzept der freien Marktwirtschaft. Als es im Gefolge des Koreakrieges um 1953 zu einem deutlichen Wirtschaftsaufschwung kam und sich in der westdeutschen Gesellschaft ein bescheidener Wohlstand zu verbreiten begann, verloren die Sozialisierungsforderungen an Attraktivität, und die SPD büßte zusehends an Wählerschaft ein. Die Gewerkschaften waren bereits 1952 mit ihrer Mitbestimmungsforderung am Betriebsverfassungsgesetz gescheitert und mussten im Laufe der 50er-Jahre schließlich ihre Neuordnungspläne aufgeben.

In der Außenpolitik wiederum wurde erbittert um die Westbindung, die Wiederbewaffnung und die NATO-Mitgliedschaft der Bundesrepublik gestritten. Im Kern dieser Debatte stand der letztlich nicht auflösbare Widerspruch zwischen den beiden Zielen Westbindung und Wiedervereinigung, zwischen der Sicherheit und Freiheit des Teilstaates auf der einen und dem Nationalbewusstsein auf der anderen Seite. Die Präambel des Grundgesetzes forderte das „gesamte deutsche Volk" auf, in „freier Selbstbestimmung die Einheit und Freiheit Deutschlands zu vollenden". Die SPD unter Schumacher wandte sich deshalb gegen die Westbindung des Teilstaates und plädierte stattdessen für ein neutrales Gesamtdeutschland als „dritte Kraft" zwischen Ost und West. Aus der Sicht der Regierung Adenauer stand dies aber im Widerspruch zum Sicherheitsinteresse der Bundesrepublik. Sie strebte deshalb die gleichberechtigte Integration der Bundesrepublik in das westliche Bündnis an. Damit sollten sowohl die militärische Sicherheit des Landes gewährleistet als auch politische Mitsprache erlangt und staatliche Souveränität zurückgewonnen werden. Auch die Westmächte hatten ein Interesse an einer Einbindung der Bundesrepublik in die Bündnisstrukturen, denn zum einen brauchte man die Bundesrepublik aus strategischen und wirtschaftlichen Gründen, zum andern sollte sie durch die Einbindung kontrollierbar und berechenbar gemacht werden. Insbesondere der deutsch-französische Gegensatz, ein potenzieller Unruheherd in Europa, sollte überwunden werden.

Gegen den Widerstand der SPD verfolgte die Bundesregierung etappenweise die Einbindung in die Montanunion, in die NATO und in die Europäische Wirtschaftsgemeinschaft. Die schärfsten Auseinandersetzungen gab es dabei um die Wiederbewaffnung der Bundesrepublik. Mit dem NATO-Beitritt der Bundesrepublik 1955 endete schließlich das Besatzungsstatut; die Bundesrepublik wurde, bis auf einige alliierte Vorbehaltsrechte, ein souveräner Staat. Die Aussöhnung mit Frankreich, eine historische Wende im belasteten Verhältnis der „Erbfeinde", wurde 1963 im Elysée-Vertrag förmlich vollzogen.

Adenauer setzte sich mit seiner Politik der Westbindung nicht zuletzt deswegen durch, weil er persönlich die westdeutsche Außenpolitik dominierte. In den Anfangsjahren der Bundesrepublik gab es kein Außenministerium, da die alliierten Hohen Kommissare deren auswärtige Angelegenheiten wahrnahmen. In der Praxis hieß das, dass der Kanzler in der Außenpolitik anfangs große Handlungsfreiheit hatte. Aber auch sonst legte Adenauer die Kompetenzen des Amtes sehr viel weiter aus als alle seine Nachfolger bisher. Dies entsprach seinem Regierungsstil, mit dem er der Verfassungsordnung eine konkrete Ausformung gab: Er machte sie zur „Kanzlerdemokratie". Entscheidungen traf er allein und koppelte so Kabinett, Fraktion und Partei von der Regierungsarbeit ab. Mit seinem patriarchalischen Politikverständnis stand Adenauer allerdings nicht allein, es war vielmehr typisch für die Politikergarde jener Jahre, die meist noch in der Weimarer Republik, zum Teil auch noch im Kaiserreich sozialisiert worden war.

Das innenpolitische und gesellschaftliche Klima der 50er-Jahre war geprägt von einem starken Konformitätsdruck. Im Vordergrund stand der Antikommunismus, der im Kalten Krieg ein klares Freund-Feind-Schema anbot und so dabei half, ehemalige Nationalsozialisten, seien sie Mitläufer oder sogar Täter gewesen, in die politische Ordnung der Bundesrepublik einzubinden. Und genau dieses Ziel verfolgten Regierung, Verwaltung und auch große Teile der Öffentlichkeit. Die Folge war ein „Beschweigen" der Vergangenheit, eine „gewisse Stille", die auf Kosten einer offenen Abrechnung mit den Verbrechen des „Dritten Reiches" ging.[7] Diese Haltung mag für die Stabilisierung der Bundesrepublik notwendig gewesen sein; gegen den aktiven Widerstand der „Ehemaligen" hätte es die parlamentarische Demokratie sicher nicht leicht gehabt. Sie verhinderte aber zugleich das kompromisslose Bekenntnis zu den Werten und Normen der liberalen Demokratie und des Pluralismus, auf denen die neue politische Ordnung beruhte.

Die Ära Adenauer neigte sich um 1960 ihrem Ende zu. Die beginnende Entspannung zwischen Ost und West im Gefolge der Berlin- und der Kubakrise setzte neue außenpolitische Parameter, denen die politischen Rezepte der 50er-Jahre nicht mehr gerecht wurden. Der Bau der Berliner Mauer im August 1961 schließlich beendete den Provisoriumscharakter beider deutscher Staaten, man begann sich in der Zweistaatlichkeit einzurichten. Die deutsche Frage geriet, wie insgesamt das Denken in den Kategorien des Nationalstaates, allmählich ein wenig in den Hintergrund.

Um 1960 begann es in der Bundesrepublik zu gären. Die wirtschaftlichen und politischen Grundlagen waren gelegt: Die Westbindung und das parlamentarische System waren weitgehend akzeptiert, der wirtschaftliche Wohlstand hatte auch politische Stabilität mit sich gebracht. Nun kam es zu einem Wandlungsprozess in den verschiedensten Bereichen des politischen und gesellschaftlichen Lebens.[8] Eine breite Auseinandersetzung mit der NS-Vergangenheit setzte ein; Jugendliche und Studenten begehrten gegen die autoritären Strukturen in Elternhaus, Schule, Universität und Bundeswehr auf; die Gewerkschaften gaben ihre traditionellen Vorstellungen von einer sozialistischen Gesellschaftsordnung auf; die SPD löste sich 1959 in ihrem Godesberger Programm vom

Marxismus und wandelte sich von der Milieu- und Klassenpartei zur pluralistischen Volkspartei. Verschiedene politische und gesellschaftliche Gruppierungen in den Medien, Parteien und Verbänden setzten sich in den 50er- und 60er-Jahren aktiv für eine liberalere politische Kultur ein. Viele von ihnen griffen dabei Konzepte aus den USA, Großbritannien oder Skandinavien auf.[9]

Dieser politische Klimawechsel hatte rasch immense Auswirkungen auf die Bonner Innenpolitik. Eine Zeit des Umbruchs begann, in der die Adenauer'sche Kanzlerdemokratie nicht mehr zeitgemäß erschien. Gegenüber der Aufbruchstimmung der frühen 60er-Jahre, wie sie vom jungen amerikanischen Präsidenten John F. Kennedy verbreitet wurde, wirkten der greise deutsche Kanzler und seine Politik wie ein Fossil aus vergangener Zeit.

1963 wurde gegen den erklärten Willen Adenauers der populäre Vater des Wirtschaftswunders und frühere Wirtschaftsminister Ludwig Erhard zum Kanzler und bald auch zum neuen Parteivorsitzenden der CDU gewählt. Erhard gewann die Wahlen von 1965 mit dem Versprechen, die Demokratie und die Gesellschaft zu erneuern. Sein zum Wahlkampf 1965 präsentiertes Konzept der „formierten Gesellschaft" sollte dies ausdrücken. Es erwies sich jedoch bald, dass er dem sich wandelnden Politikverständnis der westdeutschen Gesellschaft ebenso verständnislos gegenüberstand wie sein Vorgänger. Sein politischer Stil beruhte auf der Idee eines populistischen „Volkskanzlertums", einer direkten Verbindung zwischen Kanzler und Bevölkerung. Damit einher ging eine grundlegende Geringschätzung der Parteien, auch der eigenen, eine strikte Ablehnung der Verbände und letztlich des gesellschaftlichen Pluralismus. Dieser führe „zur Fragmentierung und danach in den Kollektivismus"[10].

Demgegenüber präsentierte sich 1965 der Kanzlerkandidat und Parteivorsitzende der SPD, Willy Brandt, als die Verkörperung des „neuen Stils", den er zu seiner politischen Maxime machte. Brandt warb mit einem westlich geprägten Politikstil, forderte eine „Demokratisierung aller Lebensbereiche" und verlieh damit den steigenden Reformerwartungen in der Bevölkerung Ausdruck. Die Sozialdemokratie gewann in der Öffentlichkeit an Zustimmung. Und obwohl Erhard die Bundestagswahl für sich entscheiden konnte, war dies dennoch das Jahr, in dem sich eine Trendwende bemerkbar machte. Die Kanzlerschaft Erhards erweist sich im Rückblick als Übergangszeit. Selbst innerhalb der CDU wuchs nun die Kritik an Erhard, und 1966 kam es zur Bildung einer großen Koalition unter Kurt-Georg Kiesinger (CDU). Der Grund für die Entscheidung, eine Regierung aus CDU und SPD zu bilden, lag u.a. in der unruhigen innenpolitischen Situation jener Jahre. Die Studentenbewegung hatte durch Krawalle und Straßenkämpfe Verunsicherung und Angst in Politik und Öffentlichkeit hervorgerufen.

Der SPD wurde so erstmals in der Bonner Republik die Regierungsfähigkeit bescheinigt, der „Machtwechsel" war eingeleitet. In Nordrhein-Westfalen war er schon vorweggenommen: Dort stand seit Anfang November 1966 Heinz Kühn (SPD) einer sozialliberalen Koalition vor. Die große Koalition stieß in der Öffentlichkeit aber wiederum selbst auf scharfe Kritik, die wesentlich in der Sorge um die Demokratie gründete, denn als Opposition innerhalb des Bundestages fungierte nun nur noch die kleine FDP. Die außerparlamentarische Opposition wuchs und wurde radikaler. Zugleich verstärkten die Erfolge der rechtsextremen NPD, die – nach Erfolgen in sechs Bundesländern – 1968 mit 9,8 Prozent in den baden-württembergischen Landtag einzog, die Sorge um die Republik. Die Furcht vor „Weimarer Verhältnissen" ging um.

Im Rückblick jedoch erweisen sich die mittleren 60er-Jahre als Übergangszeit, als Zeit des allmählichen Machtwechsels von der CDU zur SPD, und damit als Bewährung des Parteienstaates. Der erste Regierungswechsel der Bonner Republik ist auch ein Hinweis darauf, dass die Bundesrepublik nun gesamtwestliche Entwicklungen mitvollzog. Zwischen 1958 und 1964 war es bereits in Frankreich, den USA, Italien und Großbritannien zu Regierungswechseln hin zur gemäßigten Linken gekommen.

Auch in der Arbeitsweise der großen Koalition manifestierte sich ein Wandel der politischen Kultur: Das Kabinett wurde zum Ort der Entscheidungen, in die nun auch die Parteien einbezogen wurden. CDU und SPD arbeiteten unter ihren Fraktionsvorsitzenden Rainer Barzel und Helmut Schmidt pragmatisch zusammen. Die Zeit der Patriarchen schien vorüber, die Reformer waren am Zuge. In der Union kam es in der Folge des Machtverlustes zu einer personellen und organisatorischen Erneuerung, an deren Ende aus dem „Kanzlerwahlverein" eine moderne Mitgliederpartei werden sollte.[11]

Die große Koalition nahm eine breite Palette an Reformvorhaben in Angriff. Neben wirtschaftspolitischen Modernisierungsvorhaben ging es insbesondere um rechtliche und gesellschaftliche Liberalisierung. Auch der Sozialstaat wurde ausgebaut, etwa durch die Lohnfortzahlung im Krankheitsfall, womit die Arbeiter den Angestellten gleichgestellt wurden. Der Wandel in der Sozialpolitik hatte schon 1957 mit der Rentenreform eingesetzt und war 1961 mit dem Sozialhilfegesetz fortgeführt worden. Die große Koalition ging nun aber auf breiter Basis daran, durch gezielte Eingriffe des Staates die gesellschaftlichen Lebensverhältnisse zu verändern. Planung und Globalsteuerung hielten Einzug in die Politik, alles schien machbar. Die sozialliberale Koalition unter Willy Brandt, die aus der Bundestagswahl vom Herbst 1969 hervorging und den Machtwechsel in Bonn vollzog, führte diese Reformen fort. Zwischen 1966 und 1974 wurden so u. a. das Straf- und das Vollzugsrecht reformiert, ebenso das Zivilrecht: Nichtehelich geborene Kinder erhielten nun die gleichen Rechte wie ehelich geborene; das Eherecht wurde reformiert. Die Bildungsreform befasste sich mit Schule und Hochschule, eine Verwaltungsreform sollte die Ministerialbürokratie modernisieren. Der sozialliberalen Koalition ging es mit diesen Reformen darum, die westdeutsche Gesellschaft zu demokratisieren, wie Bundeskanzler Brandt in seiner Regierungserklärung 1969 darlegte:

Wir wollen mehr Demokratie wagen. Wir werden unsere Arbeitsweise öffnen und dem kritischen Bedürfnis nach Information Genüge tun. […]
Mitbestimmung, Mitverantwortung in den verschiedenen Bereichen unserer Gesellschaft wird eine bewegende Kraft der kommenden Jahre sein. Wir können nicht die perfekte Demokratie schaffen. Wir wollen eine Gesellschaft, die mehr Freiheit bietet und mehr Mitverantwortung fordert. Diese Regierung sucht das Gespräch, sie sucht kritische Partnerschaft mit allen, die Verantwortung tragen, sei es in den Kirchen, der Kunst, der Wissenschaft und der Wirtschaft oder in

Warschau, 7. Dezember 1970.
Willy Brandts Kniefall vor dem Denkmal für die Opfer des Warschauer Gettos symbolisiert eine neue bundesrepublikanische Außenpolitik.

anderen Bereichen der Gesellschaft. Dies gilt nicht zuletzt für die Gewerkschaften, um deren vertrauensvolle Zusammenarbeit wir uns bemühen. […]
Wir stehen nicht am Ende unserer Demokratie, wir fangen erst richtig an. Wir wollen ein Volk der guten Nachbarn sein und werden im Innern und nach außen.[12]

Der eigentliche Schwerpunkt der sozialliberalen Regierung lag jedoch nicht im innenpolitischen Bereich: Die Kanzlerschaft Willy Brandts, der als ehemaliger Exilant für das „andere Deutschland" stand, markierte eine neue Phase in der Deutschlandpolitik der Bundesrepublik. Bonn begann außerdem, eine eigenständige Außenpolitik als gleichberechtigter Partner im westlichen Bündnis zu führen. Die „neue Ostpolitik" beruhte auf dem schon 1963 von Egon Bahr formulierten Konzept des „Wandels durch Annäherung": Nur durch eine Anerkennung des Status quo, durch die Bereitschaft zum Dialog, ja zur Koexistenz mit der DDR würden sich Verbesserungen im deutsch-deutschen Verhältnis erreichen lassen. Das Ergebnis dieser Politik waren die Staatsverträge mit Moskau, Warschau und Prag und schließlich der Grundlagenvertrag von

1972, in dem die Bundesrepublik erstmals die DDR diplomatisch, wenn auch nicht völkerrechtlich, anerkannte. Brandts Kniefall in Warschau vor dem Mahnmal für die Opfer des Warschauer Getto-Aufstandes wurde weltweit zum Symbol für die Bereitschaft der Bundesrepublik, sich der deutschen Vergangenheit zu stellen. Die Verleihung des Friedensnobelpreises an den Bundeskanzler demonstrierte die internationale Anerkennung dieser Politik.

Im Mai 1974 endete Brandts Kanzlerschaft, als sein enger Mitarbeiter Günter Guillaume als Spion der DDR enttarnt wurde. Die Regierung Brandt hatte sich jedoch in erster Linie an wirtschaftspolitischen und innerparteilichen Problemen aufgerieben. Die „Ölkrise" von 1973 hatte nicht nur den Handlungsspielraum für die Reformvorhaben der Bundesregierung reduziert, sondern auch psychologisch dem bislang nahezu ungebrochenen Nachkriegsboom ein Ende gesetzt. Der Glaube an die „Machbarkeit" gesellschaftlicher Veränderung durch staatliche Planung war gebrochen und sollte auch nicht wiederkehren.

Helmut Schmidt (SPD) führte nun die sozialliberale Koalition bis zum Anfang der 80er-Jahre. Die zweite Hälfte der 70er-Jahre war wirtschaftspolitisch von der Rezession und innenpolitisch von der Verunsicherung durch den linken Terrorismus gekennzeichnet. Der Terror der „Roten Armee Fraktion" fand seinen Höhepunkt im „deutschen Herbst" von 1977, als Arbeitgeberpräsident Hanns Martin Schleyer entführt und ermordet wurde und parallel dazu eine Flugzeugentführung durch ein palästinensisches Terrorkommando den Forderungen der deutschen Terroristen Nachdruck verleihen sollte. Zeitgleich lieferten sich Atomkraftgegner regelrechte Schlachten mit der Polizei, und nach 1979 kam es außerdem zu Protesten und teils gewalttätigen Demonstrationen von Gegnern der NATO-Nachrüstung. Das Wort von der „Unregierbarkeit" der Republik machte die Runde.

Der so genannte NATO-Doppelbeschluss zog massive Proteste der Friedensbewegung nach sich. Er ging auf eine Initiative Helmut Schmidts zurück, der damit auf die festgefahrene Situation in den Ost-West-Beziehungen reagierte. Die Entspannungspolitik der Jahre seit der Kubakrise, als die Konfrontation der Supermächte durch den Beginn eines Dialogs entschärft wurde, war ins Stocken geraten, die Sowjetunion hatte mit der Stationierung von mobilen Atomraketen begonnen. Die NATO bot Verhandlungen an, drohte aber für den Fall eines Scheiterns mit eigener Nachrüstung. Die Bundesrepublik wurde 1983 zum Stationierungsgebiet amerikanischer Mittelstreckenraketen. Diese Politik Schmidts führte zu großen Widerständen innerhalb der SPD. Das sozialliberale Bündnis scheiterte 1982 jedoch nicht daran, sondern am Ausscheiden der FDP, die nun eine Koalition mit der CDU bildete. Schmidt wurde durch ein konstruktives Misstrauensvotum abgewählt.

Bundeskanzler wurde der CDU-Chef Helmut Kohl, der eine „geistig-moralische Wende" versprach. Damit ordnete er sich in den größeren Rahmen der Entwicklung im Westen ein, denn um 1980 waren in Großbritannien und den USA mit Margaret Thatcher und Ronald Reagan konservative bzw. neoliberale Regierungen ans Ruder gekommen. Anders als in diesen Ländern war jedoch die Politik der CDU/FDP-Koalition die 80er-Jahre hindurch eben nicht von einer Wende, sondern von Kontinuität in der Außen- wie in der Wirtschaftspolitik bestimmt; auch die angekündigte ideelle Wende auf gesamtgesellschaftlicher Ebene lässt sich im Nachhinein nicht ausmachen.

Die Regierung Kohl legte wie ihre Vorgänger großen Wert auf die deutsch-französische Freundschaft und auf die Vertiefung der europäischen Integration. Auch in der Deutschlandpolitik führte sie den Kurs der pragmatischen Annäherung fort, und dies, obwohl der Protest der Union gegen die Unterzeichnung der Ostverträge ausgesprochen scharf gewesen war. Im September 1987 besuchte der Staatsratsvorsitzende der DDR und SED-Chef Erich Honecker die Bundesrepublik. Dies war der erste Staatsbesuch eines ostdeutschen Politikers in Westdeutschland. Die wirtschaftlich marode DDR wurde zudem mit Milliardenkrediten unterstützt.

Beide deutsche Staaten wetteiferten Mitte der 80er-Jahre miteinander auf dem Gebiet der Geschichtspolitik. Ostberlin und Bonn stritten um das historische Erbe Preußens und übertrafen sich gegenseitig mit Ausstellungen und Gedenktagen. Die Regierung Kohl legte ohnehin großen Wert auf Geschichtskultur. Das Haus der Geschichte in Bonn war ein besonderes Anliegen des Kanzlers, mit dem das erfolgreiche Anknüpfen der Bundesrepublik an die positiven Traditionen der deutschen Geschichte betont werden sollte.

Einen Wandel hatte das Parteiensystem jener Jahre zu verzeichnen. Die Grünen zogen 1983 erstmals in den Bundestag ein. Diese Partei war 1979 aus der Umwelt- und Friedensbewegung hervorgegangen und vertrat ein basisdemokratisches Politikverständnis. Die neuen Abgeordneten fielen im ehrwürdigen Bundestag nicht nur mit ihren Turnschuhen und selbstgestrickten Pullovern aus dem Rahmen, sondern auch mit den neuen Themen, die sie in die Bundespolitik brachten. Bald kam keine Partei mehr ohne eigene Positionen zur Umweltpolitik oder zur Gleichberechtigung der Frauen aus.

Mitte der 80er-Jahre ahnte noch niemand, dass die Zeit der deutschen Teilung bald vorbei sein würde. Im März 1985 wurde in Moskau Michail Gorbatschow neuer Generalsekretär der KPdSU. Er begann, das verkrustete sowjetische Herrschaftssystem zu reformieren. Durch „Glasnost" und „Perestroika" sollten Staat und Gesellschaft demokratisiert werden, die Wirtschaft sollte mehr Freiheit erhalten. In der Folge begannen sich die alten Herrschaftsstrukturen im gesamten Ostblock aufzulösen. Die DDR-Führung verweigerte jedoch ähnliche Reformen. SED-Ideologe und Politbüro-Mitglied Kurt Hager fragte: „Würden Sie, wenn Ihr Nachbar seine Wohnung neu tapeziert, sich verpflichtet fühlen, Ihre Wohnung ebenfalls neu zu tapezieren?"[13] Die Parteiführung sah sich deswegen rasch einer wachsenden gesellschaftlichen Opposition gegenüber. Die Herrschaftsstrukturen waren bald ebenso brüchig wie die Wirtschaft des Landes, und eine Massenflucht der Bevölkerung setzte ein. Im Herbst 1989 zerfiel die DDR. Dennoch kam es überraschend, als sich am 9. November die Berliner Mauer öffnete.

Diese Wende welthistorischen Ausmaßes beendete binnen eines weiteren Jahres die deutsche Teilung, es kam zur friedlichen Wiedervereinigung am 3. Oktober 1990. Zunächst war nicht klar, ob die DDR nicht als demokratischer Staat weiterbestehen sollte.

Aber die Sprechchöre der Demonstranten in Leipzig im November 1989 hatten sich allmählich von „Wir sind das Volk" verändert zu „Wir sind ein Volk", und im Westen ergriff Bundeskanzler Helmut Kohl mit seinem Zehn-Punkte-Programm die historische Gelegenheit beim Schopf: Er erklärte die „Wiedervereinigung, die Wiedererlangung der deutschen staatlichen Einheit" zum politischen Ziel der Bundesregierung und machte konkrete Vorschläge für das weitere Vorgehen. Es galt nun, die Vorbehalte der westlichen Bündnispartner und der Sowjetunion zu überwinden. Die Vier Mächte hatten nach wie vor Vorbehaltsrechte in Deutschland und die deutsche Einheit würde das internationale Staatensystem tief greifend verändern. Die Zusicherung, die Einheit nur im Rahmen einer vertieften europäischen Integration zu vollziehen, konnte die Bedenken jedoch ausräumen. Ein Besuch Helmut Kohls bei Michail Gorbatschow im Kaukasus brachte schließlich auch die Zusicherung, dass ein wiedervereinigtes Deutschland Mitglied der NATO sein dürfe. Gorbatschow und der französische Staatspräsident Mitterrand äußerten sich folgendermaßen:

Gorbatschow: Mir scheint, es gibt sowohl bei den Deutschen in West und Ost als auch bei den Vertretern der Vier Mächte ein gewisses Einverständnis darüber, dass die Vereinigung der Deutschen niemals und von niemandem prinzipiell in Zweifel gezogen wurde. Wir haben immer gesagt [...], dass die Geschichte den Gang der Dinge beeinflusst.[14]

Mitterrand: Die Konsequenzen (der deutschen) Einigung bestehen darin, dass die Deutschen sich für die Achtung der Grenzen in Europa einsetzen müssen. [...] Zweitens muss Deutschland – und dazu ist es im Übrigen Kanzler Kohl zufolge auch vorbehaltlos bereit – sich in der Europäischen Gemeinschaft ganz klar für die politische Union und die Wirtschafts- und Währungsunion engagieren, ohne Zeit zu verlieren.[15]

Die außenpolitischen Aspekte der deutschen Einheit wurden im Zwei-plus-Vier-Vertrag vom 12. September 1990 geregelt. Darin wurde die deutsche Einheit wiederhergestellt, Deutschland erlangte die volle Souveränität über seine äußeren und inneren Angelegenheiten zurück. Dieser Vertrag war im Grunde ein Friedensvertrag zwischen den Siegermächten des Zweiten Weltkrieges und Deutschland, auch wenn das niemand so bezeichnen mochte. 1991 kollabierte die Sowjetunion und in den osteuropäischen Staaten kamen demokratische Regierungen ans Ruder. Der Kalte Krieg war vorbei, die Folgen des Zweiten Weltkrieges überwunden.

Die innere Einigung der beiden Teilstaaten erwies sich dagegen als langwieriger. Der erste Schritt war die Wirtschafts- und Währungsunion. Daneben stellte sich die Frage, ob es einer neuen Verfassung bedurfte. Man entschied sich aber stattdessen, Artikel 23 GG anzuwenden: Die DDR trat dem Geltungsbereich des Grundgesetzes bei, das so seine Gültigkeit behielt. Die Annäherung der beiden Gesellschaften stellte sich am Ende als das größte Problem heraus. Es gab Schwierigkeiten, sich gegenseitig zu verstehen – zu verschieden waren nach vierzig Jahren der Trennung die Gesellschaftssysteme geworden. Ein Grund für diese Distanz ist in der Westbindung der Bundesrepublik zu suchen, die den Westteil des Landes stark verändert hat, gerade im Bereich der Ideen und Weltbilder, und die die DDR-Bevölkerung nicht mitvollzogen hatte.

Stefan Wolle

Aufbruch im Osten? Die DDR

Im September 1944 trafen sich der amerikanische Präsident Franklin D. Roosevelt und der britische Premierminister Winston S. Churchill im kanadischen Quebec. Ausführlich wurde über die Absicht des amerikanischen Finanzministers Henry Morgenthau jr. gesprochen, Deutschland für alle Zeiten in ein Agrarland zu verwandeln. Churchill bezweifelte die Weisheit solcher Planungen und warnte vor einer „Bolschewisierung" ganz Europas. Es gab also viel zu besprechen zwischen den obersten Kriegsherren der angelsächsischen Mächte. Zu den offenen Fragen gehörte auch die Aufteilung der Besatzungszonen. Churchill berichtet in seinen Memoiren, dass Roosevelt eines Vormittags eine große Landkarte Deutschlands auf den Knien hatte. Er hätte gerne den nordwestlichen Teil mit einem direkten Zugang zum Meer bekommen. Doch der britische Premierminister redete ihm dies aus. Dann zeichneten sie mit gelbem Buntstift die künftigen Zonengrenzen ein. Die Sowjetunion erhielt die östliche Hälfte Deutschlands einschließlich Schlesiens, Posens, West- und Ostpreußens. Die Entscheidung erfolgte eher beiläufig. Die Volksmassen, auf die sich die Legende der SED-Geschichtsschreibung später so gerne berief, kämpften damals noch für Hitlers „Endsieg".

Die Sowjetführung wurde über die Zoneneinteilung erst später informiert. Sie hatte keine Einwände, da sie ausreichend bedacht war. Die Franzosen und ihre Ansprüche als Siegermacht hatte man im September 1944 einfach vergessen. Aber auch die gegen den Faschismus kämpfenden Völker und deren parlamentarische Gremien wurden angesichts der durch den Kriegsverlauf geprägten Umstände weder gefragt noch über die Entscheidung informiert.

Später sollte Churchill die Entscheidung von Quebec heftig bedauern. Kurz vor dem Ende der Kampfhandlungen in Europa war er der Meinung, den Russen zu viel zugestanden zu haben. Doch nun war es zu spät. Der gelbe Strich durch Deutschland sollte zur Zonengrenze und damit zur weltgeschichtlichen Tatsache werden.

Als Anfang Mai 1945 in Europa die Waffen schwiegen, standen sich die Westalliierten und die Russen entlang der Elbe gegenüber. Nördlich davon waren die Amerikaner bis zur Linie Wismar, Schwerin, Wittenberge vorgerückt. Bevor sich in Potsdam die Konferenz der Sieger versammelte, sollte der Rückzug der alliierten Truppen in die vereinbarten Besatzungszonen vollzogen werden. Dies geschah in der ersten Woche des Juli 1945. Die Briten und Amerikaner zogen sich am 2. und 3. Juli auf ihre Zonengrenzen zurück und die Rote Armee rückte nach. Im Gegenzug trafen die Vorauskommandos der Westalliierten in Groß-Berlin ein, um in ihren Sektoren die Verwaltungshoheit zu übernehmen.

Damit hatte das Territorium der sowjetischen Zone seine endgültige Gestalt angenommen. Das Kind, das im September 1944 gezeugt worden war, hatte das Licht der Welt erblickt.

Dennoch dachte 1945 niemand an eine künftige Staatsbildung auf dem Territorium der sowjetischen Zone. Weder Stalin noch die Westmächte, weder die deutschen Kommunisten noch eine andere Partei und schon gar nicht die breite Masse der Bevölkerung erstrebten eine Teilung Deutschlands entlang der Zonengrenzen. Sieger und Besiegte dachten noch in den Kategorien des gerade beendeten Krieges. Deutschland war mitsamt seiner Bevölkerung der besiegte Feind, über dessen Zukunft nun Entscheidungen zu treffen waren. Für alle Zeiten sollte Deutschland die Möglichkeit genommen werden, noch einmal seine Nachbarn zu überfallen.

Auch eine Übernahme des sowjetischen Gesellschaftsmodells lag keineswegs in der Absicht der Sowjetunion. Die KPD veröffentlichte am 11. Juni 1945 als erste Partei einen Aufruf an die deutsche Bevölkerung. In ihm wurde eine „parlamentarisch-demokratische Republik" gefordert. Die Vollendung der bürgerlichen Revolution von 1848 wurde auf die politische Tagesordnung gesetzt, keineswegs der Sozialismus oder das Sowjetsystem. Auch die ersten Maßnahmen der Besatzungsmacht – die Bodenreform, die Enteignung der Kriegsverbrecher, die Entnazifizierung – vollzogen sich ganz in diesem Rahmen.

Die Existenz der DDR stand vom ersten bis zum letzten Tag unter einem trotzigen und widerborstigen „Trotz alledem". Mehr als die Bundesrepublik unter den Folgen von Zerstörung, Teilung, Reparationen, Militärausgaben und Massenflucht leidend, gebeutelt von einer unsinnigen Wirtschaftspolitik, von der Mehrheit seiner Bürger abgelehnt und ständig konfrontiert mit einem wirtschaftlich stärkeren Gegenüber hat sie vierzig Jahre durchgehalten. Als die Deutsche Demokratische Republik am 7. Oktober 1949 aus der Taufe gehoben wurde, hätte niemand dem Kümmerling mehr als ein Jahr gegeben. Die Versorgungslage war katastrophal, es fehlten Kartoffeln und Kohlen, die Leute hamsterten und klauten, und wie ein Alpdruck lagen Angst und Terror über dem Land. Die schmetternden Chorgesänge, der ununterbrochene Jubelton der Propagandafilme, die bunten Plakate mit den zupackenden Helden der Arbeit – war das alles nur billige Fassade oder spiegelte es einen Zeitgeist des Aufbruchs zu neuen Horizonten wider? Noch heute schwärmt die so genannte Aufbaugeneration von jener Zeit. Spätere Perioden der ruhigeren und scheinbar gesicherten Entwicklung dagegen erscheinen in der Erinnerung der Protagonisten als viel problematischer.

Immerhin, der Krieg war vorbei, trotz aller Schwierigkeiten ging es bergauf, die Partei setzte ein großes Ziel, das ein Gefühl von Gemeinsamkeit entstehen ließ. Gerade junge Intellektuelle internalisierten die Ideale der Bewegung in völlig unkritischer Weise. Milan Kundera beschreibt in seinem 1968 erschienenen Roman ›Der Scherz‹ dieses Grundgefühl:

[…] was mich an der Bewegung aber am meisten bezauberte, ja berauschte, war das *Lenkrad der Geschichte*, in dessen Nähe ich mich befand, sei es nun wirklich oder nur scheinbar. Damals entschieden wir nämlich tatsächlich über Schicksale von Menschen und Dingen, und gerade an den Hochschulen: im Lehrkörper gab es damals nur wenige Kommunisten, sodass die Hochschulen in den ersten Jahren fast ausschließlich von den kommunistischen Studenten selbst geführt wurden, indem sie über die Besetzung von Lehrstühlen, über Unterrichtsformen und Studienpläne entschieden. [...] wir waren wie behext von der Geschichte; wir waren berauscht davon, dass wir uns in den Sattel der Geschichte geschwungen hatten und sie unter uns spürten; gewiss, es artete in den meisten Fällen später wirklich in widerliche Machtgier aus, aber es lag darin vielleicht auch [...] die absolut ideale Illusion, dass gerade wir jene Epoche der Menschheit einleiteten, da der Mensch weder *außerhalb* der Geschichte noch unter der *Fuchtel der Geschichte* lebte, sondern diese dirigieren und erschaffen würde.[1]

So unterschiedlich die Schicksale im Einzelnen waren: Es entstand ein Generationsgefühl, das bis zum heutigen Tag eine gemeinsame Klammer schafft.

Der 17. Juni 1953 war das traumatische Erlebnis dieser Generation. Als die Arbeiterklasse sich nahezu geschlossen erhob, um die Macht zum Teufel zu jagen, die in ihrem Namen ausgeübt wurde, bekam das Weltbild der treuen Anhänger der SED einen Riss, der niemals wieder gekittet wurde. Sie misstrauten von nun an der Arbeiterklasse und dem Volk insgesamt. Die Massen hatten 1933 Hitler ins Amt gewählt, erinnerten sich die älteren Kommunisten wie Bertolt Brecht, Anna Seghers oder Stephan Hermlin. Sie fühlten sich durch die Arbeitermassen, die rote Fahnen verbrannten, an die SA erinnert. Und die jüngeren hatten ein schlechtes Gewissen, weil sie selbst als Pimpfe und Wehrmachtssoldaten unter dem Hakenkreuz strammgestanden hatten. Demokratie war für sie eine Leerformel, hinter der sich die Herrschaft einer Klasse verbarg. Sie wussten, dass allein die sowjetischen Panzer den Zusammenbruch der DDR verhindert hatten, und verließen sich künftig auf diese Macht.

Der DDR-Schriftsteller Hermann Kant schildert in seinem Roman ›Das Impressum‹ die Gedanken des Altkommunisten Fritz Andermann am 17. Juni 1953:

[...] die Hoffnung sollte es schwer haben gegen die Erfahrung des Junitages. Die Enttäuschung machte auf Jahre die Augen schmal, machte die Sinne überscharf, machte die Fäuste hart, schmälerte das Vertrauen, die Erinnerung hämmerte: Achtung, Fritz Andermann, aufpassen, Obacht geben, wachsam bleiben, nicht leichtgläubig werden, Übermut tut selten gut, Voreile wird bestraft, nur keine Vertrauensseligkeit, nur kein fauler Liberalismus, nur keine Romantik, der Kampf ist nicht zu Ende, wir sind noch nicht so weit, dieses können wir uns noch nicht erlauben, jenes dürfen wir noch nicht gestatten, der Schein kann trügen, noch einmal hinsehen, noch einmal überprüfen, noch etwas abwarten, den Vorwurf der Enge nicht fürchten, wenn das heißt: dem Feind keinen Fußbreit Boden und jenem Junitag nie wieder eine Chance.[2]

Am 13. August 1961 „kam die Mauer", sagten die Berliner, wenn sie von dem Ereignis und dessen Folgen sprachen. Oder sie sagten „vor der Mauer" und „nach der Mauer" und meinten damit keineswegs einen Platz vor oder hinter den Sperranlagen, sondern die Zeit vor und nach jenem schicksalhaften Tag. Diese sinnwidrigen Formulierungen beschreiben das Schicksalhafte und Endgültige der Absperrung der DDR. Die Mauer teilte nicht nur Berlin, Deutschland und die Welt. Sie teilte auch die Zeit in ein Vorher und Nachher.

Dabei beschrieb der Begriff der Mauer die Realität der Grenzanlagen nur höchst unzutreffend. Zunächst wurde die Sektorengrenze mit Stacheldrahtverhauen, spanischen Reitern und aufgeschichteten Betonplatten abgesperrt. Nur an einzelnen Stellen wurden tatsächlich Steinmauern quer über die Straße gezogen. Die eigentliche Mauer ist

Ost-Berlin, 17. Juni 1953.
Sowjetische Panzer in der Leipziger Straße werden von Jugendlichen mit Steinen beworfen.

erst ein Produkt der späteren Jahre. Und doch war der Begriff Mauer vom ersten Tag an als Beschreibung der Situation von großer Eindeutigkeit. Das Wort hat etwas Endgültiges, Unabänderliches, Abschließendes und zugleich Triviales. Man spricht von einer Mauer des Schweigens oder des Hasses. Wer gegen eine Mauer läuft, holt sich mindestens eine Beule. Man kann sich den Kopf an einer Mauer einrennen. „Die Mauern stehen/Sprachlos und kalt, im Winde/Klirren die Fahnen", dichtete Friedrich Hölderlin, als hätte er die DDR vorausgeahnt. Wolf Biermann zitierte das Gedicht ›Hälfte des Lebens‹ während seines legendären Kölner Konzertes am 13. November 1976 und verschaffte damit dem armen Hölderlin in der DDR kurzzeitig eine ungeahnte Popularität.

Im Grunde hat Walter Ulbricht den Begriff der Mauer selbst geprägt, als er am 15. Juni 1961 während einer Pressekonferenz im Haus der Ministerien auf die Frage der Korrespondentin der ›Frankfurter Rundschau‹, ob die von der DDR erstrebte Freie Stadt Westberlin bedeute, dass „die Staatsgrenze am Brandenburger Tor errichtet" werde, antwortete: „Niemand hat die Absicht eine Mauer zu errichten." Ulbricht gehört damit in die Reihe der großen Sprachschöpfer. Die Wortschöpfung war von einer solchen metaphorischen Kraft, dass es jahrelang strengstens verpönt, ja regelrecht verboten war, sie zu gebrauchen. Der Begriff wurde gewissermaßen überboten durch das monströse Wortungeheuer vom „antifaschistischen Schutzwall". Dieser Wortgebrauch war amtlich verordnet und wurde dennoch nicht einmal von linientreuen Parteifunktionären außerhalb offizieller Reden und Parteischulungen gebraucht. Erst im Zeichen der Entspannungspolitik verschwand der „antifaschistische Schutzwall" in der Versenkung. Genauer gesagt, er wurde nur noch im historischen Kontext gebraucht. Doch weder das ›Wörterbuch der Geschichte‹ aus dem parteioffiziellen Dietz-Verlag noch das ›Handwörterbuch der deutschen Gegenwartssprache‹ von 1984 kennen den Begriff. Unter dem Stichwort „Schutzwall" vermerkt das Wörterbuch ohne weiteren Kommentar treu und brav „schützender Wall". Die Sperranlagen rund um Berlin-West hießen nun betont sachlich „Staatsgrenze Berlin (West)" oder im Dienstgebrauch der bewaffneten Organe „Staatsgrenze der DDR zu WB". Allerdings wurde der Begriff „antifaschistischer Schutzwall" anlässlich des 25. Jahrestages seiner Errichtung im Jahre 1986 trotzig aus der Mottenkiste des Kalten Krieges geholt. Er ziert auch die Sonderbriefmarke, die zu diesem Anlass vom Ministerium für Post- und Fernmeldewesen emittiert wurde. Zu diesem Zeitpunkt wollte man offenbar vor allem gegenüber der Sowjetunion demonstrieren, dass an der Mauer nicht zu rütteln sei. Die Sorgen der DDR-Führung waren berechtigt. Klarer als irgendjemand sah die Führung den Zusammenhang zwischen der Mauer und der Existenz des Staates. Die Mauer war die eiserne Klammer, die das System zusammenhielt.

Die Jahre zwischen dem Mauerbau und dem Ende des Prager Frühlings 1968 waren von einer seltsamen Ambivalenz geprägt. Am Anfang stand die wirtschaftliche, politische und moralische Katastrophe. Mit dem Mauerbau vom 13. August 1961 und den ersten Todesopfern an der Grenze erreichte das Ansehen des SED-Regimes in Deutschland und der Welt einen neuen Tiefpunkt. Dennoch resultierte gerade aus der offenbaren Brutalität der Mauer bei westlichen Politikern die Erkenntnis, dass die Spaltung Deutschlands nicht durch eine Politik der Konfrontation zu beseitigen, sondern nur durch allmählichen Wandel in ihren Folgen zu mildern sei. So wurden die Todesschüsse an der Mauer zum Ausgangspunkt einer Politik der Wandlungen, an deren Ende der Untergang des SED-Systems stehen sollte.

Ein ähnlicher Vorgang vollzog sich im Inneren der DDR. Nur mit Gewalt war es möglich gewesen, die Menschen am Weglaufen aus dem „Arbeiter-und-Bauern-Staat" zu hindern. Die DDR wurde durch den Mauerbau zu jener „geschlossenen Gesellschaft", die sie bis 1989 geblieben ist. Sie kam durch den 13. August 1961 gewissermaßen zu sich selbst. Zu Recht wurde das Ereignis als eine Art zweite Staatsgründung der DDR bezeichnet. Doch auch dieser Vorgang hatte zwei Seiten. Angesichts der scheinbaren Endgültigkeit des Mauerbaus und der Untätigkeit des Westens begannen viele Menschen, sich mit den Gegebenheiten zu arrangieren. In der Sprache der Macht hieß das: „Einsicht in die Notwendigkeit", in der Sprache des Alltags: „Das Beste daraus machen".

Nach einer Phase verschärfter Repression begann das SED-Regime seinen Untertanen Angebote zu unterbreiten. Im November 1961 erreichte die zweite Welle der Entstalinisierung auch die DDR. Endgültig verschwanden die Stalinbilder in der Gerümpelkammer, die Gesammelten Werke des Sowjetdiktators wurden aus den Lesesälen entfernt und ins Magazin verbannt. In einer nächtlichen Aktion räumte eine Baukolonne heimlich und leise das Stalindenkmal gegenüber der pseudoklassizistischen Sporthalle in der Ostberliner Stalinallee fort. Die Stalinallee wurde in Karl-Marx-Allee und Stalinstadt in Eisenhüttenstadt umbenannt. In Moskau regierte Nikita Sergejewitsch Chruschtschow. Über den fröhlichen Glatzkopf gab es unendlich viele Witze, und die besten produzierte er selbst. Die Schritte auf dem Weg in den Kommunismus hatte der XXII. Parteitag der KPdSU im Oktober 1961 genau festgelegt. Innerhalb von 20 Jahren wollte man den Kommunismus errichten. Der Parteitag in Moskau verkündete:

Die Produktion der Industrie wächst bis 1980 auf das Sechsfache, die der Landwirtschaft auf das 3,5fache. [...] Die UdSSR erreicht die höchste Produktion in Industrie und Landwirtschaft in der Welt und übertrifft damit die fortgeschrittensten kapitalistischen Länder. [...] Es wird das Prinzip gelten: Jeder nach seinen Fähigkeiten, jedem nach seinen Bedürfnissen.[3]

Zuerst würde es die Grundnahrungsmittel umsonst geben, dann würde man Miete und Strompreise und schließlich das Geld überhaupt abschaffen. Jeder könnte sich dann im Laden aus der Überfülle des Angebots so viel mitnehmen, wie er brauche. Damit gehörten auch Verbrechen, Gerichte und Gefängnisse der Vergangenheit an. Der Unterschied zwischen körperlicher und geistiger Arbeit verschwände. Die Arbeit sei dann nur noch Lebens- und Glückserfüllung. „Der Traum, ‚100 Jahre zu leben, ohne zu altern', wird Wirklichkeit", erfuhr der erstaunte Leser auf der Titelseite des Organs der SED.[4] All dies sollte bereits 1980 Realität werden. Der Beginn von Utopia war im Kalender angekreuzt.

Die einen mögen diese possierlichen Glücksverheißungen belächelt haben – zu offensichtlich war die Kluft zwischen Propaganda und Wirklichkeit. Andere nahmen die Verkündigung des paradiesischen Zeitalters als eine Art Angebot an. Sie wollten auf ihre Weise ebenfalls den Sozialismus beseitigen – indem sie ihn im hegelschen Sinne dialektisch überwanden und voranschritten zum Kommunismus. Oft zitiert wurde eine Textpassage aus dem 1962 uraufgeführten Stück von Peter Hacks ›Die Sorgen und die Macht‹. Dort meint die Kollegin Emma Holdefleiß:

> Kollegen, Kommunismus, wenn ihr euch
> Den vorstellen wollt, dann richtet eure Augen
> Auf, was jetzt ist, und nehmt das Gegenteil.
> Denn wenig ähnlich ist dem Ziel der Weg.[5]

Solche Sprüche vergrämten die Obrigkeit, die das Stück bereits nach wenigen Aufführungen aus den Spielplänen verbannte. Doch darf man dabei nicht übersehen, dass die Komödie wie andere Theaterstücke dieser Jahre bei aller Kritik an den Verhältnissen von Menschen handelt, die gerade aus dem Widerspruch zwischen utopischem Entwurf und bedrückender Realität ihre schöpferische Kraft zogen. Das im Arbeitermilieu angesiedelte Lustspiel ›Die Sorgen und die Macht‹ präsentierte in seiner gedrechselten Volkstümlichkeit natürlich auch wieder eine Utopie. Wohl nicht einmal der Autor hat angenommen, dass die Werktätigen der Braunkohlenindustrie so reden und denken. Aber es hat diese Gefühlslage, wenn nicht unter Arbeitern, so doch unter Intellektuellen und Studenten, wirklich gegeben. Und sie traf zunächst auf eine ihr durchaus günstig gestimmte politische Situation.

Wieder einmal begann die Sowjetführung an dem maroden System der Volkswirtschaft herumzubasteln und erlaubte sogar eine Art theoretischer Diskussion über die Rentabilität der Betriebe. Am 9. September 1962 erschien in der ›Prawda‹ ein Artikel des Charkower Wirtschaftsprofessors E. G. Liberman. Wie vorher bereits in Fachzeitschriften machte der Sowjetökonom den ebenso banalen wie sensationellen Vorschlag, die Planerfüllung nicht allein an der Bruttoproduktion, sondern am Verhältnis von Kapitalinvestition und Erlös zu messen. An dem Gewinn sollten die Arbeiter und Angestellten beteiligt sein und dadurch materiell interessiert werden. In der DDR, Ungarn und der Tschechoslowakei gab es nun grünes Licht für Studiengruppen von Wirtschaftsfachleuten, die im Auftrag der Parteiführung Pläne für umfassende Wirtschaftsreformen auszuarbeiten begannen. Die Betriebe sollten mehr Selbstständigkeit und Eigenverantwortung bei der Planung erhalten, die Preise sollten flexibler und realistischer werden, neueste Technik sollte schnell in die Produktion überführt werden. NÖSPEL hieß das Zauberwort. Dahinter verbarg sich das „Neue ökonomische System der Planung und Leitung der Volkswirtschaft", welches der VII. Parteitag der SED verabschiedete.

Im Dezember 1965 trat der konservative Parteiflügel unter Honecker auf die Bremse. Während des 11. Plenums wurden energische Restriktionen gegenüber allen Lockerungsübungen in der Kultur- und Jugendpolitik verkündet. Die Beat-Musik wurde verboten, Künstler und Filmemacher an den Pranger gestellt, Theaterstücke von den Spielplänen abgesetzt. Bei alldem ging es weit mehr als die Öffentlichkeit ahnte um die Wirtschaftsreformen, die von nun an nur mit angezogenen Bremsen weitergeführt werden konnten.

Dennoch setzte sich die allgemeine Reformhektik fort, die viel durcheinander wirbelte. Eine Hochschulreform und eine Akademiereform rollten über die Institutionen hinweg. Sie verbanden die berechtigte Forderung nach Effizienz, praxisnaher Forschung, kurzen und übersichtlichen Studiengängen mit einer extremen Ideologisierung der Wissenschaft. Auf der einen Seite beförderte sie die notwendige Teamarbeit, auf der anderen Seite zog ein modischer Geist allgemeiner Kollektivität ein, der dazu führte, dass an der Universität Prüfungen kollektiv abgelegt und sogar Diplom- und Doktorarbeiten als kollektive Leistungen bewertet werden konnten. Es war die große Stunde ideologisch verbrämter Mittelmäßigkeit und auch reiner Scharlatanerie.

Alte Stadtzentren wurden ohne Rücksicht auf historische Baudenkmale abgerissen und breite gerade Straßen gebaut, die in die lichte Zukunft des Sozialismus führten. In Leipzig wurde der alte Plunder mitsamt der gotischen Universitätskirche einfach weggesprengt und bald schon ragte die neue Karl-Marx-Universität wie ein neuer Turm zu Babel in einen Himmel ohne Gott. All dies war symbolisch gemeint und wurde auch so aufgefasst. Im Übrigen brachte es den Staatshaushalt an den Rand der Katastrophe.

Immerhin waren Kritik und neue Ideen gefragt. Das System brauchte die Mitarbeit oder wenigstens die Loyalität eines größeren Teils der Bevölkerung und es bot Karrierechancen, Sinnerfüllung, materielle Vorzüge und soziale Geborgenheit, Erfüllung von Utopien und Fortschrittsträumen. Man wird diese Elemente nicht säuberlich trennen können. Die Offerten der Partei waren ein „unmoralisches Angebot" wie ein Appell an hohe Menschheitsideale zugleich. Die spezifische Mischung war es, was die Sache so verführerisch machte, und es war kein Zufall, dass sich die Angebote vor allem an die junge Generation richtete.

War die DDR ein brodelnder Kessel des Unwillens, den nur ein allgegenwärtiger Repressionsapparat am Überkochen hinderte, oder hatte sich eine große Mehrheit der Bevölkerung eigentlich mit den Verhältnissen arrangiert? Der gigantische Aufwand, mit dem die SED-Führung die Menschen bespitzelte, und ihre hysterische Reaktion auf die leiseste Kritik sprechen dafür, dass sie sich auf einem Vulkan wähnte, der jeden Tag ausbrechen konnte. Die Sperranlagen rund um die DDR scheinen ein Beleg dafür, dass ein beträchtlicher Teil der Bevölkerung lieber heute als morgen dem Arbeiter-und-Bauern-Paradies den Rücken gekehrt hätte. Dennoch ist nicht zu leugnen, dass die DDR jahrelang ein fast idyllisches Bild bot. Man schien sich den kleinen Alltagswidrigkeiten zum Trotz ganz gut eingerichtet sowie Kritik und Widerspruch einzelnen Prominenten oder kleinen Gruppen überlassen zu haben, die ihrerseits die DDR und den Sozialismus nicht abschaffen, sondern verbessern wollten. Auch Günter de Bruyn versuchte in seinem Lebensbericht ›Vierzig Jahre‹ diesen Widerspruch zu interpretieren und schrieb, er habe bei vielen Menschen „eine Resignation", beobachtet,

die zur Bejahung des Bestehenden neigte, ein bequemes Eingewöhnen in die Zwangslage gestattete und Gedanken an Veränderungen verbot. Verglichen mit Ulbrichts Zeiten waren die materiellen Lebensverhältnisse besser, die Überwachungsmethoden zwar perfekter, aber doch leiser geworden. Die Beherrschten hatten gelernt, sich in Genügsamkeit zu bescheiden, und auch die Herrschenden begannen, sich mit dem Volk abzufinden. Sie verkündeten zwar weiter die unantastbare Lehre, weil ihre Legitimation einzig darauf beruhte, sahen aber von ihren kühnen politischen Zielen weitgehend ab. Von Ordnung und Wohlstand war mehr als vom Vorwärtsschreiten und Siegen die Rede. Begeisterung wurde nur noch von jenen verlangt, die aufsteigen wollten, bei den anderen genügte schon Unterordnung. Die wirksamste Agitationsvokabel wurde Geborgenheit. Es gab eine Art Stillhalteabkommen zwischen oben und unten. Wer die bestehende Machtkonstellation anerkannte und ihre Regeln befolgte, wurde weitgehend in Ruhe gelassen. Die wenigen Kritiker aus den eigenen Reihen, die, wie später Wolf Biermann und Rudolf Bahro, die revolutionären Fernziele vermissten und einzuklagen versuchten, wurden mundtot gemacht oder ausgewiesen, und breite Schichten waren, auch wenn sie Sympathie mit den Störenfrieden empfanden, mit der Regierung der Meinung, dass die Ruhe das Wichtigste war. Unbotmäßige Gedanken wurden bald auch im engen Kreis kaum noch geäußert. Aus Verbot wurde Konvention.[6]

Hauptstütze des Sicherheitssystems war das 1950 gebildete Ministerium für Staatssicherheit der DDR (MfS). Es trug wie der Teufel im Mittelalter, als man den Namen des Bösen auszusprechen sich scheute, um ihn nicht zu beschwören, zahlreiche Spitz- und Tarnnamen: Horch und Guck, VEB Mielke, *die* Firma, Memfis, Konsum usw. Doch am bekanntesten wurde das sowohl verniedlichende wie ironisierende Akronym Stasi. Es dürfte sich dabei um den einzigen Begriff aus dem DDR-Wortschatz handeln, der inzwischen in mehrere Weltsprachen übernommen wurde und im deutschen Sprachgebrauch auf dem besten Wege ist, vom Eigennamen zum Gattungsbegriff zu werden. Die im Anschluss an Christa Wolfs Erzählung ›Was bleibt‹ oft gestellte Frage hat die Sprachgeschichte auf ihre Weise beantwortet. Das unsichtbare Stasi-Imperium bewegte die Phantasie der Menschen ganz außerordentlich. Es übte seine Macht nicht zuletzt aufgrund der diffusen Angst aus, die es um sich verbreitete.

Die Gesellschaft der DDR war bis ins Innerste vergiftet. Orwells Schreckensvision einer totalen Kontrolle des Individuums hatte sich zur Alltagsrealität entwickelt. Wie ein riesiger Krake lag die Staatssicherheit über dem Land und drang mit ihren Saugnäpfen in den verborgensten Winkel der Gesellschaft. Dass die Unterdrückung in den späten 80er-Jahren subtilere Formen angenommen hatte, lag nicht an den fehlenden Möglichkeiten der Überwachung und Manipulation, sondern an Rücksichtnahmen, die geänderte ökonomische und internationale Rahmenbedingungen erforderten. Der Stasi-Apparat unterlag dem gleichen Prinzip wie die Absperrmaßnahmen an der Grenze der DDR: Er wurde technisch immer perfekter und politisch immer wirkungsloser.

Natürlich gab es auch vor 1989 eine weit verbreitete emotionale Abscheu vor dem Spitzelsystem, intellektuelle Distanz und bewussten politischen Widerstand. Dennoch beschleicht den Beobachter des „Aufarbeitungsprozesses" Grauen und Resignation angesichts der Schamlosigkeit des Verrats. Elementare menschliche Verhaltensregeln haben die Täter massenhaft und offenbar ohne das Bewusstsein individueller Schuld mit Füßen getreten. Das System der allgegenwärtigen Überwachung, Disziplinierung und Repression wurde im Laufe der Jahre immer weiter perfektioniert und ausgebaut – und vor allem verinnerlicht. Dabei ersetzten subtile Formen der psychischen Beherrschung allmählich die offene Brutalität, sodass auswärtige Besucher sie nicht mehr wahrnahmen und viele DDR-Bürger gar im Bewusstsein großer Freiheit lebten.

Dass die Stasi unkontrollierten Zugang zu allen Kaderunterlagen, zu den Akten der Strafverfolgungsbehörden, den Datenspeichern der Abteilung Inneres bei den Räten der Kreise und der Zollorgane besaß, verstand sich fast von selbst. Ihre Befugnisse gingen jedoch weit darüber hinaus. Am 16. August 1989 erließ der Minister für Staatssicherheit zwei Weisungen mit den harmlos klingenden Bezeichnungen „Speichernutzungsordnung des MfS" und „Speichernutzungsordnung anderer Organe". Einige Wochen vor Beginn der friedlichen Massendemonstrationen beschäftigte sich der Machtapparat also keineswegs mit den Modalitäten einer „weichen Landung" in der Marktwirtschaft, wie einige angeblich allwissende Insider nach dem Zusammenbruch der Öffentlichkeit weismachen wollten, sondern mit der Einführung der totalen Kontrolle aller Lebensbereiche des Menschen. Die zweite Weisung enthielt eine detaillierte Liste aller in der DDR existierenden Datenspeicher sowie Anweisungen zu ihrer „konspirativen Nutzung" durch die operativen Diensteinheiten des MfS.

Das System war sicher nicht so monolithisch, wie es von außen erschien, doch es verbreitete das Gefühl der Allgegenwart und Allmacht der Überwachungsorgane. Die Konzentration der öffentlichen Debatte auf die Stasi darf nicht den Blick dafür verstellen, dass sie lediglich einen Teil der perfektionierten Sicherheits-, Disziplinierungs- und

Überwachungsstruktur bildete. Dazu gehörten die Partei, die Massenorganisationen, die Blockparteien, die Volkspolizei, die Schulen und Bildungseinrichtungen, die Kaderabteilungen sowie zahlreiche weitere staatliche und gesellschaftliche Instanzen bis hin zu den Hausbuchführern und Hausgemeinschaftsleitungen. Die gezielte Denunziation von Kollegen, Nachbarn, Mitschülern und Kommilitonen prägte ebenso den Alltag wie das ständige Verfassen breit angelegter Berichte. Letztere sollten neben den allgemeinen „Stimmungen und Meinungen" auch konkrete Angaben über „ideologische Unklarheiten", „feindliche Argumente", Westkontakte, unmoralische Lebensweise und ähnliche Vorkommnisse enthalten. In der Regel waren das natürlich Belanglosigkeiten. So viele Übertretungen und Abirrungen gab es gar nicht, als dass sie gereicht hätten, um all die Akten zu füllen. Mit Sicherheit hatten die meisten miesen kleinen Anschwärzungen auch keine dramatischen Folgen, doch verbreiteten sie ein Gefühl dauernder Unsicherheit. Es ist leider kein Witz, dass die Kontrolle bis zum Gesichtsausdruck reichte. Ein Bericht der FDJ-Leitung der Humboldt-Universität sprach von einem Studenten, dem man zwar keine direkte „feindliche Äußerung" nachweisen könne, der aber bei FDJ-Veranstaltungen „ironisch gucken" würde. Er endete mit dem Vorschlag, ihm das Leistungsstipendium zu streichen. Diese Art von „Vorfeldkontrolle und -disziplinierung" ergänzte das Netz der Staatssicherheit, die erst dann Aktivitäten zu entwickeln begann, wenn „Maßnahmen der gesellschaftlichen Erziehung" sich dauernd als unwirksam erwiesen. Im Allgemeinen wurden kritische und aufsässige Geister an Schulen, Bildungseinrichtungen oder Arbeitsstellen entweder diszipliniert oder ins soziale Abseits geschoben. Das Berichtswesen diente aber auch der Beherrschung des eigenen Apparates. Die Bewacher beschnüffelten sich ununterbrochen gegenseitig, um beim Auftreten von Schwierigkeiten vor allem Funktionäre der SED und staatliche Leiter aller Ebenen verantwortlich machen zu können. „Mangelnde Wachsamkeit" war ein schwerer Vorwurf, der die Karriere unter Umständen nachhaltig beeinträchtigte. Eine kleine Denunziation zu viel konnte dagegen kaum schaden, denn über ihre Verwendung hatte die vorgesetzte Stelle zu entscheiden. Dies führte dazu, dass übergeordnete Leitungen den Übereifer kleiner Funktionäre oft bremsen mussten. Die beschriebenen Mechanismen funktionierten wohlgemerkt zunächst außerhalb des Zuständigkeitsbereichs des MfS und wären ohne die tätige Mithilfe hunderttausender eifriger Zuträger und williger Schnüffler nicht möglich gewesen.

Kein Abschnitt der DDR-Geschichte entzieht sich so sehr den einfachen Formeln wie die letzten drei bis vier Jahre vor ihrem Ende. Nichts wäre verlockender, als ihn als Vorbereitungszeit des Umbruchs zu beschreiben – als Kessel, in dem der Druck steigt, bis er explodiert. Doch der reale Befund sieht anders aus. Die Diktatur verlor in der zweiten Hälfte der 80er-Jahre allmählich ihren Schrecken und präsentierte sich merkwürdig müde und resigniert. Sie erregte weniger Hass als früher, und auch die „führenden Persönlichkeiten" der SED erweckten vor allem Überdruss und eine allgemeine Spottlust, die teilweise in Mitleid überging. Aber daraus entstand kein Gefühl der Befreiung oder gar gesellschaftliche Dynamik.

Ein diffuses Dämmerlicht lag über dem sterbenden Staatswesen. Manche, zumal westliche Beobachter haben diese Lethargie als Stabilität missdeutet. Aber auch innerhalb der DDR hofften viele, es könne ewig so weitergehen wie bisher, denn nicht nur die Funktionsträger des Systems hatten sich gut eingerichtet. Die Zeichen standen im gesamten kommunistischen Machtbereich auf Untergang, und niemand wollte es wirklich glauben. Die Weltgeschichte schien das kleine Ländchen zwischen Oder und Elbe vergessen zu haben. Die bedrückende Windstille im geistigen Leben hatte sehr konkrete Ursachen. Die sozialistische Utopie war tot, und der real existierende Kapitalismus übte gerade auf jene, die psychisch unter der Bedrückung in der DDR litten, wenig Anziehungskraft aus. All dies schuf den seltsam unwirklichen Seelenzustand, der über die Wende hinaus fortwirkte – das Gefühl des Abschieds ohne Aufbruch. „Es war wie ein endloser Herbst", resümierte der Lyriker Uwe Kolbe, „ein Herbst, der nicht enden wollte."[7]

Im Sommer 1989 vollzog sich das größte Wunder der deutschen Geschichte. Die lethargischen, unpolitischen, angepassten Untertanen begannen sich zu regen. Waren es die Fluchtbewegung, die Wandlungen in Moskau, der frische Wind aus Polen und Ungarn, die sich täglich verschlechternde Versorgung der Bevölkerung mit Waren und Dienstleistungen, die Krankheit Erich Honeckers, das halsstarrige Schweigen der vergreisten Führung? Das Maß war voll. Die Ankündigung der Ungarn, die Sperranlagen zur österreichischen Grenze abzubauen, kam einem Dammbruch gleich. In Budapest lungerten wochenlang fluchtwillige DDR-Bürger herum und warteten auf eine Chance, in den Westen zu gelangen. Am 19. August 1989 nutzten 661 DDR-Bürger ein „paneuropäisches Picknick" an der österreichisch-ungarischen Grenze zur Flucht. Kleine Gruppen und Familien mit Kindern gingen einfach an den ungarischen Grenzposten vorbei. Ein Alptraum für die SED-Führung. Der „Eiserne Vorhang" hatte ein Loch, das man nun verzweifelt zu stopfen sich mühte. Die Reisemöglichkeiten für DDR-Bürger nach Ungarn wurden eingeschränkt. Doch längst schon sammelten sich auf dem Gelände der Botschaft der Bundesrepublik in Prag weitere Flüchtlinge aus der DDR. Über die Bildschirme flimmerten allabendlich die Bilder des Westfernsehens von Menschen, die mit Kind und Kegel aus ihrer Heimat flohen wie vor einer Naturkatastrophe. Doch die Bilder stammten nicht aus einem Katastrophengebiet der Dritten Welt, sondern aus Prag, Warschau und Budapest. Diese Peinlichkeit sollte endlich ein Ende haben. Nicht zuletzt angesichts der bevorstehenden Jubelfeier zum 40. Jahrestag der DDR gab die SED-Führung schließlich nach. Bundesaußenminister Genscher reiste nach Prag und verkündete am 30. September den jubelnden Menschen im Park des Palais Lobkowitz, dass ihre Ausreise genehmigt sei.

In der DDR selbst war die Stimmung inzwischen umgeschlagen. Die Oppositionsgruppen traten fast ungehindert an die Öffentlichkeit. Am 10. September 1989 konstituierte sich eine Gruppe mit dem Namen Neues Forum. Der Gründungsaufruf des Neuen Forums löste eine Lawine aus. Innerhalb weniger Tage unterzeichneten Tausende DDR-Bürger diesen Aufruf, der zunächst nur innerhalb der Kirchen verbreitet wurde. Wie gelähmt schaute der Riesenapparat der Staatssicherheit dem Treiben zu. Es gehörte ein beträchtlicher Starrsinn dazu, dies alles nicht zur Kenntnis zu nehmen. Fast

Berlin, 10. November 1989. Berliner aus beiden Teilen der Stadt besetzen die Mauer.

trotzig zelebrierte die Führung in Vorbereitung des 40. Jahrestages die eingefahrenen Rituale der Selbstbeweihräucherung. Eine groteske und qualvoll peinliche Atmosphäre lag über dem Land. Die Macht zerfiel den Herrschenden unter den Händen und sie taten so, als geschehe nichts.

Dass gerade Leipzig zur „Heldenstadt" der friedlichen Revolution werden sollte, war kein Zufall. Hier herrschte seit jeher eine aufsässige Stimmung. Außerhalb der zweimal jährlich stattfindenden Messe war die Versorgung miserabel – jedenfalls deutlich schlechter als in dem bevorzugten Berlin. Die alte Messestadt zerfiel regelrecht. „Ruinen schaffen ohne Waffen" ironisierten die Leute den bekannten Spruch der Friedensbewegung. Umwelt-, Friedens- und Menschenrechtsgruppen hatten sich unter dem Schutzmantel der Kirche zusammengetan und in der Nikolai-Kirche im Stadtzentrum sammelten sich jeden Montag die Menschen zum Friedensgebet. Der Montagabend sollte zum Indikator der steigenden Fieberkurve des todkranken Systems werden. Ausreisewillige versammelten sich jede Woche auf dem Nikolaikirchhof und riefen im Sprechchor: „Wir wollen raus!" Dann zogen sie durch die engen Straßen zum Hauptbahnhof. Am 26. September schallte den Antragstellern ein anderer Sprechchor entgegen: „Wir bleiben hier." Das war die eigentliche Kampfansage an das System. „Wir bleiben hier" hieß, „Wir werden Demokratie und Freiheit durchsetzen". Eine Woche später waren es mehrere Tausend, die durch Leipzig zogen. Die Polizei prügelte mit äußerster Brutalität auf die Demonstranten ein. Am Vorabend des folgenden Montags lag eine nervöse Spannung über der Stadt. Die Sicherheitskräfte standen bereit, die Demonstration mit Gewalt niederzuschlagen. Doch gegen Abend strömte eine derartig große Menschenmenge ins Zentrum der Stadt, dass es niemand wagte, den Einsatzbefehl auszulösen. Es mögen siebzigtausend Menschen oder mehr gewesen sein, die am 9. Oktober 1989 um den Leipziger Ring zogen. „Demokratie – jetzt oder nie", riefen sie, „Keine Gewalt" und „Wir sind das Volk". Am gleichen Abend wurde auch in anderen Städten demonstriert, ohne dass die Polizei wie noch am Vorabend eingriff. Damit gab das SED-Regime seinen diktatorischen Machtanspruch auf. Von nun an ging alles sehr schnell. Überall im Land konstituierten sich Oppositionsbewegungen und Parteien. Staatsstreichartig öffnete die Parteiführung am 9. November 1989 die Mauer. Sie hoffte so, den Druck aus dem Kessel zu nehmen, und unterschrieb damit ihr Todesurteil. In den kommenden Monaten diktierten die Massen auf den Straßen die Forderungen der Revolution: Freiheit, Demokratie und Wiedervereinigung. Die Politiker in Ost und West einschließlich der Oppositionsgruppen hinkten in allen Phasen der Bewegung den Parolen der Straße hinterher. Eine breite Volksbewegung trug friedlich, aber entschlossen die SED-Diktatur zu Grabe.

II. Fußball, Informell und Agitprop
Kulturelle Trends

Siegfried Weichlein

Weimar: Perikleisches Zeitalter und archimedische Punkte

Die Kultur in der Weimarer Republik ist zum Schlagwort geworden, zu den „roaring twenties", den „Goldenen Zwanzigern", zum überschätzten Synonym für die Einheitlichkeit einer Epoche und ihrer Modernität. Der Mythos der „golden twenties" gibt wie alle Mythen mehr Auskunft über den Erfinder als über den Gegenstand. Die Weimarer Republik wurde erst für unser spätmodernes Selbst- und Zeitverständnis zur „klassischen Moderne". Sie selbst besaß weder einen einheitlichen kulturellen Stil noch eine lagerübergreifende Gemeinsamkeit in den ästhetischen Grundrichtungen. Es gab nach 1918 nicht eine Kultur, sondern mehrere Kulturen, die zudem alle ihre Wurzeln in der Vorkriegszeit hatten. Kulturell gesehen glich die Weimarer Republik einem Laboratorium aus zahllosen Stilrichtungen. Angesagt war die Avantgarde, und die kleidete sich in „Ismen" und setzte sich damit vorteilhaft von den Neo-Stilen des Kaiserreiches ab. Die Zahl der „Ismen" war Legion: der Kubismus, der Futurismus, der Dadaismus, der Purismus, der Verismus, der Konstruktivismus, der metaphysische Realismus, der Primitivismus, der Suprematismus, der Progressismus, der Funktionalismus und der Novembrismus in der Tradition der Novemberrevolution. Einzig der Expressionismus besaß bis 1923 eine längere Strahlkraft. Ein „Ismus", der für Frankreich so wichtig war, fehlte diesseits des Rheins: der Surrealismus.

Trotz dieser Kaskade an Stilrichtungen blieb ihre soziale Reichweite insgesamt beschränkt. Eine dünne städtische Schicht huldigte dem Jazz, dem Bubikopf und dem Kino, weitaus mehr aber hielten am Herz-Jesu-Kult, am Arbeitersportbund und dem Vereinsleben aus dem 19. Jahrhundert fest. Die Kultur in der Weimarer Republik stellte eine widersprüchliche Mischung aus Modernität und Traditionalität dar, die sich kaum auf einen einzigen, zudem mythisierenden Begriff bringen lässt. Auffällig war der Zusammenhang von Krisenerfahrungen und kultureller Produktivität. Auf dem Höhepunkt der politischen und wirtschaftlichen Republikkrise, zwischen Herbst 1922 und Ende 1923, als das Brot eine Million Mark kostete, erschienen die ›Duineser Elegien‹ von Rainer Maria Rilke, der Roman ›Siddhartha‹ von Hermann Hesse und das philosophische Hauptwerk von Martin Buber ›Ich und Du‹. Im Unterschied zum Kaiserreich redete man jetzt offen über Krisen und Krisenerfahrungen, ohne sich den Vorwurf des Defätismus zuzuziehen. Krise und Krisenerfahrung wurden zur Signatur der Kultur in der Weimarer Republik. Deren vibrierende Energie speiste sich stark aus Ablehnung und Kritik. Die Krisenerfahrung verstärkte die Politisierung der Kultur. Die politisch-symbolische Durchdringung der Gesellschaft reichte bis in den Alltag hinein. Anhand alltäglicher Gegenstände – vorzugsweise der Kleidung – rechnete man sich bestimmten politischen Lagern zu. Dafür standen das offene Hemd, den Kragen über das Jackett gelegt, die Lederjacke, der „Vatermörder"-Kragen genauso wie die Schirmmütze. Politische Überzeugungen waren in aller Regel nur im Paket mit kulturellen Anschauungen zu haben. Die Kultur des Alltags ging nahtlos in die politische Kultur über.

Auch wenn die Weimarer Stilrichtungen wie der Expressionismus und der Kubismus in der Vorkriegszeit entstanden waren, so fanden Kunst und Kultur nach dem Weltkrieg doch eine völlig neue Umgebung vor. Der Krieg, die neue politische Ordnung und die Veränderungen im wirtschaftlichen Leben verlangten nach Deutung und künstlerischer Gestaltung. Mindestens vier neue Herausforderungen der Nachkriegszeit an die Kultur fallen auf.

Die Republik definierte erstens das Verhältnis von Künstler und Politik neu. Vor 1918 hatte die Stellung zum wilhelminischen Obrigkeitsstaat die Selbstdefinition der Kunst beeinflusst. Das Kunstdiktat Wilhelms II. und die ästhetischen Loyalitätsbedürfnisse der Monarchie bewirkten einige Anpassung und viel Widerstand. Dieser Homogenitätsdruck und die Verlockung zum Widerstand fielen 1918 weg. Die politische Herrschaft übten jetzt mehrere Parteien aus. Die neuen Machthaber besaßen kein sozial integrierendes oder auch nur konsistentes Verständnis von Kultur. Die alten Eliten verteidigten zwar ihre kulturelle Tradition auf ihrem Terrain. Die ehedem fragliche Definitionsmacht über die stark ausgeweitete Kultur entglitt nach 1918 aber endgültig ihren Händen. Es wurden nur wenige Institutionen geschaffen, die es sich zum Ziel gesetzt hatten, für die politische Loyalität zur Republik zu werben. In ihnen sammelten sich vor allem diejenigen Vertreter der Hochkultur, die im Kaiserreich zu den Kritikern des Kunstgeschmacks Seiner Majestät gezählt hatten. Das Mitgliederverzeichnis der 1926 gegründeten Sektion Dichtkunst der Preußischen Akademie der Künste las sich wie ein Gotha der klassischen Moderne. Ihm gehörten u. a. der „Arbeitergoethe" Gerhart Hauptmann, die Brüder Thomas und Heinrich Mann, Georg Kaiser, Ricarda Huch, Arthur Schnitzler, Jakob Wassermann, Franz Werfel, Gottfried Benn und Alfred Döblin an. Die neue und spezifisch kulturelle republikanische Elite blieb dünn: Sie war am ehesten in den politisierten Kunstrichtungen Literatur und Drama, Theater und Film zu finden: dort, wo das Wort im Mittelpunkt stand.

Zweitens bestand die größte Herausforderung für Kunst und Kultur nach 1918 darin, den millionenfachen Tod im Weltkrieg und die Niederlage mit künstlerischen und intellektuellen Mitteln zu deuten und ästhetisch zu verarbeiten. Dieses zentrale Bedürfnis war überall zu spüren. Unmittelbar nach der Demobilisierung verschaffte sich die vierjährige Todesnähe in einer wahren Explosion des Unterhaltungsbedürfnisses Luft. Die Tanzwut des Frühjahrs und Sommers 1919 kontrastierte spürbar mit dem vorangegangenen Totentanz. Zwischen Januar und Mai 1919 warb z. B. das sozialdemokratische ›Kasseler Volksblatt‹ mit 615 Tanzveranstaltungen, durchschnittlich vier pro Abend.[1] Die Kultur reagierte in allen ihren Facetten auf den Hunger nach Deutung und Sinngebung. Explizit oder implizit schwang diese Aufgabe immer mit. Schriftsteller wie Bertolt Brecht, Maler wie Otto Dix und George Grosz und politische Regisseure wie Erwin Piscator fanden ihre Antworten in politischen Konzepten und im „epischen Theater", John Heartfield in der neuen Form des Plakats. Die ästhetische Überzeugungskraft dieser Experimente hing davon ab, ob sie die Zerstörung aller Formen durch die Weltkriegserfahrung aufnahmen oder übergingen. Nach dem Weltkrieg schritt die künstlerische Abstraktion weiter voran. Sie symbolisierte die Suche nach dem Wesentlichen.

Die überkommenen Mittel reichten bei weitem nicht aus, die millionenfache Erfahrung des Todes ästhetisch zu deuten. Die durch alle Schichten gehende Kriegserfahrung drängte, drittens, auf die Erweiterung des Kulturbegriffes und den Abschied von der Dominanz der Hochkultur. Mehr noch: Die Hochkultur der Vorkriegszeit stand unter dem Verdacht der sozialen Abschließung und gehörte damit in das Ursachenbündel für den Weltkrieg. Dieser sozial exklusive Sinn von Kultur wurde nach 1918 endgültig aufgebrochen. Der Alltag, die Freizeit, das Individuum, die Peripherie und alles Unprätentiöse wurden konservativen Einreden zum Trotz kulturell aufgewertet. Selbst die Nationalsozialisten traten entschieden für die Ausweitung des Kulturellen ein und wandten sich gegen das Muckertum. Das trennte sie von den politisch wie auch kulturell Konservativen. Die NS-Volksgemeinschaft wollte sich nicht mit einer konservativen Elitenkultur abspeisen lassen, sondern verlangte nach mehr. Der nationalsozialistische Schriftsteller Hanns Johst schrieb 1932 in seinem Stück ›Schlageter‹: „Wenn ich Kultur höre, entsichere ich meine Browning." Das Stück wurde im Jahr darauf in Anwesenheit Hitlers uraufgeführt.

Nach kultureller Darstellung drängten schließlich, viertens, auch die Veränderungen der Arbeitswelt, die massenhafte soziale Deklassierung und die Rationalisierung der Arbeitsvorgänge. Mehr noch als vor dem Weltkrieg wurden die industrielle Arbeitswelt und der Arbeitsalltag zu Sujets der künstlerischen Gestaltung. Das Wohnen in der Industriegesellschaft avancierte zum neuen Thema der Architektur. Deutsche Architekten wie Bruno Taut und Walter Gropius erlangten mit ihren architektonischen Lösungen hierfür in den 20er-Jahren Weltruhm.

Kunst und Kultur entwickelten in dieser Zeit keine einheitliche stilistische Antwort auf diese Herausforderungen. Die kulturelle Gestaltung folgte in groben Zügen der politisch-sozialen Erfahrung. Die expressionistische Emphase hielt in der Literatur, im Theater und im Film bis zum politischen Krisenjahr 1923 vor. In der Phase der relativen Stabilisierung versagte sie ihren Dienst und Ernüchterung setzte ein. Ihre Nachfolge trat die Neue Sachlichkeit an, die in mehrere Kunstgattungen hineinwirkte und zwischen 1924 und 1930 ihre Hoch-Zeit hatte. Spätestens die Weltwirtschaftskrise entzog der optimistischen Grundstimmung der Neuen Sachlichkeit den Boden.[2] Die politische Krise von Demokratie und Republik nach 1930 führte schließlich auch zu einer Krise in Kunst und Kultur, die von massiven Einsparungen betroffen waren.

Die Neue Sachlichkeit wurde im Nachhinein zum Synonym für die Kultur der 20er-Jahre stilisiert. Sie vereinte in sich zwei an sich widersprüchliche Intentionen. Einerseits gab es das fortgeltende Bedürfnis nach Neuem und nach Abschied vom Alten, was sich in einer Inflation des Begriffs „neu" niederschlug: der „neue Mensch", die „neue Stadt", das „neue Wohnen", die „neuen Medien", die „neue Frau". Andererseits sperrte sich die seit 1923 spürbar einsetzende Ernüchterung gegen jeden Idealismus. Das Neue sollte resistent gegen Enttäuschungen sein. Dem entsprach ein nüchterner, sachlicher Stil. Die Neue Sachlichkeit führte beide Intentionen zusammen. Ihre Pointe war, dass der Blick auf die Sachen selbst Neues und nie Gesehenes zutage fördern sollte. Egon Erwin Kisch drückte im Vorwort zu seinem ›Rasenden Reporter‹ (1924) die Verbindung von Neuem und Sachlichem prägnant aus:

Nichts ist verblüffender als die einfache Wahrheit, nichts ist exotischer als unsere Umwelt, nichts ist phantasievoller als die Sachlichkeit. Und nichts Sensationelleres gibt es in der Welt als die Zeit, in der man lebt![3]

Geprägt wurde der Begriff der „Neuen Sachlichkeit" 1923 vom Kunsthistoriker Georg Friedrich Hartlaub mit Blick auf die neueste Malerei. Tatsächlich wurde die Neue Sachlichkeit aber auch im Theater, in der Literatur und der Architektur rezipiert. Sogar kommerzielle Schlager spielten mit dem Begriff. 1928 texteten die Schlagerkomponisten Marcellus Schiffer und Mischa Spoliansky in einer bekannten Revue: „Es liegt in der Luft eine Sachlichkeit".

„Früher, das warn Zeiten […]
Starb das Vögelchen im Bauer,
Trug gleich die Familie Trauer!
Heut ist eine andre Zeit.
Triffst zum Beispiel Du Herrn Koch,
fragst Du ihn voll Sachlichkeit:
Was, Herr Koch, Sie leben noch?
Weg mit Schnörkel, Stuck und Schaden!
Glatt baut man die Hausfassaden!
Morgen baut man Häuser bloß,
Ganz und gar fassadenlos.
Krempel sind wir überdrüssig,
Viel zu viel ist überflüssig.
Fort, die Möbel aus der Wohnung,
Fort mit was nicht hingehört.
Wir behaupten ohne Schonung,
jeder Mensch, der da ist, stört.[4]

Zwischen der Hyperinflation des Jahres 1923 und der Weltwirtschaftskrise gab es in den verschiedenen Kunstgattungen zahlreiche Ansätze, der Neuen Sachlichkeit Gestalt zu geben.

Die bekannteste Einrichtung künstlerischer Produktivität, vor allem im Bereich der Architektur und Innenarchitektur, war das Bauhaus, 1919 in Weimar gegründet und 1925 nach Dessau verlegt. Die Architektur übte unter allen Kunstrichtungen der Republik international den größten Einfluss aus, was durch die Emigration nach 1933 noch weiter verstärkt wurde. Der Ausweitung und der Demokratisierung von Kunst und Kultur diente die Aufwertung der Gebrauchsgraphik, des Industriedesigns und der Fotografie. Das Motto „Form folgt Funktion" richtete sich gegen jede statuserhöhende Dekoration. Mit seiner strikten Orientierung an den Erfordernissen des Alltags wandte sich das Bauhaus gegen Prätention und repräsentatives außeralltägliches Bauen. Sein Ziel war es, den Alltag durch künstlerische Gestaltung und Handwerk aufzuwerten. Für

Weimar, Bauhaus, zwischen 1921 und 1923.
Eine Gruppe von Studenten und Lehrern, unter ihnen Oskar Schlemmer (links, 2. von oben) und Josef Albers (rechts am Boden).

Walter Gropius, den Vordenker des Bauhaus-Stils, bedeutete dies eine konsequente Abkehr von einer emphatisch verstandenen „Kunst als Berufung" und eine konsequente Hinwendung zur „Kunst als Handwerk". Dem entsprangen Arbeitersiedlungen wie die Siedlung „Onkel Toms Hütte" in Berlin oder die Weißenhof-Siedlung in Stuttgart. Der weiter gefasste Kulturbegriff bewirkte somit eine Demokratisierung des Bauens und des Wohnens.

Den gleichen integrativen Anspruch vertrat auch die Malerei, nachdem der Expressionismus einmal in den Hintergrund getreten war. Auf sie waren die Begriffe Expressionismus und Neue Sachlichkeit ursprünglich gemünzt gewesen. Die avantgardistischen Richtungen traten um 1923/24 hinter der „neuen Gegenständlichkeit" zurück. Gefragt war jetzt die ästhetische Bewältigung des Gegebenen und des Objektiven, nicht mehr der Vorschein des Zukünftigen und des Eigentlichen. Dies bedeutete aber keine Rückkehr zur abbildhaften Kunst, die Kunst blieb abstrakt. Die kopernikanische Wende des Übergangs zur abstrakten Kunst war nur um den Preis des Verlusts an Aussagekraft zurückzunehmen. Die Malerei der 20er-Jahre kehrte damit zu Stillleben und Porträt zurück, diesmal mit noch mehr Kühle und Distanz. Diese neusachliche Wendung war kein spezifisch deutsches Phänomen, sondern international verbreitet und ein Kennzeichen der Zwischenkriegskultur.

In der Literatur und dem Theater kritisierte Bertolt Brecht schon 1919 den expressionistischen Habitus als Anmaßung. Zu Ernst Tollers Stück ›Wandlung‹ meinte er:

Flache Visionen, sofort zu vergessen. Kosmos dünn. Der Mensch als Objekt. Proklamation statt: als Mensch. Der abstrahierte Mensch, der Singular von Menschheit. Seine Sache liegt in schwachen Händen.[5]

Nach 1923 ebbte die idealistische Welle endgültig ab. Georg Kaiser und Walter Hasenclever, zuvor viel gescholten für ihre verstiegenen Visionen, schrieben Komödien, Carl Zuckmayers ›Der fröhliche Weinberg‹ wandte sich von der Abstraktion ab und hin zum Volksstück. Alfred Kerr kommentierte die Premiere des Stückes im Dezember 1925: "Sic transit gloria expressionismi" (So vergeht der Ruhm des Expressionismus). Künstler mieden seitdem die strahlenden Akkorde.[6]

Stattdessen begann die Karriere des Zeitstücks, das den hochgestimmten Ton gegen die gesellschaftliche Prosa vertauschte. Autoren wie Peter Martin Lampel, Friedrich Wolf oder Ferdinand Bruckner trieben Gesellschaftskritik. Lampels ›Revolte im Erziehungshaus‹ von 1928 löste eine Debatte über die Missstände in der Fürsorgeerziehung aus. In die gleiche Richtung zielten Reportagen zu Themen aus Gesellschaft und Politik. Den Ort der Kunst in der Gesellschaft hob der Zeitroman hervor. Für ihn standen Autoren wie Lion Feuchtwanger (›Erfolg‹, 1930), Arnold Zweig (›Der Streit um den Sergeanten Grischa‹, 1927), Hans Fallada (›Bauern, Bonzen und Bomben‹, 1931), Ernst Glaeser (›Jahrgang 1902‹, 1928) und Erik Reger (›Union der festen Hand‹, 1931). Geradezu zum Synonym für die Demokratisierung der Kunstgattung Literatur wurde Alfred Döblins ›Berlin Alexanderplatz‹, der Lokaldialekt, Reklamesprache, Politjargon und Bibelrhetorik in die Romanform einband. Schriftsteller distanzierten sich in ihren Roma-

Berlin, Hotel Adlon, Dezember 1929.
Thomas Mann auf der Durchreise zur Verleihung des Literatur-Nobelpreises in Stockholm.

nen von der Fiktion und traten im Gestus des authentischen Erlebens und des genauen Beobachtens auf. Joseph Roth stellte seinem Roman ›Die Flucht ohne Ende‹ von 1927 die Bemerkung voran:

Im Folgenden erzähle ich die Geschichte meines Freundes, Kameraden und Gesinnungsgenossen Franz Tunda. Ich folge zum Teil seinen Aufzeichnungen, zum Teil seinen Erzählungen. Ich habe nichts erfunden, nichts komponiert. Er handelt sich nicht mehr darum zu „dichten". Das Wichtigste ist das Beobachtete.

Insgesamt herrschte der Primat des Authentischen und Unmittelbaren vor, ein Bemühen, das in seiner nüchternen Sprache noch die politischen Dramen Brechts und auch seine Lyrik durchzog. Das qualifizierende Adjektiv stand unter Vernebelungsverdacht, der Konjunktiv erst recht. Das alles war ziemlich neu in der deutschen Kunst. Die Notwendigkeit, das Verhältnis zwischen Kunst und Leben neu zu bestimmen, unterschied die deutsche Literatur von der Entwicklung in Frankreich, die diese Aufgabe längst hinter sich hatte. Im Vergleich zu Frankreich gab es in Deutschland keinen lang erprobten Tatsachensinn und keine feste künstlerische Realismustradition in der Literatur. Während deutsche Schriftsteller die Authentizität geradezu zum Fetisch erhoben, entstand in Frankreich der Surrealismus, der in Deutschland fehlte.[7]

Andere Schriftsteller suchten sensibel nach den untergründigen Ursachen der „Urkatastrophe des 20. Jahrhunderts". Was die große Parallelaktion Robert Musils im ›Mann ohne Eigenschaften‹ für die k. u. k.-Monarchie war, unternahm Thomas Mann in einer Art mentaler Archäologie des alteuropäischen Bürgertums im ›Zauberberg‹ (1924). In den Streitgesprächen des Freimaurers Settembrini und des Jesuiten Naphta stießen noch einmal die ideellen Gegensätze der Vorkriegszeit unvermittelt aufeinander. Der Protagonist Hans Castorp zieht zuletzt in den Weltkrieg, das „Weltfest des Todes". Thomas Manns Bruder Heinrich hatte in seiner Archäologie der Katastrophe, dem ›Untertan‹ (1914), mit schneidender Schärfe den Nationalismus und die Obrigkeitsgläubigkeit im deutschen Bürgertum karikiert. 1929 wurde mit Thomas Mann ein deutscher Schriftsteller mit dem Literaturnobelpreis international geehrt.[8]

Der Film stand neben dem Theater in der Nachkriegszeit im Mittelpunkt des öffentlichen Interesses. Der Film hatte im Ersten Weltkrieg als Propagandawaffe eine große Bedeutung erlangt. 1917 wurde die Universum-Film-Aktiengesellschaft (Ufa) von der Obersten Heeresleitung gegründet. Nach dem Krieg entwickelte sie sich zum wichtigsten Filmunternehmen Deutschlands. Durch ein Konsortium aus Banken und Industrie finanziert beschäftigte die Filmindustrie nach dem Weltkrieg Tausende, besonders in den Studios in Berlin-Babelsberg. Finanzwirtschaftlich sorgte dieser neue Industriezweig mit seinen erfolgreichen expressionistischen Produktionen, die auch ins Ausland verkauft wurden, für dringend benötigte Devisen. Dennoch unterstützte die lukrative Filmindustrie nur vereinzelt Demokratie und Republik. Stattdessen wurde die Ufa ein Teil des Medienverbundes in der Hand des deutschnationalen Parteiführers Alfred Hugenberg. Nach 1923 blieb die Finanzierung der Filmindustrie ständig prekär, 1925 geriet die Ufa in eine schwere Krise, aus der sie nur mit nordamerikanischer Unterstützung herausfand. Aber auch ihre künstlerischen Leistungen hielten mit den neuen technischen Möglichkeiten des Films nicht mehr Schritt. Produzenten aus den USA wie Metro-Goldwyn-Mayer oder die Warner Brothers drangen auf den deutschen Markt vor, ohne auf allzu viel Widerstand zu stoßen. Umgekehrt gingen deutsche Regisseure wie Ernst Lubitsch schon 1922 in die Vereinigten Staaten.

Die große Zeit des deutschen Films war seine Frühzeit. Expressionistische Künstler wie Friedrich Wilhelm Murnau setzten auf das Medium Film. Bis 1923 entstanden international beachtete Filme wie Fritz Langs ›Dr. Mabuse, der Spieler‹ (1922) oder Murnaus ›Nosferatu‹ (1922). Nach 1923/24 überwogen künstlerisch anspruchslose und in der Tendenz apolitische Filme à la ›Walzertraum‹ (Ludwig Berger), Operettenfilme und historische Ausstattungsfilme. Am Ende der Weimarer Republik waren Georg Wilhelm Pabst (›Das Tagebuch einer Verlorenen‹, 1929) und Fritz Lang (›M‹, 1931) die einzigen international angesehenen deutschen Filmregisseure, die in Deutschland geblieben waren. Axel Eggebrecht erklärte die Dominanz des nordamerikanischen Films bereits 1926 mit einer anderen Beziehung des Films zum „Maschinenzeitalter" in den USA, wo man ideologisch und materiell sehr viel offener gegenüber den Möglichkeiten des Films war:

Chaplin war nur möglich, weil man hier (in den USA) traditionslos war, und weil man aus dem Vollen heraus, materiell wie ideologisch, die Darstellungsart des industriellen Maschinenzeitalters projizieren konnte. Hier allein fand der Film jene innige Verbindung seiner Gestaltungskraft mit den industriellen Grundlagen der zu gestaltenden Lebensform, die ihn selbst zur geschlossenen, expansiven Kulturindustrie, Darstellungsindustrie machten.[9]

Auch die Intellektuellenkultur rechnete mit dem bürgerlichen Zeitalter ab. Die Philosophie Martin Heideggers lockte die Studenten in Scharen nach Marburg und Freiburg im Breisgau. Sein Hauptwerk ›Sein und Zeit‹ beeinflusste die intellektuelle Entwicklung im 20. Jahrhundert nachhaltig. Die wichtigen Debatten der Weimarer Zeit belegen die verbreitete Abkehr vom Neukantianismus und seiner erkenntniskritischen Behutsamkeit, seinem Liberalismus und seinem Kulturprotestantismus. Zum Fanal für die Heidegger-Begeisterung der Weimarer Studentenschaft wurde das Davoser Gespräch im Frühjahr 1929 zwischen Martin Heidegger und Ernst Cassirer, dem Autor einer monumentalen ›Philosophie der symbolischen Formen‹. Heidegger bestand darauf, dass eine Philosophie des Kulturbehagens dem Streben nach Freiheit entgegenstehe. In ›Sein und Zeit‹ hatte er 1927 im hohen und selbstgewissen Ton gegen das „Man" der modernen Öffentlichkeit, der Industriegesellschaft und der politischen Demokratie angeschrieben:

Das Man ist überall dabei, doch so, dass es sich auch schon immer davongeschlichen hat, wo das Dasein auf Entscheidung drängt. Weil das Man jedoch alles Urteilen und Entscheiden vorgibt, nimmt es dem jeweiligen Dasein die Verantwortlichkeit ab. Das Man kann es sich gleichsam leisten, dass „man" sich ständig auf es beruft. Es kann am leichtesten alles verantworten, weil keiner es ist, der für etwas einzustehen braucht. Das „Man" war es immer und doch kann gesagt werden, „keiner" ist es gewesen. In der Alltäglichkeit des Daseins wird das meiste durch das, von dem wir sagen müssen, keiner war es. […]
Jeder ist der Andere und keiner ist er selbst. Das *Man*, mit dem sich die Frage nach dem *Wer* des alltäglichen Daseins beantwortet, ist das *Niemand*, dem alles Dasein im Untereinandersein sich je schon ausgeliefert hat.[10]

Gegen diese Provokation wirkte Cassirers gelehrte Kulturphilosophie blass und abgestanden.
In der evangelischen Theologie wagte der Baseler Theologe Karl Barth mit seiner „dialektischen Theologie" eine ebenso attraktive wie schroffe Zeit- und Feindansage. Mit der ersten Auflage seines Römerbriefkommentars 1919 warf er dem liberalen Kulturprotestantismus den Fehdehandschuh hin. Für Barth, Eduard Thurneysen, Emil Brunner und Friedrich Gogarten vernebelte das kulturelle Interieur des Christentums seine eigentliche Aussage. Das Christentum war unter den Händen der liberalen Kulturtheologen zu einer „Provinz im Gemüte" verkommen. Friedrich Gogarten spitzte die Kontroverse 1920 unter dem programmatischen Titel ›Zwischen den Zeiten‹ zu:

Wir gehörten nie zu eurer Zeit, die heute zu Ende geht, wir sind des Untergangs froh. Der Raum wurde nun frei für die Frage nach Gott. Die Zeiten fielen auseinander und nun steht die Zeit still. Wir stehen zwischen den Zeiten.

Dieser Affront schlug wie eine Bombe ein und setzte die Hoffnungsträger des liberalen Protestantismus wie den Präsidenten der Kaiser-Wilhelm-Gesellschaft Adolf von Harnack mächtig unter Druck.[11]

Im Rückblick wurde die Neue Sachlichkeit oft als der eigentliche Weimarer Stil dargestellt. Ihre Reichweite blieb jedoch von Anfang an begrenzt. Sie wurde nie zum dominierenden Kunststil dieser Epoche, sondern blieb das Anliegen von Künstlern, die der Republik positiv gegenüberstanden und nach einer Synthese von republikanischem Geist und industrieller Rationalität suchten. Der demokratische Gehalt dieser Vision blieb unbestimmt und schillernd. Die große Leistung dieser Stilrichtung war es, neue literarische und publizistische Dokumentations- und Diskussionsformen geschaffen und damit eine Tradition gestärkt zu haben, die in Deutschland nur schwach vertreten war.[12]

Es gab aber auch gegenläufige, ganz unsachliche Richtungen und solche, die ihre Rationalitätskritik in die Sprache des Mythos kleideten. So wurde die Heimatkunst (Hermann Löns) kultiviert und der radikale Aufbruch der Jugend (Walter Flex) gepredigt. Kriegsbejahende und antidemokratische Frontromane (Franz Schauwecker, Hans Zöberlein) fanden während der gesamten Zeit der Republik reißenden Absatz. Es gab aber auch den eher unpolitischen Stil, der sich mythischer Elemente bediente. Hierfür stand Rainer Maria Rilke. In der neunten Duineser Elegie deutete er seinen poetischen Gegenentwurf zur technisch-wissenschaftlichen Welt an.

> *Hier* ist des *Säglichen* Zeit, *hier* seine Heimat.
> Sprich und bekenn. Mehr als je
> fallen die Dinge dahin, die erlebbaren, denn,
> was sie verdrängend ersetzt, ist ein Tun ohne Bild.
> Tun unter Krusten, die willig zerspringen, sobald
> innen das Handeln entwächst und sich anders begrenzt.
> Zwischen den Hämmern besteht
> unser Herz, wie die Zunge
> zwischen den Zähnen, die doch,
> dennoch, die preisende bleibt.[13]

Vor diesem Hintergrund war der Begriff der „Neuen Sachlichkeit" eher ein Suchbegriff und eine Problemanzeige. Ganz unterschiedliche Inhalte und Intentionen konnten sich mit diesem Schlagwort verbinden.

Kennzeichnend für die 20er-Jahre war der Durchbruch zur Massenkultur. Kultur reichte jetzt weit über die Intellektuellenkultur, ihre Fachsprachen und ihre Abstraktionen hinaus. Die Kultur war nicht mehr ein Elitenphänomen, sondern bildete einen festen Bestandteil im Alltag breiter Schichten; die soziale Kodierung von Kultur trat allmählich in den Hintergrund. Der Begriff und der Inhalt der Kultur weiteten sich enorm aus. Neu und anders war, dass jetzt das Theatralische, das Öffentliche und Visuelle im Zentrum des künstlerischen Interesses stand. Die Demokratisierung der Kultur, die schon vor dem Krieg eingesetzt hatte, beschleunigte sich.[14] Motor, aber auch Ergebnis dieser Entwicklung war das Wachstum der Massenmedien, allen voran des neuen Radiogerätes, das in immer mehr Haushalte vordrang. Das Radio war die Sensation des

Jahrzehnts und brachte ein klassisches, mitunter auch experimentelles Kulturprogramm. 1926 gab es eine Million Rundfunkteilnehmer, 1928 waren es zwei, Ende 1929 drei und 1932 schon vier Millionen. Am Ende der Weimarer Republik besaß fast jeder vierte Haushalt ein Radiogerät.[15]

Die Weimarer Republik brachte eine eigene Freizeit- und Unterhaltungskultur hervor. Für große Teile der Bevölkerung bedeuteten die Tarifabschlüsse der Weimarer Jahre, dass sie erstmals Freizeit in nennenswertem Umfang hatten – vor allem aber, dass sie Freizeit gemeinsam hatten. Nicht nur der Achtstundentag – wiewohl kurzlebig –, sondern auch das freie Wochenende und der Jahresurlaub ließen eine eigene Freizeitkultur entstehen. Film und Rundfunk drangen in die Freizeit vor. Aber auch die Politik beanspruchte die Freizeit. Der typische Arbeiter war nicht mehr der „Dauergast im Wirtshaus", sondern besuchte jetzt das gewerkschafts- oder parteieigene „Volkshaus", das den sozialen und politischen Knotenpunkt der sozialdemokratischen Teilkultur bildete. Gleichzeitig besserten sich seine Wohnverhältnisse allmählich. Die Entzerrung der Bevölkerungsdichte ermöglichte es, mit Nahverkehrsmitteln oder dem Fahrrad „ins Grüne" zu fahren. Die Ausweitung der Kultur und die Steigerung der individuellen Mobilität gingen Hand in Hand.[16]

Überhaupt nahm der Stellenwert der Unterhaltung in der Kultur enorm zu. Die Weimarer Republik war die große Zeit des Kabaretts, das jetzt seine Triumphe feierte und einen großen Aufschwung erlebte. Revuen fanden in den Ballungszentren einen lebhaften Anklang. Die politischen Teilkulturen setzten auf die unterhaltende Presse, um ihre politischen Botschaften an den Mann und jetzt auch an die Frau zu bringen. Politische Bildung und Massenpresse mussten sich nicht widersprechen, wie das Wachstum der Arbeiterpresse, die das Bedürfnis nach Bildung bediente, und die Arbeiter-Illustrierten belegten. Im Wahlkampf spielten Filme eine immer größere Rolle. Die Republik nutzte das neue Medium ebenfalls für die eigene Selbstdarstellung. 1928 wurde die Gründung der Weimarer Republik am 9. November 1918 filmisch nachgestellt. Nur sprach diesmal der Sozialdemokrat Philipp Scheidemann vom Balkon des Reichstagsgebäudes herab nicht nur zu den Anwesenden, sondern zu Hunderttausenden von Kinobesuchern.

Die Politisierung der Kultur zog ihre Polarisierung und Radikalisierung nach sich. Künstler und Kunstwerke wurden politisch eingeordnet, ja sogar oft auf ihren politischen Ort reduziert, was die wechselseitige Radikalisierung nur förderte. Als Max Herrmann-Neiße in der ›Neuen Bücherschau‹ 1928 Gedichte von Gottfried Benn lobte und die Parteiliteratur Johannes R. Bechers kritisierte, kündigten eine ganze Reihe von KPD-nahen Intellektuellen ihre Mitarbeit an dieser Zeitschrift auf und gründeten ein eigenes Organ, die ›Linkskurve‹, schließlich auch einen eigenen Verband, den „Bund Proletarisch-Revolutionärer Schriftsteller".[17] Noch schärfer war die Reaktion von rechts gegen den Antikriegsroman ›Im Westen nichts Neues‹ von Erich Maria Remarque (1929). NS-Trupps des Berliner Gauleiters Joseph Goebbels ließen bei der Uraufführung des gleichnamigen Films im Berliner Theater am Nollendorfplatz am 5. Dezember 1930 weiße Mäuse laufen, um das Publikum in Panik zu versetzen. Die Filmoberprüfstelle verbot zeitweise die Aufführung des Films wegen „Gefährdung des deutschen Ansehens".¹⁸ Besonders das Medium Film begünstigte die Politisierung und die Polarisierung der Kultur. 1926 setzte sich die politische Linke gegen das Verbot des sowjetischen Films ›Panzerkreuzer Potemkin‹ von Sergej Eisenstein durch, der binnen kurzem zur Ikone proletarischer Filmkunst wurde. Filme spielten in der linken, zumal kommunistisch inspirierten Kunstszene eine wichtige Rolle. Ab 1928 baute Willi Münzenberg einen kommunistischen Presse- und Filmkonzern rund um die „Internationale Arbeiterhilfe" auf. Höhepunkt dieser Filmkultur der KPD war 1932 ›Kuhle Wampe‹, auf den die Nationalsozialisten 1933 mit dem ›Hitlerjungen Quex‹ (Karl Aloys Schenzinger) prompt antworteten.

War Weimar ein „neues perikleisches Zeitalter"¹⁹, wie der Theaterkritiker Alfred Kerr meinte? Um diese Symbiose zwischen politischer Ordnung und kulturellem, künstlerischem und intellektuellem Schaffen zu erreichen, hätte es einer Kultur bedurft, die Ansätze zur Selbstverständigung im demokratischen Gemeinwesen eröffnet hätte. Genau daran aber herrschte großer Mangel. In den „Krisenjahren der klassischen Moderne" kam es nur gelegentlich zu einem Brückenschlag zwischen Republik und Kultur. Die Kultur bildete aufs Ganze gesehen kein Reservoir, aus dem Republik und Demokratie schöpfen konnten. Die innere Selbstanerkennung der Republik durch eine Kultur, die Demokratie und Parlamentarismus trug und bejahte, scheiterte vielmehr an einer Reihe von kulturellen Polaritäten, die im Kulturbetrieb ständig wiederholt wurden und breitenwirksam anwesend waren. Das wichtigste Deutungsmuster, das für eine deutsche Republik keinen Raum ließ, war dasjenige zwischen deutscher Kultur und westlicher Zivilisation. Damit ging die Überzeugung vom deutschen politischen Sonderweg in die politische Moderne einher, der Deutschland von den westlichen Demokratien unterschied. Durch die Kriegsniederlage traten die Deutungsmuster nicht zurück, sondern sie wurden vielmehr verstärkt.²⁰ Nur wenige wie der Vernunftrepublikaner Thomas Mann hielten an ihrem Appell an die Vernunft fest und stemmten sich genauso gegen die Lust am „expressionistischen Seelenschrei" wie gegen den Irrationalismus von angeblichen Lebenswahrheiten.

Sehr viel verbreiteter als die Republikbejahung war dagegen der Revanchismus, der die Kriegsniederlage genauso wie die Republik bekämpfte. Getragen wurde diese kulturell tief gehende Republikfeindschaft von den Schulen bis zu den Universitäten. Eine ganze Generation wuchs im Hass auf die Siegermächte und die Republik heran. 1918 hatten die Schüler der Klasse 9 des Spandauer Kant-Gymnasiums die folgenden Sätze ins Lateinische zu übersetzen, vorgeblich um den Gebrauch des Konjunktivs zu üben:

4. Aber wer möchte wohl daran zweifeln, dass die gegenwärtige Regierung ihre Pflichten gegen unser Volk ganz und gar vernachlässigt? 5. Würden sonst etwa deutsche Dörfer und Gegenden im Osten und Süden von den Sklaven zerstört? 6. Man weiß nicht, ob man über unseren Freistaat lachen oder weinen soll […].²¹

Deutlicher in ihrer politischen Aussage wurde da schon die Berliner Universität, die 1926 auf ihr Kriegerdenkmal die Worte meißeln ließ: „Invictis – victi – victuri" – Den Unbesiegten die Besiegten, die dereinst siegen werden.²²

Daniela Münkel

NS-Staat: „Entartete" und „völkische" Kunst und Kultur

Eine Läuferin stößt die Tür auf: "Achtung! Mädchen schnell!! Herr Kommandant Kramer kommt!" […] Er tritt ein, begleitet von zwei SS-Offizieren. […] Er geht auf die für diesen Zweck aufgestellten Stühle zu, setzt sich, nimmt seine Schirmmütze ab und legt sie neben sich hin. […] Zufrieden heitert sich sein Gesicht auf, er wendet sich an uns: "Ihr könnt jetzt rühren. Wir wollen Musik hören." […] "Was möchte der Herr Lagerführer hören?" "Die ›Träumerei‹ von Schumann", und sehr gefühlvoll fügt er hinzu: "Das ist ein bewundernswertes Stück, das geht ans Herz." […] Die Violinen übernehmen die Melodie, sie entsteht ganz sachte wie von weit her, dann wird sie voller und entfaltet ihre undefinierbare Melancholie. Der Herr Kommandant hat die Augen geschlossen, er lässt sich von der Musik durchdringen. […] Er ist befriedigt, er hat sich nach einer Selektion mit Musik befreit […][1]

Eine makabre, ja eine nahezu perverse Situation: Die ›Träumerei‹ von Schumann wurde 1944 im Konzentrations- und Vernichtungslager Auschwitz-Birkenau vom „Lagerorchester" für den berüchtigten Kommandanten Josef Kramer, der für die Durchführung der Massenmorde verantwortlich war, aufgeführt. Mitten in der „Tötungsmaschinerie" des „Dritten Reiches" spielten die Opfer für die Täter deutsche klassische Musik. Dies war keine Ausnahmeerscheinung. Musikkapellen existierten per Anordnung des Reichssicherheitshauptamtes in allen nationalsozialistischen Konzentrationslagern.[2] Ihr eigentlicher Zweck bestand darin, morgens und abends beim Aus- bzw. Einzug der Häftlingskolonnen zum Arbeitseinsatz Märsche zu spielen, damit diese im Gleichschritt marschierten. Zu den „Lagerorchestern" gehörten auch hoch qualifizierte Musiker, die als Opfer der nationalsozialistischen Rassen- und Verfolgungspolitik aus ihrem beruflichen und persönlichen Umfeld gerissen worden waren. Sie verfügten vielfach über ein Repertoire, welches die deutschen Klassiker einschloss und von der SS für Konzerte zur Unterhaltung und Zerstreuung eingesetzt wurde. Auf diese Weise wurde zusammengebracht, was widersprüchlicher nicht sein konnte: Barbarei und Kultur. Hier zeigten sich grundsätzliche Ambivalenzen auf dem Gebiet von Kunst und Kultur im NS-Staat, die sich zwischen Eingrenzung und Ausgrenzung, Tradition und Moderne bewegten.

In den ersten Nachkriegsdekaden schien das Bild über Kunst und Kultur im „Dritten Reich" eindeutig zu sein: Das kulturelle Leben war gesteuert und von politischer Propaganda bestimmt. Moderne Kunstrichtungen sowie massen- und populärkulturelle Strömungen wurden unterdrückt bzw. umgeformt. Neuere Studien zu einzelnen Themenkomplexen, wie z. B. Rundfunk, Musik, Theater, Kunst oder Literatur, aber auch Regionaluntersuchungen zur lokalen Kulturpolitik zeigen jedoch, dass diese eindimensionale Betrachtungsweise unzutreffend ist. Gerade auf dem Feld von Kunst und Kultur werden Kontinuitäten und Brüche sowie die Ambivalenzen, die kennzeichnend für das nationalsozialistische Regime und seine Politik waren, besonders deutlich.

Die NS-Kulturpolitik war durch mehrere strukturelle Konflikte gekennzeichnet.[3] Einerseits stand das ideologisch durch den Rassengedanken begründete Postulat der kulturellen Einheit im Vordergrund, andererseits die regional ausgerichtete Volkstumsideologie unter den Schlagwörtern „Blut und Boden", Volkstum, Stamm, Landschaft, Heimat und Verwurzelung. Dieser Widerspruch, der den Machthabern durchaus bewusst war, fand seinen Niederschlag in einer zentralistischen Kulturpolitik bei gleichzeitigem Beharren auf regionaler Eigenständigkeit.

Das „Reichsministerium für Volksaufklärung und Propaganda" (RMVP) unter Leitung von Joseph Goebbels war *die* kulturpolitische Zentralgewalt im „Dritten Reich". Per Reichsgesetz vom 22. September 1933 wurde die „Reichskulturkammer" (RKK) mit den Fachkammern Film, Rundfunk, Schrifttum, Presse, Musik, Theater und bildende Künste installiert, die den entsprechenden Fachabteilungen des RMVP nachgeordnet waren. Goebbels fungierte in Personalunion als Präsident der „Reichskulturkammer". In den einzelnen Ländern wurden Landesstellen des RMVP, die seit 1937 „Reichspropagandaämter" hießen, zur Durchsetzung staatlicher Kulturpolitik eingerichtet. Diese Mittelbehörden waren institutionell und personell mit der Partei verkoppelt. Im November 1934 wurden dann auch Landesleitungen der RKK sowie der Fachkammern installiert. Lediglich auf lokaler Ebene war man auf traditionelle Behörden, wie die Kreis- und Kommunalverwaltungen, angewiesen, woraus sich für diese ein lange Zeit unterschätzter Handlungsspielraum ergab.

Ein weiterer organisatorischer Aspekt nationalsozialistischer Kulturpolitik war der Dualismus von Staat und Partei. Zwar versanken der unter dem Einfluss Alfred Rosenbergs stehende „Kampfbund für deutsche Kultur" und die „Abteilung Volksbildung" der NSDAP nach der Machtübernahme 1933 relativ schnell in der Bedeutungslosigkeit. Demgegenüber konnte jedoch die „Deutsche Arbeitsfront" (DAF) mit ihrer Abteilung „Kraft durch Freude" (KdF), dem Amt „Feierabend" sowie dem „Deutschen Volksbildungswerk" wichtige kulturpolitische Kompetenzen auf sich vereinigen. Am 6. Juni 1934 wurde unter Leitung Rosenbergs die „Nationalsozialistische Kulturgemeinde" (NSKG) gegründet. Sie brachte eine eigene Zeitschrift unter dem Titel „Kunst und Volk" heraus, unterhielt einen Schallplattenring und förderte u. a. Schrifttumsarbeit und Puppenspiele. Die NSKG operierte zunächst durchaus erfolgreich, sie hatte über 1,5 Millionen Mitglieder und organisierte allein 1935 ca. 16 000 Veranstaltungen, davon 11 000 Theatervorstellungen.[4] Die „NS-Kulturgemeinde" fiel dann allerdings dem innerparteilichen Machtgerangel zum Opfer und wurde 1937 in die DAF eingegliedert. Die Aufgabenverteilung zwischen Staat und Partei war dahingehend geregelt, dass der Staat den kulturellen Bestand sichern, die kulturelle Produktion und Distribution steuern und überwachen, die Partei hingegen den kulturellen Konsum aktivieren, organisieren und in die „richtige" Richtung lenken sollte.

Der Unterschied zu kulturkonservativen Strömungen aus der Zeit der Weimarer Republik, an die die Nationalsozialisten in ihrer Kulturpolitik auf vielfältige Weise anknüpften, lag in der konsequent umgesetzten rassenideologischen Argumentation.[5] Kultur und Kunst wurden völkisch und damit rassistisch hergeleitet und begründet. Schon in ›Mein Kampf‹ hatte Hitler den Juden jegliche Kulturfähigkeit abgesprochen:

Berlin, Opernplatz, 10. Mai 1933.
Studenten und Nationalsozialisten werfen verfemte Literatur in die Flammen.

Daher ist das jüdische Volk bei allen scheinbar intellektuellen Eigenschaften dennoch ohne jede wahre Kultur, besonders aber ohne jede eigene. Denn was der Jude heute an Scheinkultur besitzt, ist das unter seinen Händen meist schon verdorbene Gut der anderen Völker.[6]

In zahlreichen Abhandlungen vor und nach der Machtübernahme wurden diese Vorstellungen wiederholt sowie deutsche Kunst und Kultur als „nordisch" definiert:

[…] noch speziell ein Wort […] zu der Frage, wie nun die deutsche Kunst uns rassistisch bestimmt erscheint, d. h. wie wir glauben, dass alle rassistischen Elemente hinter und in der Kunst unserer Art sichtbar sein müssen? […] Das bestimmende Element, rassistisch gesehen, auch im künstlerischen Leben, ist zweifellos das Element der nordischen Rasse[7],

so Walter Groß, der Leiter des „Rassepolitischen Amtes der NSDAP" im Jahr 1937 zum Thema „Kunst und Rasse". Eine derartige Definition ermöglichte Ausgrenzung bei gleichzeitiger Aufwertung der erwünschten Kunst und Kultur, dies galt für lebende und tote Künstler genauso wie für deren Werke.

Die Konsequenz einer solchen Politik war für die Nationalsozialisten die rassische und politische Verfolgung von Kulturschaffenden aller Sparten. Ein massenhafter Exodus jüdischer und politisch „unliebsamer" Künstler und Schriftsteller folgte. Ihre Werke wurden verboten, als „entartet", „schädlich" oder als „Kunst- und Kulturgestotter" diffamiert. Die Bücherverbrennungen am 10. Mai 1933 sowie die Ausstellung „Entartete Kunst" im Jahr 1937 sind nur zwei Beispiele für die öffentliche Inszenierung dessen, was als „gute" oder „schlechte" Kunst und Kultur im NS-Staat gelten sollte. Welche künstlerischen Aktivitäten und Produkte für „gut befunden", welche gefördert oder verboten wurden, bestimmten nicht nur die Protagonisten im „Reichsministerium für Volksaufklärung und Propaganda" oder den diversen Abteilungen der „Reichskulturkammer", sondern auch die oberste Führungsriege des Regimes – bis hin zum „verkannten Künstler" Adolf Hitler. Besonders in der Anfangsphase des „Dritten Reiches" gab es zwischen den NS-Führungsgrößen massive Differenzen darüber, welches die „richtige" Kunst sei. Die Konfliktlinien verliefen u. a. zwischen Hitler/Rosenberg einerseits und Goebbels andererseits. Hatte Letzterer versucht, wenigstens einige Exponenten der Avantgarde und Moderne, wie z. B. Emil Nolde als Vertreter einer „deutschen" bzw. „nordischen Moderne" umzudefinieren und damit vor Ächtung und Verbot zu bewahren, setzten sich dann schließlich doch Hitler und Rosenberg durch, die einem „ästhetischen Traditionalismus" anhingen.[8]

Den Höhepunkt der öffentlichen Zurschaustellung des Gegensatzes zwischen offizieller „NS-Kunst" und der als „entartet" diffamierten modernen Kunst bildete der „2. Tag der Deutschen Kunst", der im Juli 1937 in München stattfand.[9] Am 18. Juli 1937 wurde das neue „Haus der Kunst" mit der „Großen Deutschen Kunstausstellung" von Adolf Hitler persönlich eröffnet und von einem pompösen Festzug unter dem Motto „Zweitausend Jahre Deutsche Kultur" umrahmt. Hier feierte sich das Regime selbst, stellte seine Vorstellungen von zeitgenössischer Kunst zur Schau und sich in die positiv gedeutete Tradition deutscher Kunst und Kultur seit den Germanen. Einen Tag später, am 19. Juli, wurde im Münchner Hofgartengebäude die Ausstellung „Entartete Kunst" von Adolf Ziegler, dem Präsidenten der „Reichskammer der Bildenden Künste", eröffnet. 650 Werke von ca. 110 Künstlern der Moderne, die aus den verschiedensten Museen des Deutschen Reiches entfernt worden waren, wurden gezeigt. Ziegler erläuterte in seiner Eröffnungsansprache den Sinn der Ausstellung:

[…] wir [haben] noch eine traurige Pflicht zu erfüllen, nämlich, dem deutschen Volke auch vor Augen zu führen, dass bis noch vor nicht allzu langer Zeit Kräfte maßgeblichen Einfluss auf das Kunstschaffen nahmen, die in der Kunst nicht eine natürliche und klare Lebensäußerung sahen, sondern bewusst auf das Gesunde verzichteten und alles Kranke und Entartete pflegten und als höchste Offenbarung priesen. […] Deutsches Volk, komm und urteile selbst![10]

Das „deutsche Volk" nahm diese Aufforderung ernst und strömte in Massen in die Münchner Ausstellung. Die Verantwortlichen zählten mehr als drei Millionen Besucher, demgegenüber konnte die „Deutsche Kunstausstellung" nicht einmal ein Drittel dieser Zahl verbuchen. Welche Rückschlüsse auf die Akzeptanz nationalsozialistischer Kulturpolitik lässt diese unterschiedliche Resonanz der Bevölkerung auf die beiden Kunstausstellungen zu? Lange deutete die Historiographie diese Zahlen als Hinweis auf eine große Verankerung der modernen Kunst in der Bevölkerung und eine fehlende Akzeptanz nationalsozialistischer Kunstvorstellungen. Bezieht man zeitgenössische Beobachtungen in die Analyse mit ein, erscheint eine gegenteilige Interpretation wahrschein-

Umschlag zu dem Führer durch die Ausstellung 'Entartete Kunst',
die am 19. Juli 1937 in München eröffnet wurde
(hrsg. von Fritz Kaiser,
Verlag für Kultur und Wirtschaftswerbung, o. J.).

licher. Die Besucherin Carola Roth, die mit Max Beckmann befreundet war, notierte beispielsweise über den Besuch der Ausstellung „Entartete Kunst":

Der Besuch ist enorm stark; die Ausstellung ist von 9 Uhr morgens bis 7 Uhr abends durchgehend geöffnet. Der Andrang ist so groß, dass die Ausstellung oft eine Stunde lang geschlossen wird. Die Leute stehen dann in Reihen an. Das Publikum setzt sich zu 90 Prozent zusammen aus Münchner Kleinbürgern, die niemals sonst in eine Bilderausstellung gegangen sind, und die nun ehrlich entrüstet über das Dargebotene sich äußern. Die restlichen 10 Prozent setzen sich zusammen aus sog. Gebildeten und vielen Engländern. Darunter wohl die meisten, denen die Richtung immer schrecklich war und die es nun genießen, dass man, ohne Gefahr zu laufen, für rückschrittlich und spießig zu gelten, laut darüber schimpfen kann.[11]

Das RMVP setzte alles daran, die Ausstellung bekannt zu machen und für den Besuch zu werben. Der Erfolg wurde dann auch positiv verbucht und mit der Hoffnung verbunden, „dass diese Gegenüberstellung auch den Letzten eindeutig klar werden lässt, was wir von einer neuen Kunst erwarten". Aufgrund derartiger Einschätzungen aus unterschiedlichen politischen Lagern ist der Interpretation Adelheid von Salderns zuzustimmen, wonach „die NS-Kulturpolitik gegen die Avantgarde [...] damals also durchaus populär"[12] war. Das NS-Regime griff die Sehnsucht vieler Menschen nach einer „reinen", „gefälligen", „affirmativen" Kunst auf und verband sie mit seinen ideologischen Postulaten.

Die massiven Versuche, avantgardistische, moderne Strömungen in Kunst und Kultur zu unterdrücken, prägten die NS-Propaganda sowie das Selbst- und Fremdbild nationalsozialistischer Kulturpolitik. Dennoch hörten 1933 derartige Strömungen nicht einfach auf zu existieren. Sie wirkten, wenn auch nicht als solche ausgewiesen, in den unterschiedlichsten Feldern weiter fort, manchmal indirekt und „eingedeutscht", manchmal direkt. Das gilt u. a. für Bereiche der Architektur und des Designs. Hier lässt sich z. B., auch nach der institutionellen und personellen Zerschlagung des Bauhauses, dessen Einfluss eindeutig nachweisen. Im Design des „Volksempfängers" sind ebenso Anleihen beim Bauhaus gemacht worden wie bei Plakaten, Werbeanzeigen oder städtebaulichen Anlagen. Bei den unterschiedlichsten Ausstellungen, die während der NS-Zeit als „Mittel der Volksführung" einen wahren Boom erlebten, war nicht nur die „Bauhaus-Ästhetik" unübersehbar, sondern an den kulturpolitischen Propagandaschauen waren führende Protagonisten des Bauhauses beteiligt. So arbeiteten Walter Gropius, Mies van der Rohe genauso wie Herbert Bayer z. B. an der 1934 gezeigten „Kultur- und Lehrschau" „Deutsches Volk – Deutsche Arbeit" mit. Insgesamt war der Beitrag einzelner Bauhaus-Architekten und -Gestalter zu den Propagandaschauen der Nationalsozialisten wesentlich höher, als lange Zeit vermutet, sodass hier nicht nur gestalterische und ästhetische, sondern – wenn auch verdeckte – personelle Kontinuitäten zu sehen sind, allerdings nur in den ersten Jahren des „Dritten Reiches".

Für Musik und Tanz gilt Ähnliches. So war der Jazz zwar offiziell verpönt, erfreute sich jedoch weiterhin großer Beliebtheit und dies nicht nur im Geheimen oder unterm Ladentisch, sondern in Form einer offiziellen, etwas gezähmten „Neuen deutschen Tanzmusik".[13] Während des Zweiten Weltkrieges wurde bei den Soldatensendern auf vielfachen Wunsch von Wehrmachtsangehörigen sogar der „echte" Jazz gespielt. Ein Verbot der Swing-Musik ließ sich ebenfalls nicht durchhalten, wie u. a. die Existenz der Swing-Jugend, die erst durch die Kriminalisierung seitens des Regimes in Opposition geriet, belegt.

Der moderne Ausdruckstanz wurde nicht – wie lange kolportiert – von den Nationalsozialisten verboten und als „entartet" klassifiziert. Im Gegenteil: Goebbels favorisierte den modernen „deutschen Ausdruckstanz" der Weimarer Zeit, der sich gut mit der Idee des Völkischen, dem Führerkult und dem Rassismus in Übereinstimmung bringen ließ. Auch die Protagonisten des modernen deutschen Ausdruckstanzes wie Rudolf von Laban und Mary Wigman waren bereits vor 1933 von diesen Ideen nicht unbeeinflusst. Beide machten zunächst unter den Nationalsozialisten Karriere, scheiterten dann allerdings mehr an bürokratischen als an ideologischen Hindernissen. Erst nach 1938 wurde der moderne Ausdruckstanz zugunsten von Ballett und Volkstanz zurückgedrängt, was weniger auf inhaltliche Gründe, als vielmehr auf die Tatsache von personellen Machtverschiebungen zugunsten Heinrich Himmlers zurückzuführen ist. 1933 markierten die Ausgrenzung und Verfolgung jüdischer Tänzer und Tänzerinnen und nicht ästhetische Veränderungen den Bruch beim modernen Ausdruckstanz.

Auch auf dem Gebiet der Massenkultur finden sich Ambivalenzen. Hier setzten sich Entwicklungen aus der Weimarer Zeit fort oder verstärkten sich während der NS-Zeit sogar noch. Dabei ist vor allem an Film und Rundfunk zu denken. Der Aufstieg des Radios zu *dem* neuen Massenmedium erfolgte erst während der NS-Zeit. Dies geschah nicht zuletzt durch eine massive staatliche Förderung in Form von billigen Rundfunkgeräten sowie einer finanziellen Entlastung bei den Rundfunkgebühren für gering Verdienende.[14] Radiokonsum wurde zur „nationalen Pflicht" erhoben. Das Radio war für Goebbels das „allermodernste und allerwichtigste Massenbeeinflussungsinstrument" und er selbst konnte virtuos auf dieser Klaviatur spielen. Nicht platte politische Propaganda war die Devise, sondern der Massengeschmack sollte in Form von Unterhaltung, die indirekt die „richtige" politische Botschaft übermittelte, bedient werden und damit zu einer positiven Identifikation der Bevölkerung mit dem NS-Staat beitragen. Entsprechende Sendeformate aus der Weimarer Zeit wurden aufgegriffen, weiterentwickelt und neue, wie die „Bunten Stunden" oder „Wunschkonzerte", kreiert. Hiermit setzte das NS-Regime Standards auf dem Gebiet der Massenkultur und wirkte stilprägend – bis in die Radioprogramme der Bundesrepublik und der DDR hinein.

Ein wichtiger Aspekt nationalsozialistischer Kulturpolitik – und hier konnte man an kulturkonservative Strömungen aus der Zeit der Weimarer Republik anknüpfen – war die Förderung der deutschen Klassiker und deren Zugänglichkeit für breite Bevölkerungsschichten.[15] Damit wurde ein ganzes Bündel von Zielen gleichzeitig verfolgt. Einmal diente der Bezug auf die Klassiker der Herrschaftslegitimation des NS-Regimes. Aus dem vermeintlich ewig Gültigen und Guten der Vergangenheit konnte auch die Zukunftsfähigkeit des Regimes abgeleitet werden. Darüber hinaus sollte die Indienstnahme der Klassiker durch das NS-Regime verdeutlichen, dass das Jahr 1933 keinen Bruch, sondern die Fortführung der positiv besetzten deutschen Kulturtradition bedeutete – allerdings um den Preis einer teilweisen Umdeutung und Neukontextualisierung. Dies betraf im Besonderen den rassenideologischen Aspekt. Außerdem bot die Hochschätzung und Förderung der deutschen Klassiker ein Integrationsangebot für Intellektuelle und für das Bildungsbürgertum, denn auf diese Weise konnte das Regime seine Kulturfähigkeit unter Beweis stellen.[16] Gleichzeitig wurde durch die Popularisierung der Klassiker die „Volksgemeinschaft" zelebriert und für viele „Volksgenossen" erfahrbar gemacht.

Wie gestaltete sich nun konkret diese Form der Kulturpolitik? Die Strategie bestand vor allem darin, eine Fülle von Gelegenheiten zu schaffen, um möglichst vielen Menschen – auch in den „abgelegensten Winkeln des Deutschen Reiches" – die Errungenschaften deutscher Kunst und Kultur zugänglich zu machen. „Kulturfahrten", Vorträge, literarische Veranstaltungen wie Dichterlesungen und Theatertage wurden initiiert sowie Buchgemeinschaften unterstützt. Auch die Gründung des „Nationalsozialistischen Reichssymphonieorchesters", welches auf das 1931 ins Leben gerufene „Orchester des Führers" zurückging und 1936 in die DAF-Abteilung „Kraft durch Freude" eingegliedert wurde, diente diesem Zweck. Sein Repertoire bestand vornehmlich aus deutschen Komponisten der Klassik und Romantik. Das „Reichssymphonieorchester", ein Reiseorchester, das durch das gesamte Reich tourte, sollte „Künder des Kulturwillens des nationalsozialistischen Deutschlands"[17] sein und spielte bei Werks- und Jugendkonzerten, vor der Wehrmacht sowie bei politischen Veranstaltungen. Auf diese Weise erreichte es Hunderttausende von Menschen. Auch mithilfe des neuen Massenmediums Rundfunk wollte man die Klassiker dem ganzen Volk nahe bringen.[18] So sendete der Reichsrundfunk beispielsweise 1934 zahlreiche Beethovenkonzerte sowie eine Wagner-Schiller-Chamberlain-Trilogie. Die Resonanz entsprach allerdings nicht den Erwartungen. Die Masse der Hörenden bevorzugte eben doch die leichte Unterhaltung. Dennoch behielten klassische Musik und Literatur auch in den folgenden Jahren ihre Sendeplätze, allerdings in der Regel erst in der Zeit nach 22.00 Uhr, wenn die Mehrheit der arbeitenden Bevölkerung bereits das Gerät abgeschaltet hatte.

Die aufwändige, mit „volksnahen" Elementen durchsetzte Zelebrierung von Gedenktagen berühmter deutscher Dichter oder Komponisten wie der 175. Geburtstag Friedrich Schillers im Jahr 1934 war integraler Bestandteil der Popularisierung der Klassiker. Auch traditionelle Festspielveranstaltungen wie die Wagner-Festspiele in Bayreuth, die Händel-Festspiele in Göttingen oder die Bachfeste in Leipzig wurden von den Nationalsozialisten gefördert, in ihrem Sinne inszeniert und – wenn nötig – umgedeutet. Als Beispiel für dieses Vorgehen können die Bachfeste, die bereits seit 1901 veranstaltet wurden, gelten. Im Juni 1935 wurden die Feierlichkeiten aus Anlass des 250. Geburtstages von Johann Sebastian Bach (1685–1750) unter dem Etikett „Reichsbachfest" in Leipzig veranstaltet.[19] Kennzeichnend war hier – wie anderswo auch – die Öffnung für breite Bevölkerungsschichten bei gleichzeitiger Ausgrenzung rassisch „unerwünschter" Personen, die Einbindung „volkstümlicher" und spezifisch nationalsozialistischer Elemente bei gleichzeitiger Kontinuität mit dem Ablauf derartiger Feste aus der Zeit vor der NS-Machtübernahme. Hinzu kam die Vereinnahmung der Person und der Musik Bachs für ein nationalsozialistisches Kunstverständnis, nach dem sich Vergangenheit, Gegenwart und Zukunft zu nationaler Größe verschmelzen sollten. Welchen hohen Stellenwert derartige Veranstaltungen hatten, zeigt, dass zum „Reichsbachfest" ein Großteil der NS-Prominenz nach Leipzig kam. Adolf Hitler, Joseph Goebbels und der sächsische Reichsstatthalter Martin Mutschmann reisten an und unterstrichen somit ihre Wertschätzung und die große Bedeutung Bachs für die „deutsche Kultur".

Um die „hohe Kultur" den breiten Volksmassen zugänglich zu machen, ihr Interesse zu wecken und damit die „Volksgemeinschaft" zu zelebrieren, wurden während des „Reichsbachfestes" vielfältige Maßnahmen ergriffen. Die Eintrittspreise wurden so gestaltet, dass sie auch für geringer Verdienende bezahlbar waren. Darüber hinaus integrierten die Veranstalter eine Reihe „volkstümlicher" Elemente in den Festablauf.

Konkret bedeutete dies, dass neben den traditionellen Konzerten auch Ausstellungen, Musiktheater, Turmmusik oder ein Gautreffen der sächsischen Kirchenchöre veranstaltet wurden. Anders als von den NS-Amtsträgern suggeriert, ist grundsätzlich festzustellen, dass es sich hierbei in der Regel nicht um originäre nationalsozialistische Neuerungen handelte. Die Forderung nach mehr „Volkstümlichkeit" solcher klassisch bildungsbürgerlich ausgerichteter Festivitäten war bereits im Laufe der 20er-Jahre laut geworden. Seitdem bemühten sich die Verantwortlichen, diesen Anspruch sukzessive in die Praxis umzusetzen. Die Nationalsozialisten nahmen derartige Entwicklungen auf und verstärkten sie. Wirklich neu war die Durchsetzung des „Reichsbachfestes" mit spezifisch nationalsozialistischen Ritualen. Zu nennen ist hier u. a. die „Gedenkfeier am Grabe Bachs", die neben der traditionellen Kranzniederlegung in eine NS-Totenfeier umgewandelt wurde. Der Ablauf erinnerte an die Gedenktage der „Gefallenen der Bewegung", nur dass hier aus dem „musikalischen Genie" die „Aufrichtung der deutschen Seele" und das „Wiedererstehen des deutschen Geistes" beschworen wurden.

Die spezifische Mischung aus Altem und Neuem war typisch für derartige Veranstaltungen und diese lässt sich auch in zahleichen anderen kulturellen Aktivitäten während des „Dritten Reiches" festzustellen, so z. B. im Ausstellungswesen oder in der Ausgestaltung lokaler Kulturwochen. Hier liegt ein wichtiger Grund für den Erfolg dieser Politik: Die Menschen erkannten Althergebrachtes wieder, gleichzeitig wurde durch eine Politisierung und nationalsozialistisches Pathos der Führungsanspruch „deutscher Kunst und Kultur" beschworen. So konnte sich jeder einzelne „deutsche, arische Volksgenosse" als Mitglied der „deutschen Kulturnation" und somit als etwas Besonderes fühlen. Dies hat sicherlich bei nicht wenigen zu einer positiven Identifikation mit dem NS-Staat beigetragen und wirkte sich somit herrschaftsstabilisierend aus.

Neben der „Kunst fürs Volk" erlebte die „Kunst des Volkes" durch den Nationalsozialismus eine massive Förderung und Aufwertung, entsprach diese Form der „Kunstförderung" doch völkischen Vorstellungen nationalsozialistischer „Blut-und-Boden"-Ideologen und passte sich sowohl in das Postulat der „Volksgemeinschaft" als auch in die Betonung regionaler Traditionspflege ein.

Die „rassistische" Legitimation und Ausgrenzung galt auch hier als Sinnstiftung nationalsozialistischer Kulturpolitik. Die Förderung der so genannten Volkskultur erfolgte auf vielen Gebieten. Auf dem Lande wurden alte kunstgewerbliche und handwerkliche Traditionen wie die Bauernmalerei oder das Spinnen und Weben von Stoffen wieder belebt, ebenso das Mundarttheater oder die Heimatdichtung. Im Jahr 1936 zeigte das „Museum für Volkskunst" in Berlin eine Ausstellung zum Thema „Bauernkunst". Volkstänze, Volksmusik und Volkslieder wurden gefördert und erlebten eine regelrechte Renaissance. Eine spezielle Schule „Volksmusik und -tanz" wurde 1935 gegründet, und das Fach „Volkskunde" an den Universitäten verzeichnete einen staatlich unterstützten Aufschwung. Das künstlerische Schaffen der einfachen Menschen sollte gefördert werden, deshalb organisierte die DAF sogar Laienausstellungen in Fabrikhallen. Die Resonanz auf diese Form der Kulturförderung in der Bevölkerung war – soweit dazu Aussagen möglich sind – durchaus positiv, inwieweit dabei allerdings die vom Regime gewünschten ideologischen Implikationen aufgenommen wurden, ist schwer zu beurteilen. Völlig gescheitert ist hingegen der Versuch, eine NS-spezifische Form des „Volkstheaters" zu etablieren. Die so genannten Thingspiele, die meistens als Massenveranstaltungen im Freien abgehalten wurden, sollten die „Volksgemeinschaft" auf die Theaterbühne bringen.[20] Hier ging es um eine mythologisch überhöhte deutsche Geschichte, um Opferkult, Emotionen und den „ewigen Kampf". Die Inszenierungen erinnerten eher an Reichsparteitage denn an klassische Theateraufführungen. Nach anfänglichen Erfolgen und zahlreichen lokalen Aktivitäten der „Thingbewegung" ging sie ab 1935 mehr oder weniger klanglos unter. Dies lag einerseits an dem mangelnden Interesse der Zuschauer, denn die Stücke trafen immer seltener den Geschmack des Publikums, andererseits am Einflussverlust der Protagonisten der Theaterbewegung innerhalb des kulturpolitischen Apparates der NSDAP. Das Beispiel der „Thingspiele" zeigt, dass kulturelle Angebote für die Bevölkerung attraktiv sein mussten, damit sie bereit war, spezifisch nationalsozialistische Elemente und Umformungen zu akzeptieren.

Aus dem breiten Spektrum von Kunst und Kultur konnten nur einige wenige Aspekte angesprochen werden. Dennoch lassen sich allgemein gültige Aussagen treffen. Nationalsozialistische Kulturpolitik war ein Konglomerat aus kulturkonservativen Strömungen der Weimarer Republik mit dem entscheidenden Unterschied, dass sich die staatliche vor 1933 praktizierte „Kulturintervention" nach der Machtübernahme in eine „Kulturdiktatur" mit rassistischen und politischen Ausgrenzungsmechanismen wandelte. Dennoch gab es auch hier Nischen und Grenzen der Reglementierung, die nicht zuletzt durch den Publikumsgeschmack gesetzt wurden. Das NS-Regime wollte mit seiner Kulturpolitik die Menschen ansprechen und für den „neuen" Staat begeistern. Um dieses Ziel zu erreichen, mussten Kompromisse eingegangen werden. Genauso wie die Menschen das Radio abschalten konnten, hätten sie kulturellen Veranstaltungen jedweder Art fernbleiben können. Gründen der Herrschaftsstabilisierung und Integrationsbestrebungen war es auch geschuldet, dass das Jahr 1933 bei weitem nicht auf allen kulturellen Gebieten einen Bruch markiert. Nach der Machtübernahme der Nationalsozialisten bildeten zwar zahlreiche institutionelle und personelle Veränderungen als Konsequenz der politischen und rassischen Verfolgungen einen entscheidenden Einschnitt. Auf gestalterischem, ästhetischem und musikalischem Gebiet hingegen sind Kontinuitäten feststellbar. Dort verliefen Veränderungsprozesse selten abrupt, sondern eher schleichend oder blieben sogar ganz aus. All dies kann allerdings nicht darüber hinwegtäuschen, dass der massenhafte Exodus von Künstlern und Intellektuellen nach 1933 „zu einer enormen Schwächung kreativer und künstlerischer Entwicklungen in Deutschland geführt hat"[21].

Julia Angster

Die Amerikanisierung der Bundesrepublik

Die westdeutsche Nachkriegszeit ist die Hochphase der Amerikanisierung in Deutschland. Die USA nahmen in der Zeit zwischen den späten 40er- und mittleren 60er-Jahren großen Einfluss auf die Kultur der Bundesrepublik. Sie warben aktiv für den „American Way of Life". Amerikanische Musik, Filme und Kleidung sollten den besiegten und vom Nationalsozialismus befreiten Deutschen die amerikanische Wertewelt nahe bringen, sollten sie zur Demokratie bekehren und vom Kommunismus fern halten. Die Deutschen reagierten zunächst sehr zurückhaltend auf das kulturelle Angebot der Amerikaner. Während der Besatzungszeit wurde die Politik der Umerziehung und der amerikanischen „Kulturmission" im Allgemeinen eher abgelehnt. Erst nach Ende der Besatzungszeit begann die Amerikanisierung im kulturellen Bereich spürbar zu werden, und zwar zuerst in der Jugendkultur. Hier wurde ab Mitte der 50er-Jahre ein amerikanischer Stil in Kleidung und Verhalten zum Ausdruck einer Lebenshaltung, zum Instrument des Aufbegehrens gegen die Wertewelt der Elterngeneration. Am Ende war die amerikanische Kulturmission erfolgreich: Rock'n'Roll, Jeans und Hollywood-Filme prägten den Lebensstil einer ganzen Generation und transportierten tatsächlich amerikanische oder westliche Wertvorstellungen. Und wie erhofft halfen diese neuen Werte, die westdeutsche Gesellschaft auch kulturell im Westen zu verankern, sie zu einem liberalen und pluralistischen Gemeinwesen zu machen. Die westdeutsche Gesellschaft modernisierte sich, und die amerikanische Kultur trug dazu einen wesentlichen Teil bei.

Gegen Ende der 50er-Jahre begann ein tief greifender Wandel die Bundesrepublik zu erfassen. Im Rückblick erscheinen uns heute in kultureller Hinsicht – sei es mit Blick auf die politische Kultur der westdeutschen Öffentlichkeit oder auf die Pluralität des kulturellen Angebots, sei es mit Blick auf die Geschlechterrollen und die Autoritätsstrukturen in den Familien oder auf die konfessionelle Bindung der Menschen – die frühen 50er-Jahre den 30er-Jahren sehr viel näher als den 70er-Jahren. Die 50er-Jahre erscheinen aus dieser Perspektive als eine Phase „aufregender Modernisierung"[1], eine Zeit des kulturellen und gesellschaftlichen Aufbruchs. Es ist darüber gestritten worden, ob man diese Entwicklung als Amerikanisierung oder als Modernisierung bezeichnen soll. Wie groß war die Rolle der USA für die innere Entwicklung der Bundesrepublik? Für die Deutschen der Nachkriegszeit waren aber Modernisierung und Amerikanisierung kaum voneinander zu trennen. „Amerika" war in Deutschland schon seit dem Ersten Weltkrieg ein Symbol für die Moderne gewesen, für ihre Verlockungen und ihre Schattenseiten. Es stand für moderne Technologie, eine Massengesellschaft und die Kultur der Großstädte. Europa galt als Hort des Geistes, Amerika dagegen als zweckgerichtete Wirtschaftsmaschine. Ob man „Amerika" und seine Besonderheiten nun als Boten des Fortschritts begrüßte oder als Verfall von Sitten und Kultur ablehnte, hing eben jeweils davon ab, wie man zur Moderne stand, zum Kapitalismus, zum Jazz oder zur Berufstätigkeit von Frauen.

Nach 1945 jedoch standen die USA, inzwischen das reichste und mächtigste Land der Welt, als Besatzungsmacht in einem Deutschland, das vom Krieg zerstört und durch die Menschheitsverbrechen der Nationalsozialisten moralisch diskreditiert war. Sie traten mit dem Anspruch auf, die Westdeutschen zu den Werten und der Kultur der USA zu bekehren, zum „American Way of Life", und verfolgten zu diesem Zweck eine regelrechte Kulturmission in Westdeutschland. Denn die amerikanische Massenkultur – ihre Musik, ihre Filme und ihre Lebensart – sollten die grundlegenden Werte der amerikanischen Demokratie vermitteln helfen.

In Deutschland war seit dem 19. Jahrhundert Kultur vor allem eine Sache der gehobenen Schichten, insbesondere des Bildungsbürgertums gewesen. Ein humanistischer Kanon hatte definiert, was zu ihr zu rechnen sei und was nicht. Die Praxis der Gymnasien und Universitäten, des städtischen Kulturbetriebs und des Buchmarktes hatte den Zugang zur Kultur und ihren Inhalt festgelegt. In der Literatur wurden die Heroen der Weimarer Klassik, Goethe und Schiller, verehrt, in der Musik waren die Meister von Bach über Beethoven bis Wagner kanonisch. Dagegen galten Volksmusik, Schlager, Kino, Varieté und Groschenromane als Unterhaltung für die Massen, nicht als Kultur. In den USA dagegen hatte sich eine auf wirtschaftlichem Konsum beruhende Massenkultur herausgebildet, die auf ihren egalitären und, wenn man so will, demokratischen Charakter stolz war. Tatsächlich wurde in der Bundesrepublik der 50er-Jahre die Trennung zwischen Hochkultur und Unterhaltungskultur in dem Maße verwischt, in dem neue kulturelle Trends aus den USA nach Deutschland kamen.

Bill Haley und Elvis Presley, James Dean und John Wayne hießen nun die Vorbilder der Siebzehnjährigen, nicht mehr Schiller und Goethe, oder gar Hans Moser und Heinz Erhardt. Selbst ein Peter Kraus, durch und durch ein Gewächs des deutschen Kulturbetriebs, verdankte seinen Erfolg den Rezepten des amerikanischen „Showbiz". Diese Vorbildrolle der USA hielt bis in die 60er-Jahre an, als der Vietnamkrieg zu einem starken Antiamerikanismus führte. Die Zeit des kulturellen Umbruchs in der Bundesrepublik lag also zwischen der Mitte der 50er- und dem Anfang der 70er-Jahre. Aber wie vollzog sich dieser Umbruch im Einzelnen?

Die ersten Erfahrungen mit den USA nach Kriegsende machten die Deutschen durch die Begegnung mit der amerikanischen Armee. Zwei Bilder haben sich in die Erinnerungen der Zeitzeugen eingeprägt und sind zu Ikonen amerikanischer Überlegenheit und Andersartigkeit geworden: das Bild vom schwarzen, lächelnden GI, der vom Panzer herab Schokolade an deutsche Kinder verteilt, und jenes von den amerikanischen Soldaten, die kaugummikauend und mit den Händen in den Hosentaschen Wache schieben, ohne Haltung und Drill, im zivilen Habitus. Es waren die Lässigkeit und der Wohlstand dieser gutgenährten und durchweg motorisierten Soldaten, die den ausgehungerten und an Autorität gewöhnten Deutschen wie aus einer anderen Welt erschienen. Vor allem deutsche Jugendliche suchten bald den Kontakt zu diesen Besatzern, deren Musik und Umgangsformen unter ihnen bald stilbildend wirkten.

Daneben spielten amerikanische Produkte, wie sie etwa in den Care-Paketen zu finden waren, eine große Rolle. Diese Pakete gingen auf private Hilfsbereitschaft in den USA zurück und hatten, neben der unmittelbaren materiellen Hilfe, welche die darin enthaltenen Lebensmittel und Medikamente boten, auch einen hohen Symbolwert. Dieser Eindruck amerikanischer Hilfsbereitschaft wurde 1948/49 noch verstärkt durch die so genannten Rosinenbomber der alliierten Luftbrücke während der Blockade Westberlins durch die Sowjetunion.

Die amerikanische Besatzungspolitik wirkte sich auch auf das gesellschaftliche und kulturelle Leben aus, auf Lehrpläne und Rundfunkprogramme, auf den Zeitungs- und Buchmarkt. Wer beispielsweise eine Zeitung herausgeben wollte, brauchte eine Lizenz der Militärregierung, wer Bücher drucken wollte, benötigte Papier, das in den Notzeiten ohne Hilfe der Besatzungsmacht kaum aufzutreiben war. Mit dem wachsenden amerikanisch-sowjetischen Gegensatz aber, dem Beginn des Kalten Krieges, erschien die Sowjetunion als ungleich größere Bedrohung als es Deutschland nun war. Wollten die Amerikaner zu Hause ihren Wohlstand in Frieden genießen, so mussten sie dafür sorgen, dass ein möglichst großer Teil der Welt nach westlichem Muster regiert wurde. Westliche Grundwerte wie Pluralismus und Individualismus, freier Wettbewerb in der Wirtschaft und ein liberaldemokratisches politisches System: Dies hing nach Ansicht Washingtons untrennbar miteinander zusammen. Breiter Wohlstand in den westeuropäischen Gesellschaften, gerade auch in der westdeutschen, galt in Washington daher als Garant gegen die Errichtung kommunistischer Regime in diesen Ländern. Zwang – das war eine Erfahrung der frühen Besatzungszeit – funktionierte nur dort, wo es um die materiellen Rahmenbedingungen ging, im politischen und wirtschaftlichen Bereich, nicht aber auf der Ebene der Kultur und der Wertvorstellungen. Hier musste durch das eigene Vorbild Überzeugungsarbeit geleistet werden. Daher wurde um 1947 die „punitive Phase" der Umerziehung abgelöst durch eine Politik der Umorientierung. Eine aktiv werbende Kulturpolitik, die „diplomacy of ideas" trat an die Stelle der Bestrafung.

Es begann die Zeit der Amerikahäuser, die mit ihren frei zugänglichen Bibliotheken und Vortragsprogrammen als Anlaufstelle für alle an den USA Interessierten und als Vorbild für kulturelle Offenheit und freien Diskussionsstil wirkten und in viele westdeutsche Städte einen Hauch der großen weiten Welt brachten. Ihre Hochphase erlebten diese Einrichtungen um 1950, viele von ihnen behielten aber ihre Bedeutung weit über die Besatzungszeit hinaus.[2] Daneben waren es vor allem die zahlreichen Austauschprogramme für Studenten und für Führungskräfte aus Wirtschaft, Parteien und Verbänden, die die Westdeutschen in direkten Kontakt mit den USA brachten und auch vielfach tiefen Eindruck hinterließen. Eine ganze Generation von Sozialwissenschaftlern an westdeutschen Universitäten beispielsweise ist so mit amerikanischen Methoden und Fragestellungen vertraut gemacht worden. An eine breitere Öffentlichkeit richteten sich dagegen die im engeren Sinne kulturellen Angebote: Der Rock'n'Roll des amerikanischen Soldatensenders AFN und die Filme Hollywoods verkörperten die Wertewelt der USA. Gerade auf die Bedeutung von Kinofilmen als Medium der Kulturpolitik ist von den Verantwortlichen der amerikanischen Deutschlandpolitik schon früh hingewiesen worden.

Aber wie reagierten die Deutschen auf die amerikanische „Kulturoffensive"?

Die kulturelle Entwicklung in Westdeutschland von 1945 bis in die frühen 60er-Jahre lässt sich grob in drei Phasen unterteilen: Zuerst die „Trümmerzeit" von 1945 bis 1948, eine Zeit der Armut, des Hungerns und der Wohnungsnot; daran schließt sich die Zeit des Wiederaufbaus an, in der man nach Wohlstand und nach Rückkehr zur Normalität der Vorkriegszeit strebte; und schließlich kam eine Zeit der Modernisierung, des kulturellen Wandels, die um 1957 einsetzte und bis in die mittleren 60er-Jahre reichte, ehe dann eine Phase radikaler Reformforderungen und Proteste einsetzte. Diese Phasen lassen einen jeweils anderen Umgang mit dem amerikanischen Kulturangebot erkennen.

Das kulturelle Leben erwachte in Deutschland unmittelbar nach Kriegsende, inmitten der Trümmerlandschaften der Großstädte. Das Bedürfnis der Menschen nach Theater, Musik und Literatur war groß, trotz oder gerade wegen der allgemeinen materiellen Not. Schon im Herbst 1945 öffneten viele Theater wieder, Orchester spielten in den Ruinen, und Verlage stellten an neuen Programmen zusammen, was angesichts des Papiermangels möglich war. Neu gegründete Zeitschriften in großer Zahl, wie etwa die liberale Wochenzeitung ›Die Zeit‹, wurden zum Forum einer offenen Auseinandersetzung um Ethik, um die Zukunft und auch, in der ersten Zeit, um die Schuld Deutschlands.

Der Eindruck der Zeitgenossen, einen Anfang mitzuerleben, schlug sich im Begriff der „Stunde Null" nieder. Das „Dritte Reich" und der Krieg waren vorüber, die Zukunft ungewiss – aber man war noch einmal davongekommen. Nun galt es, diese Zukunft zu gestalten und einen wirklichen Neuanfang zu sichern. Es war die Zeit der Abrechnung mit der unmittelbaren Vergangenheit vor dem Hintergrund der Nürnberger Prozesse. Dieser kämpferisch-moralische Impetus schlug sich in den Artikeln zahlreicher Zeitschriften ebenso nieder wie in den frühen Parteiprogrammen; er beeinflusste die Literatur und die Spielpläne der Theater. Die bekanntesten Beispiele sind wohl Zuckmayers ›Des Teufels General‹, Borcherts ›Draußen vor der Tür‹ und Thomas Manns ›Doktor Faustus‹. Günter Eichs Gedicht ›Inventur‹ ist typisch für die Stimmung der Zeit, für die Haltung des „Kahlschlag":

> Dies ist meine Mütze,
> dies ist mein Mantel,
> hier mein Rasierzeug
> im Beutel aus Leinen.
>
> Konservenbüchse:
> Mein Teller, mein Becher,
> ich hab in das Weißblech
> den Namen geritzt.
>
> Geritzt hier mit diesem
> kostbaren Nagel,
> den vor begehrlichen
> Augen ich berge […][3]

Daneben machte sich jedoch bald eine andere Tendenz im deutschen Kulturbetrieb der frühen Nachkriegszeit bemerkbar, die sich zunehmend in den Vordergrund drängte und seit 1948 dominant wurde. Die Besatzungspolitik, insbesondere die Umerziehungs- und Entnazifizierungspolitik, wurde nun allmählich als Zumutung abgelehnt, das Bedürfnis nach moralischer Auseinandersetzung mit den deutschen Verbrechen wich einer wachsenden Tendenz zur Verdrängung, zum Schlussstrich-Ziehen. Die Meinung, man habe schließlich selbst genug durchgemacht, war weit verbreitet. Ein wachsender Teil der kulturell aktiven Deutschen war der Aufarbeitung überdrüssig und wandte sich gegen den „Nihilismus" eines Wolfgang Borchert oder Gottfried Benn. So mancher reagierte mit einer Tendenz zu weinerlichem Selbstmitleid. Vergebung sei an der Zeit, nicht Rache.

Andere beschworen das „innere Deutschland", insbesondere das geistige Erbe Goethes, an das es nur wieder anzuknüpfen gelte. So sprach sich angesichts der „deutschen Katastrophe" der Historiker Friedrich Meinecke „für die Rettung des uns verbliebenen Restes deutscher Volks- und Kultursubstanz" aus.[4] Schuld und Scham sollten durch die Besinnung auf deutsches Kulturgut überwunden werden. Das geistige Klima der späten 40er- und frühen 50er-Jahre war vom materiellen Wiederaufbau und beginnenden Wirtschaftswunder geprägt, vom Konformitätsdruck des frühen Kalten Krieges und von Verdrängung. Viele Deutsche sehnten sich nach der relativen Normalität der 20er-Jahre oder nach der „guten alten Zeit" des Wilhelminismus. Man zog sich in die Familie zurück und konzentrierte sich auf die Arbeit, um sich eine materiell gesicherte Existenz aufzubauen. Die frühe Ära Adenauer ist daher als kulturell rückständige, provinzielle Zeit beschrieben worden.

Mit dem Bild von den „muffigen" Adenauerjahren oder vom „motorisierten Biedermeier" (Erich Kästner) wird man den 50er-Jahren jedoch nur zum Teil gerecht. Sie waren tatsächlich auch eine Zeit der Modernisierung. Denn im Rückblick stellt sich die erste Nachkriegsdekade weniger als eine Rückkehr zu Weimar, als Zeit der wirtschaftlichen, politischen und kulturellen „Restauration" dar, sondern vielmehr als Auftakt zu einer Phase rapiden gesellschaftlichen und kulturellen Wandels, der dann zwischen etwa 1957 und 1963 manifest wurde. Ab Mitte der 50er-Jahre änderte sich das kulturelle Klima der Bundesrepublik. Zunehmend wurden die Ansätze einer Modernisierung sichtbar, die sich allmählich unter der Oberfläche der Wiederaufbaugesellschaft angebahnt hatte. Ein Beispiel ist die Architektur, die sich deutlich vom bombastischen Stil des Nationalsozialismus abgrenzte, ohne dabei auf Weimarer Vorbilder zurückzugreifen. Auch in der Musik, im Film und im Design finden sich moderne Elemente neben traditionellen. Das „Wirtschaftswunder" ließ in Westdeutschland eine Konsumgesellschaft entstehen und mit ihr eine moderne Massenkultur.[5] Das Radio, das Kino und zunehmend auch das Auto wurden zu den Medien eines neuen Lebensgefühls. Man war wieder wer und konnte sich etwas leisten. Aufbruchstimmung machte sich breit – das erste Mal vielleicht, als die deutsche Mannschaft am 4. Juli 1954 Fußballweltmeister wurde: Das „Wunder von Bern" brachte lang vermisstes Selbstbewusstsein zurück.

Bern, Wankdorfstadion, 4. Juli 1954.
Das ,Wunder von Bern' stellt eine Zäsur in der deutschen Nachkriegsgeschichte dar.
Der deutsche Anschlusstreffer in der neunten Minute:
Max Morlock grätscht eine Flanke von Hans Schäfer ins ungarische Tor.

Gegen Ende der 50er-Jahre war in fast jedem privaten Haushalt ein Radio zu finden. Das Programm bot Hörspiele, bunte Abende mit Ratespielen und Musik, die als amerikanisch galten und als Quiz bezeichnet wurden. Daneben lief vor allem Unterhaltungsmusik: Operette, Marschmusik und Schlager – jedoch kein Jazz, womit alles Moderne, Amerikanische gemeint war, was in Leserbriefen an die Rundfunkzeitschrift ›Hörzu‹ vehement abgelehnt wurde.[6] In der Ablehnung der so genannten Negermusik unterschieden sich die 50er-Jahre wenig von den 30ern. Für viele Jugendliche aber brach mit Rock'n'Roll ein neues Zeitalter an, nicht nur für Udo Lindenberg:

Damals, 1957, ich war elf, schoss aus dem Radio Elvis Presley mit ›Tutti Frutti‹, und die ersten Takte verbannten meine bisherigen Lieblingslieder ›Ave Maria‹, ›Was hat der Hans mit der Grete getan‹, ›Der lachende Vagabund‹ und sogar ›Marina‹ schlagartig aus meinem Frischlingsherzen. Worum es ging, verstand ich nicht, aber dieser Schluckaufgesang und die elektrisierende Musik rockten mich durch, und ich rannte in die Küche, schnappte Töpfe und Kochlöffel, trommelte die letzte Minute von ›Tutti Frutti‹ mit, und damit war die für mich damals gerade aktuelle Berufsentscheidung zwischen Seefahrer und Trommler gefallen. Elvis Presley hatte mich angezündet, und ich dachte: Jetzt ist Erdbeben. [...]

Er hat uns gegen unsere Eltern, denen ja sonst alles gehörte, etwas Eigenes gegeben. Bis jetzt hatten wir immer nur zu hören bekommen: „Dafür bist du noch zu jung." Mit Elvis in den Ohren konnten wir zurückbrüllen: „Dafür seid ihr schon zu alt."
Wo kam dieses Dynamit her? Wo gab's noch mehr davon? So kriegte ich durch Elvis auch Bill Haley mit, den es schon vorher gab, und bald hatte ich eine Sammlung von Platten mit „Amigeheul" und „Negermusik", und meine Oma fiel in Ohnmacht.[7]

Rock'n'Roll war viel mehr als Musik. Es war der Ausdruck einer Weltanschauung, einer Lebenshaltung, die die Jungen von den Alten trennte. Diese Musik brachte die amerikanische Moderne nach Deutschland. Wer Rock'n'Roll hörte, zeigte, wo er stand.

Auch Zeitschriften und Zeitungen mit Massenauflagen und westlichem „Touch" prägten das kulturelle Klima der Nachkriegszeit. Die ›Bild Zeitung‹ mit ihren reißerischen Schlagzeilen und ihren Bildern war bewusst englischen Tabloids nachempfunden, auch wenn sie trotz ihrer ostentativen Amerika-Freundschaft inhaltlich eher nationalkonservatives deutsches Gedankengut verbreitete. Das Jugendmagazin ›Bravo‹, das 1956 zum ersten Mal erschien, wurde „innerhalb weniger Jahre zum Inbegriff der Jugend-Populärkultur"[8]. Nachrichtenmagazine wie ›Der Spiegel‹, der ab Anfang 1947 erschien, und der ›Stern‹, dessen erstes Heft im August 1948 auf den Markt kam, bedienten dagegen ein politisch interessiertes und kritisches Publikum. Auch sie hatten westliche Vorbilder aufzuweisen, wie überhaupt die in westdeutschen Zeitungen üblich gewordene Trennung von Meinungs- und Informationsteil eine Folge der englischen und amerikanischen Besatzungspolitik war.

In dieser Aufzählung darf natürlich das Kino nicht fehlen: Die 50er-Jahre sind als das „Kino-Jahrzehnt" bezeichnet worden.[9] Dabei gingen nicht mehr Menschen ins Kino als etwa während des Krieges, und die Mehrheit der Bevölkerung ging gar nicht in die Filme. Dennoch übten diese zumindest auf die junge Generation eine große Attraktivität aus, da Kinos weit verbreitet waren und ihre Filme einen Hauch der weiten Welt in deutsche Kleinstädte brachten. Neben so genannten Heimatfilmen (›Der Förster vom Silberwald‹) liefen oft im selben Haus die Western Hollywoods und Filme mit James Dean und Marlon Brando, die vor allem Jugendliche in ihren Bann zogen und deren Weltbild prägten. Allerdings befassten sich hin und wieder auch die von Jugendlichen verachteten deutschen Heimatfilme mit hochaktuellen Problemen der Nachkriegszeit, so griff beispielsweise das Förster-Drama ›Grün ist die Heide‹ die Integrationsschwierigkeiten der Heimatvertriebenen in der Bundesrepublik auf, wenn auch mit Alpenkulisse, Dirndl und Lodenhut garniert.

Das Fernsehen dagegen war in den 50er-Jahren noch wenig verbreitet. Erst ein Jahrzehnt später trat es seinen Siegeszug durch die deutschen Wohnzimmer an und begann, die Freizeitgestaltung und die Gesprächsthemen der Westdeutschen zu beeinflussen. Voraussetzung dieser Entwicklung, der Durchsetzung einer Massengesellschaft und -kultur in der Bundesrepublik, war das so genannte Wirtschaftswunder, der Wiederaufbauboom, der durch den Koreakrieg Anfang der 50er-Jahre einen starken Anschub erhalten hatte und ab 1953/55 zu spürbarer wirtschaftlicher Besserung in breiten Kreisen der Gesellschaft führte.

Neben dieser kulturellen und materiellen Modernisierung blieben aber gesellschaftliche Strukturen und soziokulturelle Muster, etwa die Rollenverteilung innerhalb der Familien oder die Freizeitgestaltung der Arbeiterschaft, durchaus mit jenen der 30er-Jahre vergleichbar. Auf dieser Ebene kam es erst im Laufe der 60er- und frühen 70er-Jahre zu einem nennenswerten Wandel. Bei der gesellschaftlichen Modernisierung muss man jedoch von einer „Inkubationszeit" ausgehen, die bis etwa 1955/57 dauerte und um 1960 voll zum Tragen kam. Erste deutliche Anzeichen waren die so genannten Halbstarkenkrawalle, die ab 1955/56 die Republik erschütterten. Zunächst war es die Arbeiterjugend, die sich der gesellschaftlichen Konformität der Wirtschaftswunderjahre verweigerte. Das Treffen auf der Straße, die Rockmusik, ihre betont amerikanische, lässige Kleidung und ein unbotmäßiger Haarschnitt symbolisierten ihre Verweigerung gegenüber der deutschen, kleinbürgerlichen Wertewelt der Eltern und ihre Hinwendung zu einer amerikanisch geprägten Moderne; freilich blieben dabei die tradierten Rollenmuster zwischen den Geschlechtern im Großen und Ganzen (noch) unangetastet.[10] Die (bürgerlichen) Gymnasiasten vollzogen die Protestentwicklung allerdings erst mit einiger Verzögerung nach.

Um 1960 setzte dann allmählich eine Phase der Liberalisierung ein, des Wandels der Wertvorstellungen und der politischen Kultur, der die Bundesrepublik endgültig von ihren wilhelminischen Traditionsbeständen löste und sie zu einem liberalen und pluralistischen westlichen Land werden ließ. Auf dem Weg dorthin lag die Protestkultur der 60er-Jahre.[11]

Eine neue Studentengeneration warf ihren Lehrern und Eltern moralische Doppelzüngigkeit vor und forderte eine Aufarbeitung der bislang oft totgeschwiegenen NS-Vergangenheit. Es war die Zeit des Auschwitz-Prozesses, welcher der westdeutschen Öffentlichkeit das wahre Ausmaß der NS-Verbrechen vor Augen führte und der ein Klima schuf, in dem das Schweigen und das Verdrängen nicht länger erträglich schienen.

In dieses Klima gehört auch Rolf Hochhuths Theaterstück ›Der Stellvertreter‹, in dem das Schweigen Papst Pius' XII. angesichts der Vernichtung der europäischen Juden angeprangert wird. Dieser Vorwurf an die katholische Kirche, moralisch versagt zu haben, bestätigte viele Jugendliche, die sich den Moralvorstellungen der Kirchen zunehmend verweigerten. Diese Entwicklung zeichnete sich schon ab, bevor die „sexuelle Revolution" in der Bundesrepublik Einzug hielt. Der Rückgang der kirchlichen Bindung entsprang vielmehr einem ähnlichen Phänomen wie die Auflösung der Milieubindung in der Arbeiterschaft. Die traditionellen Schichtungen, Autoritäten und Institutionen verloren im Zuge eines tief greifenden gesellschaftlichen Wandels, den bereits der Nationalsozialismus ins Rollen gebracht hatte, an Gewicht.

Die Grundwerte des Parlamentarismus und des Rechtsstaates wurden nun auch für den gesellschaftlichen und kulturellen Bereich eingeklagt. Das bekannteste Beispiel und zugleich auch auslösendes Moment war die ›Spiegel‹-Affäre. Die Bundesregierung war im Oktober 1962 mit polizeilicher Gewalt gegen einige Redakteure und den Herausgeber des ›Spiegel‹ vorgegangen, die angeblich militärisch sensible Geheimnisse veröffentlicht hatten. Eine empörte Öffentlichkeit pochte auf die Garantie der Pressefreiheit und verurteilte das Vorgehen der Regierung Adenauer.

Hintergrund dieses Klimawandels in der Bundesrepublik war die Entstehung einer Protestkultur, die ihren Ausgang um 1960 mit den Ostermärschen der Atomwaffengegner fand. Bald reichte der Protest von linken studentischen Gruppen über die Bewegung gegen den Vietnamkrieg und andere soziale Bewegungen, die sich in erster Linie von der autoritären politischen Kultur und dem Konformitätsdruck der 50er-Jahre abgewandt hatten und nun sowohl politisch als auch kulturell neue Ausdrucksformen suchten. Die sanfteste von ihnen war wohl die „Flower Power" der Hippies, die menschenverachtendste dagegen jene Kultur der Gewalt, die der deutsche Terrorismus in den 70er-Jahren hervorbrachte. Folgenreicher als beide jedoch waren die Umwelt- und die Frauenbewegung, die Themen für politisch erklärten, die bislang als Privatsache oder kulturelles Beiwerk galten.

Die jugendliche und studentische Protestkultur der 60er-Jahre war gegenüber den USA ausgesprochen kritisch eingestellt. Dieser scharfe Antiamerikanismus war als Reaktion auf den Vietnamkrieg und die Hegemonialpolitik der USA entflammt. Er war jedoch zugleich Ausdruck der Ablehnung der amerikanischen Wirtschaftspolitik und Wirtschaftsordnung. Man sah nun in den USA kein Vorbild mehr, sondern das Symbol für Kapitalismus und aggressiven Imperialismus. Bemerkenswert hierbei ist jedoch, dass die westdeutschen Demonstranten sowohl die Form und den zeitlichen Ablauf der Proteste als auch die inhaltliche Ausführung ihres Antiamerikanismus aus den USA bezogen oder doch zumindest mit den dortigen Protest- und Bürgerrechtsbewegungen gemein hatten, die sich in den 60er-Jahren mit Vehemenz gegen die Politik ihrer Regierung und gegen die Haltung des amerikanischen „Establishment" gewandt hatten. Es war zudem ein Antiamerikanismus auf der Basis westlicher Werte, an denen man nun sämtliche Autoritäten zu messen begonnen hatte, die wiederum diese Prüfung selten bestanden.

Die Bundesrepublik vollzog seit Beginn der 60er-Jahre die kulturellen Entwicklungen anderer westlicher Länder, nicht zuletzt der USA, mit; sie wuchs in die westliche Wertegemeinschaft hinein. Ohne die Amerikanisierung der 50er-Jahre, die Jugendkultur und ihre Hinwendung zu Elvis, Hollywood und der zivilen Lässigkeit der Amerikaner, wäre den Deutschen dieser Schritt wohl schwerer gefallen. Die Modernisierung der Bundesrepublik vollzog sich zu einem wichtigen Teil im Bereich der Kultur und der Weltbilder. Die amerikanische Massenkultur wurde dabei zum Symbol und zum Vehikel für westliche Werte und trug zur Gewöhnung der Deutschen an das Leben in einer westlichen Demokratie und einer pluralistischen Gesellschaft bei.

Die frühen 70er-Jahre brachten jedoch einen ersten Bruch in der gesellschaftlichen und kulturellen Entwicklung der Bonner Republik mit sich, als mit der Ölkrise die Zeit des ungebrochenen Wachstums endete. Das Ende des „goldenen Zeitalters in Westeuropa" hatte für die Bevölkerungen wie für die Politik weit reichende Folgen, nicht zuletzt im mentalen Bereich. Es zeigte sich, wie sehr die kulturelle und materielle Modernisierung der 50er-, die gesellschaftliche Liberalisierung der 60er-Jahre und der politische Reformeifer vom wirtschaftlichen Wohlstand abhängig gewesen waren, der den Fortschrittsoptimismus jener Zeit erst ermöglicht hatte.

Die späten 70er- und die 80er-Jahre waren dagegen von einer Krisenstimmung gekennzeichnet, die sich nicht nur auf die Wirtschaft bezog, sondern auch das kulturelle Leben erfasste. Vielleicht mehr noch als die wirtschaftliche Flaute machte sich hier der Verlust der großen Ziele bemerkbar: Gesellschaftsreform, soziale Utopien und Weltverbesserung hatten an Bedeutung verloren. Diese Tendenzwende lässt sich auch als Gegenbewegung zur Theorielastigkeit und zum gesellschaftsreformerischen Impetus der 60er- und frühen 70er-Jahre deuten. Künstler, Schriftsteller und Filmemacher inszenierten eine „neue Subjektivität", in der es um das sinnliche Wahrnehmen, das Empfinden des Einzelnen in seiner Welt und den Verlust von Bedeutung ging. Martin Walsers ›Ein fliehendes Pferd‹ von 1978 gehörte dazu, aber auch Joseph Beuys, dessen Werke sich einer Deutung und dem Anspruch auf gesellschaftspolitische Relevanz vehement entzogen. In der Malerei kamen üppige Bilder und romantische Traditionen in Mode.[12]

Vielerlei Stilrichtungen fanden sich nun nebeneinander, denen aber gemeinsam war, dass sie auf eine rationalistische Weltdeutung, eine „Moral von der Geschicht'", ebenso verzichteten wie auf einen Ausschließlichkeitsanspruch. Die Zeit der „großen Erzählungen" war vorüber, die Postmoderne angebrochen. Sie wandte sich gegen die Zweckrationalität, vor allem aber gegen das „Projekt der Moderne" (Jürgen Habermas), nämlich die Vorstellung vom rational handelnden, aufgeklärten Menschen, der zielstrebig den wirtschaftlichen und politischen Fortschritt verfolgt. Spontaneität, Kreativität und Sinnlichkeit standen nun im Mittelpunkt. Es gab keine verbindlichen, geschweige denn einheitlichen Richtungs- und Deutungsvorgaben mehr. Diese Pluralisierung der kulturellen Stile und gesellschaftlichen Lebensweisen, die Auflösung von Gewissheiten, wurde in den 80er-Jahren jedoch zunehmend auch als Verlust von Zugehörigkeit empfunden, als „neue Unübersichtlichkeit" (Jürgen Habermas). Nicht zufällig hatte die Erfindung des „Walkman" jetzt ihren größten Erfolg: Jeder hörte seine Musik nun für sich allein.

Zum Gefühl der Orientierungslosigkeit gesellte sich obendrein ein tiefer Pessimismus, in dem sich Wirtschaftskrise, Umweltsorgen und in Folge der NATO-Nachrüstung auch Kriegsängste verbanden. Der technische Fortschritt, das Wirtschaftswachstum und das atomare Wettrüsten wurden nun als Gefahr für die Menschheit wahrgenommen. Günter Grass' Roman ›Die Rättin‹ von 1986 ist ein Beispiel für dieses Gefühl der Bedrohung, auf das die Westdeutschen – wie Bürger anderer Industriegesellschaften jener Jahre auch – keine einheitliche Antwort fanden. Angesichts dieser Zukunftsängste wuchs das Bedürfnis nach Sinnstiftung, nach Identität und Geborgenheit. Viele fanden sie in Fantasy-Romanen und -Filmen wie Michael Endes ›Unendliche Geschichte‹, die eine mystische und romantische Gegenwelt boten, oft mit pseudomittelalterlichen Elementen versetzt. Tolkiens ›Herr der Ringe‹ erlebte eine Hochkonjunktur, ebenso die ›Star-Wars‹-Trilogie: beides Epen, in denen die Mächte des Guten zum Kampf gegen die Mächte des Bösen antraten. „New Age" mit seiner Mischung aus Spiritualismus und Science-Fiction fand eine große Fangemeinde, ebenso Rudolf Steiners Anthroposophie. Auch fernöstliche Entspannungstechniken waren en vogue, zusammen mit den nun in jeder Kleinstadt erhältlichen Chinaschuhen, Tees und Räucherstäbchen.

Die Amerikanisierung der Bundesrepublik

Berlin, Straße des 17. Juni, 12. Juli 1997.
Die ‚Love-Parade' wurde zu einem jährlich wiederkehrenden Ritual der Jugendkultur.

Viele interessierten sich nun wieder stärker für Geschichte, aber auch für das Regionale und Mundartliche. Der durch den Nationalsozialismus in Verruf geratene Begriff „Heimat" kam wieder in Gebrauch. Heimatmuseen und große historische Ausstellungen, etwa zur Geschichte der Staufer in Stuttgart 1977 und zu Preußen in West-Berlin 1981, fanden ein großes Publikum. Umberto Ecos Roman ›Der Name der Rose‹ (1980), der in einer Benediktinerabtei des Hochmittelalters spielt, wurde ein Welterfolg. Auch die Geschichte des Nationalsozialismus beschäftigte eine breite Öffentlichkeit, besonders seit 1979, als die amerikanische Serie ›Holocaust‹ im deutschen Fernsehen lief. Der „Historikerstreit" um die Bewertung des Nationalsozialismus interessierte ebenfalls ein breites Publikum. In der Popmusik wurden deutsche und sogar mundartliche Liedtexte salonfähig: Die „Neue Deutsche Welle" feierte Erfolge mit ernst gemeinten Stücken wie Nenas ›99 Luftballons‹ und Trios Schlagerpersiflage ›DaDaDa‹; die Kölner Band BAP und Herbert Grönemeyer liefen neben amerikanischen Stücken in den deutschen Charts. Das Fernsehen zeigte ›Dallas‹ und ›Denver Clan‹ neben den großen Abendgalas deutscher Showmaster; ›Miami Vice‹ überflügelte Schimanski.

Und was war aus der Jugendkultur geworden? Verglichen mit der Aufbruchstimmung der späten 50er- und der 60er-Jahre sowie dem heiligen Ernst der frühen 70er-Jahre fühlte sich die jüngere Generation in den 80er-Jahren, als hätte sie etwas Wesentliches verpasst: „Während sich Fischer und Trittin an Straßenkämpfe erinnern dürfen, müssen ihre Kinder eines Tages von Bonanza-Rädern und ‚Wetten, dass …' erzählen."[13] Ein enttäuschter Zeitgenosse beklagte: „Die Achtzigerjahre waren das langweiligste Jahrzehnt dieses Jahrhunderts. Nicole sang von ein bisschen Frieden, Boris spielte ein bisschen Tennis, Kaffee hieß plötzlich Cappuccino und Raider Twix. Aber sonst änderte sich nichts."[14] Allerdings war es gerade diese angeblich gelangweilte „Generation Golf", die im November 1989 auf der Berliner Mauer tanzte.

Mit der Wiedervereinigung der beiden deutschen Staaten endete die westdeutsche Selbstbezogenheit der 80er-Jahre. Auch wenn sich für die Westdeutschen auf den ersten Blick nicht viel veränderte, so schlich sich doch eine neue Perspektive ein. Das ideelle Bezugssystem des Kalten Krieges brach weg und die Suche nach Identität erhielt eine ganz neue Dimension – in der ehemaligen Bonner Republik wie in der gesamten westlichen und östlichen Welt. Vielleicht reagierten deswegen einige Kritiker so verschnupft auf die Jugendkultur der 90er-Jahre, die sie als „Spaßgesellschaft" titulierten und der sie vorwarfen, sich der Suche nach neuen Parametern zu verweigern. Rapper und Raver, Streetball-Spieler und Skateboarder holten die Kultur der amerikanischen Ghetto-Kids nach Berlin und auf die Schwäbische Alb; die Love Parade feierte sich selbst und hinterließ die öffentlichen Anlagen Berlins verwüstet. Es war die Zeit des Börsenbooms und der Partydrogen, der Internet-Chatrooms und der Urlaubsreisen nach Bali. Sie endete am 11. September 2001, als die globale Auseinandersetzung um Wertvorstellungen gewaltsam in das Alltagsleben des Westens, und damit auch der Deutschen, einbrach.

Stefan Wolle

Parteiauftrag: Der neue Mensch

Die Erinnerungen an das „Kultur- und Geistesleben" der verblichenen Deutschen Demokratischen Republik könnten kaum widersprüchlicher sein. Auf der einen Seite ist unbestreitbar, dass die Staatsmacht jede Regung des freien Geistes fürchtete wie der Teufel das Weihwasser. Sie sperrte kritische Künstler ein oder verwies sie des Landes. Ihre Zöllner machten an den Grenzen Jagd auf jedes gedruckte Wort und unliebsame Bücher verschwanden in den Bibliotheken hinter den Stahltüren von Panzerschränken – so tilgte man ganze Kapitel der Geistesgeschichte aus dem öffentlichen Gedächtnis. Nie hat es in der deutschen Geschichte eine kleinlichere Kontrolle des öffentliches Wortes gegeben als in der DDR.

Auf der anderen Seite förderte die Staatsmacht Kunst und Kultur in rührigster Weise, bezog sogar einen Teil ihrer inneren Legitimität daraus, ein Kulturstaat zu sein und innerhalb seiner Grenzen das fortschrittliche Streben der deutschen Dichter und Denker zu verwirklichen.

Eines der beiden Hochhäuser, die den pompös-triumphalen Eingang der Stalinallee bildeten, wurde 1952 mit einem Zitat Goethes verziert. In Stein gehauen kann man dort lesen: „Solch ein Gewimmel möcht' ich sehn. Auf freiem Grund mit freiem Volke stehn." Die Beschwörung von Heinrich Faust als Schirmherr des Aufbaus der Stalinallee verdrehte freilich den Text Goethes ins Gegenteil. Am Ende des zweiten Teils der Tragödie verhöhnen Mephisto und seine Gefolgschaft den erblindeten Faust und dessen Glauben an die Glück verheißenden Schanzarbeiten. Während die Lemuren Faustens Grab schaufeln, lassen sie ihn in dem Glauben, sie seien mit der Entwässerung eines Sumpfes beschäftigt. Doch wer wollte das damals schon so genau nachlesen. Das Goethewort wurde zum Schlussstein eines Weltgebäudes, das in der Stalinallee seine architektonische Manifestation fand.

Erstmals in der Menschheitsgeschichte – so hieß es – seien im Sozialismus Macht und Geist versöhnt. Eine neue Kulturepoche sollte beginnen, die alles Bisherige dialektisch aufheben, also in eine neue Qualität überführen, werde. Die Kultur sei nicht mehr Sache einer herrschenden Oberschicht, sondern solle dem ganzen Volke gehören. Der „neue Mensch" war nicht allein gesund und schön. Er eigne sich die Schätze der Menschheitskultur schöpferisch an. Die Grenzen zwischen Geisteskultur und Lebenskultur würden dadurch aufgehoben werden. Die „allseitig gebildete sozialistische Persönlichkeit" putzte sich nicht nur zweimal täglich die Zähne, trieb regelmäßig Sport und ging pünktlich zur Reihenuntersuchung. Sie würde die Klassiker lesen, symphonische Musik hören, in der Freizeit im Zeichenzirkel des Kulturhauses Laienkunst schaffen, gemeinsam mit der Brigade regelmäßig ins Theater gehen und anschließend über die Gedanken des Dichters diskutieren. Die Klassenschranken, die es ja damals tatsächlich noch gab, sollten so niedergerissen werden.

Wodurch zieht uns Faust an? Wie kommt es, dass man ihn bei uns so oft zitiert, selbst oder vielmehr gerade auch auf Parteitagen der Sozialistischen Einheitspartei Deutschlands, auf Plenartagungen ihres Zentralkomitees? Dieser Held ist die gedankenreichste und umfassendste künstlerische Verkörperung des klassischen bürgerlichen Humanismus in Deutschland. In seinem – immer wieder von den Antagonismen der Klassengesellschaft überlagerten, gefährdeten, verletzten – Kern nimmt er viele Züge der freien schöpferischen Persönlichkeit vorweg, wie sie massenhaft erst aus dem langen Prozess der sozialistischen Umwälzung hervorgehen kann. Insofern gilt immer noch Johannes R. Bechers Appell an unsere Individualität, „Vorwärts zu Goethe" zu gehen.

[…]

Marx stand diesem Werk nicht nur deswegen nahe, weil dessen Gehalt zu seinen eigenen Ansichten stimmte, sondern weil es den gleichen historischen und philosophischen Stoff poetisch verarbeitet hatte, mit dem auch Marx bei der Ausarbeitung seiner Theorie konfrontiert war. Goethe hatte vorgearbeitet bei der Aufrichtung eines neuen Menschenbildes. ›Faust‹ zeigte die Perspektive der Umwandlung des Menschen in einer neuen Gesellschaft.[1]

Diese Vorstellungswelt, die nicht originär kommunistisch war, sondern auch liberale und sozialdemokratische Elemente enthielt, war prägend für die frühen Jahre der DDR. Arbeiter- und Bauernkinder wurden beim Zugang zu den Oberschulen und Universitäten bevorzugt. Um den Kindern des Volkes den Weg zu den Wissenschaften zu ebnen, wurden an den Universitäten Arbeiter-und-Bauern-Fakultäten (ABF) eingerichtet. Dort konnte man binnen kurzer Zeit die Hochschulreife erlangen. Wer allerdings Arbeiter und Bauer war, entschied allein die Partei. Die SED schuf sich auf diese Weise ihren Kaderstamm. Die DDR wurde zum Staat der sozialen Aufsteiger.

Doch auch mit den großen Namen der „roten Dekade" der deutschen Literatur schmückte sich die Partei gern. Immerhin nahm mit Bertolt Brecht einer der Protagonisten des „goldenen Zeitalters" des Berliner Theaters in die DDR seinen Wohnsitz. Vorsichtshalber wurde er weder Mitglied der SED noch Bürger der DDR, sondern behielt seinen österreichischen Pass. Doch das Sommerhaus in Buckow nahm er ebenso gern wie den hoch dotierten Stalinpreis der UdSSR. Arnold Zweig und einige wenige nicht kommunistische Emigranten entschieden sich für die DDR und selbst der greise Heinrich Mann, der seine schlechten Erfahrungen mit Walter Ulbricht schon im Pariser Exil gemacht hatte, war offenbar entschlossen, ein Angebot aus Ost-Berlin wahrzunehmen.

Doch insgesamt blieb die internationale Avantgarde der Weltkunst geistig und personell ausgesperrt. Der Kulturanspruch der herrschenden Schicht blieb kleinbürgerlich, provinziell und formal konservativ. Niemals war eine politisch revolutionäre Epoche kulturell und künstlerisch weniger revolutionär als in der Sowjetzone und später in der DDR. Dies betrifft sowohl die Kultur im engeren Sinne – also die bildende Kunst, Architektur, Musik und Literatur – als auch die Lebenskultur im weitesten Sinne. Originäre Revolutionen wie jene 1789 in Frankreich oder 1917 in Russland schufen eine neue Ästhetik. Sie neigten gewiss zur Bilderstürmerei, rissen verstorbene Herrscher aus den Grüften, aber sie schufen neue radikale Kunstformen, neue Kleidermoden, Kalenderordnungen und Frisuren sowie Umstürze im Sozialbereich, die tief in das Leben der Menschen eingriffen.

Die importierten Revolutionen im Machtbereich der Roten Armee nach 1945, die sozial kaum radikaler hätte sein können, waren kulturell absolut konservativ. Seit den späten 20er-Jahren befand sich die sowjetische Gesellschaft in einer regressiven Phase, die ganz auf Bewahrung der existierenden Macht ausgerichtet war. „Aufbau des Sozialismus in einem Land" lautete die defensive Formel. Damit war das halbherzige Bündnis zwischen kultureller Avantgarde und bolschewistischer Machtausübung praktisch gescheitert. Stalin verfügte den Rückgriff auf nationale Traditionen. Die Künstler und Literaten wurden zu einem Einheitsstil vergattert, der von nun an „sozialistischer Realismus" heißen sollte. Die kulturelle Regression erreichte nach dem Sieg im „Großen Vaterländischen Krieg" ihren grotesken Höhepunkt. Der Vorwurf des „Formalismus" wurde nun lebensgefährlich. Musik oder Literatur, die das Volk nicht verstand, wurde als kosmopolitisch und wurzellos verdammt. Eine besonders heimtückische Art des Antisemitismus, weil jeder zum Juden erklärt werden konnte.

Genau in jenen Jahren – also zwischen 1946 und Stalins Tod im Jahre 1953 – erhielt die DDR-Kultur ihre Prägung. Die DDR war nicht allein politisch Stalins Kind, sondern auch kulturell. Die zarten Versuche einer Anknüpfung an die internationale Moderne wurden rigoros abgebrochen. Abstrakte Kunst, experimentelle Literatur, atonale Musik und funktionale Architektur galten auch in der SBZ und der DDR nun als antinational und volksfeindlich. Die wenigen Versprengten der linken Avantgarde, die den Weg in den Osten Deutschlands gefunden hatten, passten sich an, versanken in Resignation oder verließen die DDR. Es dauerte Jahrzehnte, bis man vorsichtig die Bauhaus-Architektur rehabilitierte oder die inzwischen zu Klassikern gewordenen Vertreter der modernen Literatur in der DDR den Lesern zugänglich machte.

Die herrschende Ästhetik der DDR war von den Wahrnehmungsformen des 19. Jahrhunderts geprägt. Goethe und Schiller waren hoch geschätzt. Die Romantik hatte es aufgrund von Goethes Verdikten schwerer, aber sie war immerhin geduldet. Theodor Storm, Wilhelm Raabe und Theodor Fontane standen als bürgerliche Realisten in jeder städtischen Leihbücherei, ebenso die französischen, russischen und englischen Romanciers des 19. Jahrhunderts. Die zentrale Buchhandlung am Ostberliner Alexanderplatz nannte sich „Das gute Buch". Der Name war Programm. Das „gute Buch" war inhaltlich anspruchsvoll, in Leinen gebunden und preiswert, d. h. für Werktätige erschwinglich. „Leseland" nannte sich die DDR in späteren Jahren nicht ohne Stolz, und sie war es tatsächlich. Das hing mit der offiziösen Wertschätzung von Bildung und Wissen zusammen. Das Kulturangebot eröffnete aber auch Refugien und Fluchtpunkte für all jene, die für sich persönlich gegen die ideologische Dauerberieselung innere Schutzwälle errichten wollten.

Belletristik, Filme und Gemälde erfüllten ein Informationsbedürfnis, das Sachbücher nicht befriedigen konnten. Dickleibige Romane über die Geschichte Russlands und der Sowjetunion, wie Michail Scholochows ›Stiller Don‹ oder Konstantin Simonows Kriegsbücher wurden von den Lesern nicht nur wegen ihrer künstlerischen Qualität verschlungen, sondern weil man dort lesen konnte, was die trostlos langweiligen Geschichtsbücher nicht einmal andeuteten. Wichtiger noch war der Umstand, dass der

Kunst die Aufgabe übertragen worden war, gesellschaftliche Probleme, Missstände und – indirekt auch – Kritik zu artikulieren. Die öffentlichen Debatten, die es freilich nur rudimentär gab, vollzogen sich oft als ästhetische Scheindiskussionen. Die simple Tatsache, dass es traurig ist, wenn Liebende durch die Mauer getrennt werden, wurde erstmals in Christa Wolfs ›Geteiltem Himmel‹ benannt. An der legendären ›Faust‹-Inszenierung von Adolf Dresen im Herbst 1968 entzündete sich ein Streit, in dem es formal um die Möglichkeiten einer Klassikerinszenierung, in Wahrheit um die nach dem Ende des Prager Frühlings hoch brisante Frage der Geistesfreiheit ging. Das Stasi-Thema wurde in kritischer Form erstmals in der ›Unvollendeten Geschichte‹ von Volker Braun öffentlich benannt.

So entstand die Kunst des genauen Hinhörens, des Lesens zwischen den Zeilen, der Anspielung und der doppeldeutigen Metapher. Freilich implizierte diese Kunstform auch die Gefahr der Überinterpretation und insbesondere der einseitig tagespolitischen Bewertung von Kunstwerken. Die Zensoren und die für Zwischentöne sensibilisierten Leser und Zuschauer hörten gelegentlich gemeinsam das Gras wachsen, wo nur noch unfruchtbare Dürre herrschte. Seinen Tiefpunkt erreichte der Pseudo-Underground in der so genannten Prenzlauer-Berg-Szene. Die Stasi erfand die Opposition, die sie anschließend mit viel Aufwand observierte.

Die DDR nannte sich stolz „Arbeiter-und-Bauern-Staat". Tatsächlich waren die alten Oberschichten entmachtet, enteignet und teilweise außer Landes getrieben worden. Ihre Stelle hatten natürlich nicht die „Werktätigen" eingenommen, sondern der Funktionärsapparat der SED. Dennoch hat es ein erhebliches Selbstbewusstsein der manuell Produzierenden gegeben. Der technologische Rückstand schuf in der DDR einen permanenten Arbeitskräftemangel. An jedem Werktor hing ein Schild mit der Aufschrift: „Aus der nicht berufstätigen Bevölkerung wird gesucht ...". Dann folgte eine lange Reihe von Stellenangeboten. Die Faustregel lautete: Je geringer die Qualifikation, desto größer war der Bedarf. Ungelernte Hilfsarbeiter waren für die Betriebsleitungen wie Goldstaub, während man Ökonomen, Ingenieure oder gar Wissenschaftler eigentlich genug hatte. Das führte zu teilweise seltsamen Sitten und Gebräuchen in den Betrieben der DDR. Eine „Fuhre nebenbei" war immer drin, der Schnaps in der Nachtschicht gehörte zum guten Ton, was man für die Datsche und die eigene Wohnung brauchte, wurde im Betrieb geklaut und dabei gewitzelt: „Erich Honecker hat doch gesagt, wir können aus unseren Betrieben noch mehr herausholen." Die Vorgesetzten drückten beide Augen zu, denn ein Hilfsarbeiter konnte jederzeit „in den Sack hauen" und zum nächsten Betrieb gehen. Auf eine dialektische Weise war die absurde These von der Herrschaft der Arbeiterklasse wenigstens teilweise Realität geworden.

Unter dem Dach der angeblichen Herrschaft der werktätigen Klassen entstand kulturell aber keine spezifisch proletarische oder gar bäuerliche Kultur, sondern eine nivellierte Kleinbürgergesellschaft. Eine „sozialistische Menschengemeinschaft" ist die DDR nicht geworden, wohl aber eine „sozialistische Wartegemeinschaft", wie die ironische Umformulierung gelautet hatte. In den Schlangen vor der Kaufhalle waren fast alle gleich, und die kleine Minderheit, die „noch gleicher" war, traf 1989 die Wut und

Verachtung der Bevölkerung. Im Grunde waren fast alle Bürger Angestellte des Staates, die Ausbildungsgänge und beruflichen Laufbahnen streng vorgezeichnet, das Lebensniveau war recht einheitlich. Es war schwer, nach oben auszubrechen, aber auch fast unmöglich, gänzlich aus dem System von Ordnung, Kontrolle und Fürsorge herauszufallen.

Die DDR-Kultur hat sich von den Traumatisierungen der Stalinzeit niemals wirklich erholt.

Der Sowjetsoldat als Befreier, Beschützer und Freund war ein zentrales Motiv der politischen Ikonographie des SED-Staates. Jedes Jahr am 8. Mai, dem „Tag der Befreiung", wurden die Gebäude und Einzelhandelseinrichtungen beflaggt und auch die pflichtbewussten Staatsbürger hängten eine rote Fahne aus dem Fenster. Genauer gesagt, sie ließen die Fahne vom Ersten Mai eine Woche hängen, wie es aus praktischen Gründen üblich geworden war. Zum „Tag der Befreiung", der bis 1968 als gesetzlicher Feiertag schulfrei war, fuhren die Schulkinder gekleidet mit weißer Bluse und blauem Halstuch gemeinsam zu einem der Soldatenfriedhöfe für die gefallenen Helden der Sowjetarmee. Da fast überall in den letzten Kriegstagen gekämpft worden war, gab es keinen Mangel an Soldatengräbern im Lande. Je nach Größe und Bedeutung des Ortes waren sie mit Blumenrabatten, Marmortafeln, Obelisken und Skulpturen verziert. An anderen Stellen standen sowjetische Panzer vom Typ T 34 oder Sturmgeschütze auf gemauerten Podesten.

Die Zugehörigkeit zum Bruderbund der sozialistischen Staaten, an dessen Spitze das Sowjetvolk stand, war keine pragmatische oder rationale Entscheidung. Der Sowjetunion gehörte die letzte und oberste Loyalität der überzeugten Kommunisten. Die „Liebe zur Sowjetunion" war eine häufig bemühte Metapher und in den Augen vieler Menschen keineswegs eine Leerformel.

In der Verfilmung von Christa Wolfs Roman ›Der geteilte Himmel‹ von 1964 wird ähnlich wie in der literarischen Vorlage die Nachricht vom Start des ersten sowjetischen Kosmonauten zum Erweckungserlebnis.

Am 12. April 1961 – dem Tag, an dem der sowjetische Kosmonaut Juri Gagarin den Erdball umrundete und glücklich in der kasachischen Steppe landete – finden sich die Hauptpersonen des Films zur Probefahrt eines im VEB Waggonbau Ammendorf gebauten Eisenbahnzugs zusammen. In dem gedankenschweren Dialog vor der elegisch vorüberziehenden Landschaft prallen zwei unvereinbare Weltanschauungen aufeinander: die skeptische Zweifelsucht des Chemikers Dr. Manfred Herrfurth und der zupackende Optimismus des Produktionsleiters Ernst Wendland. Herrfurth ist bürgerlicher Herkunft, ein begabter Wissenschaftler, aber ohne gesunden Klassenstandpunkt. Wendland ist Funktionär der SED, hart, zupackend, pragmatisch. Nicht zufällig sind die zwei Männer – wenn auch unausgesprochen – Rivalen im Kampf um die Zuneigung der Hauptheldin Rita. Das gutherzige und naive Mädchen steht mit zerquälter Miene zwischen den Streithähnen – da hat sie wie einst die heilige Johanna eine Art religiöses Gesicht. Eine Einblendung zeigt eine startende Rakete, dann ertönt Sphärenmusik, Funksignale, Fetzen verzerrter Radiostimmen aus dem Weltall. Rita hebt den Blick zum

Himmel und lauscht in den Äther. Dann erfolgt die obligate Bremsprobe, die übrigens zur Unzufriedenheit der anwesenden Ingenieure verläuft. Der Zug hält zwischen Feldern. Ein in der Ackerfurche stehender Bauer ruft den aus dem Eisenbahnwaggon steigenden Technikern zu: „He, wisst ihr's schon? Die Russen haben einen Mann im Kosmos." Die Kamera schweift über den wolkenreichen Himmel. Ein barockes Geigenstück mit Cembalobegleitung erklingt. Wieder kommen die frischbestellten Felder ins Bild. Dann zitiert eine feierliche Stimme Juri Gagarin: „Und für einen Moment erwachte in mir der Bauernsohn. Der vollkommen schwarze Himmel sah wie ein frischgepflügtes Feld aus und die Sterne waren Saatkörner." Die Stimme hat einen leichten russischen Akzent. Es handelte sich – was übrigens der Vorspann verschwieg – um Ulbrichts Staatsdolmetscher Werner Eberlein, den Jugendfreund des Regisseurs Konrad Wolf aus Moskauer Tagen. Dann sagt die Erzählstimme des Mädchens Rita: „Alles was geschehen ist, bekommt seinen Sinn. Ein Bauernsohn pflügt den Himmel und zerstreut die Sterne als Saatkörner über ihm. Wird unser bisschen Menschwärme der Kälte des Kosmos standhalten können?"

Die Lesebuchgeschichten über die Sowjetunion, die Lieder und Gedichte waren so süßlich betäubend wie der Veilchengeruch des sowjetischen Einheitsparfüms „Krasnaja Moskwa", nach dem das ganze Imperium zwischen Wladiwostok und Marienborn duftete. Es war eine Märchenwelt, die sich dem Betrachter auftat. Sie war so bewegend und irreal, so schön und erhaben wie der Film über Ilja Muromez, den altrussischen Recken, der gegen die Tataren zu Felde zog, einen furchtbaren Drachen besiegte und die schöne Wassilissa aus der Macht der Goldenen Horde befreite. Die Amerikaner kämpften um die Seele der Deutschen mit Kaugummi, Jazzmusik und Comic-Strips. Die Russen hatten einen höheren Anspruch. Es sollten die humanistischen Werte sein, zu denen das vom faschistischen Ungeist vergiftete deutsche Volk bekehrt werden sollte. Im Moskauer „Verlag für fremdsprachige Literatur" erschienen großformatige bunte Bücher mit den Märchen Alexander Puschkins oder Alexej Tolstojs Nacherzählung von Carlo Collodis Kinderklassiker ›Pinocchio‹. Als ›Burattino‹ eroberte er die Herzen der Kinder und wurde zum Namenspatron von Kindergärten und Spielzeugläden. Väterchen Frost, die Hexe Baba-Jaga und Karandasch mit der Bleistiftnase wurden so populär wie Tarzan und Donald Duck im Westen. Der Kalte Krieg in den Kinderzimmern und auf den Schulhöfen wurde übrigens durchaus mit einer gewissen Verbissenheit geführt. Taschenkontrollen am Schultor waren an der Tagesordnung und mit wichtiger Miene wurden die bunten Bildergeschichten aus dem Westen als „Schund- und Schmutzliteratur" vom Pionierleiter „eingezogen". Wahrscheinlich war das der Grund, warum Väterchen Frost und Burattino im Kampf gegen Tarzan keine Chance hatten. Doch es war nicht ihre Schuld. Es gab zauberhafte sowjetische Kinderfilme in jenen Jahren; auch poetische und wunderbar gestaltete Bücher vom Zaren Saltan, vom Tierhäuschen, von Nimmerklug in Knirpsenstadt, dem Zauberer in der Smaragdenstadt oder von der Fürstin Koschka. Die Sowjetunion war ein Märchenschloss voller wunderbarer Dinge. Den Atomeisbrecher „Lenin", die Staudämme an der Wolga und immer wieder den Sputnik gab es als Bilder in den Kinderzeitungen, im Fernsehen und als Nippes. Als

Gastgeschenk oder Reiseandenken hielten solche Herrlichkeiten Einzug in die Wohnzimmer der DDR: ein goldener Spasskiturm mit rubinrotem Stern beispielsweise, in welchem eine Spieldose installiert war, die das Glockenspiel des Kreml intonieren konnte. Oder ein Modell des „Sputnik 1", der die Funksignale des ersten künstlichen Erdtrabanten spielte. Wie ein Triumphmarsch tönten die Morsezeichen und verbreiteten die Botschaft vom Sieg des Kommunismus. „Hejo, Sputnik, hoch am Himmelszelt, sag, was siehst du bei der Reise um die Welt?", sangen die Jungen Pioniere. Und der sowjetische Erdtrabant antwortete in einer Art Wechselgesang: „Ich seh' vom Gelben Meer herüber bis zum Elbestrand die Schar der befreiten Völker, mittendrin mein Heimatland. Die Fahnen leuchten rot und die Gesänge klingen froh!" Darauf der Chor: „Hejo Sputnik, otschen choroscho!"

Die Mauer, hinter der die Menschen eingekerkert wurden, war ganz aus Versen gebaut, und entlang dieser Mauer wurde getanzt. Nein, kein Dance macabre. Damals tanzte die Unschuld! Die Unschuld mit ihrem blutigem Lächeln. Es sei eine Zeit schlechter Lyrik gewesen? Nicht so ganz! Ein Romancier, der mit den blinden Augen des Konformismus über jene Zeit schrieb, schuf Lügenwerke, die bereits bei ihrer Geburt tot waren. Ein Lyriker jedoch, der mit jener Zeit genauso blind verschmolzen war, hinterließ oft schöne Gedichte. Weil im magischen Feld der Poesie [...] jede Behauptung zur Wahrheit wird, falls die Kraft eines Erlebnisses dahinter steht. Und die Lyriker lebten ihre Erlebnisse, bis sich Gefühle in Dunst verwandelten und sich ein Regenbogen über den Himmel spannte, ein wunderbarer Regenbogen über den Gefängnissen.[2]

Zwar begann die „Hauptverwaltung für ewige Wahrheiten" bereits in den späten 80er-Jahren partiell die Kontrolle zu verlieren. Doch den Anspruch auf das totale Meinungsmonopol gab die Parteiführung weder theoretisch noch praktisch auf.

Kultur wurde als Teil des ideologischen Überbaus definiert. Sie war determiniert durch die sozialen und ökonomischen Verhältnisse, hatte aber gleichzeitig einen prägenden Einfluss auf die Gesellschaft. Dieser wurde maßlos überschätzt. Immer wieder waren Bühnenstücke, Filme und Bücher Themen auf der höchsten politischen Ebene. Kulturpolitik war stets Seismograph politischer Wandlungen. Die Kunst war dem sozialistischen Realismus verpflichtet, der nicht eigentlich eine Kunstrichtung war, sondern ein Sammelbecken all dessen, was die Partei- und Staatsführung für produktiv im Sinne des Machterhalts erachtete. Aus dieser Wertschätzung ergab sich eine doppelte Wirkung. Wohl niemals in der deutschen Geschichte wurden Dichter, Maler und Filmemacher, sofern sie sich anpassungswillig zeigten, großzügiger gefördert. Niemals aber waren sie in derartig kleinkarierter Weise bevormundet und in ihrem künstlerischen Ausdruck reglementiert. Immer aber wurden sie wichtig genommen. Und selbst Disziplinierungen und Bespitzelungen wurden nicht ohne Berechtigung als Ausdruck einer Art Wertschätzung verstanden. Es entwickelte sich eine eigenartige Liebesbeziehung zwischen der väterlich lobenden und strafenden Partei auf der einen Seite und den Kulturschaffenden auf der anderen Seite. Für viele Intellektuelle blieb die DDR – trotz aller Kritik – immer noch ihr Staat.

Diese spezifische Mischung von Kunstförderung und Kunstverhinderung fand in den 60er-Jahren zweifellos ihren Höhepunkt. Walter Ulbricht repräsentierte geradezu ideal-

Wolf Biermann, geb. 1936 in Hamburg, wurde 1976 aus der DDR ausgewiesen.

typisch den ebenso kulturbeflissenen wie kleingeistigen Dogmatiker. Er hielt sich aufgrund der in Arbeiterbildungsvereinen vor 1914 erworbenen Kenntnisse nicht allein für urteilsfähig, sondern für maßgeblich in allen Fragen der Ästhetik. Kunst und Literatur hatten optimistisch zu sein, den Werktätigen Lebensfreude zu spenden, den Kampf der unterdrückten Klassen in der Ausbeutergesellschaft oder den Aufbau des Sozialismus zu schildern. So schickte er 1964 die Genossen Kunstschaffenden auf den „Bitterfelder Weg". Sie sollten an der Werkbank stehen oder gar ins Bergwerk einfahren, um den Alltag der Arbeiter zu schildern. Dort freilich, wo die Schriftsteller und Filmemacher die Forderungen der Partei wirklich erfüllten, gab es Schwierigkeiten. Filme und Literaturwerke, die den trostlosen Arbeitsalltag realistisch schilderten, wurden vom Zentralkomitee verdammt. Der traurige Tiefpunkt solcher offiziösen Verdammungen war das 11. Plenum des ZK der SED im Dezember 1965.

Nach dem personellen Wechsel von Walter Ulbricht zu Erich Honecker im Mai 1971 schien sich die Situation zu entspannen. „Weite und Vielfalt" proklamierte die Partei und Erich Honecker verkündete den doppeldeutigen Grundsatz, dass es keine Tabus geben würde, solange die Künstler auf dem Boden des Sozialismus stünden. Denn ob sie dort noch standen, entschied wiederum allein die Obrigkeit. Wolf Biermann stand offenbar trotz dauernder gegenteiliger Beteuerungen nicht auf dem Boden des Sozialismus und wurde im November 1976 ausgebürgert.

Man hat die Biermann-Ausbürgerung und die darauf folgenden Proteste den „Anfang vom Ende der DDR" genannt.[3] Man streitet sich darüber, ob das so war. Die gescheiterte Diktatur besteht aus lauter letzten Tagen. Doch damals hat wohl niemand vom baldigen Ende der DDR geredet. Die Biermann-Ausbürgerung und die darauf folgende Erregung wurde eher als ein Endpunkt als ein Aufbruch empfunden.

Die Partei praktizierte eine geschickte Taktik der Schadenbegrenzung. Zunächst differenzierte sie zwischen prominenten Protestlern, die sie höflich und vorsichtig ersuchte, von ihrem Standpunkt abzurücken, und unbedeutenderen DDR-Bürgern, die sie wegen des gleichen Vergehens verhaften und für Jahre ins Gefängnis stecken ließ. Dann begann die Welle der Ausreisen. Eva-Maria Hagen, frühere Ehefrau Biermanns, und ihre Tochter, die in der DDR schon durchaus angesehene Sängerin Nina Hagen machten den Anfang. Kurz darauf folgte der Schriftsteller Thomas Brasch. Obwohl auch schon vorher einzelne Künstler die DDR legal in Richtung Westen verlassen hatten, entwickelte sich nun der Exodus zur Massenerscheinung und sollte bis zum Ende des Staates nicht mehr abreißen.

Der eigentliche Anlass des Protests war schnell vergessen. Biermann blieb in der Bundesrepublik, die Fronde der Schriftsteller zerfiel, ehe sie politische Wirkung erzielen konnte, und jeder ging jetzt seinen eigenen Weg. Viele führte er außer Landes, andere in die Isolation, dritte in einen wankelmütigen Opportunismus. Das Zerbrechen jeder Gemeinsamkeit konnte der SED-Führung nur recht sein, half es doch, die Geburt von „Märtyrern" zu verhindern. Im Rückblick wertete auch Günter de Bruyn die Vorgänge in diesem Sinne:

Die Protestierer, oder besser: Petitionisten verstanden sich in der Mehrzahl weder als Opposition noch als Gruppe. Sie hatten sich zu diesem einen Zweck zusammengefunden, ohne die Absicht, Auftakt zu einer Bewegung zu sein. Was die Individualisten verband, war die Ablehnung des Ausbürgerungsaktes, nicht die des Regimes. Die Staatsführung hatte es deshalb leicht, die Gruppe, die keine war, aufzulösen. Sie brauchte den Individualisten nur ihre individuellen Interessen vor Augen zu führen, indem sie individuell vorging und kollektive Bestrafungen vermied. Durch differenzierte Behandlung machte sie die sowieso bestehenden Differenzen in Ansichten, Absichten und Bevorzugungen deutlich, sodass keine erneute Gemeinsamkeit durch Strafen oder Benachteiligung entstand. Als die Sanktionen beendet waren, saßen die einen, die Unbekannten, in Gefängnissen, oder sie hatten beruflich und finanziell Nachteile erlitten; die mehr oder weniger Prominenten aber hatten zum größten Teil lediglich ihre Ehrenämter verloren und wurden, soweit sie der Partei angehörten, von dieser für das gleiche Vergehen in unterschiedlicher Weise bestraft. Es gab Rügen, strenge Rügen, Streichungen und Ausschlüsse für die Genossen, aber keine Ausschlüsse aus den Künstlerverbänden. Hier wurden die Bösewichter lediglich aus den Vorständen entfernt.[4]

Osteuropäische Schriftsteller waren zu verschiedenen Zeiten zur Stimme des unterdrückten Volkes geworden. Doch dies hatten die Protagonisten des Schriftstellerprotests gar nicht beabsichtigt. Stefan Heym schildert in seinen Tagebüchern sehr ehrlich, dass ihn die Anrufe und Solidaritätsbekundungen aus allen Teilen der Bevölkerung eher belästigten. Er wollte kein Volkstribun sein, sondern sehnte sich an seinen Schreibtisch zurück.[5] Wie er war die gesamte etablierte Schriftstellerelite nicht bereit oder nicht in der Lage, die Funktion eines öffentlichen Sprachrohrs des Bürgerprotestes zu übernehmen, zumal ihr das Zuckerbrot des Westreise-Privilegs winkte. Viele der aufsässigen Literaten verließen auf Zeit oder für immer die DDR. Andere reisten mit Dauervisum durch die Welt. Die Gemaßregelten wurden durch Reisepass mit oder ohne Rückkehrerlaubnis faktisch zu Bevorzugten des SED-Staates. Jedenfalls hielt sich das Mitleid der Zurückbleibenden in Grenzen. Zwischen der seit den späten 70er-Jahren im Schutzraum der Kirche entstehenden Opposition und den kritischen Literaten entstand eine seltsame Kommunikationslosigkeit, die über das Ende der DDR fortdauert.

Keiner der bekannten DDR-Schriftsteller spielte in der Opposition irgendeine wichtige Rolle. Weder stellten sich die prominenten Literaten schützend vor die kleinen Grüppchen, die es wagten, den Staat herauszufordern, noch spielten ihre literarischen Werke oder öffentlichen Stellungnahmen vor dem Oktober 1989 irgendeine Rolle. Erst als die Steinchen des Unwillens die Lawine der Volksrevolution ausgelöst hatten, versuchten die Helden des November 1976 sich an die Spitze der Bewegung zu stellen. Teilweise allerdings geschah dies nur allzu deutlich in der Absicht, zu retten, was nicht mehr zu retten war. So gehörten Christa Wolf, Stefan Heym und Volker Braun am 29. November 1989 zu den Erstunterzeichnern des bekannten Aufrufs „Für unser Land", in dem der Erhalt der DDR als „sozialistische Alternative zur Bundesrepublik" gefordert wurde. Selbst als sich der Generalsekretär der SED, Egon Krenz, eilfertig dem Aufruf anschloss und das Papier zwecks kollektiver Unterzeichnung durch den Partei- und Staatapparat „durchgestellt" wurde wie in alten Zeiten, wurden die sozialistischen Träumer nicht wach.

Als die DDR starb, wurde die DDR-Identität geboren. Ein Kabarettist erfand das Kunstwort „Ostalgie", das inzwischen Eingang in den deutschen Wortschatz gefunden hat. Gemeinsam sitzen die Geistesschaffenden des alten Regimes im Schmollwinkel und pflegen kollektiv die Erinnerung an die heile Welt der Diktatur. Es fehlt dieser Geistesrichtung nicht an illustren Namen. Ihrer Biographie ist die innere Tragik nicht abzusprechen. Die geschlossene Welt der festgefügten Werte und Begriffe wurde zerstört. Gegenüber den Gesetzen der geschichtlichen Entwicklung, die sie – befruchtet von der „einzig wissenschaftlichen Weltanschauung" – zu beherrschen meinten, waren sie blind gewesen. Die Volksmassen, in deren Namen sie zu sprechen vorgaben, haben sie auf den Müllhaufen der Geschichte geworfen – um einen Slogan der kommunistischen Propagandasprache zu benutzen. Das ist ohne Zweifel bitter.

Die kommunistischen Diktaturen hatten den Repräsentanten des Geistes einen Platz in der Prozeniumsloge des Welttheaters geboten. Diese mochten anfangs sogar geglaubt haben, sie seien die Herren der Inszenierung, die „Ingenieure der Seele" – wie Stalin es so wunderbar technokratisch ausgedrückt hatte. Doch schon lange bevor der Vorhang fiel war klar, dass die Intellektuellen Komparsen eines vor verlogenem Kitsch triefenden und zudem recht langweiligen Stückes waren. Der Vorhang ist gefallen, der Beifall war dünn, die Protagonisten haben sich still davongestohlen und es bleibt allein die Frage offen, ob es sich um eine tieftraurige Komödie oder ein grotesk-komisches Trauerspiel gehandelt hat.

III. Daimler, Trabi, DAX
Wirtschaft und Konsum

Siegfried Weichlein

Wirtschaft und Sozialstaat in Weimar: Kompromiss und Experiment

Die Weimarer Republik beruhte nicht nur auf einem politischen, sondern auch auf einem wirtschaftlich-sozialen Gründungskompromiss. Die Weltkriegsniederlage und die Revolution hatten das politisch-soziale System des Wilhelminismus gänzlich in Misskredit gebracht. Die gemäßigte politische Arbeiterbewegung, die die Republik gegen die alten Mächte auf der Rechten und den Rätegedanken auf der äußersten Linken gegründet hatte, beanspruchte nicht nur die politische Gleichberechtigung, sondern wollte von Anfang an auch das wirtschaftlich-soziale System umgestalten. Die Weimarer Republikaner, allen voran die Sozialdemokraten, koppelten die Reform der politischen Verfassung an eine Umgestaltung der wirtschaftlichen und finanziellen, vor allem aber der sozialen Verfassung des Reiches.

Bis in die katholische Zentrumspartei und das liberale Bürgertum hinein reichte nach der Weltkriegsniederlage die Überzeugung, dass die Wirtschaftsordnung grundlegend erneuert werden müsse, freilich unter Beibehaltung der privatkapitalistischen Eigentumsordnung. Die Spitzenverbände der Arbeitgeber und die Gewerkschaften verständigten sich im November 1918 auf eine „Zentrale Arbeitsgemeinschaft", die die Verteilungskämpfe beilegen und für Ruhe und Frieden auf dem Arbeitsmarkt sorgen sollte. Bis 1923 wurde dieser Kompromiss nicht auf die Probe gestellt, da in dieser Zeit inflationsbedingte Zuwächse verteilt werden konnten und kaum jemand etwas abgeben musste. Aus Furcht vor sozialen Konflikten, die die prekäre innen- und außenpolitische Situation aus dem Ruder hätte laufen lassen, herrschte unter den politisch Verantwortlichen ein breiter Inflationskonsens. Das „Schmiermittel der Inflation" hielt die Lohnentwicklung der Wirtschaft in Gang, während gleichzeitig Millionen von Soldaten ins zivile Arbeitsleben zurückkehrten.[1] Die Anpassung an die reale Produktivität sollte so lange unterbleiben, bis die Republik auf sicheren Füßen stand.

Das Ergebnis war eine Friedenswirtschaft, die finanziell bis 1923 unter Kriegsbedingungen, d.h. mit den Mitteln staatlicher Geldpolitik, lief. Die geldpolitische Stabilisierung der Wirtschaft hatte 1916 begonnen, als die Kriegsanleihen nicht mehr die Kriegskosten deckten, und dauerte bis 1923 an. Seit Ende 1922, verstärkt dann durch die Kosten des passiven Widerstands, den das Reich während der Ruhrbesetzung durch französische Truppen ab Januar 1923 finanzierte, brach das System der Haushaltsfinanzierung durch eine Steigerung der Geldmenge völlig zusammen. Als der Laib Brot eine Million Mark kostete, konnten selbst die immer häufigeren Lohnzahlungen nicht mehr mit der Geldentwertung Schritt halten. Die Folge war eine dramatische Verschiebung von Vermögen und Eigentum. 1923 bedeutete für die meisten Deutschen eine „verkehrte Welt".[2] Die Verlierer waren die Kapital-, Renten- und Anleihenbesitzer. Sie wurden durch die Hyperinflation faktisch enteignet, weil ihre Zinsen und Renditen nicht indiziert waren, d.h., sie stiegen nicht mit der Inflationsrate. Dieser Mechanismus griff umgekehrt aber auch für alle, die Schulden hatten. Die Inflation entschuldete praktisch die deutsche Gesellschaft. Die Landwirtschaft konnte auf diese Weise ihre Schulden genauso billig bezahlen wie der Staat. Finanzpolitisch wurden die gigantischen Kosten des Ersten Weltkrieges erst 1923 bezahlt, als Abermillionen von Kriegsanleihezeichnern leer ausgingen. Weniger betroffen von der Inflation waren diejenigen Schichten, die Sachwerte besaßen, wie die Landwirtschaft oder das Handwerk. Für Millionen wurde die faktische Enteignung 1923 zum Trauma, das den Blick auf Republik und Demokratie bestimmte, denn enteignet fühlte sich 1923 so ziemlich jeder. Jahrelang beschäftigte sich die Politik danach mit der Frage, ob und wie das in der Inflation entwertete Kapital wieder aufgewertet werden sollte.

Erst mit der Stabilisierung der Währung und der Einführung der Rentenmark Ende 1923 erweiterte sich der wirtschaftspolitische Gestaltungsspielraum der Republik wieder. Die Zäsur 1923 unterschied die deutsche Wirtschaft von den westlichen Siegerökonomien. Dort fielen das Kriegsende und die millionenfache Demobilisierung und Wiedereingliederung der Soldaten in die Friedenswirtschaft mit der Weltwirtschaftskrise 1920/21 zusammen. 1921 belief sich in Großbritannien die Arbeitslosenquote auf 20%, in Deutschland herrschte dagegen Vollbeschäftigung. Im Reich verzögerte sich die krisenhafte Anpassung um mehrere Jahre. Für den politisch-psychologischen Erfahrungshaushalt der politisierten Massen hatte dies verheerende Folgen. Die öffentliche Meinung machte keinen wirklichen Unterschied zwischen der Hyperinflation seit Ende 1922, den Reparationen an das Ausland, der Ruhrbesetzung und dem politischen Chaos seit Kriegsende. Sehr wohl aber unterschied man zwischen Krieg und Republik. Nicht der Weltkrieg und die Kriegswirtschaft waren in den Augen vieler Deutscher für die Hyperinflation verantwortlich, sondern die Republik und die politischen Parteien. Obwohl 1923 die politische Dauerkrise einer Phase der relativen Stabilisierung wich, war das Vertrauen in die wirtschaftlich-soziale Leistungsfähigkeit der Republik doch nachhaltig erschüttert. Das Trauma von 1923 engte den wirtschafts- und finanzpolitischen Handlungsspielraum gerade auch in der Weltwirtschaftskrise ab 1929 enorm ein.[3]

Die chronische Wachstumsschwäche ihrer Wirtschaft gab der Weimarer Republik auch in der Phase der relativen Stabilisierung zwischen 1924 und 1930 keine Verteilungsmasse, die ihre Akzeptanz hätte erhöhen können, sodass die Republik in den Jahren der Weltwirtschaftskrise nach 1930 nicht radikal in Frage gestellt worden wäre. Die Wirtschaft trug insgesamt nicht wie in der Bundesrepublik zur Entschärfung und Entzerrung der Konflikte, sondern zur Dramatisierung und Radikalisierung bei.

Mehrere Belastungen und Krisen blockierten das Wirtschaftswachstum und ließen trotz in die Zukunft weisender Rationalisierungen die Vorkriegszeit als ein goldenes Zeitalter erscheinen: 1919 hatte die deutsche Industrieproduktion auf dem kleineren Territorium nur 38% des Standes von 1913 betragen, inflationsbegünstigt waren es 1922 schon 72%. 1923 sank die Industrieproduktion auf 47% (1913 = 100), um bis 1925 auf 83% anzusteigen. Erst 1927 erreichte die deutsche Industrieproduktion den Stand von 1913. Nur in den beiden folgenden Jahren 1928 (103) und 1929 (104) lag sie leicht darüber. Motor der wirtschaftlichen Entwicklung waren wie vor 1914 der Maschinenbau, die Chemie und die Elektroindustrie, kaum dagegen der Fahrzeugbau, der in den USA und in Frankreich die Lokomotive des Wachstums bildete. Die Weltwirtschaftskrise ab 1929 drückte die Produktion wieder unter das Niveau von 1913 (1930: 91%).[4]

Das deutsche Wirtschaftswachstum litt nach 1919 auch unter den ausländischen Handelsschranken, die den wichtigen Export behinderten. Hinzu kam, dass nach den Erfahrungen der Hyperinflation des Jahres 1923 das Zinsniveau insgesamt relativ hoch und die Investitionen der Wirtschaft auch in den guten Weimarer Jahren niedrig blieben. Gleichzeitig musste die Weimarer Wirtschaft Millionen neuer Arbeitskräfte aus den starken Vorkriegsjahrgängen in den Arbeitsmarkt integrieren. Die Zahl der Erwerbstätigen stieg zwischen 1907 und 1925 von 25,2 Millionen um 6,8 Millionen auf 32,0 Millionen an. Die Erwerbstätigkeit der Bevölkerung stieg von 45,5% (1907) auf 51,3% im Jahr 1925 an. Unter den Frauen nahm die Erwerbsquote von 30,4% auf 35,6% zu.[5] Von den neu auf den Arbeitsmarkt drängenden Kräften gingen allein 2,1 Millionen in die „white collar"-Berufe, also zu den Angestellten und Beamten. Der Dienstleistungssektor profitierte vom wirtschaftlichen Wandel am meisten, besonders die Sparte „Handel und Verkehr": 1907 waren hier 12,4% aller Erwerbstätigen beschäftigt, 1925 16,4%. Industrie und Handwerk stagnierten dagegen auf hohem Niveau (1925: 42,1%), während die Zahl der in der Landwirtschaft Beschäftigten deutlich zurückging. Bereits 1930 arbeiteten mehr Deutsche im Dienstleistungssektor als in der Landwirtschaft.

Auch die Einbußen bei den Rohstoffvorkommen durch die Versailler Friedensbedingungen beeinflussten das wirtschaftliche Wachstum in der Weimarer Republik negativ. Die abgetretenen Gebiete machten zwar nur 13% des Staatsgebietes aus, verfügten aber über drei Viertel der Eisenerzvorkommen, knapp die Hälfte der Produktionskapazität für Roheisen (44%) und ein Viertel der Förderkapazität für Steinkohle (26%). Die Legende von der unerträglichen Last der deutschen Reparationen an die Alliierten, die auf der deutschen Wirtschaft gelastet habe, verengte den Blickwinkel auf die Transferzahlungen in das Ausland. Der dadurch ausgelöste Kapitalrückfluss nach Deutschland ergab ein völlig anderes Bild. Tatsächlich kamen durch die Reparationsverhandlungen Kredite in ungekanntem Maße aus den Vereinigten Staaten nach Deutschland, die den Kommunen einen großzügigen Ausbau ihrer Infrastruktur erlaubten.

Die Wachstumsschwäche der deutschen Wirtschaft führte in der neueren Forschung zu der Vermutung, zwischen 1925 und 1929 habe es eine „unnormale, ja ‚kranke' Wirtschaft" gegeben (Knut Borchardt). Der Lohnanstieg habe nicht der Produktivitätszunahme entsprochen.[6] Diese Sichtweise rechtfertigt die Deflationspolitik Brünings nach 1930 und macht sich die Lesart der hochgradig kartellierten Wirtschaft zu Eigen. In den wirtschaftlichen Verteilungskämpfen standen die Unternehmerverbände nicht nur den Gewerkschaften, sondern auch den staatlichen Zwangsschlichtern gegenüber, die stärker den Arbeitnehmerinteressen zuneigten. Diese „politischen Löhne" lenkten den Zorn der Arbeitgeber auf das politische System. Die These der „kranken Wirtschaft von Weimar" erklärt eher die Neigung der Unternehmer zu politischen Systemen mit einem eigenen direkten Zugang zum Machthaber, als dass sie die Wachstumsschwäche der Weimarer Wirtschaft begründet. Zutreffend daran ist jedoch der Befund, dass sich die deutsche Wirtschaft auch in den Mitteljahren der Republik in der Krise befand. Der Börsencrash vom Oktober 1929 verschärfte die Wirtschaftskrise, er schuf sie aber nicht.

Der experimentelle Charakter der Weimarer Republik zeigt sich gerade in der Wirtschafts- und Sozialpolitik. Wirtschaft, Markt und Arbeitswelt waren Experimentierfelder, die der Republik diejenige Stabilität beistellen sollten, die ihr die Politik nicht zu geben vermochte. Mehrere Krisenlösungsversuche zeichneten sich ab, um aus der wirtschaftlichen Dauerkrise herauszukommen. Der wichtigste Versuch bestand, erstens, in der Produktivitätssteigerung durch Rationalisierung. Die durchgreifende Rationalisierung des Arbeitslebens und der Produktion lag im internationalen Trend. Wie gebannt schauten Unternehmer, Politiker und Gewerkschafter auf die neuen „assembly lines" der Detroiter Automobilfabriken der Firma Ford, die in 7882 Arbeitsvorgängen das bekannte Modell T herstellten. Der Kult der Produktivität und der Effektivität einte alle politischen Lager. Vom Taylorismus versprachen sich Rechte wie Linke viel, zumal auch die Sowjetunion mit ähnlichen Strategien aufwartete. Der Taylorismus stand für die umfassende und durchgreifende Rationalisierung des Arbeitsprozesses, wobei die Arbeitsmittel optimal ausgenutzt und die Leistungsbereitschaft der Arbeiter durch differenzierte Lohnsysteme gesteigert werden sollten. Die Gewerkschaften teilten den Rationalisierungskonsens. Um Investitionen zur Rationalisierung der Arbeitsabläufe zu erleichtern, waren sie zu kurzfristigen Lohnkürzungen bereit. Die technologische Innovation trug dazu bei, dass die Industrieproduktion an die Vorkriegszeit anknüpfen konnte. Das Industriewachstum schlug sich allerdings nur bedingt auf dem Arbeitsmarkt nieder. Die Rationalisierung in den Betrieben entkoppelte den Zusammenhang von Wirtschaftswachstum und Vollbeschäftigung. Eine strukturelle Dauerarbeitslosigkeit kennzeichnete daher die 20er-Jahre.

Mit der Rationalisierung hing, zweitens, die zunehmende Unternehmenskonzentration und die Trustbildung eng zusammen. Die bekanntesten Beispiele dafür sind die I.G. Farben, die 1925 aus den führenden Chemieunternehmen Bayer, Hoechst und BASF entstand, sowie die Vereinigten Stahlwerke, 1926 hervorgegangen aus den bedeutendsten deutschen Stahlproduzenten ohne die Krupp-Werke. 1925 gab es 1539 Kartelle, 1910 waren es nur 367 gewesen. Der Konzentrations- und Lenkungsgedanke beherrschte auch das Verhältnis des Staates zur Wirtschaft. Die Rolle des Staates wurde mit der Zunahme von Verkehr, Transport und Kommunikation immer wichtiger und unterschied die Weimarer Republik vom Kaiserreich. Zur Reichspost kam jetzt auch die bayerische Post hinzu, die zwischen 1871 und 1919 durch eine Reservatsbestimmung in der Verfassung selbstständig geblieben war. Seit 1920 gab es die Reichsbahn, die nun auch die bayerischen und württembergischen Bahnen umfasste, die bis dahin im Eigenbesitz der Länder geblieben waren. Ein Jahr später wurden die Wasserstraßen verstaatlicht. Die öffentliche Hand beherrschte die Wachstumsbereiche Wasserversorgung

(1925: 96,7%), Gas (92,6%) und Elektrizität (92,1%). Der Industriebesitz des Reiches ging 1923 in die Vereinigten Industrieunternehmungen AG (VIAG) ein, der preußische in die Preußische Bergwerks- und Hütten AG (Preussag), der 1929 die Vereinigte Elektrizitäts- und Bergwerks AG (VEBA) an die Seite trat. Insgesamt besaß die öffentliche Wirtschaft 1927 einen Anteil von 10,1% am Volkseinkommen.[7]

Drittens waren sich alle politischen Richtungen nach 1919 darin einig, dass die politische, die wirtschaftliche und die soziale Ordnung eine Einheit bilden sollten. Über die Art dieser Ordnung herrschte schon bald bitterer Streit. Hinter den dafür diskutierten Konzepten standen Vorstellungen einer Ordnung für die gesamte Gesellschaft. Die bekanntesten waren die „Gemeinwirtschaft", der „Organisierte Kapitalismus" und die „Wirtschaftsdemokratie".

Die Weimarer Reichsverfassung vom August 1919 regelte in den Artikeln 151 bis 165 das Wirtschaftsleben. Dabei orientierte sie sich an dem Leitgedanken der „Gemeinwirtschaft". Unter Gemeinwirtschaft verstand man die Selbstverwaltung unter Mitwirkung aller schaffenden Volksteile, also von Arbeitgebern und Arbeitnehmern. Dieser Gedanke fand nicht nur in der Arbeiterbewegung Anklang. Er stand auch in der Tradition der durchorganisierten Kriegswirtschaft und schrieb die Kontrolle des Staates im Wirtschaftsleben fest. Die Partizipation der Arbeitnehmer und das öffentliche Gemeinwohl standen hinter dem staatlich gelenkten Korporatismus zurück, den Wichard von Moellendorff, Staatssekretär und Mitarbeiter des sozialdemokratischen Reichswirtschaftsministers Rudolf Wissell, seinen Vorschlägen zugrunde gelegt hatte. Moellendorffs autoritär-technokratische Konzeption der Wirtschaftslenkung stieß in der Zeit der millionenfachen Demobilisierung auf breite öffentliche Unterstützung. Diese Vorstellungen zur Gemeinwirtschaft gipfelten schließlich in der Gründung eines Reichswirtschaftsrates, eines Reichskohlenrates und eines Rates für die Kaliwirtschaft. Im alltäglichen Verteilungskampf blieb die „Gemeinwirtschaft" jedoch eine Beschwörungsformel, der mehr eine Appellfunktion zukam, als dass die zahlreichen Gremien zur staatlichen Wirtschaftslenkung wirkungsvoll in das Wirtschaftsgeschehen eingreifen konnten. Dazu fehlte auch zunehmend ein einheitlicher politischer Wille.

Brachte das Konzept der „Gemeinwirtschaft" das Bürgertum in die Nähe sozialdemokratischer Konzepte zur Gestaltung der Wirtschaftsordnung, so ermöglichten Konzepte wie der „organisierte Kapitalismus" und die „Wirtschaftsdemokratie" es der Arbeiterbewegung, sich mit der real existierenden Wirtschaftsverfassung der Republik anzufreunden. Dort herrschten Kartellbildung und Konzentration vor. Der führende sozialdemokratische Theoretiker Rudolf Hilferding diagnostizierte einen Wandel weg vom Konkurrenzkapitalismus hin zum organisierten Kapitalismus, der die Lenkung der Investitionen aus der Hand der Kapitalisten nahm und sie in die Hand der Gesellschaft legte. Die „Führung des Unternehmens ist nicht mehr Privatsache des Unternehmers, sondern gesellschaftliche Angelegenheit".[8]

Da ist das Entscheidende, dass wir augenblicklich in der Periode des Kapitalismus uns befinden, in der im Wesentlichen die Ära der freien Konkurrenz, in der der Kapitalismus rein durch das Walten der blinden Marktgesetze beherrscht war, überwunden ist, und wir zu einer kapitalistischen Organisation der Wirtschaft kommen, also von der *Wirtschaft des freien Spiels der Kräfte zur organisierten Wirtschaft.*

Die *organisierte Wirtschaft* zeichnet sich – um das mit einigen Schlagworten anzudeuten – *technisch* dadurch aus, dass neben dem Dampf, neben der Elektrizität immer mehr die synthetische Chemie in den Vordergrund rückt, die etwa nach einem halben Jahrhundert wissenschaftlicher Entwicklung für die fabrikatorisch-technische Anwendung reif geworden ist. Diese Anwendung der Chemie bedeutet prinzipiell etwas Neues. Sie macht die kapitalistische Wirtschaft unabhängig von den einzelnen Rohstoffvorkommen, indem sie prinzipiell darauf ausgeht, wichtige Rohstoffe aus anorganischen Stoffen, die massenhaft vorhanden sind, künstlich herzustellen [...].

Das Charakteristische ist nun zweitens, dass die kapitalistische Industrie, in der ein mit neuer Energie geladenes wissenschaftliches Verfahren wirksam wird, von vornherein das Bestreben hat, in *organisierter* Weise die neuen Möglichkeiten auszunutzen. [...] Die *Kartell- und Trustentwicklung*, die sich in der Industrie vollzogen hat, ist so für die neuen Industrien überhaupt das erste Wort, mit dem sie in die Welt treten.

Eine dritte charakteristische Tatsache ist die *Internationalisierung* der kapitalistischen Industrie, das Bestreben, die nationalen Monopole, Kartelle und Truste international zusammenzufassen. Wer mit kapitalistischen Wirtschaftskreisen in Berührung kommt, – [...] – ist erstaunt, mit welchem Eifer diese Kreise, die vor dem Kriege in ihrer Wirtschaftseinstellung national abgeschlossen waren, heute internationale Verbindungen suchen, die Beziehungen mit dem Ausland pflegen, und wie sehr der Drang nach internationaler Organisation lebendig wird. [...]

Nun der vierte Punkt [...]: Die Konzernbildung, das Zusammenfassen von immer mehr Betrieben in eine oberste Spitze, bedeutet für die einzelnen Betriebe die Ausschaltung der freien Konkurrenz. [...] Organisierter Kapitalismus bedeutet also in Wirklichkeit den *prinzipiellen Ersatz des kapitalistischen Prinzips der freien Konkurrenz durch das sozialistische Prinzip planmäßiger Produktion.* Diese planmäßige, mit Bewusstsein geleitete Wirtschaft unterliegt in viel höherem Maße der Möglichkeit der bewussten *Einwirkung der Gesellschaft,* das heißt nichts anderes, als der Einwirkung durch die einzige bewusste und mit Zwangsgewalt ausgestattete Organisation der Gesellschaft, der Einwirkung durch den *Staat.*

Wenn das so ist, dann treten sich klar gegenüber auf der einen Seite die kapitalistische Organisation der Wirtschaft, auf der anderen Seite die Staatsorganisation, und das Problem ist, wie wir ihre gegenseitige Durchdringung gestalten wollen. Das heißt nichts anderes, als dass unserer Generation das Problem gestellt ist, mithilfe des Staates, mithilfe der bewussten gesellschaftlichen Regelung die von den *Kapitalisten* organisierte und geleitete Wirtschaft in eine durch den *demokratischen Staat* geleitete Wirtschaft umzuwandeln.[9]

Die Arbeiterbewegung sollte daher die Möglichkeit nutzen, durch eine Regierungsbeteiligung von staatlicher Seite her auf die Produktion einzuwirken. Die Gewerkschaften zogen daraus die Konsequenz, die politische Demokratie durch die Wirtschaftsdemokratie zu ergänzen, d.h. die Organe der Wirtschaftslenkung in den Konzernen auf staatlicher Gesetzesgrundlage mit Vertretern der Arbeiterschaft zu beschicken.

Wirtschaftsdemokratie ist nicht mehr reiner Kapitalismus und noch nicht sozialistische Wirtschaft. Sie ist Zwischenland zwischen Kapitalismus und Sozialismus, Vorstufe der Sozialisierung und ihre Wegbereiterin. Zum Begriff der Wirtschaftsdemokratie kann man auf verschiedene Weise gelangen. Man kann anknüpfen an die Kritik der politischen Demokratie und die Unzulänglichkeit der nur formalen Demokratie des Stimmzettels. Das war ja die große Erfahrung, die wir im Gegensatz zur Meinung der Begründer der sozialistischen Arbeiterbewegung machten, dass die Erkämpfung der politischen Demokratie noch keineswegs die Beseitigung der wirtschaftlichen Unfreiheit bedeutete. Dank der Vorrechte des Besitzes und der Bildung verfügt die besitzende Minderheit heute noch über so gewaltige Beeinflussungs- und Druckmittel, dass die Mehrheit der Bevölkerung bisher nicht widerstehen konnte und ihre Stimmen den bürgerlichen Besitzparteien gab, auch wenn ihre wirtschaftlichen und sozialen Belange sie mit der Arbeiterbewegung verbanden. So bedeutete Freiheitserklärung auf dem staatsbürgerlichen Gebiet noch nicht Freiheitsgewinn auf dem wirtschaftlich-gesellschaftlichen Gebiet. [...]

Es ist wichtig zu erkennen, dass die Entstehung des wirtschaftsdemokratischen Gedankenganges verknüpft ist mit einem bestimmten Zustand der kapitalistischen Entwicklung. Ihr geschichtlicher Standort ist da anzusetzen, wo der Konkurrenzkapitalismus übergeht in den organisierten Monopolkapitalismus, wo das Prinzip der freien Konkurrenz mehr und mehr weicht dem Prinzip der planmäßigen Produktionsregelung und der organisierten Marktbeherrschung. Erst mit dem sich ausbildenden Monopolkapitalismus aber entsteht der Begriff der Wirtschaftsführung, die einem Kapitalismus der freien Konkurrenz mit einer auf dem Wege über Angebot und Nachfrage herbeigeführten automatischen Selbstregulierung noch gänzlich fehlt. Die kapitalistischen Leistungsfunktionen werden in der Spätzeit des Kapitalismus mehr und mehr zusammengefasst in Kartellen, Syndikaten, Trusts, Konzernen und sonstigen Organen, die die Monopolwirtschaft aus sich heraus stellt, und die wir als Unternehmungsorganisationen zu bezeichnen pflegen. Die Wirtschaftsführung, die durch diese Organe erfolgt, kann nun auf zwei Wegen im Sinne des Allgemeinwohls umgestaltet werden: erstens durch Ausdehnung der staatlichen Kontrollfunktion über die Wirtschaft, zweitens durch *Demokratisierung der die Wirtschaftsführung ausübenden Organe*. Diese Demokratisierung wird erreicht durch Einschaltung von Arbeitervertretern, das heißt von Vertretern der Arbeiterorganisationen in alle Stellen der Wirtschaftsführung, eine Einschaltung, die mithilfe des Staates auf gesetzlicher Grundlage zu erfolgen hat und nicht etwa auf der Grundlage freiwilliger und jederzeit kündbarer Verständigung. Hier ist der deutliche Unterschied zu den mit Recht abgelehnten früheren „Arbeitsgemeinschaften". Diese Entwicklung zur Wirtschaftsdemokratisierung muss aber zugleich unterstützt werden durch die Erhaltung und Mehrung der Wirtschaftsbetriebe der öffentlichen Hand, durch das Vorrücken von gemeinwirtschaftlichen und genossenschaftlichen Wirtschaftsformen, namentlich der eigenen Wirtschaftsunternehmungen der Arbeiterschaft. In diesem Sinne ist Wirtschaftsdemokratie die Entwicklung zu einer dem allgemeinen Volksinteresse dienenden *Versorgungswirtschaft* durch Demokratisierung aller Organe der wirtschaftlichen Selbstverwaltung sowie durch eine planmäßig durchgeführte Wirtschaftskontrolle und Wirtschaftsführung seitens des demokratischen Staates.[10]

Es war kein Zufall, dass gerade von den sozialistischen Gewerkschaften die einzigen ernsthaften Vorschläge für Arbeitsbeschaffungsmaßnahmen am Ende der Weimarer Republik kamen.

Die christlichen Gewerkschaften und das konservative Parteienspektrum liebäugelten in zunehmendem Maße mit der berufsständischen Sozialordnung, die das soziale Gleichheitsgebot nur noch kollektiv gelten ließ, nicht mehr individuell. Individuelle Ungleichheit vertrug sich mit der Gleichberechtigung der kollektiven Berufsstände. Größere Bedeutung erhielt dieses Konzept im Sommer 1932, als es den autoritären Verfassungsumbau Franz von Papens legitimieren helfen sollte. Das demokratische Wahlrecht wäre auf seiner Grundlage durch eine Versammlung der Berufsstände ergänzt, langfristig aber wohl abgelöst worden. Insgesamt artikulierte die „berufsständische Sozialordnung" das Unbehagen wettbewerbsmüder und marktfeindlicher Kreise an den egalitären Tendenzen der politischen und kulturellen Verfassung der Republik.

Die Wirtschaftsverfassung der Weimarer Republik war untrennbar verbunden mit ihrer Sozialverfassung und ihrer politischen Verfassung. Das Wachstum des Dienstleistungssektors bedeutete einen tiefen Einschnitt in die deutsche Sozialverfassung, die bis dahin nur das stetige Wachstum der Industriearbeiterschaft gekannt hatte. Der einzelne Deutsche erlebte diesen Wandel in der Regel als Krise. Zwischen Arbeitern und Angestellten verlief eine unsichtbare Linie, die das soziale Selbstverständnis prägte und 1911 durch eine eigene Reichsversicherungsanstalt für die Angestellten noch einmal deutlich akzentuiert worden war. Die Angestellten befanden sich auf dem Vormarsch, der Anteil der Arbeiterschaft an der Erwerbsbevölkerung nahm relativ gesehen ab. Dennoch erlebte auch der einzelne Angestellte diese Entwicklung als Krise. Angestellte waren besonders empfänglich für die Kritik an der Republik. Eine ihrer wichtigsten Interessenorganisationen, der Deutschnationale Handlungsgehilfenverband, tendierte immer weiter nach rechts und wurde schließlich zu einem Bündnispartner der NSDAP. Das Gleiche galt für den Reichslandbund und die Großlandwirtschaft. Auch die Landwirtschaft sah sich als ewiger Verlierer und schielte nach der ganz großen Alternative zu einer Gesellschaft, in der Wettbewerb und Markt über Gewinn und Verlust entschieden. Überhaupt gab es eine ganze Reihe von Konflikten, wie zwischen Landwirtschaft und Industrie, Handwerk und Industrie oder zwischen Angestellten und Arbeitern, die gar nichts mit der Weimarer Republik zu tun hatten und sehr viel älter waren. Dennoch sah nach 1919 mindestens eine der Konfliktparteien – oft sogar beide – in Republik und Demokratie die Wurzel allen Übels. Das hatte auch mit den 1918 enorm gestiegenen Erwartungen an die politische Gestaltung zu tun. Politisches Handeln war nach 1918 nicht mehr das Privileg von wenigen, sondern ging von vielen aus. Damit aber stieg die Erwartung politischer Machbarkeit.

Krise und Krisenmentalität verstärkten sich wechselseitig. Die andauernden Aufgeregtheiten und der überreizte Ton der öffentlichen Diskussion resultierten aus der sozialen Erfahrung des Weltkrieges und dem politischen Chaos der ersten Weimarer Jahre. Zurückgesetzt fühlten sich auch diejenigen, die meinten, es früher besser gehabt zu haben. Dazu zählten zuerst die Universitäten und die Studentenschaft. Die Universitätsabsolventen gerieten in eine akademische Überfüllungskrise und waren besonders anfällig für den Krisendiskurs. Schon 1923 nahmen Korporierte und SA-Studenten an Hitlers Marsch auf die Münchener Feldherrenhalle teil. Seit 1926 erzielte der „Nationalsozialistische Deutsche Studentenbund" Erfolge an den deutschen Universitäten.

Das Verhalten von Angestellten, Handwerk, Landwirtschaft und Studentenschaft zeigte, dass die deutsche Nachkriegsgesellschaft ihre Ausdifferenzierung mit einer ideologischen Verschärfung bezahlte, die in den subjektiv unterschiedlich wahrgenommenen Lebens- und Klassenlagen gründete. Mit dem Abschmelzen der großen sozialen Blöcke in Landwirtschaft und Industriearbeiterschaft ließ der Konflikt nicht nach, er nahm vielmehr zu. Marxistische Theoretiker haben dies immer wieder auf die inneren Strukturgesetze der Industriegesellschaft zurückgeführt. Wahrscheinlicher ist indessen die radikalisierende Wirkung des Ersten Weltkrieges.

Gleichzeitig war die Weimarer Republik die erste politische Ordnung in Deutschland, die sich selbst verpflichtete, diesen sozialen Gegensätzen aktiv entgegenzuwirken. Sie war ihrem konstitutionellem Selbstverständnis nach ein Sozialstaat und entwickelte die Sozialpolitik und die Sozialfürsorge aus dem Kaiserreich weiter. Qualitativ neu war jedoch, dass das Sozialstaatsprinzip in Artikel 163 Verfassungsrang erhielt:

Jeder Deutsche hat unbeschadet seiner persönlichen Freiheit die sittliche Pflicht, seine geistigen und körperlichen Kräfte so zu betätigen, wie es das Wohl der Gesamtheit erfordert.
Jedem Deutschen soll die Möglichkeit gegeben werden, durch wirtschaftliche Arbeit seinen Unterhalt zu erwerben. Soweit ihm angemessene Arbeitsgelegenheit nicht nachgewiesen werden kann, wird für seinen Unterhalt gesorgt. Das Nähere wird durch besondere Reichsgesetze bestimmt.[11]

Die Verfassung legitimierte die Ausübung staatlicher Herrschaft nicht nur mit dem Demokratie- und Rechtsstaatsprinzip, sondern auch mit der Sozialstaatlichkeit. In der Praxis bedeutete dies eine massive Ausweitung der Staatstätigkeit in der sozialen Arbeitswelt, der Wohlfahrt und den Sozialleistungen. Vor dem Hintergrund der immensen sozialen Folgelasten des Krieges herrschte ein breiter Konsens darüber, dass der Staat mehr noch als im Kaiserreich eine aktive Rolle in der Sozialpolitik übernehmen sollte. Seine Kompetenzen auf diesem Gebiet wuchsen stark an; soziale Gesetzgebung machte einen immer größeren Teil der Arbeit des Reichstages aus.[12]

Die Sozialpolitik regelte zum einen die Beziehungen in der Arbeitswelt, vor allem in den Industriebetrieben, und übte zum anderen die Verteilungsfunktion des Staates aus. Für die erste Funktion steht der Komplex Betriebsverfassung und Tarifgestaltung, für die zweite die soziale Sicherung vor allem derjenigen, die in der industriellen Arbeitswelt keinen Platz fanden. Die gesetzliche Garantie des Sozialstaates bedeutete eine nachhaltige Verrechtlichung der sozialen Beziehungen.

Die Gesetzgebung zu den Arbeitsbeziehungen gab erstmals den Betrieben eine Verfassung und regelte die Tarifpolitik. Das neue Instrument hierzu hieß „kollektives Arbeitsrecht". Es sollte die betrieblichen Arbeitsbeziehungen ordnen. Dazu diente das Betriebsrätegesetz vom 4. Februar 1920. Es richtete in allen Betrieben mit mehr als 50 Beschäftigten Betriebsräte ein. Diese Regelung der Arbeitsbeziehungen auf betrieblicher Ebene stieß nicht nur auf den Widerstand der Arbeitgeber. Auch die sozialistischen Gewerkschaften beargwöhnten die neuen Betriebsräte als Konkurrenten bei der Vertretung von Arbeiterinteressen. Die Betriebsräte blieben insgesamt zu schwach, um selbstständig über die Einhaltung von Vereinbarungen mit den Unternehmern zu wachen. Der Gesetzgeber hatte ihnen nur ein innerbetriebliches Mandat übertragen, das zudem für die unterschiedlichsten Interpretationen Raum bot. Außerdem war die Rolle der Betriebsräte widersprüchlich bestimmt worden. Sie sollten einerseits Arbeiterinteressen gegenüber den Arbeitgebern, andererseits aber Betriebsinteressen zusammen mit den Arbeitgebern nach außen vertreten. Mit dem Zweiten ließ sich in der Praxis das Erste aushebeln. Als die Gewerkschaften später die Rechte der Betriebsräte aufwerten wollten, war dafür keine politische Mehrheit unter den Bürgerblockkabinetten mehr zu finden. Die Versuche, über ein kollektives Arbeitsrecht die betriebliche Arbeitswelt aus der Sicht der Arbeitnehmer zu verbessern, versandeten damit.

Auch in der Tarifpolitik brachte die Weimarer Reichsverfassung eine wesentliche Neuerung. Der Artikel 165 gestand den Arbeiterorganisationen erstmals die Parität mit den Arbeitgebern zu:

Die Arbeiter und Angestellten sind dazu berufen, gleichberechtigt in Gemeinschaft mit den Unternehmern an der Regelung der Lohn- und Arbeitsbedingungen sowie an der gesamten wirtschaftlichen Entwicklung der produktiven Kräfte mitzuwirken. Die beiderseitigen Organisationen und ihre Vereinbarungen werden anerkannt.[13]

Damit hatte der jahrzehntelange Kampf der Arbeiterorganisationen um politische und öffentliche Anerkennung einen entscheidenden Durchbruch erzielt. Der Staat erkannte die Tarifvereinbarungen rechtlich an und erteilte ihnen Rechtskraft. Die Verfassung garantierte dagegen nicht das Prinzip der Tarifautonomie. Im Gegenteil: Seit 1923 war die staatliche Zwangsschlichtung eine verbreitete Praxis mit fatalen staatspolitischen Folgen. Zum einen entlastete sie die Tarifparteien vom Einigungszwang und trug so indirekt zur Radikalisierung der Positionen von Unternehmern und Gewerkschaften bei. Zum anderen aber verstärkte die Zwangsschlichtung das Misstrauen des Wirtschaftsbürgertums gegen den Weimarer Staat, den es nicht mehr als neutralen Schlichter, sondern als Agenten von Gewerkschaftsinteressen wahrnahm. Der Ruhreisenstreit im Herbst 1928 verdeutlichte das tiefe Misstrauen der Arbeitgeber gegenüber der Rolle des Staates als Schlichter. Dabei rückte die Summe der Lohnerhöhungen in den Hintergrund. Aus Protest gegen den „politischen Lohn" des staatlichen Schiedsspruches, der 6 Pfennige mehr Lohn pro Stunde für die Zeitlohnarbeiter und 2 Pfennige für Akkordlohnarbeiter vorsah, sperrten die Eisen- und Stahlindustriellen des Tarifverbandes Nordwest 230 000 Arbeiter aus.[14] Umgekehrt maßen die Gewerkschaften der Tarifpolitik einen zu hohen Stellenwert bei. Aus ihrer Sicht regelte die Tarifpolitik und nicht die Betriebsverfassung die entscheidenden sozialpolitischen Fragen. Bei derart festgefahrenen Positionen auf beiden Seiten blieb die konkrete Interessenvertretung der Arbeiter vor Ort auf der Strecke. Stattdessen trug die Dynamik des Tarifwesens zur Verhärtung der ideologischen Fronten in der Sozialpolitik, aber auch in der allgemeinen Politik bei.

Der zweite Bereich staatlicher Sozialpolitik war die soziale Sicherung, die mit der Arbeitslosenversicherung von 1927 ihren Höhepunkt erreichte. Damit lag Deutschland im Trend der europäischen Nachkriegsentwicklung, die durchgängig einen Ausbau der sozialen Sicherungssysteme als Folge der Weltkriegserfahrung kannte. Kennzeichnend für die Weimarer Sozialpolitik blieb, dass sie prozyklisch Leistungen vergab, also in guten Zeiten den Leistungskatalog ausbaute und ihn bei einem wirtschaftlichen Abschwung zurückfuhr. Als politisches Steuerungsinstrument in Zeiten der Krise fiel die Sozialpolitik damit aus. Das galt auch für die anderen Bereiche der staatlichen Sozialpolitik:

Hannover Anfang der 30er-Jahre.
Eine Schlange von Arbeitslosen vor dem örtlichen Arbeitsamt.

den öffentlichen Wohnungsbau, auf den sich in den Jahren der relativen Stabilisierung große Hoffnungen richteten, die Jugendhilfe und das weite Feld der öffentlichen Daseinsfürsorge.

Paradoxerweise stärkte der Ausbau der Weimarer Sozialpolitik nicht die Stabilität des Staates, sondern er untergrub sie eher. Der soziale Reformeifer, der bis zu utopischen Vorstellungen eines „neuen Menschen" ging, stand in scharfem Kontrast zur sozialen Wirklichkeit der Republik. Die einmal geweckten Hoffnungen wurden damit bitter enttäuscht. Das trat am deutlichsten in den Kommunen zum Vorschein, deren Finanzsorgen ihnen jede Möglichkeit zur Wohlfahrtspolitik nahmen. Die Städte und Gemeinden schafften es seit 1930 immer weniger, die „ausgesteuerten" Arbeitslosen mit dem Nötigsten zu versorgen und damit den Sozialstaatsauftrag der Verfassung zu erfüllen. Die gestiegenen Erwartungen an das soziale Projekt Weimarer Republik wurden seit 1930 beinahe täglich durch seine unzureichenden Mittel dementiert. So paradox es klingt: „Die Weimarer Republik verlieh der deutschen Sozialpolitik neue und fortwirkende Lebens- und Entwicklungskräfte, die Sozialpolitik vergalt es der Republik damit, dass sie ihr schwer entbehrliche Lebens- und Entwicklungskräfte entzog."[15]

Daniela Münkel

Die deutsche Kriegswirtschaft:
„Rüstungswunder" und Zwangsarbeit

Der britische Geheimdienst beobachtete seit Beginn der 30er-Jahre die wirtschaftliche Entwicklung Deutschlands. Nach der Machtübernahme durch die Nationalsozialisten stand vor allem die Aufrüstung im Mittelpunkt des Interesses. Dabei ging man im Herbst 1936 davon aus, „that German rearmament might be theoretically unlimited and practically constrained by industrial factors"[1]. Nach der Einführung des Vierjahresplans war die britische Seite davon überzeugt, dass die deutsche Industrie für den totalen Krieg gerüstet werden sollte und dieses Vorhaben auch realisiert werden könnte. Daraus schloss man auf eine starke Rüstungsüberlegenheit Deutschlands, die sich durch die Blitzkriegserfolge 1939/40 zu bewahrheiten schien. Allerdings revidierten die britischen Nachrichtendienste das Bild im Jahr 1940 insofern, als man nun davon ausging, dass Deutschland nicht in der Lage sei, einen langen Krieg durchzuhalten, weil für groß angelegte Angriffe nicht genügend Kriegsgerät zur Verfügung stünde. Eine Kriegswende wurde demzufolge für das Jahr 1943 prognostiziert. Dennoch ist festzustellen, dass die britischen Nachrichtendienste das Rüstungspotenzial des Deutschen Reiches sowie die Kapazitäten der deutschen Wirtschaft und die staatlichen Lenkungsmöglichkeiten relativ hoch einschätzten. Dies ist nicht zuletzt auf eine erfolgreiche nationalsozialistische Propaganda auf diesem Feld zurückzuführen.

Auch die Analysen der Amerikaner unterschieden sich nicht wesentlich von den britischen. Der amerikanische Geheimdienst „Coordinator of Information" (COI), der bis Juni 1942 existierende Vorläufer des „Office of Strategic Services" (OSS), schätzte die Situation der deutschen Wirtschaft im Dezember 1941 ambivalent ein.[2] Dabei legte man Produktionsziffern zugrunde, die mitnichten der Realität entsprachen. Gleiches galt für die Ausstattung mit Rüstungsgütern. So ging man beispielsweise von einer monatlichen Panzerproduktionsquote zwischen 1000 und 1700 Stück aus. Dieses Zahlen überstiegen die realen Werte um mehr als das Fünffache. Trotz dieser Fehleinschätzungen, die aufgrund falscher Informationsquellen u. a. des britischen Geheimdienstes entstanden, zog man auf amerikanischer Seite nicht den Schluss, dass die Gesamtstärke der NS-Kriegsmaschinerie nicht bezwingbar sein werde, sondern man sah durchaus auch spezifische Schwächen in dieser vermeintlich gut funktionierenden „Kriegsmaschinerie".

Wie war es nun wirklich mit dem Potenzial der deutschen Rüstungswirtschaft bestellt, gab es das „deutsche Rüstungswunder"? War es ein Mythos, ein propagandistisch gut inszenierter Schachzug zur Mobilisierung nach innen und zur Abschreckung nach außen oder Realität? Es ist nicht möglich, von „der" deutschen Kriegswirtschaft zu sprechen, vielmehr ist eine Differenzierung in verschiedene Zeitabschnitte notwendig: Der Vierjahresplan markierte 1936 den Beginn der direkten Kriegsvorbereitungen und einer forcierten, auf einen Krieg hinzielenden Aufrüstung. Zwar wurden im Sommer 1938 einige Planziele neu festgelegt, dennoch behielt das Konzept des Vierjahresplans bis Anfang 1942 in wesentlichen Bestandteilen seine Gültigkeit und wurde nach Kriegsausbruch nur graduell modifiziert, sodass der 1. September 1939 keinen wesentlichen Einschnitt in der nationalsozialistischen Wirtschaftspolitik bedeutete. Deshalb werden diese ersten Kriegsjahre in der Forschung auch als „friedensähnliche Kriegswirtschaft" charakterisiert. Die eigentliche Umwandllung der Wirtschaft in eine Kriegswirtschaft erfolgte nach der Übernahme des „Reichsministeriums für Bewaffnung und Munition" durch Albert Speer im Februar 1942. In den folgenden zweieinhalb Jahren konnte die Rüstungsproduktion der deutschen Wirtschaft um ein Vielfaches gesteigert werden, sodass das Schlagwort vom „Rüstungswunder" die Runde machte. Seit Sommer 1944 fiel dann die Rüstungsproduktion wieder stark ab, um gegen Ende des Krieges in großen Teilen ganz zum Erliegen zu kommen.

Verschiedene Stationen der Kriegswirtschaft sind im Folgenden näher zu beleuchten. Auf dem Reichsparteitag der NSDAP in Nürnberg vom 8. bis 14. September 1936, dem „Parteitag der Ehre", verkündete Adolf Hitler das „neue Vierjahesplanprogramm":

In vier Jahren muss Deutschland in allen jenen Stoffen vom Ausland gänzlich unabhängig sein, die irgendwie durch die deutsche Fähigkeit, durch unsere Chemie und Maschinenindustrie sowie durch unseren Bergbau selbst beschafft werden können! Der Neuaufbau dieser großen deutschen Rohstoffindustrie wird auch die nach Abschluss der Aufrüstung frei werdenden Menschenmassen nationalökonomisch nützlich beschäftigen. Wir hoffen, damit die nationale Produktion auf vielen Gebieten erneut steigern zu können, und zwar im inneren Kreislauf unserer Wirtschaft, um damit die aus unserem Export stammenden Eingänge in erster Linie für die Lebensmittelversorgung bzw. für die Versorgung mit den noch fehlenden Rohstoffen zu reservieren.[3]

Mit dieser Verkündung trat das „Dritte Reich" in die Phase der direkten Kriegsvorbereitung ein. Bis dahin stand die „Arbeitsbeschaffung" angesichts von sechs Millionen Arbeitslosen im Vordergrund nationalsozialistischer Wirtschaftspolitik, wobei auch hier bereits die Rüstung eine nicht zu unterschätzende Rolle spielte. Ob es sich bei dieser ersten Phase der NS-Wirtschaftspolitik um ein „Wirtschaftswunder" handelte, das durch eigenständige Maßnahmen der nationalsozialistischen Regierung herbeigeführt wurde und damit die „keynesianische Revolution" im kapitalistischen Wirtschaftssystem „experimentell" vorwegnahm[4] oder ob primär Maßnahmen der letzten Regierungen der Weimarer Republik aufgegriffen wurden,[5] die zwar ihre Wirkung zeigten, es aber nicht erlauben, von einem „Wirtschaftswunder" zu sprechen, ist in der Forschung umstritten. Unbestritten ist jedoch, dass bis zum Jahr 1936 eine weitgehende Vollbeschäftigung erreicht war und in einigen Industriezweigen bereits wieder Facharbeitermangel herrschte. Insgesamt befand sich die Außen- und Rüstungswirtschaft Deutschlands im Sommer 1936 allerdings in einer erheblichen Krise. Letztere manifestierte sich in einem Devisendefizit von mehr als einer halben Milliarde Reichsmark sowie einem Rohstoffmangel, der zur Folge hatte, dass die Munitionsbetriebe nur noch ca. 70% ihrer vorhandenen Produktionskapazität nutzen konnten. Angesichts dieser Situation legte Hitler im August 1936 eine geheime Denkschrift über die wirtschaftspolitische

Lage und den künftigen Kurs der NS-Wirtschaftspolitik vor, die die Grundlage für den Vierjahresplan bildete. Als Zielperspektive formulierte er:

I. Die deutsche Armee muss in 4 Jahren einsatzfähig sein.
II. Die deutsche Wirtschaft muss in 4 Jahren kriegsfähig sein.[6]

Dies sollte durch einen möglichst hohen Grad an Autarkie und den Anstieg der binnenländischen Produktion erreicht werden. Vor allem Ersatz- und Rohstoffe galt es nun vermehrt und gezielt zu produzieren. Konkret hatte Hitler gefordert, dass die deutsche Mineralölförderung innerhalb von 18 Monaten den Bedarf der deutschen Wehrmacht decken, die gesamte Versorgung mit industriellen Fetten durch synthetische Herstellung gewährleistet sein sowie die Massenherstellung von synthetischem Kautschuk (Buna), die Gewinnung von Zellwolle auf Holzbasis und die Eisenerzförderung massiv gesteigert werden müsse. Durch den Vierjahresplan wurden bis zu 30 Branchen erfasst, u.a. Mineralöl, Buna, übrige Chemie, Eisen und Stahl, unedle Metalle, Textilien, Kohle, Energie, Holz, Maschinen und technische Erzeugnisse, Leder und Därme, Wasserstraßen, Hafen- und Schiffsbau sowie der Wohnungsbau. Darüber hinaus wurde auch die Landwirtschaft mit in den Vierjahresplan einbezogen. Dieser Schritt hatte zwei Gründe: Zum einen belastete die Agrarwirtschaft die Devisenbilanz des NS-Staates weiterhin in beträchtlichem Ausmaß. Zum anderen befürchtete man aufgrund der zu geringen Produktionssteigerungen landwirtschaftlicher Erzeugnisse im Kriegsfall eine unzureichende Versorgung der deutschen Bevölkerung mit Lebensmitteln wie im Ersten Weltkrieg, was unbedingt vermieden werden sollte. Zur Durchführung des Vierjahresplans wurde ein eigener Lenkungsapparat installiert. Am 18. Oktober 1936 wurde die „Verordnung zur Durchführung des Vierjahresplans" erlassen und Hermann Göring zum Generalbevollmächtigten mit weitreichenden Vollmachten ernannt.

Wichtig ist, dass mit dieser Behörde einerseits ein enormer Machtzuwachs für Göring verbunden war, andererseits ein neuer Lenkungsapparat innerhalb des NS-Staates geschaffen wurde, ohne jedoch klare Abgrenzungen gegenüber bereits bestehenden Institutionen vorzunehmen,[7] was zu Reibungsverlusten und Kompetenzgerangel und somit zu polykratischen Herrschaftsstrukturen führte. Es wurden Geschäftsgruppen für Rohstoffe, Devisen, Arbeitseinsatz, Preisüberwachung und landwirtschaftliche Erzeugung sowie ein „Generalrat für den Vierjahresplan" eingerichtet. Letzterer sollte durch die Einbeziehung der Staatssekretäre der Reichsministerien für Wirtschaft, Landwirtschaft, Arbeit und Verkehrswesen die Zusammenarbeit mit den Ministerien regeln, schränkte allerdings de facto die Kompetenzen der einzelnen Minister ein. Des Weiteren wurden diverse hochrangige Vertreter der Industrie mit Ämtern in der Behörde betraut, ohne dass sie ihre Funktionen in den Unternehmen aufgeben mussten. Eines der herausragendsten Beispiele für die Verquickung von Politik und Wirtschaft ist der I.G.-Farben-Direktor Carl Krauch, der 1938 zum „Generalbevollmächtigten Chemie" im Rahmen des Vierjahresplans berufen wurde. Die Trennung von Staats- und Privatwirtschaft war durch dieses System der Ämterhäufung nun endgültig aufgehoben, woraus sich ein nicht unerheblicher Einfluss der Großindustrie auf die Politik ergab. Gleichzeitig wurden aber die staatlichen Eingriffe auf die Industrie ausgeweitet. Zudem kam es zu einem massiven Ausbau der Staatswirtschaft. Als Reaktion auf die Weigerung der Stahlindustrie, im Ruhrgebiet ihre Kapazitäten auszubauen, reagierte der NS-Staat prompt mit der Gründung der „Reichswerke Hermann Göring" in Salzgitter. Ein weiteres Beispiel ist das 1938 eröffnete „Volkswagenwerk", dessen Gründung u. a. auf die abwartende Haltung der Automobilindustrie gegenüber der Idee eines „Volkswagens" zurückzuführen ist.

Um die gewünschten Ziele zu erreichen, wurden im Rahmen des Vierjahresplans staatliche Eingriffe in die Preis- und Lohnpolitik, die Konsumsteuerung sowie die Lenkung des Arbeitseinsatzes neu geregelt bzw. bereits bestehende Maßnahmen fortgeführt. Dies bedeutete konkret[8]: Um die Kosten für die Aufrüstung kalkulierbar zu halten, mussten die Preise stabil bleiben. Auch hier bedeutete der Vierjahresplan eine qualitative Änderung. Mit Ausnahme der Landwirtschaft, für die bereits seit 1933 ein Festpreissystem galt, fungierte der Staat in den übrigen Branchen bisher lediglich als Überwachungsinstanz und griff nur punktuell auch korrigierend in die Preisbildung ein. Seit Oktober 1936 änderte sich dies: Der Staat ging zu einer aktiven Preisgestaltung über. Ende November 1936 wurde deshalb eine „Preisstoppverordnung" erlassen, auf deren Grundlage ein „volkswirtschaftlich gerechter Preis" festgesetzt werden sollte. Die Verantwortlichen setzten Preise für staatliche Aufträge fest, indem sie die Kalkulations- und Gewinnmargen der Waren fixierten. Diese Preise schlugen sich auch auf die Preisbildung bei Privataufträgen nieder. So gesehen war die Preispolitik erfolgreich, es gelang, das Preisniveau zu stabilisieren. Weniger erfolgreich war das NS-Regime hingegen mit einer entsprechenden Lohnpolitik, die im Zusammenspiel mit der Preispolitik inflationären Tendenzen entgegenwirken sollte. Bereits im Februar 1935 wurde durch die Einführung des so genannten Arbeitsbuches die Planung des Arbeitseinsatzes verstärkt und die Freizügigkeit der Arbeitnehmer eingeschränkt. Später verfügte Berlin ein generelles Verbot des Arbeitsplatzwechsels und verfolgte durch die Festsetzung von Mindest- und Höchstlöhnen eine restriktive Lohnpolitik. Höchstlöhne wurden zunächst nur für die Metall- und Bauindustrie beschlossen, durch die Kriegswirtschaftsverordnung vom 4. September 1939 folgte schließlich ein allgemeiner Lohnstopp. Bedingt durch den Facharbeitermangel, der nach 1936 besonders in der Eisen-, Metall- und Chemieindustrie sowie im Baugewerbe zutage trat und nach Kriegsbeginn durch die Einberufungen zur Wehrmacht verstärkt wurde, fanden die Arbeitgeber Mittel und Wege, u. a. durch Sonder- und Leistungszulagen den Lohnstopp zu unterlaufen, um auf diese Weise an benötigte Arbeitskräfte zu kommen.[9] Bis Kriegsausbruch gelang es nicht, die ständig steigenden Stundenlöhne einzufrieren. Ebenso war es nicht möglich, trotz der genannten Maßnahmen und einer begrenzten Dienstverpflichtung von Arbeitern seit Sommer 1938, den Bedarf von Industrie und Landwirtschaft an Arbeitskräften zu decken.

Ein weiterer Aspekt der NS-Aufrüstungspolitik war die Konsumsteuerung und -drosselung. Bis zum Kriegsbeginn beschränkte sich das NS-Regime besonders im Lebensmittelsektor auf die Umlenkung des Konsums von Mangelwaren hin zu heimischen, in großer Menge verfügbaren Gütern: Margarine statt Butter oder heimische Textilien statt Exportware. Das Ziel war, die Devisenbilanz zugunsten rüstungswichtiger Importe zu entlasten. Auch hier stellten sich nur bedingt Erfolge ein. Zwar erhöhte sich die Agrarerzeugung und auch die Konsumlenkungsmaßnahmen zeitigten einigen Erfolg, trotzdem war das „Dritte Reich" bei Kriegsausbruch weiterhin auf Agrarimporte angewiesen.[10] Wenige Tage vor Kriegsbeginn, am 27. August 1939, wurde die „Verordnung zur vorläufigen Sicherstellung des lebenswichtigen Bedarfs des deutschen Volkes" erlassen – der Beginn der Rationierung. Dennoch ist zu keinem Zeitpunkt während des Zweiten Weltkrieges eine mangelnde Ernährungssituation der „deutsch-arischen" Bevölkerung aufgetreten, was nicht zuletzt auf die Ausbeutung der besetzten Gebiete zurückzuführen ist.

Welche Auswirkungen hatte der Vierjahresplan? Die Eingriffe des Staates und seiner speziellen Lenkungsinstanzen schränkten nach 1936 die Verfügungsgewalt der Unternehmer zunehmend ein, ohne jedoch das Privateigentum an Produktionsmitteln anzutasten. Die angestrebten ehrgeizigen Produktionssteigerungen in den Bereichen der synthetischen Kautschuk- (Buna-) und Mineralölherstellung konnten nicht erreicht werden und auch insgesamt wurde vor allem bei den kriegswichtigen Grundstoffen keine Autarkie erreicht. Auf anderen Gebieten erzielte man jedoch durchaus Teilerfolge, so bei Leichtmetallen, Textilrohstoffen, dem Bergbau oder der landwirtschaftlichen Produktion.

Der Kriegsbeginn 1939 bildete keinen radikalen Einschnitt. Das Regime ging von einem „schnellen Krieg" aus, für den die vor Kriegsbeginn aufgebauten Rüstungskapazitäten ausreichen würden und somit die gleich bleibende Produktion von „Friedensgütern" möglich war. Die schnellen Kriegserfolge der ersten Jahre schienen dieses Kalkül zu bestätigen. Im Zeitraum von 1938 bis 1942 stieg der Index der industriellen Produktion im Deutschen Reich insgesamt nur von 100 auf 106, allerdings erhöhte er sich bei der Rüstungsproduktion von 100 auf 320, ohne dass zu diesem Zeitpunkt bereits alle vorhandenen Ressourcen ausgeschöpft worden wären. Obwohl Hitler im Oktober 1940 Göring wiederum mit der „Durchführung des Vierjahresplans" betraute, kündigte sich bereits zu diesem Zeitpunkt dessen zunehmender Machtverlust an, der sich vor allem in Kompetenzbeschränkungen besonders gegenüber dem „Reichsminister für Bewaffnung und Munition", Fritz Todt (seit 17. März 1940), ausdrückte. Nach dem Angriff auf die Sowjetunion im Juni 1941 und der Kriegserklärung Deutschlands vom 11. Dezember 1941 an die USA, durch die der Krieg nun endgültig zu einem Weltkrieg expandierte, musste sich die NS-Führung von ihren bisherigen Planungen verabschieden. Ein länger währender Abnutzungskrieg war nun unvermeidlich und verlangte auch ein Umdenken in der bisher verfolgten Wirtschaftspolitik. Diese veränderte Lage machte zentralere und striktere Planungen sowie die endgültige Umstellung auf eine Kriegswirtschaft unvermeidlich. Am 8. Februar 1942 verunglückte Fritz Todt bei einem Flugzeugabsturz in Ostpreußen tödlich, noch am gleichen Tag ernannte Hitler Albert Speer, den „Architekten des Führers" und „Generalbauinspektor für die Reichshauptstadt", zum neuen „Reichsminister für Bewaffnung und Munition". Mit dieser Berufung trat die deutsche Kriegswirtschaft in eine neue Phase ein, die zeitgenössisch erfolgreich als „deutsches Rüstungswunder" inszeniert und propagandistisch genutzt wurde. Auch die historische Forschung über die deutsche Kriegswirtschaft ab 1942 war lange Zeit von diesem Topos geprägt. Es ist richtig, dass die Zeit von 1942 bis zum Sommer 1944 durch einen enormen Anstieg der Rüstungsproduktion gekennzeichnet war[11]: Der Gesamtindex der Rüstungsendfertigung stieg von 100 im Januar/Februar 1942 auf 322 Punkte bis Juli 1944. Allein im ersten Jahr von Speers Amtszeit erhöhte sich das Produktionsvolumen für Rüstungsgüter um 56%, zwischen Juli 1943 und März 1944 reduzierte sich das Wachstum zwar, dennoch wurde eine weitere Steigerung um 19% erzielt. Zu einem nochmaligen rasanten Aufschwung, sozusagen dem letzten Aufbäumen der deutschen Rüstungsproduktion vor dem Zusammenbruch, kam es von März bis Juli 1944, wobei der Höhepunkt im Juli erreicht wurde. Danach sank die Produktion innerhalb von wenigen Monaten wieder auf den Stand von Anfang bzw. Mitte 1942 ab. Seit Beginn des Jahres 1945 produzierte die deutsche Kriegswirtschaft – sofern überhaupt noch funktionstüchtig – nur noch mit Notprogrammen.

Die wesentliche Erhöhung des deutschen Rüstungsproduktion zwischen 1942 und 1944 ist jedoch weniger auf ein „Wunder" als vielmehr auf rational nachvollziehbare Faktoren zurückzuführen. Als Speer 1942 sein Amt antrat, war die Ausgangslage für eine Steigerung des Rüstungsausstoßes der deutschen Wirtschaft günstig. Ihre vorhandenen Ressourcen waren bei weitem noch nicht ausgeschöpft, die Produktion von „Friedensgütern" kaum eingeschränkt, Arbeitskräfte standen, vor allem aufgrund der Zwangsrekrutierungen in den besetzten Gebieten, noch in ausreichendem Maße zur Verfügung und die Produktionsprozesse konnten durch diverse Rationalisierungsmaßnahmen effizienter gestaltet werden. Dafür mussten allerdings einige Grundvoraussetzungen geschaffen werden. Speer nutzte zur Durchsetzung dieser Veränderungen, die mit einem beachtlichen Machtzuwachs für ihn selbst verbunden waren, sein gutes Verhältnis und seinen „direkten Draht" zu Hitler.

So galt es, Reibungsverluste, die durch konkurrierende Zuständigkeiten und Planungen entstanden waren, so weit wie möglich zu beseitigen. Dies geschah, indem Speer seine und die Befugnisse seines Ministerium ständig ausweitete. Die Übernahme der Steuerungs- und Planungsbefugnisse des Oberkommandos der Wehrmacht (OKW) ermöglichte ihm stärkere Eingriffsmöglichkeiten in die Rüstungswirtschaft. Darüber hinaus gelang es ihm bis 1943, sukzessive alle Rüstungsbereiche unter seine Kontrolle zu bringen. Er war nun nicht mehr nur – wie 1942 – für die Komplexe der Munition und Heeresrüstung zuständig, sondern auch für die Luftrüstung und Marinefertigung. Dies bedeutete die volle Kontrolle der Wehrmachtsrüstung unter seiner Ägide und damit eine größere Effizienz bei der Verteilung der Ressourcen. Außerdem wurden nun erstmals ein „zentrales Planungsamt" eingerichtet sowie „Erzeugungs- und Verteilungsplanungen" für die gesamte Kriegswirtschaft aufgestellt. Neben diesen Maßnahmen, die eine striktere Lenkung und Planung verfolgten, waren noch zwei weitere Bereiche für den Erfolg des Rüstungsaufschwungs unter Speer von zentraler Bedeutung. Erstens wurde die Zusammenarbeit mit den Unternehmern neu geregelt, indem sie durch die Bildung von 21 so genannten Hauptausschüssen und zwölf Hauptringen an zentraler Stelle in die Organisation der Rüstungsproduktion eingebunden wurden. Damit gewannen sie insgesamt an Gewicht, mussten jedoch gleichzeitig massiv Einschränkungen ihrer unternehmenspolitischen Entscheidungen hinnehmen, ohne jedoch dabei Gefahr zu laufen, dass das Privateigentum an Produktionsmitteln angetastet wurde. Die enge Zusammenarbeit mit den Großunternehmen der deutschen Rüstungsindustrie war für einen erhöhten Ausstoß an Rüstungsgütern unerlässlich. Dass dies seit dem Amtsantritt Speers besser funktionierte, hatte sowohl mit der Einbindung von Unternehmern und anderen Fachleuten aus der Industrie in den Planungsapparat als auch mit einer gewissen Vorteilsnahme für beide Seiten zu tun. Der Staat benötigte zur angestrebten erfolgreichen Weiterführung des Krieges Rüstungsgüter in ausreichender Menge und die Rüstungsunternehmer profitierten von festen Wehrmachtsaufträgen, die, nach Lockerung der Preispolitik, nun auch steigende Gewinne versprachen. Vor diesem Hintergrund war man gewillt, die Firmenpolitik auf die Belange der Wehrmacht auszurichten, ohne jedoch größere Risiken einzugehen wie z. B. Investitionen in den zunehmend unsicher werdenden Gebieten im Osten ohne staatliche Absicherung zu tätigen. Allerdings sahen viele Industrielle mit längerer Dauer des Krieges und dem Ausbleiben der Kriegserfolge die Politik des Regimes mit größerer Skepsis. Zweitens war eine Rationalisierung der Produktionsprozesse und eine effektivere Einsetzung der menschlichen Arbeitskraft ein weiteres Element der Aufrüstungspolitik von Speer und seinem Ministerium, um die vorhandenen Ressourcen optimal einzusetzen. Dies sollte durch die Einführung eines Mehr- anstatt eines Einschichtsystems, die bessere Nutzung von bereits zur Verfügung stehenden Fabrikanlagen, rationellere, vereinfachte und auf dem neuesten Stand der Technik befindliche Produktionsmethoden sowie durch den rationaleren Einsatz der Mangelware Arbeitskraft geschehen. Die Anstrengungen auf diesem Gebiet waren zunächst erfolgreich, da der massenhafte Einsatz von Kriegsgefangenen und Fremdarbeitern in der deutschen Industrie beschlossen wurde.

Beschränkte sich seit 1936 der zunehmende Mangel an Personal in der deutschen Industrie nur auf bestimmte Branchen und hier vor allem auf die qualifizierten Facharbeiterberufe, so verschärfte sich das Problem nach Kriegsbeginn, bedingt durch die Einziehungen zur Wehrmacht. Bis zum Sommer 1941 gelang es dennoch, durch Uk-Stellungen und/oder durch vermehrte Anstellungen von Frauen bzw. Umschichtungen von Personal, die Produktion aufrechtzuerhalten. Als sich nun langsam abzeichnete, dass ein schnelles Kriegsende nicht in Sicht war, sondern ein zäher Abnutzungskrieg begann, der eine Steigerung der Rüstungsproduktion erforderte und gleichzeitig weitere umfangreiche Einberufungen nötig machte, spitzte sich die Lage dramatisch zu. Der Arbeitskräftebedarf war enorm: 500 000 offene Stellen in der Landwirtschaft, 300 000 in der Metallbranche, 140 000 in der Bauindustrie und 50 000 beim Bergbau.[12] In dieser Situation ordnete Hitler am 31. Oktober 1941 per Erlass den Einsatz sowjetischer Kriegsgefangener und Zivilarbeiter in Deutschland an. Zwar wurden zu diesem Zeitpunkt bereits ausländische Arbeiter und Kriegsgefangene in der deutschen Industrie eingesetzt, die Beschäftigung von sowjetischen Arbeitern hatten die Machthaber bis dahin aber verworfen. Dabei war einerseits die rassistische Idee vom „slawischen Untermenschen" entscheidend, andererseits befürchteten die Sicherheitsbehörden, dass die „Bolschewisten" versuchen würden, die deutsche Bevölkerung ideologisch zu infiltrieren.

Über den möglichst nutzbringenden Einsatz von Kriegsgefangenen hatte man sich schon einige Jahre vor Kriegsbeginn ausführliche Gedanken gemacht. Seit 1937 wertete das Wirtschafts- und Rüstungsamt beim Oberkommando der Wehrmacht die diesbezüglichen Unterlagen aus dem Ersten Weltkrieg aus. Dabei kam man zu einer positiven Bewertung. Allerdings sollte der Einsatz von Kriegsgefangenen nur auf die Landwirtschaft beschränkt bleiben, was Göring als Generalbevollmächtigter für den Vierjahresplan im Juni 1938 dann auch anordnete. Weder die Verwendung von Kriegsgefangenen in der Industrie noch die massenhafte Beschäftigung von ausländischen Zivilarbeitern spielte zu diesem Zeitpunkt in den Planungen eine Rolle. Im November 1939 wurde der Einsatz von polnischen Zivilarbeitern in größerem Umfang endgültig beschlossen, da eine umfassende Dienstverpflichtung von Frauen, wie im Ersten Weltkrieg und in anderen Ländern, nicht erfolgen sollte. Die Fremdarbeiter, die in den allerwenigsten Fällen freiwillig nach Deutschland gekommen waren, unterlagen einem sozialen und strafrechtlichen Sonderrecht, das im Laufe des Krieges ausgedehnt wurde. Sowohl unter den Fremdarbeitern als auch unter den Kriegsgefangenen gab es Hierarchien, die sich in einer unterschiedlichen Behandlung ausdrückten. Auf der untersten Stufe standen jeweils Polen und Russen. Am 8. März 1940 verkündete Göring die so genannten Polenerlasse.[13] Dieses Erlasspaket, das immer wieder ergänzt wurde, schrieb die öffentliche Kennzeichnung der polnischen Arbeiter mit einem „P" an der Kleidung vor. Außerdem musste jeder Pole eine „Arbeitserlaubniskarte" besitzen. Der Ausschluss vom kulturellem Leben, von Vergnügungsstätten, eine nächtliche Ausgangssperre, das Verbot kirchliche und gesellige Veranstaltungen zu besuchen, ein spezieller Gottesdienst für Polen, allerdings nicht in polnischer Sprache, sowie eine Briefzensur wurden vorgeschrieben. Bei mehrfachen Arbeitsvertragsbrüchen oder Fällen von Arbeitsbummelei war die Einweisung in Arbeitserziehungs- oder Konzentrationslager vorgesehen. Intime Beziehungen zwischen Deutschen und Polen wurden verboten, die Polen erwartete in solchen Fällen in der Regel die Todesstrafe. Im Februar 1942 traten dann die „Ostarbeitererlasse" in Kraft, die eine den „Polenerlassen" entsprechende Behandlung der „Ostarbeiter", die mit der Aufschrift „Ost" gekennzeichnet wurden, festschrieb. Hinzu kamen völlig unzureichende Ernährungssätze und eine schlechte Unterbringung. Hintergrund für diese Sonderbestimmungen waren primär rassenideologische Gründe, die vom Bild des „slawischen Untermenschen" geprägt waren.

Die Großindustrie war anfänglich wenig angetan vom Einsatz der Fremdarbeiter und Kriegsgefangenen im großem Maßstab. Zwar beschäftigte man seit 1940 Zivilarbeiter aus westlichen Ländern, wie z. B. Frankreich, Italien, den Niederlanden oder Dänemark, und setzte auch Kriegsgefangene ein, allerdings nicht in großem Stil. Zum einen fehlten besonders Fachkräfte, zum anderen glaubten die Unternehmensführungen auf Fremdarbeiter verzichten zu können, weil man vom baldigen Ende des Krieges überzeugt war. Erst als sich dies änderte, willigte man ein, forcierte die Anwerbung, bediente sich der angebotenen Arbeitskräfte ohne Skrupel und forderte eine ständige Erhöhung des Angebots von ausländischen Arbeitern.

Der prozentuale Anteil der Fremdarbeiter an den Belegschaften besonders bei rüstungswichtigen Betrieben stieg rapide an. Beispielsweise erhöhte er sich in den Kernbetrieben von Daimler-Benz von 9,81% im Dezember 1941 auf 25,4% im Dezember 1942 und auf 35,2% im Dezember 1944.[14] Um den ständig steigenden Bedarf an Arbeitskräften zu bedienen, wurde die Anwerbung bzw. Rekrutierung in den besetzten Gebieten, die seit März 1942 unter Leitung von Fritz Sauckel als „Generalbevollmächtigtem für den Arbeitseinsatz" stand, intensiviert und mit immer aggressiveren Methoden durchgeführt. Wie das in der Praxis aussehen konnte, schildert ein Bericht vom November 1942:

Männer und Frauen einschließlich Jugendlicher vom 15. Lebensjahr ab [wurden] auf der Straße, von den Märkten und aus Dorffestlichkeiten herausgegriffen und fortgeschafft. [...] Zu der Anwendung der Prügelstrafe ist [...] seit etwa Anfang Oktober das Niederbrennen der Gehöfte bzw. ganzer Dörfer als Vergeltung für die Nichtbefolgung der an die Gemeinden ergangenen Aufforderung zur Bereitstellung von Arbeitskräften getreten.[15]

Von April bis Dezember 1942 verschleppte man auf diese oder ähnliche Weise ca. 1,3 Millionen männliche und weibliche Arbeitskräfte aus der Sowjetunion nach Deutschland.

Ob bei Daimler-Benz, beim Volkswagenwerk oder bei der I.G. Farben, die Unternehmensleitungen bedienten sich nicht nur massenhaft der angebotenen Arbeitskräfte, sie übernahmen auch widerspruchslos die vom Regime vorgegebenen rassenideologischen und menschenverachtenden Verhaltensmaßregeln.[16] Als sich herausstellte, dass die mangelhaften Ernährungs-, Kleidungs- und Unterbringungsvorschriften wesentlich zu einer niedrigen Produktivität bei den „Ostarbeitern" und sowjetischen Kriegsgefangenen beitrugen, traten Änderungen ein. Dabei ging man nach dem Motto „Zuckerbrot und Peitsche" vor: Seit Mitte 1942 wurden die Lebensmittelrationen etwas heraufgesetzt und versucht, die Arbeitsbedingungen zu verbessern. Außerdem wurde eine leistungsbezogene Entlohnung eingeführt, die bei „guten Arbeitsleistungen" Sonderrationen und bei „schlechter Arbeitsleistung" oder Disziplinverstößen Nahrungsentzug vorsah. Gleichzeitig wurde das Sanktionssystem immer weiter ausgebaut und verschärft, womit auch die vermehrte Einweisung – schon bei geringfügigen Normverstößen – in die so genanten Arbeitserziehungslager verbunden war. In diesen „Arbeitserziehungslagern", die aufgrund eines Erlasses des Reichssicherheitshauptamtes von 1941 im gesamten Reichsgebiet nach einheitlichen Maßstäben eingerichtet wurden, herrschten ähnliche Zustände wie in Konzentrationslagern. Tatsächlich stiegen die Arbeitsleistungen infolge der Veränderungen. Insgesamt gesehen hat sich für die Unternehmer trotz der zum Teil niedrigen Arbeitsproduktivität der Einsatz der Fremdarbeiter „ausgezahlt". Betrachtet man die effektiven Lohnkosten, d.h. den Vergleich der gesamten Lohn- und

1943: Häftlinge des Konzentrationslagers Dachau bei der Zwangsarbeit in einem Rüstungsbetrieb.

Lohnnebenkosten mit der Arbeitsproduktivität, so ergibt sich immer noch ein finanzieller Vorteil für die Unternehmen.[17] Die meisten ausländischen Zivilarbeiter, einschließlich der Polen, verursachten ungefähr die gleichen effektiven Lohnkosten wie deutsche Arbeiter. Wesentlich „günstiger" waren die „Ostarbeiter", die nur halb so viel kosteten, aber fast das Gleiche leisteten. Einerseits rechnete sich für die Unternehmer der Einsatz von Kriegsgefangenen und Fremdarbeitern, andererseits wären ohne deren Einsatz die erhöhten Produktionsanforderungen nicht zu erfüllen gewesen. Durch die massenhafte Ausbeutung der ausländischen Arbeitskräfte und die Übernahme der vom Regime vorgegebenen menschenverachtenden Behandlungsmethoden erwirtschafteten die Unternehmen nicht nur Gewinne, sondern sie unterstützten durch die Aufrechterhaltung der Produktion auch das NS-Regime und seine Kriegsziele.

Julia Angster

Wirtschaftswunder und Wohlstandsgesellschaft in der Bundesrepublik

Nichts zu essen, nichts zu heizen, nichts anzuziehen, so ist es heute. Von morgen weiß ich nur bestimmt: nichts zu essen, nichts zu heizen, nichts anzuziehen. Und warum es übermorgen anders sein sollte, weiß kein Mensch. Was zu essen, was zu heizen, was anzuziehen, das ist mir wichtiger als: Heute darfst Du wählen, morgen darfst Du wählen, übermorgen darfst Du wählen, denn jetzt haben wir Demokratie.[1]

So die Äußerung eines Düsseldorfers im Spätsommer 1946. Für viele Menschen in Deutschland war nicht das Kriegsende im Jahr 1945 die eigentliche Zäsur, sondern die Währungsreform in Juni 1948. Mit ihr endeten die Notzeiten, die für viele Deutsche spätestens mit der Kriegswende 1943 begonnen hatten, als im Deutschen Reich die Versorgung mit Nahrungsmitteln zusammenbrach. Mit dem Kriegsende ging es den Menschen materiell zunächst nicht besser, manches wurde sogar noch schlimmer. Die Teilung in Besatzungszonen zerriss überregionale wirtschaftliche Zusammenhänge, nur noch kleinräumiger Handel war möglich. In den Trümmern der zerstörten Städte herrschten Hunger und Kälte. Lebensmittel waren weiterhin rationiert, die Rationen reichten aber oft nicht zum Überleben.

Viele Städter machten Hamsterfahrten aufs Land, wo die Bauern noch über Lebensmittel verfügten. Sie zahlten für Milch, Eier und Gemüse mit Schmuck oder anderen Wertgegenständen. Es kam auch zu Plünderungen, vor allem von Kohletransporten, dem so genannten Fringsen: Der Kölner Kardinal Joseph Frings hatte angesichts der allgemeinen Not von der Kanzel herab erklärt, es sei erlaubt, sich das Lebensnotwendige zu nehmen, wenn es weder durch Arbeit noch durch Bitten zu bekommen sei.

Tauschhandel hatte sich zur üblichen Wirtschaftsform entwickelt, denn die Reichsmark galt nicht mehr viel. Der Schwarzmarkt war die einzige Möglichkeit, die wichtigsten Dinge des täglichen Lebens aufzutreiben. Hier waren Zigaretten bald zur eigentlichen Währung geworden.

Im extrem kalten Winter von 1946/47 verschlechterte sich die Lage der Bevölkerung noch einmal dramatisch. Nahrungsmittel und Heizung fehlten, zahllose Menschen kamen ums Leben. In den zerbombten Städten mangelte es an Wohnraum, die Infrastruktur, vor allem Verkehrsverbindungen und Wasserversorgung, lag darnieder. Die Verteilung der vorhandenen Güter scheiterte am fehlenden Transportsystem.

In dieser Situation drängten ständig Hunderttausende von Flüchtlingen und Vertriebenen aus den Ostgebieten ins Land. Die meisten von ihnen lebten oft jahrelang in Lagern, wie Reiner Bogen aus dem Sudetenland:

Ich war ja damals in verschiedenen Lagern. Mir standen die Lager bis hier oben. Sie können sich gar nicht vorstellen, wie wir schon durchgekommen sind. Ich habe ja irgendwie, sagen wir mal, von 13 Jahren an quasi in Lagern gelebt (in der Tschechoslowakei in zweien, davon in einem ehemaligen KZ). Rausgekommen hier nach Thüringen, auch Lager, Panzerkaserne, auch das mitgemacht, und dann hier in Berlin. Berlin, das war grauenvoll, in der Etzelkaserne in Spandau, das kann man gar nicht schildern, was da für Zustände geherrscht haben. Die Frauen und Männer, die sich direkt für den Bergbau verpflichtet haben, weil sie keine Möglichkeiten hatten, die wurden sofort mit 'nem Flugzeug am nächsten Tag ausgeflogen [ins Ruhrgebiet]. Ich hätte das auch mitmachen können, aber ich wollte nicht, ich wollte nicht in den Bergbau.[2]

Die Währungsreform vom 20. Juni 1948 brachte die Wende. Sie war möglich geworden durch die Zusammenlegung der britischen und der amerikanischen Besatzungszonen zur „Bizone" im Januar 1947. Dieses „vereinigte Wirtschaftsgebiet" wurde zur Keimzelle für den wirtschaftlichen Wiederaufbau in Westdeutschland. Die Schuldenwirtschaft des Nationalsozialismus hatte die Menge des umlaufenden Geldes immens aufgebläht, sodass ein Währungsschnitt notwendig geworden war. Zugleich mit der Währung wurde die Wirtschaftspolitik umgestellt: von der Zwangsbewirtschaftung und Rationierung zum freien Markt. Preise und Löhne waren nun nicht mehr fixiert, und die Waren standen wieder zur freien Verfügung.

Prompt waren am 21. Juni 1948, einem Montag, die Schaufenster mit Waren gefüllt, von deren Existenz die meisten vorher nur hatten träumen können: Fleisch, Gemüse, Bohnenkaffee, Geschirr und Kleidung. Dies erzeugte jedoch neben Bewunderung auch Unmut, waren die Güter ja vorher offensichtlich in Erwartung der Währungsumstellung gehortet worden:

„Aber da waren plötzlich wieder Angebote an Lebensmitteln da, die vorher gar nicht da waren: Obst tauchte auf und so weiter, was also vorher irgendwo in finstere Kanäle verschwand. Aber nachdem wieder 'ne vernünftige, stabile Währung da war, war alles plötzlich wieder kaufbar. War für uns junge Leute – damals war ich [...] siebzehn Jahre alt – völlig unbegreiflich. [...]
Ich hab das damals [...] mehr so gesehen, dass diejenigen, die also Sachmittel besaßen, die also zurückhielten, weil mit dem Geld nicht viel anzufangen war, wo plötzlich wieder Geld, das 'ne stabile Basis hatte, da war, plötzlich ihre gehorteten – Dat war mehr so'n Gefühl gegenüber den Kapitalisten, die sich jetzt wieder da sichtbar breit machten."[3]

Für Geld war nun wieder alles zu haben. Leider fehlte es den meisten genau daran: Alle Einwohner der Westzonen erhielten zum Start ein „Kopfgeld" von 40 D-Mark. Lebenshaltungskosten und Arbeitslosigkeit stiegen anfangs sogar rapide in die Höhe. Dennoch war die Währungsreform die wichtigste Zäsur der Nachkriegszeit. Denn auch wenn man sich die Dinge noch nicht leisten konnte, so konnte man doch erleben, dass es nun wieder „aufwärts ging". Die Zeit der Lebensmittelmarken war vorbei, wer sparte, konnte sich nun auch schon mal „wieder etwas gönnen".[4] Ludwig Erhard, der „Vater des Wirtschaftswunders", erklärte:

Vor der Währungsreform konnte man überhaupt nicht mehr von einer funktionsfähigen Wirtschaft sprechen. Eine hochkomplizierte und hochentfaltete Marktwirtschaft war durch das währungspolitische Chaos und den darüber getürmten bürokratischen Übermut der Zwangswirtschaft in die Methoden einer primitiven Tauschwirtschaft zurückgefallen. Es gab keine geordnete Produktion mehr, es gab vor allen Dingen keinen Güteraustausch mehr, es gab keine arbeitsteili-

1949/50: Schaufensterauslage eines Textilgeschäftes mit dem Portrait
des Bundeswirtschaftsministers Ludwig Erhard.

ge Wirtschaft, sondern es gab nur noch einen zusammengewürfelten, seelenlosen, verantwortungslosen Haufen von Lebensangst geplagter Individuen, wo jeder, so gut er konnte, seine rein physische Existenz zu bewahren suchte. Diesen Zustand haben wir überwunden.[5]

Marktwirtschaft in Verbindung mit einer staatlichen Sozialpolitik, die die Risiken des Marktes für die Einzelnen abfederte, dies war das Rezept der neuen westdeutschen Wirtschaftspolitik. Es war die Wende zum „goldenen Zeitalter", das nun anbrach und mit ein paar Jahren Verzögerung auch für breite Kreise der Bevölkerung spürbar wurde. In den 50er-Jahren stand für die westdeutsche Politik zunächst die Überwindung der Kriegsfolgen im Vordergrund: die Entschädigung, die Wiedergutmachung und der Wiederaufbau. Die Hinterbliebenen des Krieges – Witwen und Waisen, Kriegsversehrte und Angehörige von Kriegsgefangenen – wurden im Bundesversorgungsgesetz von 1950 bedacht; später wurden auch die Heimkehrer aus der Kriegsgefangenschaft in diese Versorgungsleistungen einbezogen.

Aber auch die Millionen von Flüchtlingen und Vertriebenen aus den ehemaligen deutschen Ostgebieten mussten entschädigt werden, schon um sie in die westdeutsche Gesellschaft einzugliedern und zu verhindern, dass sich diese große Gruppe politisch radikalisierte. Das Lastenausgleichsgesetz vom August 1952 hatte daher ebenso psychologische wie finanzielle Wirkung. Immerhin wurden bis Mitte der 70er-Jahre

98 Milliarden DM für Entschädigungsleistungen und Darlehen ausgegeben, der größte Teil davon ging an Flüchtlinge und Vertriebene. Finanziert wurde dies durch staatliche Zuschüsse und vor allem durch Abgaben derer, die durch den Krieg keinen Schaden erlitten hatten. Es handelte sich dabei aber nicht um eine soziale Umverteilung, bis alle gleich viel hatten, sondern vielmehr um eine Entschädigung für einen Teil der individuellen Verluste. Die Unterschiede in den Besitzständen wurden erhalten bzw. wiederhergestellt.[6]

Auch die Opfer des Nationalsozialismus sollten entschädigt werden, und zwar sowohl in anderen Ländern als auch innerhalb der Bundesrepublik. Das Wiedergutmachungsabkommen mit Israel machte 1952 den Anfang, 1953 folgte das Bundesentschädigungsgesetz. Daneben war die dringendste Aufgabe staatlicher Politik der Wohnungsbau. Um 1950 fehlten etwa 50% der benötigten Wohnungen, um 1960 nur noch etwa vier Prozent. Bis dahin wurde auch der Wohnraum staatlich bewirtschaftet und der Wohnungsbau staatlich gefördert. So entstanden fünf Millionen neuer Wohnungen.[7] Die Bauwirtschaft florierte und trug zum wirtschaftlichen Wiederaufstieg der Bundesrepublik maßgeblich bei. Sie wurde rasch zu einem der wirtschaftlichen Leitsektoren, neben der Elektrotechnik und der Chemie- und Automobilproduktion. In diesen Wirtschaftsbereichen, aber auch in vielen anderen Industriezweigen setzte Anfang der 50er-Jahre das Wirtschaftswachstum ein.

Dabei machte sich zum einen die Wirkung der Marshallplangelder bemerkbar sowie die wachsende staatliche Nachfrage in der Baubranche, zum andern aber auch neue, amerikanisch geprägte Produktions- und Managementtechniken, die nun in die westdeutschen Unternehmen Einzug hielten. Der Wiederaufbau der Wirtschaft bot die Chance zu einer umfassenden Modernisierung. Die Massenproduktion wurde eingeführt, zahlreiche technische Innovationen wurden eingesetzt. Zugleich versuchte man, die Arbeitswelt humaner zu gestalten. Die Gewerkschaften wiederum hielten sich, um den Wiederaufbau nicht zu gefährden, mit Lohnforderungen zurück. Durch diesen Verzicht wurden hohe Investitionen in die Betriebe möglich.

Als mit dem Koreakrieg (1950–1953) die Nachfrage nach westdeutschem Stahl in die Höhe schnellte, stieg auch das Wirtschaftswachstum stark an, es kam zum „Koreaboom". Schon 1953 war das wirtschaftliche Vorkriegsniveau wieder erreicht, die Phase des Wiederaufbaus abgeschlossen. Das Wachstum ging jedoch weiter und erreichte nun Quoten, die jenseits aller historischen Erfahrungen lagen. In der Bundesrepublik wuchs das Pro-Kopf-Sozialprodukt zwischen 1950 und 1965 im Schnitt um 5,6% im Jahr. Die meisten westlichen Industrieländer hatten ebenfalls überdurchschnittliche Wachstumsraten zu verzeichnen, wenn auch nicht im selben Ausmaß wie die Bundesrepublik.[8]

Auch die Durchschnittseinkommen stiegen zwischen 1950 und 1960 um knapp fünfeinhalb Prozent im Jahr, insgesamt um fast 70%. Dabei blieb das Preisniveau stabil, die D-Mark war bald eine der stabilsten Währungen der Welt. Zugleich wuchs die Nachfrage nach Arbeitskräften; zwischen 1950 und 1960 stieg die Zahl der Erwerbstätigen von 20 auf 25 Millionen. Am Ende der 50er-Jahre war nahezu Vollbeschäftigung erreicht, die ersten Gastarbeiter wurden angeworben:

Wie die Bundesanstalt für Arbeit soeben bekannt gibt, wird in Zukunft neben der Anwerbung von Arbeitskräften in Italien, Spanien und Griechenland auch die Vermittlung von türkischen Arbeitskräften erfolgen. Aufgrund einer vorläufigen Absprache mit den zuständigen Stellen der türkischen Regierung sollen in Zusammenarbeit zwischen der Bundesanstalt für Arbeit und der türkischen Arbeitsverwaltung Arbeitskräfte in der Türkei angeworben werden. [...] Mit Wirkung vom 15. Juli 1961 ist in Istanbul eine deutsche Verbindungsstelle eingerichtet worden, die sich mit der Vermittlung geeigneter türkischer Arbeitskräfte nach der Bundesrepublik befassen soll.[9]

Das starke Wirtschaftswachstum hatte spürbare Folgen für Gesellschaft und Politik der Bundesrepublik. Der Sozialstaat dehnte sich aus, die Armut verschwand aber nicht; die Menschen wurden wohlhabender und eine Konsumgesellschaft entstand; dadurch veränderten sich wiederum allmählich traditionelle Strukturen der deutschen Gesellschaft.

Mit dem Wirtschaftsaufschwung kam Geld in die Staatskassen. Hatte sich der westdeutsche Sozialstaat der 50er-Jahre anfangs noch ganz darauf konzentriert, die Kriegsfolgen zu überwinden, so wurde ab der Mitte des Jahrzehnts das Niveau der sozialen Sicherung angehoben und der Kreis derer vergrößert, die in den Genuss dieser Absicherung kamen. Es begann die größte Expansionsperiode des Wohlfahrtsstaates in der deutschen Geschichte. Der Anteil der öffentlichen Sozialausgaben am Bruttosozialprodukt war in der Bundesrepublik bald höher als in fast allen europäischen Ländern und doppelt so hoch wie in den 30er-Jahren. Das hatte ebenso politische wie soziale Gründe: Man wollte sich einmal vom Nationalsozialismus abgrenzen, der ganze Bevölkerungsgruppen aus der wohlfahrtsstaatlichen Versorgung ausgegrenzt hatte, und man wollte zum anderen einen Gegenentwurf bieten zum sozialistischen Gesellschaftsmodell der DDR. Soziale Gerechtigkeit war, so sollte gezeigt werden, mit einer freiheitlich-demokratischen Grundordnung sehr wohl zu verbinden. Der Sozialstaat sollte zur innenpolitischen Legitimation der Bundesrepublik beitragen.[10]

Der bedeutendste Schritt dieser Ausweitung des Sozialstaats war die Rentenreform von 1957. Die Renten wurden dynamisiert, das heißt der Entwicklung der Löhne und Gehälter angepasst; und sie wurden nun über den so genannten Generationenvertrag finanziert, also im Umlageverfahren durch die Beiträge der Versicherten und nicht mehr aus einem Kapitalstock. Das bedeutete, dass die Rente zur Lohnersatzleistung wurde: Man behielt nun den sozialen Status aus dem Arbeitsleben im Alter bei und profitierte auch als Rentner noch vom Wirtschaftswachstum. Damit endete für die Westdeutschen die hergebrachte Angst vor der Armut im Alter. Von den Zeitgenossen wurde die Rentenreform als epochal erlebt. Sie zeugte von wirtschaftlichem Optimismus und Zukunftsgewissheit, denn dieses neue Modell setzte voraus, dass das Wirtschaftswachstum weiterlief und die politischen Verhältnisse stabil blieben.

In den 60er-Jahren wurde der Sozialstaat weiter ausgebaut. 1961 entstand aus der Fürsorge die Sozialhilfe, 1971 wurde das Bundesausbildungsförderungsgesetz (BAföG) erlassen und 1972 erfolgte eine weitere Rentenreform, die den Kreis der Anspruchsberechtigten ausweitete und flexible Altersgrenzen einführte.

Die 50er- und 60er-Jahre standen auch im Zeichen der Vermögensbildung. „Wohlstand für alle" lautete die Parole, die Wirtschaftsminister Ludwig Erhard ausgab. Breite gesellschaftliche Kreise sollten dabei unterstützt werden, Spargutheben anzulegen und Wohneigentum zu erwerben. Es ging der Bundesregierung dabei gerade nicht um eine Umverteilung im sozialistischen Sinn, um eine Angleichung der Besitzstände, sondern um einen allgemeinen Zuwachs bei gleich bleibenden Abständen: um den so genannten Fahrstuhleffekt. Das Ziel war eine stabile und bürgerlich strukturierte Gesellschaft.

Tatsächlich hatten die Bundesbürger gegen Ende der 50er-Jahre einen Lebensstandard erreicht, der historisch ohne Beispiel war. Die hohen Lohnzuwächse, die Vollbeschäftigung, die Vermögensbildung und die Absicherung durch den Sozialstaat wirkten sich auf die Kaufkraft der Haushalte aus. Die Westdeutschen arbeiteten zunächst hart und viel. Man wollte sich etwas aufbauen, sich endlich wieder etwas leisten können. Bald jedoch kam ein wachsender Anteil an Freizeit hinzu. Die Arbeitszeiten begannen zu sinken, und zwar dramatisch und auf Dauer: Um 1960 verbrachten die Westdeutschen im Durchschnitt pro Kopf noch 2020 Stunden im Jahr bei der Arbeit; 1987 nur noch 1618 Stunden. Die gleiche Tendenz galt für die Lebensarbeitszeit: Verbrachte man um 1900 noch ein Viertel seines Lebens beim Arbeiten, so waren es in den 1990er-Jahren nur noch höchstens zehn Prozent. Zum 1. Mai 1956 warb der DGB mit dem Slogan „Samstags gehört Vati mir!" für die 40-Stunden-Woche, die jedoch erst 1966 in der Metallindustrie eingeführt wurde.

Die Bundesrepublik war eine Wohlstandsgesellschaft geworden. Dies machte sich zuerst am privaten Konsum bemerkbar, wobei Flüchtlinge und Vertriebene erst mit Verzögerung den Lebensstandard der „Altbürger" erreichten. Der Hunger der frühen Nachkriegsjahre war jedoch bald in Vergessenheit geraten. War es anfangs noch vor allem darum gegangen, eine Unterkunft und Arbeit zu finden, sich satt zu essen und einzukleiden, so waren bald Dinge wie Heizung, Wohnungseinrichtung und Haushaltsgeräte selbstverständlich geworden. Man konnte sich nun über das Notwendige hinaus etwas leisten. Vor allem sparte man auf einen Kühlschrank, der in den Anschaffungswünschen noch vor der Waschmaschine rangierte und neben dem Nutzwert auch eine hohe symbolische Bedeutung hatte. Er stand für Luxus, Modernität und sozialen Status. Wer einen hatte, der hatte es geschafft. Mit dem Kühlschrank änderten sich dann auch die Ernährungsgewohnheiten. Man aß nun „pikant", gesund und „modern". Salat ersetzte den Kohl, das Einmachen der Produkte aus dem eigenen Garten kam aus der Mode. Obst und Gemüse in Dosen wurden zum Stolz der modernen Hausfrau.

Dies hing auch mit einer neuen Erscheinung in den Städten zusammen, dem Supermarkt. Die „Tante-Emma-Läden", in denen der Kaufmann hinter dem Ladentisch das Gewünschte holte, abwog und eintütete, während man sich über die neuesten Ereignisse im Ort austauschte, verschwanden aus dem Straßenbild. An ihre Stelle traten Selbstbedienungsläden im amerikanischen Stil, die eine immense Vielfalt von Waren anboten – mehrerlei Waschmittelsorten oder Dosenerbsen, alle mit hübschen bunten Bildern darauf –, die man sich selbst aus dem Regal holte. Angesichts dieses großen Warenangebots ging es bald nicht mehr darum, den Bedarf zu decken, sondern man entwickelte Begehrlichkeiten, die erst durch den Markt geweckt worden waren. Die Werbung begann ihren Siegeszug. Produkte erhielten nun ein „Image", durch ihren Besitz signalisierte man, dass man „jemand war". Ein weiteres Zeichen des neuen Lebensgefühls waren „Partys", die man für Freunde gab, auf denen Bowle und pikante Häppchen gereicht wurden, während man den Klängen des Musikschranks lauschte.[11]

Vor allem aber das Auto, anfangs die kleine Isetta, dann der VW-Käfer, wurde zum Symbol des westdeutschen Wirtschaftswunders.

Ralf Mager: „Bis 1952 fingen ja hier (in der Siedlung) die ersten Motorräder an zu laufen. Da lief erst mal die Quick." Zwischenruf: „Ich weiß, dass der Reiner 'ne BMW hatte!" Mager: „Wie hieß die noch? Und dann kam die Max. So, und dann kamen die ersten VW's bzw. erst noch die zugedeckten Roller, Goggomobile. Dann kam die Isetta. Dann fing dat an, dann kamen die ersten Autos. Und dann hat man hier drüben gebaut, 51/54. So. Da gab's ja schon hier in der Siedlung welche, die haben gebaut *und* das Auto gehabt. Stand ja immer vor der Tür, weil sie kein Geld für Sprit hatten, aber hatten ein's, um den Nachbarn zu ärgern.[12]

Das Auto brachte Mobilität, beruflich wie privat. Arbeitsplatz und Wohnort konnten nun weiter auseinander liegen, man wohnte in Vororten und Trabantenstädten und pendelte zur Arbeit. In der Freizeit brachte das Auto Ausflüge ins Grüne mit der Familie, vor allem aber machte es den Urlaub möglich. Denn immer mehr Deutsche fuhren im Sommer nach Italien: zum Camping an die oberitalienischen Seen, in eine kleine Pension an der Riviera oder, wer es sich leisten konnte, nach Capri, dem Inbegriff des Luxuslebens unter südlicher Sonne. Im Winter hielten bald zahllose italienische Restaurants in deutschen Städten die Erinnerung wach.

Die neu gewonnene Freizeit wirkte sich auch auf den Medienkonsum der Westdeutschen aus. Vor allem das Fernsehen prägte zunehmend die Freizeitgestaltung und damit auch das Familienleben. Familie und Arbeit, bei manchen auch noch der Verein, waren bislang die dominanten Größen im Alltagsleben gewesen. Nun beanspruchte das Fernsehprogramm mit Quizsendungen, Familienserien, Spielfilmen, Mundartkomödien und Krimis seinen Platz im Feierabend. Der Nordwestdeutsche Rundfunk nahm zu Weihnachten 1952 das Programm auf, die ARD sendete ab November 1954 und das ZDF ab April 1963. Im Oktober 1957 waren eine Million Fernsehteilnehmer angemeldet, am Ende des Jahrzehnts waren es schon drei Millionen.[13]

Auch sonst wandelten sich das Leben der Menschen und die überkommenen gesellschaftlichen Strukturen allmählich.[14] Die Arbeitswelt begann sich zu verändern. Neben den steigenden Löhnen und der sinkenden Arbeitszeit war es auch der Charakter der Arbeit selbst, der sich wandelte. Die traditionellen Strukturen des Handwerks wichen bald vollends der Industrieproduktion, der Einzelhandel ging vom Familienbetrieb auf Filialen großer Ketten über. Am stärksten aber veränderte die Landwirtschaft ihr Gesicht. Aus Bauernhöfen wurden technisierte Betriebe mit Massentierhaltung. Maschinen ersetzten Arbeitskräfte und der Ertrag der einzelnen Betriebe ging sprunghaft in die Höhe. Eine Agrarindustrie entstand. Gleichzeitig begann sich die Beschäftigungsstruktur der Bundesrepublik insgesamt zu verändern. Hatte der Industriesektor in den 50er-Jahren noch dominiert, so bildete sich nun allmählich eine Dienstleistungsgesellschaft heraus.[15]

Die Deutschen reisen wieder in die Sonne.
Werbefoto für den neuen Porolastic-Badeanzug auf Capri 1953.

Bis in die 90er-Jahre sank der Anteil der Arbeiter an den Beschäftigten deutlich ab, jener der Angestellten, Beamten und Selbstständigen dagegen stieg stark an. Dies sind, wie das Wirtschaftswachstum des „goldenen Zeitalters", Phänomene, die allen westlichen Industrieländern dieser Zeit gemeinsam waren. Sie stellten kein deutsches Phänomen dar, sondern waren in der Bundesrepublik nur besonders deutlich ausgeprägt.[16]

Auch die Lebensweisen der Menschen veränderten sich. Die sozialen Milieus lösten sich auf, die Arbeiterkultur verschwand allmählich ebenso wie das traditionelle bäuerliche Leben auf den Dörfern.[17] Die gesellschaftlichen Hierarchien lösten sich auf, wie beispielsweise die ehemals scharfe Trennung zwischen Bürgertum und Arbeiterschaft. Der Soziologe Helmut Schelsky hat für das, was nun stattdessen entstand, den allerdings umstrittenen Begriff der „nivellierten Mittelstandsgesellschaft" geprägt.

Auch innerhalb der Familien wandelten sich die Rollenverteilungen, das hergebrachte Geschlechterverhältnis wurde von der jüngeren Generation zunehmend in Frage gestellt. Die wirtschaftliche Abhängigkeit der Frauen von ihren Ehemännern wurde im Laufe der 60er- und 70er-Jahre schwächer, die Berufstätigkeit auch verheirateter Frauen normaler. Die Pille, die in der Bundesrepublik 1961 auf den Markt kam, veränderte zudem die weiblichen Biographien und ermöglichte erst die sexuelle Liberalisierung, die dann in den 70er-Jahren hohe Wellen schlug.

Ein anderer zentraler Aspekt der Wohlstandsgesellschaft aber wurde den Deutschen, wie den Menschen in den anderen Industrieländern auch, erst mit einiger Verspätung bewusst: dass ein Preis zu zahlen war für das ungehemmte Wachstum, ja dass dieses Wachstum gar nicht auf Dauer möglich sein würde, ohne dass die Menschheit ihre Umwelt und dadurch auch sich selbst in Gefahr brachte. Die Energieverschwendung durch Industrie, Auto- und bald auch Flugverkehr, der Flächenverbrauch durch die Stadt- und Raumplanung, die Müllberge der Industriegesellschaft, die Abgase und die Gewässerverschmutzung – all diese Probleme drangen erst um 1970 in das Bewusstsein der Bundesbürger. Nun wurde der Verkehr in den Städten als Moloch wahrgenommen, das Leben in den Trabantenstädten aus Beton als trostlos und bedrückend empfunden, die Siedlungen selbst als städtische Problembereiche.

Deutlich warnten 1972 einige Experten, die im Auftrag des „Club of Rome" eine Bestandsaufnahme vorgenommen hatten. In alarmierendem Tonfall wiesen sie auf die „Grenzen des Wachstums" und forderten „den Übergang vom Wachstum zum Gleichgewicht":

Wenn die gegenwärtige Zunahme der Weltbevölkerung, der Industrialisierung, der Umweltverschmutzung, der Nahrungsmittelproduktion und der Ausbeutung von natürlichen Rohstoffen unverändert anhält, werden die absoluten Wachstumsgrenzen auf der Erde im Laufe der nächsten hundert Jahre erreicht. Mit großer Wahrscheinlichkeit führt dies zu einem ziemlich raschen und nicht aufhaltbaren Absinken der Bevölkerungszahl und der industriellen Kapazität.[18]

Das Buch wurde zum Bestseller und führte zu großer Betroffenheit in allen westlichen Industrieländern. Die Stimmung verdüsterte sich, noch ehe 1974 die wirtschaftliche Rezession einsetzte und dem „goldenen Zeitalter" ein Ende bereitete.

Schon Anfang der 60er-Jahre war absehbar geworden, dass die besonderen historischen Bedingungen zu Ende gingen, auf denen die hohen Steigerungsraten der westdeutschen Nachkriegszeit beruht hatten. Das Wort vom „Ende der Nachkriegszeit" machte die Runde. 1966/67 kam es zu einer ersten Rezession, die einen regelrechten Schock auslöste, sich im Rückblick aber eher harmlos ausnimmt und auch schnell überwunden war. Dennoch endeten hier die „langen Fünfzigerjahre" (Werner Abelshauser) der Bundesrepublik.

Das tatsächliche Ende der Nachkriegskonjunktur kam 1973, als die OPEC die Rohölpreise um fast das Vierfache erhöhte und damit abrupt eine scharfe Rezession im Westen auslöste.[19] Eine zweite Ölpreiskrise folgte 1979. Ein Versuch der Bundesregierung, auf die Krise zu reagieren, bescherte den Westdeutschen die Erfahrung des „autofreien Sonntags", als sich Radfahrer und Fußgänger die Autobahnen zu Eigen machten. Die mittleren 70er-Jahre stellen eine weltwirtschaftliche Zäsur dar. Die Zeiten hoher Wachstumsraten waren auf absehbare Zeit vorbei, wirtschaftliche Stagnation und steigende Arbeitslosenquoten wurden zur Normalität. 1973 wurde ein Anwerbestopp für Gastarbeiter verhängt, die Bundesrepublik machte ihre Tore zu.

Besonders hart traf es den Sozialstaat, der nun angesichts leerer Kassen rasch überfordert war. Die noch ausstehenden gesellschaftlichen Reformvorhaben der sozialliberalen Koalition scheiterten schließlich an der Finanzierbarkeit, der Sozialstaat steckte von nun an – egal unter welcher Regierung – in der Krise. Der Handlungsspielraum des Staates ging zurück. Diese Krise hatte jedoch strukturelle Ursachen. Die Voraussetzungen für das Sozialstaatsniveau der Bundesrepublik waren weggebrochen. Die Veränderungen, die auch die gegenwärtige Krise des Sozialstaates wesentlich bestimmen, lassen sich wie folgt kurz zusammenfassen: Immer weniger Beitragzahler stehen immer mehr Arbeitslosen gegenüber; die Bevölkerung schrumpft, wird zugleich aber immer älter. Seit den 60er-Jahren sinkt in der Bundesrepublik die Bevölkerungszahl, die Geburtenrate kann die Zahl der Sterbefälle nicht mehr ausgleichen. Die Sozialsysteme basieren zudem auf dem Modell der klassischen Arbeitsgesellschaft, die durch die Rationalisierung und Automatisierung in den Betrieben verschwand. Außerdem sind ungebrochene Arbeitsbiographien von Beitragszahlern mittlerweile nicht mehr selbstverständlich. Dass es dennoch bis heute massiven Widerstand gegen alle Versuche gibt, die Sozialsysteme dieser Entwicklung anzupassen, also vor allem das Leistungsniveau zu senken und den Aufgabenbereich des Staates zu reduzieren, zeigt, wie wichtig dieser Sozialstaat für die Identifizierung der Bundesbürger mit ihrer Republik ist.

Auch die Menschen in der DDR fanden die westdeutsche Wohlstandsgesellschaft und ihren Sozialstaat attraktiv. Als 1989/90 die DDR zusammenbrach, entschied sich eine große Mehrheit ihrer Bevölkerung für die Wirtschafts- und Währungsunion mit der Bundesrepublik. Die D-Mark wurde zum Symbol für eine bessere Zukunft. Diese lässt jedoch auf sich warten. Die wirtschaftliche Lage in den „neuen Bundesländern" ist nach wie vor schwierig, und die Anfangsschwierigkeiten der ehemaligen DDR-Bürger mit der oft unbarmherzigen Marktwirtschaft waren groß.

In der alten Bundesrepublik, deren wirtschaftliche Sorgen natürlich gar nicht mit denen der DDR zu vergleichen waren, hatte sich in der Mitte der 80er-Jahre zwar die wirtschaftliche Lage wieder gebessert, von Wachstumsraten wie in den 50er- und 60er-Jahren war jedoch nur zu träumen. Die Arbeitslosenquote blieb hoch. Der Grund dafür lag jedoch nicht in der momentanen Wirtschaftskonjunktur jener Jahre. Vielmehr hatte ein tief greifender Strukturwandel eingesetzt, aus der Industriegesellschaft wurde die „Postindustrielle Gesellschaft". Damit ging ein Zusammenhang zu Ende, der weit über die Geschichte der Bundesrepublik hinausweist: Die Industrialisierung hatte im letzten Drittel des 19. Jahrhunderts in Deutschland wirtschaftliche Strukturen geschaffen, die nun ihre Gültigkeit verloren. Nun prägten der Computer, das Internet und der Satellit die Informationsgesellschaft. Mitte der 90er-Jahre standen 14 Millionen privater PCs in deutschen Haushalten. Das Kabelfernsehen verdrängte die öffentlich-rechtlichen Programme aus ihrer ehemals dominanten Position und veränderte die Sehgewohnheiten der Bundesbürger. Strukturell hohe Arbeitslosigkeit und leere Sozialkassen stehen dabei neben privatem Wohlstand in Teilen der Gesellschaft. Fernreisen und Aktienbesitz – besonders die T-Aktie der Deutschen Telekom – wurden zum Statussymbol breiter Schichten, bis nach der Jahrtausendwende die Börse ins Trudeln geriet. Der „Neue Markt" – die an der Börse gehandelten Informations- und Technologiewerte – brach zusammen, ein Teil des durch Aktien gewonnenen Wohlstands wurde wieder vernichtet.

Die neuen technischen Entwicklungen veränderten die Arbeitswelt, die Wirtschaft und die Lebensweise der Industrienationen nachhaltig. Sie greifen inzwischen auch auf alle anderen Länder der Erde über. Das Schlagwort der Globalisierung steht für diese Entwicklung, die von vielen, auch von manchen im reichen „Westen", als Bedrohung wahrgenommen wird.

Am Ende der 90er-Jahre machte die europäische Wirtschafts- und Währungsunion deutlich, dass die Zeit des nationalstaatlichen Wirtschaftens endgültig vorbei war. Zum Januar 1999 wurden in der Europäischen Union die nationalen Währungen der meisten Mitgliedsländer durch den Euro ersetzt. Die Deutschen nahmen Abschied von der D-Mark, die gut 50 Jahre lang das Symbol für Wirtschaftsmacht, Stabilität und auch für nationale Identität gewesen war. Der Abschied fiel ihnen jedoch erstaunlich leicht.

Die Lebenswirklichkeit der Westdeutschen wie der Deutschen insgesamt hat sich in der Zeit zwischen der Währungsreform und dem Euro gründlich gewandelt. Und obwohl am Anfang des 21. Jahrhunderts in Deutschland wirtschaftliche Krisenstimmung herrscht, geht es der großen Mehrheit der Bevölkerung materiell heute um einiges besser als in der Hochphase des Wirtschaftswunders. Verloren gegangen sind das Gefühl des Aufbruchs und die Zukunftsgewissheit.

Stefan Wolle

Sozialistische Planwirtschaft: Die Ökonomie als Schicksal der DDR

In dem von den führenden Theoretikern der DDR erarbeiteten ›Philosophischen Wörterbuch‹ heißt es:

Eine Gesellschaftsordnung kann in ihrem geschichtlichen Platz und in ihrem Charakter nur erkannt werden, wenn die ökonomische Basis der Gesellschaft [...] analysiert und erklärt wird, [...] wenn dieses System als Überbau der ökonomischen und Klassenstruktur sichtbar gemacht, aus der gegebenen ökonomischen Basis erklärt wird.[1]

Dieser Kernthese marxistisch-leninistischer Welterkenntnis ist zuzustimmen. Die Ökonomie war das Schicksal des „real existierenden Sozialismus". Das sozialistische System basierte auf einer extrem ökonomistischen Gesellschaftstheorie und Geschichtsinterpretation. Wo immer diese Theorie im Sinne von Karl Marx zur materiellen Gewalt wurde, kämpfte sie einen verzweifelten, aber aussichtslosen Kampf, um ihre Glaubenssätze mit der ökonomischen Wirklichkeit in Übereinstimmung zu bringen. An dem Unvermögen, im wirtschaftlichen Wettlauf der Systeme zu obsiegen, sind die kommunistischen Diktaturen schließlich zugrunde gegangen oder sie fristen ein erbärmliches Dasein zwischen brutaler Unterdrückung und Hungerkatastrophe wie in Kuba oder Nordkorea.

Ganz im Sinne der marxistischen Theorie von Basis und Überbau bestand ein enger dialektischer Zusammenhang zwischen der Ineffizienz der Wirtschaft und den mangelnden Freiheitsrechten. Doch die Kausalkette von Ursache und Wirkung verlief der Theorie genau entgegengesetzt. Die politischen, juristischen und ideologischen Institutionen – also im Sinne von Karl Marx der Überbau – bestimmten die ökonomische Basis. Aus ideologischen und politischen Motiven wurde seit 1945 in der Sowjetischen Besatzungszone ein Wirtschaftssystem eingeführt, das in der Lage gewesen war, unter gewaltigen Menschenopfern Kanäle durch Wüsten zu bauen, gigantische Staudämme zu errichten und Hochöfen aus dem Boden zu stampfen, das aber vollkommen ungeeignet war, eine moderne Wirtschaft zu regulieren.

Dabei war die Ausgangslage in der sowjetischen Zone im Grunde nicht ungünstig. Auf dem Territorium der späteren DDR befanden sich hoch entwickelte industrielle Zentren. Insbesondere in der mitteldeutschen Region – also in den Ländern Sachsen, Sachsen-Anhalt und Thüringen sowie im Ostteil von Berlin und in der Berliner Umgebung – existierten Industriezweige, die den technologischen Welthöchststand repräsentierten. Die Lenkungsmaßnahmen der Kriegsindustrie und die Autarkiebestrebungen brachten trotz aller kriegsbedingten Zerstörungen sogar noch einen Innovationsschub. Das Qualifikationsniveau der einheimischen wie der aus den so genannten Ostgebieten übergesiedelten Arbeitskräfte war sehr hoch, die Arbeitsmotivation gerade der Umsiedler war hervorragend.

Negativ wirkten sich neben den Kriegszerstörungen vor allem die Demontagen von Industrieanlagen durch die Besatzungsmacht und die Reparationslieferungen an die Sowjetunion aus. Auch war Mitteldeutschland überwiegend rohstoffarm. Es fehlte ein Hochseehafen, die alten Infrastrukturen waren durch die Zonengrenzen und die neue Staatsgrenze im Osten teilweise zerstört.

Die verbalen Bekenntnisse zu einem „deutschen Weg zum Sozialismus" waren schnell vergessen und die sowjetischen Interessen bestimmten seit 1945 die wirtschaftlichen Entscheidungen. Die gesamte Industrie und die Banken wurden auf Befehl der Besatzungsmacht in Staatseigentum umgewandelt. Es verblieben zunächst allerdings wesentliche Reste von Privatbesitz an Produktionseinrichtungen. Auch der Kleinhandel, das Handwerk sowie das Gaststätten- und Hotelgewerbe blieben teilweise in privater Hand. Nach sowjetischem Muster entwickelte sich ein System von Kennziffern, Vorgaben und Normen, die von den einzelnen Betrieben und Einrichtungen erfüllt werden mussten. Die Planvorgaben wurden in Jahresplänen, Fünfjahresplänen und Siebenjahresplänen zusammengefasst. Alle diese Verkündigungen haben gemeinsam, dass nicht eine einzige von ihnen umgesetzt wurde. Die Diskrepanz zwischen Anspruch und Wirklichkeit war stets gewaltig.

In der sozialistischen Ökonomie galt der uneingeschränkte Primat der Politik. Daraus ergab sich die Möglichkeit, auch in diesem Bereich aus rein politischen und ideologischen Motiven weitreichende Entscheidungen zu treffen und mit allen Mitteln durchzusetzen. Die Kollektivierung der Landwirtschaft, die Übernahme sowjetischer „Errungenschaften" wie des Rinderoffenstalls oder die letzten Verstaatlichungen im Jahre 1972 sind Beispiele hierfür. Im Grunde resultierte auch das überzogene und nicht finanzierbare Sozialprogramm der 70er- und 80er-Jahre aus der einseitigen Gewichtung politischer Vorgaben. Vor allem aber lag der Schwerpunkt auf der inneren und äußeren Sicherheit. In der Hierarchie der „Organe" stand die Staatssicherheit an erster Stelle, gefolgt von der Nationalen Volksarmee und dem Ministerium des Innern. Wenn überall die „Bilanzen und Kapazitäten" knapp waren, dem „Sektor Landesverteidigung" standen immer ausreichende Mittel zur Verfügung. Die formal zuständigen regionalen und lokalen Instanzen – also die Räte der Kreise, Städte und Gemeinden – hatten kaum Einspruchsmöglichkeiten, wenn über die Partei entsprechende Anforderungen kamen. Dringend benötigte Materialien und personelle Ressourcen wurden ohne Rücksicht abgezogen und für die Bedürfnisse der „Organe" eingesetzt. Während der normale Eigenheimbauer – also jeder unterhalb der Politbüroebene – für einen Schornstein nur winzige Mengen gebrannter Steine erhielt, auf diese noch lange warten, Bittgänge unternehmen und Schmiergelder zahlen musste, verwendete die Staatssicherheit für die weithin sichtbaren gigantischen Fassaden ihrer unweit der Ausfallstraße Richtung Osten gelegenen Berliner Bezirksverwaltung rote Klinker. Kaum ein Taxifahrer schenkte sich beim Vorüberfahren einen bissigen Kommentar. Aber auch die vielen kleinen „Dienstobjekte", die das Land zwischen Fichtelgebirge und Rügen überzogen, erkannte man allen Regeln der Konspiration zum Trotz an ihrem vergleichsweise guten baulichen Zustand, an den frisch gestrichenen Fassaden und mit Ziegeln gedeckten Dächern, ganz besonders an Gehwegplatten, gusseisernen Gartenleuchten, Ziersteinen und anderen im Handel kaum erhältlichen Mangelprodukten.

Primat der Politik hieß aber auch Zuständigkeit der Verwaltung für alle wirtschaftlichen Angelegenheiten. Sie betraf nicht nur die zentralen Entscheidungen des Politbüros oder des Ministerrats, sondern reichte hinunter bis hin zu Kleinigkeiten der Versorgung. Über die Errichtung oder Schließung einer Verkaufseinrichtung entschied die Abteilung Handel und Versorgung im Rat der Stadt oder des Kreises unter Hinzuziehung der Abteilung Bauwesen, die Bilanzen und Kapazitäten entsprechend dem Jahresplan stellte. Diese Pläne standen freilich zunächst nur auf dem Papier und mussten des Öfteren gegen andere Interessen durchgesetzt werden. Druck von unten erwies sich dabei durchaus nicht als sinnlos. Wenn er aus Beschwerden und Eingaben der Bürger, vielleicht sogar „negativen Diskussionen", Drohungen der Wahlverweigerung und Ähnlichem bestand, konnte er die gewünschte Schaffung einer neuen Verkaufseinrichtung durchaus befördern. Dann entfaltete die SED Aktivitäten und erteilte über die Kreis- oder gar Bezirksleitung Weisung auf der „Parteistrecke". Aus dem Plan machte sie nun ein „Kampfziel" und stellte es unter „Parteikontrolle". Und wenn es Gegenstimmen gab, die für einen anderen Einsatz der wertvollen Kapazitäten plädierten, brachte sie diese mit dem Hinweis zum Schweigen, die Eröffnung bis zur Volkswahl oder bis zum soundsovielten Parteitag sei eine „politische Frage". In der Tat ging es stets weniger um wirtschaftliche Überlegungen als um die Durchsetzung eines Gesellschaftsmodells und seine Stabilisierung. In den innerparteilichen Diskussionen der kommunistischen Parteien seit Stalins Zeiten galt Voluntarismus als einer der Standardvorwürfe. Er bezeichnete den irrigen Glauben, allein durch den Willen, unter mangelhafter Berücksichtigung der objektiven Gesetze der historischen Entwicklung die Geschichte ändern zu können, und fand immer seine Berechtigung. Man könnte ihn auch durch den Begriff des Fiktionalismus ersetzen. Die Vermischung ökonomischer und politischer Macht, insbesondere in den Händen einiger weniger – zudem fachlich inkompetenter – Personen öffnete ihm alle Schleusen. Hinzu kam, dass er sich neben der Produktion auch verhängnisvoll auf die Distribution auswirkte. Entscheidungsträger und Betroffene sahen die auftretenden Probleme sehr stark unter dem Aspekt der Verteilung, die eine omnipotente Verwaltung mehr oder weniger gut regeln könne. Folgerichtig machten die Bürger „die da oben" für alles verantwortlich, eine verinnerlichte Einstellung, die viele nach der Wende auf das marktwirtschaftliche System übertragen haben.

Die Ausgangslage der Honecker-Ära war trotz aller berechtigten Kritik an Ulbrichts Wirtschaftspolitik so schlecht nicht. Zwischen 1969 und 1973 betrug die Steigerung der Arbeitsproduktivität 23 Prozent, um sich dann allerdings von 1973 bis 1977 auf 20, von 1977 bis 1981 auf 16 Prozent zu reduzieren. Von 1981 bis 1985 steigerte sich diese Rate wieder auf 17 Prozent. Als weiteres positives Moment kam die demographische Entwicklung hinzu. Der bisher kontinuierlich zurückgegangene Anteil der Berufstätigen an der Gesamtbevölkerung stieg im Zeitraum von 1981 bis 1985 um zwei bis drei Prozent. Jetzt begann eine Neuorientierung, die Abschied nahm von der Konzeption der „führenden Industriezweige", stattdessen eine „planmäßig proportionale Entwicklung der

Sozialistische Planwirtschaft

Schaufensterauslage mit Portrait Erich Honeckers zum 1. Mai und zur Woche der deutsch-sowjetischen Freundschaft 1985.

Volkswirtschaft" anstrebte und vor allem die Bedürfnisse der Bevölkerung in den Planungen stärker berücksichtigen wollte. Im Gegensatz zu den 50er- und 60er-Jahren, in denen, hauptsächlich durch die häufigen Kampagnen, ein permanenter Ausnahmezustand geherrscht hatte, stand die von Normalität, Vernunft und Pragmatismus gekennzeichnete „Ankunft im Alltag" im Vordergrund. Dementsprechend verkündete Erich Honecker 1971 auf dem VIII. Parteitag der SED als neue „Hauptaufgabe" die weitere „Erhöhung des materiellen und kulturellen Lebensniveaus des Volkes auf der Grundlage eines hohen Entwicklungstempos der sozialistischen Produktion, die Erhöhung der Effektivität, des wissenschaftlich-technischen Fortschritts und des Wachstums der Arbeitsproduktivität".

Das Kernstück des sozialpolitischen Programms bestand aus einer planmäßigen Steigerung der Realeinkommen und damit der Konsumquote, einer Anhebung der Mindestlöhne und Mindestrenten, einer Produktionssteigerung von Konsumgütern sowie dem Ausbau des Dienstleistungssystems, des Bildungswesens, der Kindergärten, des Gesundheitswesens und der Erholungseinrichtungen. Die dadurch erhoffte verbesserte Arbeitsmotivation sollte die Arbeitsproduktivität erhöhen und so die immensen Aufwendungen für die Sozialpolitik ermöglichen. Ausgehend vom Jahre 1970 entwickelten sich die wesentlichen volkswirtschaftlichen Eckdaten bis 1975 fast parallel: Es stiegen das produzierte Nationaleinkommen um 30 Prozent, das im Inland verfügbare Nationaleinkommen um 27, die Nettogeldeinnahmen der Bevölkerung um 27, ihr Realeinkommen um 30 und das Akkumulationsvolumen allerdings nur um 18 Prozent. Letzteres spiegelte den rigorosen Schnitt, den der neue Plan ganz bewusst zur Beseitigung der früher entstandenen Disproportionen vorgesehen hatte. Während sich die Realeinkommen weiter positiv entwickelten, sank die Akkumulationsrate in den folgenden Jahren sogar unter den Stand von 1970.[2]

Nach dem Wechsel von Ulbricht zu Honecker im Mai 1971 schlug auch in der DDR der Privatwirtschaft die Stunde. Schon seit langem verfolgten viele SED-Funktionäre mit großem Unbehagen den Aufschwung der rund 11 400 rein privat oder mit staatlicher Beteiligung geführten Betriebe mit bis zu 500 Beschäftigten, die vor allem Konsumgüter für den „Bevölkerungsbedarf" herstellten. Ihr Gesamtanteil an der Konsumgüterproduktion betrug ca. 40 Prozent. In der Textilindustrie erwirtschafteten sie bei einem Beschäftigtenanteil von knapp einem Drittel ungefähr 25, in der Leder-, Schuh- und Rauchwarenindustrie 30 und in der Bekleidungs- und Näherzeugnisindustrie sogar über 40 Prozent des Bruttoinlandproduktes. Überdies produzierten sie in aller Welt begehrte devisenbringende Exportgüter wie Musikinstrumente, erzgebirgisches Kunstgewerbe oder Zierfische. Obwohl die SED die Handwerker und kleinen Unternehmer aus ideologischen Gründen mit überzogenen Steuern ausgeplündert, sozial benachteiligt und teilweise regelrecht diskriminiert hatte, war eine Art Kleinbourgeoisie entstanden, die durch den unmittelbaren Zugriff auf Mangelwaren über wirtschaftliche Potenzen verfügte. Nicht nur Genossen vertraten die Meinung, ihr Lebensstil passe nicht in eine sozialistische Gesellschaft. Hinzu kam die Auffassung der Wirtschaftsfunktionäre, dass es in ihrem Zuständigkeitsbereich kaum größere Investitionen und technologische Innovationen, zu geringe Einbindung in das Gesamtwirtschaftssystem und keine ausreichende Unterordnung unter die Planvorgaben gebe. Jetzt war die Stunde der Abrechnung gekommen, wobei man über die genauen Motive nach wie vor nur rätseln kann.[3]

Auf Beschluss des ZK der SED wurde im ersten Halbjahr 1972 ein erheblicher Teil der privaten Betriebe auf dem Wege des Kaufs in so genanntes Volkseigentum überführt. Für die Besitzer gab es keine Möglichkeit, sich der Enteignung zu widersetzen. Von Februar bis Mai liquidierte man 2568 Privat- und rund 5600 halbstaatliche Betriebe, wandelte 1700 Produktionsgenossenschaften des Handwerks (PGH) mit etwa 11 400 Mitgliedern und Kandidaten in „Volkseigene Betriebe" um und verschob sie damit planungsmäßig, wirtschafts- und arbeitsrechtlich sowie statistisch vom Handwerk in die Bereiche „Industrie" oder „Bauindustrie"[4]. Ende 1972 war der „volkseigene Sektor" um das Produktivvermögen und die Beschäftigten von rund 10 850 Klein- und Mittelbetrieben bereichert, und die Zahl der VEBs erhöhte sich kurzfristig um über 8000. Es blieb nur ein kleiner privater Rest in Handwerk, Einzelhandel und Gastronomie, der sich Ende der 80er-Jahre auf rund 2000 Betriebe mit 182 000 Beschäftigten einschließlich der mithelfenden Familienangehörigen belief. Dies entsprach 2,1 Prozent der Werktätigen. Gewissermaßen „en passant" entledigte man sich einiger ärgerlicher Relikte der frühen Jahre der DDR wie einiger privater Verlage, Buchhandlungen und

Antiquariate. Auch die letzte Spielwiese einer eigenständigen Geisteskultur sollte von nun an durch die Partei vollständig kontrolliert werden.

Der „Vernichtungsfeldzug" sprach jeder wirtschaftlichen Rationalität Hohn, betraf er doch gerade den Wirtschaftssektor, der relativ gut funktionierte. Die SED begründete ihn mit der „gesetzmäßigen Weiterentwicklung der sozialistischen Produktionsverhältnisse", und der Vorsitzende der LDPD, Manfred Gerlach, konstatierte auf dem 11. Parteitag seiner Partei im Februar 1972:

Die Einkommen dieser Unternehmer seien unter Verletzung des sozialistischen Eigentumsprinzips auf Kosten der Gesellschaft gewachsen.[5]

Das zielte auf die Mobilisierung von Sozialneid, war aber von der Sache her nicht ganz falsch. Auch die privaten und halbstaatlichen Betriebe gediehen nur im Treibhaus der Planwirtschaft. Ihnen fehlten der Konkurrenzdruck und der Zwang, aber natürlich auch die Möglichkeit zur technischen Innovation. Die ehemaligen Besitzer erhielten eine mehr als magere Entschädigung, die sie zudem noch versteuern mussten. Der Rest floss auf ein Sperrkonto, von dem die ehemaligen Besitzer nach einer längeren Auszahlungssperre pro Jahr in der Regel 5000 Mark abheben durften. Manche erhielten die Position des Betriebsleiters, andere gingen in Rente oder in den Westen. Im Stil eines Musterschülers übermittelte Erich Honecker am 13. Juli 1972 den Vollzug der Maßnahme nach Moskau:

Lieber Genosse Leonid Iljitsch! Mit Freude können wir immer wieder feststellen, dass du trotz deiner großen Arbeitsleistung als Generalsekretär des Zentralkomitees der KPdSU der Entwicklung des Sozialismus in der Deutschen Demokratischen Republik stets eine große Aufmerksamkeit widmest. Es ist mir angenehm, dir im Auftrage des Politbüros des Zentralkomitees unserer Partei mitzuteilen, dass in diesen Tagen [...] die nach dem VIII. Parteitag eingeleitete Umwandlung der Betriebe mit staatlicher Beteiligung, Privatbetriebe und industriell produzierenden Genossenschaften des Handwerks in volkseigene Betriebe mit Erfolg abgeschlossen werden konnte. Mit kommunistischem Gruß gez. E. Honecker.[6]

Im Laufe der 70er-Jahre – gerade in den Jahren einer relativen politischen Stabilität – verschlechterte sich die Wirtschaftslage der DDR dramatisch. Am 18. Juni 1975 übergab das Ministerium für Außenhandel der UdSSR seinem Pendant in der DDR eine formelle Note und teilte darin mit, dass die Preise für Erdöl- und Erdgaslieferungen verändert werden müssten.[7] Erdöl solle pro Tonne von 14 auf 35 Rubel steigen, Erdgas von 14,25 auf 31 Rubel pro 1000 Kubikmeter. „Die zusätzlichen Belastungen für 1976 würden weitere 725 Millionen Mark betragen", schrieb daraufhin Werner Jarowinsky mit dem Unterton der Verzweiflung an Erich Honecker. Die internationale Erdölkrise versetzte dem ehrgeizigen Sozialprogramm den Todesstoß.

Bereits im April 1975 hatte ein Artikel des Hauptabteilungsleiters im Ministerium für Handel und Versorgung, Heinz Bernhardt, einiges Aufsehen erregt. Er erschien in dem sonst wenig beachteten Fachblatt ›Der Handel‹, trug den unspektakulären Titel ›Sortimentskonzeptionen – wichtige Instrumente für die sozialistische Verbraucherpreispolitik‹ und führte aus:

Mit den wachsenden Geldeinnahmen der Bevölkerung steigen die Ansprüche an das Warenangebot. […] Dabei steigt der Bedarf an hochwertigen Konsumgütern, die zur mittleren und oberen Preisgruppe gehören.[8]

Dahinter verbarg sich folgende Preispolitik: Die Erzeuger erhöhten zwar nicht die Preise, lieferten aber neue Produkte in anderer Verpackung oder mit verändertem Namen, die angeblich eine bessere Qualität hatten und deswegen auch mehr kosteten. Die billigeren Varianten verschwanden dann nach und nach vom Markt. Der Deutschlandfunk und einige westliche Zeitungen griffen das Thema auf, sodass Honecker von dem Vorgang Kenntnis erhalten musste. Der Generalsekretär erregte sich allerdings nicht über die schleichende Preiserhöhung, sondern über die Ausführungen Bernhardts. Es hat sich

gezeigt, dass es unzweckmäßig und überflüssig ist, in derartigen Artikeln näher auf detailliertere Fragen der Durchsetzung der Prinzipien unserer Preispolitik einzugehen.[9]

Damit war das Problem zur Geheimsache erklärt und auf typische SED-Weise gelöst.

Im Laufe des Jahres 1977 kam es zu erheblicher Unruhe und Gerüchten wegen diverser Baumwollerzeugnisse. Offiziell wurden die Preissteigerungen bestritten, in internen Papieren aber ohne weiteres zugegeben. Die „Preisveränderungen" lösten Hamsterkäufe aus, die der Partei erhebliche Sorge bereiteten.

Im Sortiment der Haushaltswäsche erfolgt durch die Bevölkerung im Bezirk Dresden insbesondere seit dem 12. 9. 77 sprunghaft ein verstärkter Abkauf an Bettwäsche-Garnituren. Darüber hinaus stieg die Nachfrage ebenfalls in den Sortimenten Bettlaken, Geschirrtücher, Frottierhandtücher und Untertrikotagen,

hieß es, und dann folgten einige bezeichnende Beispiele:

Das Konsument-Warenhaus Dresden […] erzielte am 15. 9. 77 im Sortiment Haushaltswäsche einen Warenumsatz von 31,0 TM gegenüber einem Plan von 11,0 TM. […] Im Angebot befindet sich gegenwärtig noch ein Dessin Bettwäsche. Bettwäsche weiß ist ausverkauft. Bettlaken werden täglich durchschnittlich 400 Stück verkauft, bei einer geplanten Halbjahresmenge von 9000 Stück. Spitzenforderungen von einzelnen Kunden liegen bei 8 Bettwäschegarnituren und 30 Bettlaken.[10]

Entsprechende Reaktionen traten bei Zucker, Mehl, Kakao-Erzeugnissen und Zigaretten ein. Die kurze Zeit später installierten Exquisit- und Delikat-Läden erhoben die schleichenden Preiserhöhungen zum System. Am 12. Oktober 1977 fasste das Politbüro einen Beschluss zur „Entwicklung der Versorgung der Bevölkerung mit Exquisit- und Delikaterzeugnissen"[11]. Acht Tage später folgte der Ministerrat mit der Veränderung des Planentwurfs für 1978. Im ersten Halbjahr 1978 sollten demnach 30 bis 35 Exquisit- und im zweiten Quartal 25 bis 30 Delikat-Verkaufsstellen eröffnet werden.

Die Exquisit- und Delikat-Läden führten sowohl Importwaren aus dem nicht sozialistischen Währungsgebiet (NSW) als auch DDR-Produkte zu deutlich überhöhten Preisen. Wirtschaftlich machte das durchaus Sinn, denn die Tatsache, dass ausreichend Kunden die Bereitschaft zeigten, sich trotz der unverschämten Beutelschneiderei gelegentlich eine Büchse Preiselbeeren oder ein Glas eingelegter Gewürzgurken zu leisten, bewies, dass objektiv ein Kaufkraftüberhang bestand. Psychologisch und politisch wirkte es allerdings destabilisierend, denn den Rentnern, die in den Westen reisen durften, entging es nicht, dass beispielsweise Ananas-Stückchen, die dort für eine D-Mark angeboten wurden, hier acht DDR-Mark kosteten, während die Führung gleichzeitig öffentlich behauptete, der von ihr verordnete Eins-zu-Eins-Umtauschkurs entspreche der realen Kaufkraft. Für viel Unmut sorgte auch die so genannte Gestattungsproduktion, insbesondere der Firma „Salamander", die unter ihrem eigenen Markenzeichen in der DDR Schuhe produzierte. Westliche Unternehmen nutzten das niedrige Lohnniveau und die „heimliche Mitgliedschaft" der DDR in der Europäischen Gemeinschaft und stellten dafür einen Teil ihrer Waren für DDR-Währung auf dem Binnenmarkt zur Verfügung. Diese wurden dann zu hohen Preisen in den neu geschaffenen Ladenketten verkauft. Dadurch verstärkte sich die „Versorgungshierarchie" innerhalb der DDR. An erster Stelle stand stets die Hauptstadt Ost-Berlin. Es folgten das Messezentrum Leipzig, dann die anderen Bezirkshauptstädte mit einer gewissen Bevorzugung der „Grenzbezirke" Rostock, Schwerin, Magdeburg, Erfurt und Suhl sowie der Berliner Umlandbezirke Potsdam und Frankfurt/Oder. Schon in den Kreisstädten war die Versorgung deutlich schlechter, gänzlich trostlos sah es schließlich in den kleinen Städten und Gemeinden aus. Dieser Zustand machte ständige Einkaufsfahrten notwendig. Am Sonnabend stieg man ins Auto oder in die Eisenbahn, stellte sich in die Schlangen und kehrte schwer bepackt zurück. Pendler kauften nach Möglichkeit in Ost-Berlin ein und drängelten sich dann mit vollen Einkaufstaschen in die S-Bahn. Bekannte und Verwandte, die in der Hauptstadt oder in den Bezirksstädten arbeiteten oder studierten, erhielten den Auftrag, am Wochenende Papierwindeln, Honig, Waschmittel der Marke „Spee" und vieles andere mehr mitzubringen. Zum Ende der DDR wurde die Sortimentsliste immer länger. Ihren Höhepunkt erlebte die Bevorzugung Ost-Berlins 1987 mit der 750-Jahre-Feier.

Ein Versuch der Gegensteuerung bestand darin, den Export von Industriegütern, sogar zu ausgesprochenen Dumpingpreisen, zu verstärken. Als politisch brisant erwies sich diese wirtschaftlich vollkommen vernünftige Offensive angesichts der Notwendigkeit, dem Binnenmarkt wichtige Produkte zu entziehen und dadurch den Mangel weiter zu verschärfen. Ein internes Papier an Erich Honecker stellte dazu eindeutig fest:

Bekanntlich sind auch die Importpreise solcher für die Konsumgüterproduktion wichtigen Rohstoffe und Materialien stark gestiegen, darunter vor allem bei Holz, Baumwolle, Leder, Häuten, Spanplatten. Das zwingt uns, künftig in wachsendem Ausgleich dafür, zur Entlastung der Zahlungsbilanz, mehr Konsumgüter zu exportieren. Es wäre kein Ausweg, auf diese im Plan vorgesehenen Exporte zugunsten der inneren Versorgung zu verzichten.[12]

Es folgte eine Liste, die Auskunft gab über das Verhältnis zwischen Warenbereitstellung für die Bevölkerung und Exportvolumen. Danach betrug die Relation bei Haushaltsporzellan 170 zu 242 Millionen Stück und bei Spiegelreflexkameras 77 000 zu 293 000 Stück. In anderen Bereichen sah sie ausgewogener oder für den Bürger sogar positiv aus. Von Waschmaschinen der DDR-Produktion blieben 375 000 im Land und nur 90 656 gingen in den Export.

Die DDR stand 1989 kurz vor der Zahlungsunfähigkeit. Erst als die politische Katastrophe nicht mehr aufzuhalten war, folgte der Offenbarungseid. Am 24. Oktober 1989 gab der neu gewählte Generalsekretär der SED, Egon Krenz, bei Gerhard Schürer eine Untersuchung in Auftrag, um dem Politbüro eine Woche später ein „ungeschminktes Bild" geben zu können. Die „Analyse der ökonomischen Lage der DDR mit Schlussfolgerungen" wurde zum Abgesang der einst so stolzen und selbstbewussten DDR-Wirtschaft.

Allein ein Stoppen der Verschuldung würde im Jahr 1990 eine Senkung des Lebensstandards um 25 bis 30% erfordern und die DDR unregierbar machen. Selbst wenn das der Bevölkerung zugemutet würde, ist das erforderliche exportfähige Endprodukt in dieser Größenordnung nicht aufzubringen.[13]

Die Autoren hatten weiter errechnet, dass man zur Aufrechterhaltung der Zahlungsfähigkeit für die Zeit zwischen 1990 und 1995 Exportüberschüsse von insgesamt 44 Milliarden Valuta-Mark erzielen müsse – was vollkommen unrealistisch war. Unmittelbar vor seiner Flucht in den Westen, am 2. Dezember 1989, teilte Schalck-Golodkowski dem Vorsitzenden der Parteikontrollkommission, Werner Eberlein, in einer Art Abschiedsbrief mit, dass die Zahlungsunfähigkeit der DDR voraussichtlich Ende des Jahres oder Anfang 1990 eintreten werde.[14] Wie konnte es zu einem solchen Niedergang kommen? Auch hierauf gibt das bereits zitierte Papier eine eindeutige Antwort:

Es wurde mehr verbraucht, als aus eigener Produktion erwirtschaftet wurde zu Lasten der Verschuldung im NSW, die sich von 2 Milliarden VM 1979 auf 49 Milliarden 1989 erhöht hat. Das bedeutet, dass die Sozialpolitik seit dem VIII. Parteitag nicht in vollem Umfang auf eigenen Leistungen beruhte, sondern zu einer wachsenden Verschuldung im NSW führte.[15]

Es erstaunt, dass auch den westlichen Beobachtern die Dramatik der Situation entgangen ist. Maria Haendcke-Hoppe-Arndt schrieb dazu: „Die tatsächliche Verschuldung der DDR war für Fachleute die größte Überraschung nach der Wende. Hier war über Jahre ein großer Bluff gelungen."[16]

Honeckers Wirtschaftsstrategie der frühen 70er-Jahre basierte auf dem einfachen Rezept, durch Kredite den Import moderner Technologie zu finanzieren. Deren Einsatz sollte dann eine Exportoffensive auf dem Weltmarkt und in der zweiten Hälfte des Jahrzehnts die Tilgung der Schulden ermöglichen. Am Ende des von 1976 bis 1980 reichenden Fünfjahrplans waren diese Vorstellungen restlos gescheitert. Die DDR musste immer größere Mengen Fertigprodukte exportieren, um Futtergetreide und Konsumgüter aus dem Westen einführen zu können. Statt zu sinken, hatten sich die Devisenschulden verdoppelt. Zudem ging auch die Ölpreisexplosion seit 1973 nicht spurlos am „Rat für gegenseitige Wirtschaftshilfe" (RGW) vorüber und führte zu Verbindlichkeiten bei der Sowjetunion. Wie die anderen sozialistischen Staaten hatte auch die DDR den Westhandel auf der Grundlage vorwiegend kreditfinanzierter Importe ausgeweitet. Die Deckungsquote bewegte sich dabei – ohne Berücksichtigung der Bundesrepublik

Deutschland – zwischen 0,96 (1974) und 0,68 (1979). Allein im Zeitraum 1975 bis 1981 belief sich das kumulierte Handelsbilanzdefizit gegenüber den OECD-Staaten (ohne BRD) auf 4,1 Milliarden DM bei einem jährlichen Westexporterlös (ohne BRD) in Höhe von 3,1 Milliarden DM. Die statistisch nachgewiesene Nettodevisenverschuldung stieg von 4,5 Milliarden DM 1971 auf 26,0 Milliarden DM im Jahre 1981. Ihr stand 1981 nur ein Westexporterlös (einschließlich innerdeutscher Handel) von 11,0 Milliarden DM gegenüber. Die DDR hat die in frei konvertierbarer Währung aufgenommenen Kredite nur teilweise zur Finanzierung von industriellen Investitionen und damit zum Aufbau einer exportorientierten Industrie verwendet. Hinzu kamen Importe vor allem von Getreide und Futtermitteln, um die Lücken des eigenen Anbaus auszugleichen und ihre negativen Auswirkungen auf die Tierhaltung zu begrenzen. Allein 1980 belief sich ihr Wert auf 15 bis 20% der gesamten Westexporterlöse.

Schon 1982 war die DDR gezwungen, zur Begleichung der Altschulden neue Kredite aufzunehmen, zu einem Zeitpunkt, zu dem aufgrund der restriktiven amerikanischen Geldpolitik die Zinsen auf dem internationalen Geldmarkt sprunghaft anstiegen. Sie erreichten Rekordmarken von 20% und führten dazu, dass die DDR keine Liquidität mehr besaß. Die westlichen Banken reagierten, aufgeschreckt durch die Zahlungsunfähigkeit Polens und Rumäniens, mit einem Kreditstopp. Obwohl das eine wachsende Abhängigkeit vom „imperialistischen Hauptfeind" bedeutete, wandte sich die DDR in dieser Situation Hilfe suchend an die Bundesrepublik, gegenüber deren Banken sich die Verschuldung etwas günstiger darstellte. Am Zustandekommen des ersten, völlig überraschenden Milliardenkredits im Jahr 1983 waren Alexander Schalck-Golodkowski und auf westdeutscher Seite Franz Josef Strauß und Josef März maßgeblich beteiligt. Die Verhandlungen selbst führten – wie üblich – die beteiligten Banken. Dieser und ein weiterer 1984 gewährter Kredit beliefen sich auf insgesamt 1,95 Milliarden DM und erlangten ihre Bedeutung nicht nur wegen ihres Umfangs, sondern auch im Hinblick auf die Wiederherstellung der internationalen Reputation der DDR. Die Bundesregierung versah beide mit einer Garantie, die sie dazu verpflichtete, bei Zinsverzug sofort die fälligen Jahresraten zu übernehmen. Im Gegenzug verpfändete die DDR als Sicherheit ihren vertraglichen Anspruch auf Zahlung der Transitpauschale.

In dem auf Euromittel zurückgreifenden Konsortium waren Landesbanken unter Führung der Bayerischen Landesbank und Geschäftsbanken mit der Deutschen Bank an der Spitze vertreten. Die Verzinsung lag um einen Prozentpunkt über der marktüblichen Luxemburger Rate. Die Laufzeit betrug jeweils fünf Jahre, wobei pro Halbjahr ein Zehntel der Kreditsumme fällig wurde. Vor dem Hintergrund der nahenden Insolvenz konnte man diese Konditionen als sehr günstig bezeichnen. Die Gelder wurden nicht unmittelbar zum Kauf von Waren verwendet, sondern auf westliche Konten überwiesen, um die Bonität der DDR zu stützen. Dennoch bedeutete dieser Erfolg nur eine Galgenfrist. Der XI. und letzte Parteitag der SED im April 1986 forderte, alle Kräfte darauf zu konzentrieren, die „ökonomische Unangreifbarkeit der DDR weiter zu festigen", doch längst hatte sich eine Lawine gelöst, die alle Maßnahmen der Führung zunichte machte. Durch den neuerlichen Zusammenbruch der Erdölpreise seit der Jahreswende

1985/86 büßte die DDR allein 1986 rund 1,5 Milliarden US-Dollar an Devisenerlösen ein. Nun folgte sie nur noch dem Grundsatz „Liquidität geht vor Rentabilität" und ließ Alexander Schalck-Golodkowski Potjomkin'sche Dörfer in die finanzpolitische Landschaft zaubern.

Im Rückblick neigten Wirtschaftshistoriker und die einstmals verantwortlichen Funktionäre dazu, die Unabwendbarkeit der ökonomischen Katastrophe sehr früh anzusetzen. Offenbar gab es vor dem Hintergrund des Traumas des 17. Juni 1953 in Verbindung mit den Arbeiterunruhen in Polen kein Entrinnen aus dem Teufelskreis. Der SED-Führung saß permanent die Angst vor der eigenen Bevölkerung und ihren Konsumwünschen im Nacken. Viele mögen tatsächlich frühzeitig auf die Gefahren der Verschuldungspolitik hingewiesen haben, eine realistische Alternative zu Honeckers Strategie des „Fortwurstelns" auf Kosten der Substanz hatten aber auch sie nicht zu bieten.

Gelegentlich sprach man im Westen von der Starrheit des planwirtschaftlichen Systems. Dies war, bezogen auf die Alltagspraxis und deren Protagonisten, mehr als ungerecht. Die sozialistische Wirtschaft glich vielmehr einem bunten Jahrmarktsbudenzauber mit Seiltänzern, Jongleuren, Entfesselungskünstlern, Gauklern und Taschenspielern jeglicher Art. Es gab einen Plan, trotzdem regierte die Improvisation. Es existierte eine Theorie der politischen Ökonomie, die als einer der „drei Bestandteile" der „einzig wissenschaftlichen Weltanschauung" an jeder Hochschule oder Universität gelehrt wurde. Wohlausgestattete Institute entwickelten darüber hinaus Strategien für die sozialistische Wirtschaftsführung. Doch kein Mensch nahm diese Ausarbeitungen ernst. Es herrschten strenge Gesetze, die aber nur von Fall zu Fall galten. Die Bürokratie erließ zahllose Anordnungen und Weisungen, deren strikte Einhaltung die Volkswirtschaft binnen kurzem ruiniert hätte, aber es gab ungeschriebene Regeln, die niemand ungestraft verletzte. Obwohl ein riesiger Apparat mit all seinen Schwerfälligkeiten regierte, wurde bisweilen vollkommen unbürokratisch an ihm vorbei gehandelt. Nichts galt so, wie es auf dem Papier stand: weder Theorie, Gesetze, Unterordnungsverhältnisse noch gar Planziffern und Statistik. Trotzdem nahmen sie die Funktionäre ungeheuer wichtig, berauschten sich an den gefälschten Zahlenkolonnen und an fremd klingenden Schlagworten, die geheimnisvoll wie Zauberformeln klangen, und sangen wie kleine Kinder im dunklen Wald das Hohe Lied der Mikroelektronik. Der Ein-Megabit-Speicherchip sollte Erlösung bringen, so wie zu Ulbrichts Zeiten die kybernetischen Modelle oder die Chemisierung der Ökonomie.

Welche Blendkraft der schöne Schein ausübte, belegt die Tatsache, dass ausländische Beobachter noch kurz vor dem Zusammenbruch der DDR von der Stabilität schwärmten und im Juli 1989 ein größerer Artikel im ›Tagesspiegel‹ beträchtliches Aufsehen erregte, der erstmals Informationen über die Krise der DDR-Wirtschaft und unterdrückte Reformdiskussionen veröffentlichte.[17]

Das Ende der DDR trug alle Züge eines betrügerischen Bankrotts. Jahrelang hatte man über seine Verhältnisse gelebt, Bilanzen gefälscht, Geldgeber hintergangen, den Scheinwohlstand mit immer neuen Schulden bezahlt. Und als das Schwindelunternehmen zu platzen drohte, versuchte man sich klammheimlich aus dem Staub zu machen.

Das „Jahr der großen Utopien", wie einige die letzten zwölf Monate verklärend genannt hatten, bestand vor allem aus großen Betrügereien und Unterschlagungen. Millionen versickerten spurlos, Immobilien wechselten unter der Hand den Eigentümer, Genossenschaften gingen in Privatbesitz über. Das „letzte Gefecht" der Weltrevolution, das man einst am Lagerfeuer zur Klampfe besungen hatte, tobte um Wochenendhäuser, Devisenkonten und Genossenschaftsanteile. Auf unerwartete Weise bestätigte sich die These von Karl Marx, dass die entscheidenden Triebkräfte der Geschichte ökonomischer Natur seien. In den Jahren 1989 und 1990 – in jenem Jahr der großen Utopien – vollzog sich jener Prozess, den Marx die „ursprüngliche Akkumulation des Kapitals" genannt hat. In trauter Eintracht häuften Konjunkturritter aus dem Westen und ehemalige DDR-Funktionäre Kapital an. Nicht in allen Fällen gelang dies reibungslos, doch es bildete sich eine neue Schicht von „Leistungsträgern". „Du musst ein Schwein sein in dieser Welt. Du musst gemein sein in dieser Welt", sang die aus der DDR kommende Popgruppe „Die Prinzen" und lieferte damit den Hit der Transformationszeit, wie die Soziologen den Übergang zur freien Marktwirtschaft und zur Demokratie später nannten.

IV. Von der „Volksgemeinschaft" zur „Spaßgesellschaft"
Mentalitätswandel

Siegfried Weichlein

Weimarer Weltanschauungen und Organisationsfetischismus

Gab es überhaupt *eine* Weimarer Gesellschaft und wenn ja, was hielt sie zusammen? Unbestreitbar ist: Die Weimarer Republik war unter dem nationalen Gesichtspunkt homogener als das Kaiserreich. Die Gebietsabtretungen von 1919 hatten die polnische und die französische Minderheit ihren Titularnationen wieder zugeordnet. Der innere sprachliche und ethnische Integrationsbedarf der Republik war dadurch niedriger als vor 1914. Die Alliierten, nicht die Nationalversammlung, hatten 1919 noch einmal die kleindeutsche nationale Lösung eines von Preußen dominierten Deutschland, wie sie bei der Reichsgründung 1871 Gestalt angenommen hatte, bestätigt. Österreich war wie schon 1848 und 1871 kein Teil des Deutschen Reiches. Die deutsche Nachkriegsgesellschaft war damit insgesamt nationaler als die Gesellschaft vor 1914.

Auch wenn die territorialpolitischen und die ethnischen Rahmendaten für eine größere Homogenität der deutschen Gesellschaft sprachen, war die Weimarer Republik doch eine tief fragmentierte Gesellschaft. Es waren weniger die objektiven als vielmehr die subjektiv gefühlten sozialen Klassenlagen, die die deutsche Gesellschaft spalteten. Die Gesellschaft der Weimarer Republik war weniger als die des Kaiserreiches eine Klassengesellschaft. Dagegen sprach schon die soziale Ausdifferenzierung der Erwerbsberufe. Das Wachstum des Dienstleistungssektors brachte zahlreiche neue Berufe im Angestelltenbereich hervor und stärkte die vorhandenen; dies war mit einer Klassenbegrifflichkeit schwer zu fassen. Differenzierung, nicht Homogenisierung kennzeichnete die Geschichte der sozialen Gruppen nach 1918. Entscheidend war, dass von „objektiven" sozialen Merkmalen immer weniger auf das subjektive Bewusstsein geschlossen werden konnte. Die Arbeiterschaft stellte zwar mit über 40 Prozent noch den größten Teil der Erwerbsbevölkerung. Doch gab es nichts weniger als ein einheitliches Bewusstsein unter den Arbeitern. Für die individuell wahrgenommene soziale Lage waren weniger das Kriterium der abhängigen Lohnarbeit als vielmehr die Unterschiede zwischen den Branchen, zwischen gelernten und ungelernten Arbeitern, vor allem aber zwischen denen, die Arbeit hatten, und denen, die keine Arbeit hatten, ausschlaggebend. Umgekehrt darf eine Stimmabgabe radikalisierter Arbeitsloser für die KPD nicht mit einem gefestigten politischen Bewusstsein verwechselt werden.

Bei den Arbeitern konnte von einem einheitlichen politisch-sozialen Bekenntnis keine Rede sein. Diesen Befund untermauerte eine Studie des Frankfurter Instituts für Sozialforschung.[1] Für die ideellen Mischlagen sprach, dass auch sozialdemokratische Arbeiter Napoleon, Bismarck und auch Hindenburg zu den großen Persönlichkeiten der Geschichte rechneten. Jahrzehnte intensiver sozialdemokratischer Aufklärungsarbeit hatten kaum Spuren in der eigenen Anhängerschaft hinterlassen. Auch wenn der ›Vorwärts‹ 1927 ganz neusachlich alle Nippessachen, goldgerahmten Öldrucke und gestickten Wandbekleidungen aus den Arbeiterwohnungen geworfen wissen wollte, schätzten viele Parteimitglieder diese „Auswüchse krankhafter Bourgeoisie" offenbar so sehr, dass sie sich nicht davon trennen wollten. Das Streben nach kultureller Modernität hielt sich bei den Arbeitern sehr in Grenzen. Die viel zitierte Modernität des Jazz lehnte etwa die Hälfte aller befragten Arbeiter ab. Nur bei der Haartracht dachten die Arbeiter anders: Der Bubikopf gefiel ihnen überwiegend.[2]

Die sozialen Lagen prägten das Bewusstsein in der deutschen Gesellschaft der Weimarer Republik vermittelt durch Weltanschauungen. Die „Weltanschauung" war so sehr deutsch, dass sie im Englischen zu einem Germanismus wurde. Eine Weltanschauung bedeutete ein Bündel von Ideen, das gleichzeitig die Anschauung von Politik, Kultur und sozialer Welt prägte. Weltanschauungen waren in der Weimarer Republik weniger denn je Privatsache. Das verband sie mit der Religion. Sie rührten von den großen kollektiven Konflikten des 19. Jahrhunderts her, der Nationalstaatsbildung und der Industrialisierung. Anders als in England oder in Frankreich waren beide Herausforderungen in Deutschland zeitlich zusammengefallen. Die nationalen und die sozialen Konflikte wurden nicht nacheinander, sondern gleichzeitig ausgetragen, was im Ergebnis dazu führte, dass sie sich wechselseitig verstärkten. Die markantesten Konflikte waren der konfessionelle und der soziale Gegensatz. Diese ursprünglichen politisch-mentalen Konflikterfahrungen ergaben den emotionalen Kitt, der die sozialmoralischen Gesinnungsgruppen auch nach 1918 zusammenhielt. Überleben konnten diese politischen Gesinnungsgruppen, weil sie ihre Ursprünge ständig symbolisch wiederholten und damit in die Gegenwart hinein verlängerten. Der kurzzeitige preußische Kultusminister Adolph Hoffmann, nach seinem Vorschlag einer Trennung von Kirche und Staat „Zehn-Gebote-Hoffmann" genannt, bediente diesen Kulturkampfreflex im Katholizismus genauso wie die Reichswehrplanungen für den Panzerkreuzer A, den die Sozialdemokraten im Wahlkampf 1928 unter der Parole „Kinderspeisung statt Panzerkreuzer – Fort mit dem Panzerschiff" bekämpften.

Nur leicht überspitzt ausgedrückt: Die Weltanschauungen wurden zu politischen Religionen mit einem politischen Glaubensbekenntnis, Parteien aber zu politischen Kirchen mit ausladenden und regelmäßig zelebrierten Liturgien, Märtyrern und heiligen Geschichten. Jede dieser Kirchen erhob einen Gestaltungsanspruch für die gesamte Gesellschaft, was Deutschland etwa von der versäulten niederländischen Gesellschaft und auch von der Schweiz unterschied.[3] Weltanschauungen – zumal politische – waren im Bewusstsein vorweggenommene Mehrheitskulturen. Die Weimarer Republik verfügte von Anfang an nicht über zu wenig, sondern über zu viele und zu widersprüchliche Ordnungsvorstellungen. Sinn war keine Mangelware in der Weimarer Republik. Auch an den Widersprüchen zwischen den politischen Weltanschauungen der Republikgründer scheiterte der Verfassungskompromiss von 1919. In der deutschen politischen Gesellschaft überwog nur kurzfristig und teilweise der Konsens den Konflikt. Schon eine so zentrale Annahme wie die Volkssouveränität stieß in der katholischen Zentrumspartei auf große Vorbehalte, weil sie der Souveränität Gottes zu widersprechen schien. Es überwog generell ein instrumenteller Umgang mit der Republik. In der Arbeiterbewegung galten Parlament und Demokratie überwiegend als – freilich notwendiges – Hilfsmittel, um nach dem Mehrheitsgewinn etwas anderes zu etablieren. Republik und Demokratie besaßen – so betrachtet – keinen Wert an sich. Das politische Schlagwort „Republik, das ist nicht viel, Sozialismus lautet unser Ziel" fand gerade unter jungen Sozialdemokraten zahlreiche Anhänger. Attraktiv war der instrumentelle Umgang mit Demokratie und Republik noch aus einem anderen Grund. Wer so handelte, brauchte sich dem stressvollen gesellschaftlichen Pluralismus, der die Voraussetzung für jede funktionierende Demokratie ist, nicht zu stellen.

Religion und Kirchen unterstrichen die gesellschaftliche Prägekraft von Ideen und Weltbildern. Auch zu Beginn des 20. Jahrhunderts prägte die konfessionalisierte Religion immer noch den Alltag und das Bewusstsein einer Mehrheit der Deutschen. Die Säkularisierung war kein linearer Prozess und schon gar kein flächendeckender. Sie verstärkte in der Tendenz eher die Gefälle zwischen Stadt und Land sowie zwischen Nord und Süd. Schon in der Weimarer Republik verlief das Gefälle in der kirchlichen Bindung der Protestanten dort, wo nach 1945 die innerdeutsche Grenze verlief: zwischen der Provinz Hannover und Mecklenburg, zwischen Hessen und Thüringen. Die Entkirchlichung in der DDR kann somit nicht allein auf die SED-Politik zurückgeführt werden. Sie hat vielmehr ältere Wurzeln.[4] Umgekehrt gab es in den mittel- und ostdeutschen Gebieten vor 1933 eine deutlich höhere Bereitschaft für alternative, nicht christliche Weltanschauungen.

Die politische Sprache blieb auch in der Weimarer Republik noch religiös aufgeladen. Politikentwürfe erhielten dadurch einen transzendenten Anstrich. Die Vorstellung des „Weltgerichts" konnte in der Arbeiterbewegung mühelos in die der „Revolution" umgedeutet werden. Umgekehrt wählten katholische Arbeiter, die von der Zentrumspartei enttäuscht waren, signifikant häufiger die KPD als die SPD. Das eschatologische Weltbild, die politische Messianologie und die kirchenähnliche, straffe Organisation mit der immer gleichen Liturgie politischer Versammlungen bei den Kommunisten waren den katholischen Arbeitern vertraut. Wie weit die Religion in der politischen Sprache präsent war, zeigte der Wahlkampfslogan der Zentrumspartei in der Endphase der Weimarer Republik: „Christenkreuz gegen Hakenkreuz und Sowjetstern". Die Reichstagswahlen vom 14. September 1930 fielen auf das katholische Fest „Kreuzerhöhung". Die politische Zeitrechnung war kaum zu trennen vom religiösen Festkalender.

Die weltanschaulichen Gesinnungsgruppen bildeten Teilkulturen, ja Teilgesellschaften in der Weimarer Republik, die das gesamte Leben ihrer Mitglieder von der Wiege bis zur Bahre zu prägen versuchten. Das wichtigste Instrument hierfür waren die vorpolitischen Vereine. Der Volksverein für das katholische Deutschland stellte genauso wie die sozialistischen Gewerkschaften (ADGB) oder der Arbeiter-Turn-und-Sport-Bund (ATSB) die Schnittstelle zur Politik her. Vereinsmeierei – so deutsch und schwer zu übersetzen wie „Weltanschauung" – war das Kennzeichen der sozialen Mentalität in den Weimarer Jahren. Das Motto der Organisationsfetischisten von rechts und links war: „Was nicht organisiert ist, existiert nicht". Die chronisch schwach organisierte Zentrumspartei verdankte ihre Wahlerfolge dem dichten Netz der katholischen Vereine.

Ostern 1932. Gruppenbild von Mitgliedern der Sozialistischen Arbeiterjugend (SAJ) vor der Jugendherberge Rothenfels am Main.

Auch die sozialdemokratische Vereinskultur erreichte um 1931 ihre größte Dichte. Erst am Ende der Weimarer Republik war das Ideal einer Arbeiterkultur ansatzweise verwirklicht, die ihre Mitglieder ein Leben lang von den „Sozialistischen Kinderfreunden" des Kurt Löwenstein bis zum sozialistischen „Feuerbestattungsbund" hatte erfassen wollen.[5]

Die relative Konstanz der Gesinnungsgruppen schloss den mentalen Wandel keineswegs aus, im Gegenteil. Vor allem die Weltkriegsniederlage bedeutete für die großen Ideensysteme einen tiefen Einschnitt. Die religiösen Frömmigkeitsformen und Mobilisierungsmuster des Katholizismus etwa waren im Kaiserreich stark defensiv, depressiv und durchgängig antimodern gewesen.[6] Die Niederlage des kaiserlichen und protestantischen Deutschland im Weltkrieg und die zentrale Rolle der Zentrumspartei bei den Regierungsbildungen nach 1919 änderten die katholische Mentalität bei aller Skepsis gegen den Säkularisierungsschub, den die Republik bedeutete, gründlich: Den Platz des Herz-Jesu-Kults nahm jetzt die triumphale Christkönigsfrömmigkeit ein. Zahlreiche kirchliche Gruppen standen für eine Aufbruchstimmung, die auch den inneren Formenwandel einschloss. Der liturgische Aufbruch auf Burg Rothenfels am Main um ihren Spiritus Rector Romano Guardini wies weit voraus, blieb in seinen erweckenden Formen aber noch der Jugendbewegung verbunden, genauso wie die Jugendgruppen des „Quickborn". Im Ganzen verzeichnete der Katholizismus einen kulturellen und mentalen Aufschwung und Positionsgewinn. Umstritten waren die Ursachen für den Aufschwung des Katholischen nach 1918: Waren jetzt alle Hindernisse für die Nationalisierung und Verbürgerlichung des Katholizismus beseitigt? Oder waren es gerade seine vorbürgerlichen Grundlagen, die ihn am Ende der liberalen Ära attraktiv machten? Auf der Ebene der gesellschaftlichen und politischen Eliten rückten Katholiken nach 1918 in Positionen vor, die ihnen zuvor verschlossen oder nur schwer zugänglich waren: Das Zentrum stellte die meisten Reichskanzler und war bis 1932 führend an den Regierungen im Reich und in Preußen beteiligt. Auf regionaler Ebene nahm die Zahl der katholischen Landräte und Oberpräsidenten zu. Der preußische Kultusminister Carl Heinrich Becker berief 1923 den katholischen Priestergelehrten Romano Guardini an die Berliner Universität, wo er Religionsphilosophie und katholische Weltanschauung lehrte. Das alles sprach für ein stärkeres Hineinwachsen in bürgerliche Formen. Gerade aber liberale und linke Protestanten sahen im Katholizismus der Weimarer Zeit jedoch einen antibürgerlichen Ordnungsfaktor. Der religiöse Sozialist Paul Tillich führte das „überaus starke Siegesbewusstsein des gegenwärtigen Katholizismus" auf seine vorbürgerliche Geisteslage zurück, die ihn zu einem ernst zu nehmenden Gesprächspartner in nachbürgerlicher Zeit prädestinierte.

Die evangelischen Kirchen mussten sich nach dem Ende der Monarchie und des Summepiskopats, der dem Monarchen die oberste Kirchenführung gab, organisatorisch neu formieren. Die Revolution bedeutete das Ende aller groß- und kleinschmalkaldischen Hoffnungen auf ein evangelisches Reich deutscher Nation. Die Nachkriegszeit war eine Zeit des inneren Umbaus der protestantischen Landeskirchen, deren Grenzen sich – wie im Übrigen auch diejenigen der katholischen Bistümer – immer noch nach der beim Wiener Kongress 1815 beschlossenen Gebietsordnung richteten. Evangelische Bischöfe lösten die gekrönten Häupter in der Kirchenleitung ab. Synodalversammlungen zogen in die Gemeinden ein. Das Modell der Volkskirche gab jetzt eine neue Struktur vor. Die stärkere Beteiligung der Gemeindeglieder sollte nicht nur den politischen Veränderungen Rechnung tragen. Das Konzept der „Volkskirche" war auch eine Alternative zur überkommenen Theologenkirche. Der Protestantismus sollte vom Kopf auf die Füße gestellt werden. Volkskirchenräte stärkten innerkirchlich die Beteiligungsrechte der Gemeindeglieder. Der evangelische Kirchentag, 1919 erstmals in Dresden abgehalten, bildete das synodale Repräsentativorgan der deutschen Protestanten. Aus ihm und dem „Deutschen Evangelischen Kirchenausschuss" entstand 1922 erstmals eine protestantische Vertretung auf nationaler Ebene, nämlich der in der Schlosskirche zu Wittenberg gegründete „Deutsche Evangelische Kirchenbund". Otto Dibelius feierte diese Entwicklung 1926 unter dem Titel „Das Jahrhundert der Kirche".[7] Zur kirchlichen Reform kam eine religiöse Aufbruchstimmung hinzu, die in der Luther-Renaissance ihren markanten Ausdruck fand. Der religiöse Reformator trat jetzt gegenüber dem deutschen Nationalhelden wieder in den Vordergrund. Im Ergebnis differenzierte sich der Protestantismus damit weiter in positiv Orthodoxe, Neu-Lutheraner, Kulturprotestanten und dialektische Theologen in der Nachfolge Karl Barths aus.

Für die deutschen Juden bedeuteten Krieg und Republik ebenfalls einen tiefen Einschnitt. Für sie eröffneten Demokratie und Republik neue Integrationsmöglichkeiten in der Politik und im kulturellen Leben. Liberale Juden sahen sich darin bestärkt, gleichzeitig Deutsche und Juden sein zu können. Sogar die zionistische ›Jüdische Wochenschau‹ begrüßte im November 1918 die Revolution:

Wir wissen und vertrauen [...], dass wiederum Ketten gefallen sind, die die Menschheit und auch das jüdische Volk schwer gedrückt haben. [...] Wir begrüßen die Revolution![8]

Vierzig Jahre Antisemitismus schienen das deutsche Judentum nicht geschwächt, sondern – im Gegenteil – gestärkt zu haben. Innerjüdisch nahmen die Gegensätze zwischen der Neu-Orthodoxie, den Zionisten und dem liberalen, zur Assimilation geneigten Judentum gleichwohl zu. Das Gewicht der Liberalen ging aufs Ganze gesehen zurück. Jüdisches Selbstbewusstsein gewann an Boden. Die Gegner des liberalen Judentums kamen in der Jüdischen Volkspartei zusammen, die 1925 an den Wahlen zum „Preußischen Landesverband jüdischer Gemeinden" erfolgreich teilnahm. Sogar in der Berliner jüdischen Gemeinde gab es zwischen 1925 und 1930 eine antiliberale Mehrheit.

Nach einer Formulierung von Fritz Stern ging es den deutschen Juden sichtbar gut, unsichtbar aber litten sie.[9] Diese Diskrepanz lag am offenen und verdeckten Antisemitismus. Er nahm nach 1918 an Schärfe bis hin zum Mord an prominenten Juden weiter zu. Der Mord an Walther Rathenau 1922 war für viele Demokraten ein deutliches Fanal. Er öffnete denen, die sehen wollten und konnten, die Augen über den Judenhass auf der extremen Rechten. Im Ersten Weltkrieg hatte sich der Antisemitismus radikalisiert und war zugleich Regierungspolitik geworden. Das hatten die Judenzählung 1916 und die Grenzsperre für Ostjuden (wegen angeblicher „Gesundheitsrisiken") im Frühjahr 1918 sichtbar gemacht. In der Vaterlandspartei besaß die nationalistische Rechte 1917/18 zum ersten Mal ein nationales Forum mit Massenanhang. In der Weimarer Republik suchte sich der verletzte Nationalstolz im Antisemitismus ein billiges Ventil. Die Republik und die Kriegsniederlage wurden immer mit Juden in Verbindung gebracht. Trotz des Rückgangs des politischen Antisemitismus in Gestalt der Deutschvölkischen Freiheitspartei nach 1924 blieben die Netzwerke der Antisemiten erhalten. Früh schon gewannen die Nationalsozialisten Einfluss in der Studentenschaft. Der Antisemitismus aber stellte die Einheit der deutschen Gesellschaft offen in Frage.

Diese Einheit der Gesellschaft war im Kaiserreich durch die Obrigkeit, die Über- und die Unterordnung noch hergestellt worden. Die Untertanenmentalität eines Diederich Heßling aus Heinrich Manns ›Der Untertan‹ hatte ihren Haftpunkt in der Staatsmacht oder in der imaginären Figur des „Generals Dr. von Staat" (Thomas Mann) gefunden. Davon konnte nach 1918/19 nur noch eingeschränkt die Rede sein. Das Frauenwahlrecht und die politische Integration der Arbeiterbewegung sorgten für einen Emanzipationsschub, der nicht spurlos an der Gesellschaft vorüberging. Insgesamt gewann die Gesellschaft an Bedeutung gegenüber der staatlichen Herrschaft. Gerade der preußische

Obrigkeitsstaat hatte im Krieg nicht das geliefert, was sich seine Befürworter versprochen hatten. Er war am meisten reformbedürftig. Preußen, das Bollwerk monarchischer Prärogativen und aristokratischer Politik, wurde nach 1918 zum Bollwerk der Demokratie. Die Demokratisierung der Beamtenschaft entzog dem alten Weltbild seine wichtigsten Stützen.

Ihre größere Mündigkeit gab der deutschen Gesellschaft noch keine Identität. Die Weimarer Gesellschaft war eine tief verunsicherte Gesellschaft. Der Gründungskompromiss, auf dem die Republik beruhte, war genauso brüchig und wenig belastbar wie die Loyalität der Bevölkerung gegenüber der Politik im Reich. Die tiefe Verunsicherung rührte von den widersprüchlichen Erfahrungen der politischen, kulturellen und wirtschaftlichen Modernisierung und der Weltkriegsniederlage her. Die Erweiterung individueller politischer und sozialer Rechte und der Ausbau des Wohlfahrtsstaates beseitigten nicht die Frustration in der politischen Öffentlichkeit über die Niederlage und die Reparationen. Die Weimarer Gesellschaft hungerte nach Orientierung. Republik und Demokratie blieben relativ abstrakte Vorstellungen, die zeitgenössisch wenig zur politischen Sinngebung beitrugen, was die immer bemühten und ästhetisch sparsamen Verfassungsfeiern am 11. August alljährlich erneut demonstrierten. Anerkennung konnte sich die Republik letztlich nur durch materielle Verteilungserfolge in der Sozialpolitik sichern. Um damit aber erfolgreich zu sein, fehlte die Verteilungsmasse.

Die Fragmentierung der Weimarer Gesellschaft wurde als „geistige Zerrissenheit" wahrgenommen, nicht aber institutionell ausgetragen. Die politische Ordnung Weimars ermöglichte es durch ihr Arrangement von Institutionen und Zuständigkeiten sehr wohl, Konflikte im System und nicht gegen das System auszutragen. Der antipluralistische Effekt stand dem freilich entgegen. Der geregelte Konfliktaustrag schien die Ordnung zu stören. Dem Hunger nach Sinn kamen Metastrategien entgegen, die eine Einheit oberhalb der Konfliktparteien konstruierten. Die wichtigste Strategie war die Ethisierung der politischen und gesellschaftlichen Begriffe, wodurch alles und jedes sittlich interpretiert wurde. Das Muster „gut/schlecht" war damit in der Politik allgegenwärtig. Nicht durch die Politik, die Parteien oder die Republik sollte Deutschland wieder auf die Beine kommen, sondern durch das apolitisch verstandene Sittliche. Unter dieser Leerformel ließ sich leicht Einverständnis herstellen. Gerade die Weimarer Vernunftrepublikaner setzten auf den Sittlichkeitsdiskurs. Auf die „geistige Zerrissenheit" antwortete aber auch die Historisierung deutscher Identität und Größe. Der Blick in die Vergangenheit, vor allem in die Zeit der Befreiungskriege, band die deutsche Identität an den Kampf gegen äußere Feinde, zumal gegen Frankreich. Als Minimalkonsens kam noch die Kulturalisierung der Politik in Betracht. 1932 war ein Goethejahr. Die Verfassungsfeiern vom 11. August 1932 waren in vielen Fällen Goethefeiern. Im Ergebnis mobilisierten zwar alle drei Strategien der Ethisierung, Historisierung und Kulturalisierung für das politische Gemeinwesen. Eine Möglichkeit zum Kompromiss zwischen den verschiedenen Weltanschauungen eröffneten sie aber nicht. Wer sich auf das Sittliche berief, konnte schlecht Kompromisse eingehen.

Es gab aber auch Gegenbewegungen, die das Bekenntnis zur Republik mit der Bereitschaft zum Kompromiss verbanden. Diese Republikaner fanden sich in den Parteien und außerhalb. Republiktreue Sozialdemokraten wie der Theoretiker Georg Decker waren sich über die Notwendigkeit im Klaren, neue Antworten auf die gesellschaftlichen Probleme der Weimarer Republik zu finden. 1929 schrieb er in der ›Gesellschaft‹: „Die alte Schönheit ist nicht mehr wahr, die neue Wahrheit ist noch nicht schön."10

Decker warb für ein nüchternes, gleichsam von neuer politischer Sachlichkeit geprägtes Verhältnis zu Republik und Demokratie, das den Kompromiss nicht verteufelte, sondern zum legitimen Bestandteil politischer Arbeit erklärte. Damit formulierte er das Credo der schmalen, jedoch publizistisch einflussreichen Gruppe von Vernunftrepublikanern. Hierzu gehörten Intellektuelle wie der Historiker Friedrich Meinecke ebenso wie Politiker wie Josef Wirth von der Zentrumspartei und Außenminister Gustav Stresemann von der Demokratischen Volkspartei. Aufsehen erregte die politische Konversion des Erznationalisten Thomas Mann (›Betrachtungen eines Unpolitischen‹, 1918) zum Republikanhänger. 1922 setzte er sich in einer Rede vor Breslauer Studenten dezidiert für einen Brückenschlag zwischen Kultur und Republik ein:

Es ist löblich, es ist ein Zeichen von Geist, äußere Tatsachen zu bekämpfen, sofern sie mit den inneren nicht übereinstimmen und also zwar Wirklichkeit, aber nicht Wahrheit sind. Es ist dagegen absurd und nichts weiter, Tatsachen zu leugnen und sich im Wirklichen nicht ausprägen lassen zu wollen, die es für jedermann innerlich sind, auch für die Leugner und Opponenten. Studentenschaft! Bürgertum, eingesprenkelt in die Reihen der akademischen Jugend! Die Republik, die Demokratie sind heute solche inneren Tatsachen, sind es für uns alle, jeden Einzelnen, und sie leugnen heißt lügen.11

Staat und Republik waren nach Mann jetzt die Sache jedes Einzelnen, „unsere Sache" geworden.

Das vernunftrepublikanische Wir umfasste keine Vertreter von Wirtschaft und Industrie. Auch die DVP, die Partei Gustav Stresemanns, geizte mit Bekenntnissen zur Republik – sehr zum Unwillen Stresemanns. Der Republikanismus blieb ein soziales und kulturelles Elitenphänomen, gegen das sich leicht sozialer Protest mobilisieren ließ. Die Vernunftrepublikaner gerieten schon früh in die Defensive. Sie konnten sich in ihrem eigenen Haus nicht sicher fühlen. Dies lag auch daran, dass die überalterten republikanischen Eliten keinen Anschluss an die Jugendkultur nach 1918 fanden. Deren mentale Leitbilder an den Rändern des Parteienspektrums orientierten sich nicht an der Vergangenheit, sondern an der Zukunft. Der Radikalität schien die Zukunft zu gehören: so oder so.

Auf die Zukunft hin ausgerichtet waren die Leit- und Kampfbegriffe „Rasse", „Klasse" und „Masse". Die Rhetorik der „Rasse" war für die Binnenintegration in der NSDAP entscheidend. Die Parteiführung stellte in den Wahlkämpfen zwischen 1928 und 1933 dagegen die „Rasse" und den „Antisemitismus" noch hinter dem „Kampf gegen Moskau" und gegen das „System von Weimar" zurück. Der linke Gegenentwurf zur „Rasse" war die „Klasse", die ihrerseits auf unüberwindliche Vorbehalte im bürgerlichen Lager stieß. Lagerübergreifend galt dagegen der Begriff der „Masse". Die Agitation der politischen Linken stellte die Arbeiter- und Soldatenmassen als politisches Subjekt in den Mittelpunkt. Je weiter nach links man blickte, desto aktiver wurden die „Massen". Auf der äußersten Linken wimmelte es von Begriffen wie „revolutionärer Massenpolitik", „revolutionärer Massenarbeit" und „Massenkampf". Auf der politischen Rechten dagegen stellte die Masse den Adressaten der Agitation dar, sie war passiv und wollte bewegt werden. Die „Masse" war damit das genaue Gegenteil eines republikanischen Staatsvolkes.[12] Sie beschrieb ein staatsfernes Kollektiv, das sich je nach politischer Absicht ganz unterschiedlich füllen ließ.

Wichtiger als die „Masse" war das „Volk". Sowohl die Republikanhänger als auch ihre Gegner bezogen sich darauf. Mental erkannte sich eine Mehrzahl der Deutschen in dem Begriff der „Volksgemeinschaft" schon deshalb wieder, weil er stärker als die „Nation" oder das „Reich" affektuell aufgeladen war und den Solidaritätsgedanken in den Mittelpunkt stellte. Diese mobilisierende Wirkung, von der man sich etwas versprechen konnte, war für die soziale Breitenwirkung des Begriffes ausschlaggebend. Die soziale Bedeutung von „Volksgemeinschaft" richtete sich nicht zuletzt gegen das Distinktionsgehabe der alten Eliten. Die „Volksgemeinschaft" setzte sich von der konservativen Reichs- und Staatsrhetorik ab. Die Solidarität unter den Trägern des Volksbegriffes sollte intensiviert, nicht die Reichweite eines Imperiums extensiviert werden. Ursprünglich aus dem Verteidigungskonsens während des Weltkrieges entstanden, diente die Volksgemeinschaft in den wirtschaftlich schwierigen Weimarer Jahren zur apolitischen Begründung eines Verteilungskonsenses. In diesem Begriff war das soziale mit dem nationalen Interesse auf unpolitische Weise identisch geworden.

Im „Volk" waren staatliche Begriffe und Institutionen nicht mehr mitgedacht, was in der „Nation" noch der Fall gewesen war. Gleichzeitig wertete die Einheitsvorstellung einer „Volksgemeinschaft" die Vielzahl der Konflikte in der deutschen Gesellschaft als gemeinschafts- weil einheitsschädlich ab. Volk und Konflikt vertrugen sich nicht mehr. Gustav Radbruch blieb ein einsamer Rufer in der Wüste, als er die Parteien und mit ihnen die ganze Palette von politischen Konflikten in den Volksbegriff zu integrieren versuchte:

Wenn uns so auf der Hauptstraße der Verfassung die Parteien niemals begegnen („Grüß mich nicht Unter den Linden!"), so begegnen sie uns umso öfter in den gesetzlichen Nebenstraßen: in den Wahlgesetzen, die bei der Regelung der Verhältniswahl nicht immer nur verschämt von „Wählergruppen", sondern bisweilen schon unverfroren von „Parteien" reden, in den Geschäftsordnungen der Volksvertretungen, welche die parlamentarische Verfassung unverhohlen auf die Fraktionen gründen. Hier bricht die Erkenntnis durch, dass der Volksstaat unumgänglich ein Parteienstaat ist. Volk muss unvermeidlich ein Inbegriff streitender Parteien sein, solange nicht ein Engel vom Himmel uns die untrügliche Offenbarung des Allgemeinwohls gebracht hat.[13]

Die „Volks"-Rhetorik zog sich durch alle sozialen Schichten und war bis in die Arbeiterbewegung hinein anschlussfähig. Nicht zufällig führte die Mehrzahl der sozialdemokratischen Zeitungen diesen Begriff im Titel: ›Volksblatt‹, ›Volksstimme‹, ›Volksfreund‹, ›Volkswacht‹ und ›Volkszeitung‹. Das Volk und die Volksgemeinschaft wurden in der

Weimarer Republik zu einem unentrinnbaren Legitimationstitel für politische Gruppen, gleichzeitig aber auch zu einer politischen Ermächtigungsformel ersten Grades.

Der Begriff „Volk" wurde zum Gemeinplatz in allen Parteien genau in dem Moment, als er seine größte politische Aufwertung erfahren hatte. Staatsrechtlich war noch das Kaiserreich ein „ewiger Bund der deutschen Fürsten", nicht des Volkes gewesen. Erst die Präambel der Weimarer Reichsverfassung von 1919 machte das deutsche Volk zum unumstrittenen Souverän: „Die Staatsgewalt geht vom Volke aus." Die Weimarer Republik war ein „Volksstaat" und kein „Fürstenstaat" mehr. Dennoch waren „Volk" und „Volksgemeinschaft" auch deshalb so populär, weil das „Volk" apolitisch verstanden werden konnte und damit jeder seine bevorzugten vorpolitischen und sittlichen Inhalte in es hineinprojizieren konnte. Im Ergebnis nahm das Volk immer mehr staatsferne ethnische, auch rassische Bedeutungen an. Volk und Staatsvolk rückten damit allmählich auseinander. Mit der Zunahme staatsferner Selbstbeschreibungen im Volksgedanken geriet die für das 19. Jahrhundert so entscheidende Identität von Nation und Staat in Vergessenheit.

Daniela Münkel

„Volksgenossen" und „Volksgemeinschaft": Anspruch und Wirklichkeit

Der neue Rundfunk ist Stimme und Ohr der neuen Zeit. Im neuen Rundfunk schwingt der Herzschlag des ewigen Deutschland. Der neue Rundfunk ist unmittelbarer, leidenschaftlicher Ausdruck nationalsozialistischen Wollens. Der Hörer gestaltet den neuen Rundfunk, darum ist der neue Rundfunk die Angelegenheit des ganzen Volkes. Deutschlands Stimme schwingt im neuen Rundfunk, darum muss jeder Deutsche Rundfunkhörer sein. Tragt das Wort des Führers bis in den letzten Winkel deutscher Erde! Unsere Parole: Der Rundfunk dem Volke![1]

So schrieb Joseph Goebbels, Reichsminister für Volksaufklärung und Propaganda, in seinem Geleitwort zur 10. Funkausstellung im August 1933 in Berlin. Um zu gewährleisten, dass möglichst „jeder deutsche Volksgenosse Rundfunkhörer" werden konnte, wurde auf derselben Funkausstellung der „Volksempfänger" (VE 301) der Öffentlichkeit präsentiert. Das Gerät – je nach Ausstattung zum Preis zwischen 65 und 76 RM zu erwerben – sollte es breiten Bevölkerungsschichten ermöglichen, jederzeit an der im und durch das Radio inszenierten „Volksgemeinschaft" partizipieren zu können. Fünf Jahre später, also ein Jahr vor Kriegsausbruch, wurde auf der 15. Funkausstellung der „Deutsche Kleinempfänger" (DKE), im Volksmund „Goebbelsschnauze" genannt, für 35 RM auf den Markt gebracht, um der angestrebten vollständigen Erfassung der Bevölkerung durch das Medium Rundfunk nun möglichst nahe zu kommen. Rundfunk galt den nationalsozialistischen Machthabern als das „allermodernste und allerwichtigste Massenbeeinflussungsinstrument" und nahm eine herausragende Position im Kanon staatlicher Propaganda ein.[2] Dabei eignete sich das neue Massenmedium Radio besonders gut, um die viel beschworene „Volksgemeinschaft" nicht nur zu inszenieren, sondern auch erlebbar zu machen. Mithilfe des Radios sollten auch jene „Volksgenossen", die im „entlegensten Winkel des Deutschen Reiches" wohnten, nationale Großereignisse wie Reichsparteitage, Reichsbauerntage oder die Olympiade live miterleben können, sei es allein, in kleinen Gruppen oder beim großen „Gemeinschaftsempfang". Auch spezielle Sendeformate wie z.B. Wunschkonzerte oder Rundfunksprecherwettbewerbe dienten dazu, die „Volksgemeinschaft" in den eigenen vier Wänden zu erfahren. Mehr noch: Bei diesen Sendeformaten waren die Hörer und Hörerinnen aktiv an der Gestaltung des Programms beteiligt: „Aus dem Volke – für das Volk" hieß das Motto. Das „Wunschkonzert für die Wehrmacht" – ein Straßenfeger, der unter dem Schlagwort „Die Front reicht der Heimat die Hände" auch und gerade in Kriegszeiten die „Volksgemeinschaft" für jeden „Volksgenossen" erlebbar machen sollte – war eine für dieses Format typische Radiosendung. So bezeichnete Gustaf Gründgens das „Wunschkonzert für die Wehrmacht" in seiner Eröffnungsmoderation am 1. Oktober 1939 als „Stimme der Heimat" und versprach den deutschen Soldaten in allen Teilen Europas, dass sie durch die Sendung „über Raum und Zeit die Treue der Heimat" spüren würden. Durch

Berlin, 1936. Passanten hören die öffentliche Übertragung einer Rede Hitlers
(Foto: Josef Donderer).

„Live-Schaltungen" zu diversen Wehrmachtsstandorten, durch das Verlesen von Feldpost- und Hörerbriefen wurde die aktive Teilhabe am Medium Radio suggeriert. Gleichzeitig wurde die räumliche Distanz von Soldaten, ihren Angehörigen, Freunden, Berufskollegen usw. scheinbar aufgehoben, Nähe wurde inszeniert und erfahrbar gemacht. Die Resonanz auf diese Sendungen war enorm, wie sich u. a. durch Hörerbriefe rekonstruieren lässt, und sie rief, so die geheimen Lageberichte des Sicherheitsdienstes der SS: „in Tausenden das Erlebnis der ‚Volksgemeinschaft' wach ..."[3].

Das Programm des NS-Rundfunks war so angelegt, dass es zwar spezielle Interessen berücksichtigte, aber in seiner Mehrheit für alle Hörer und Hörerinnen interessant sein sollte. „Radio für jeden Stand" war dann auch der Werbeslogan der Rundfunkgeräteherstellerfirma SABA. Aus der „Hörergemeinschaft" wurde die erlebte „Volksgemeinschaft", zu der jeder auf seinem Platz, nach Schicht, Geschlecht oder Alter differenziert, gehören und seinen Beitrag leisten sollte. „Ganz Deutschland hört den Führer", so lautete die Unterschrift zu einem Plakat, das den Volksempfänger in den Mittelpunkt stellte. „Ganz Deutschland" war allerdings nur im eingeschränkten Maße, gemäß nationalsozialistischer Definition, gemeint. In einem Erlass des Reichssicherheitshauptamtes vom 20. September 1939 hieß es:

Juden deutscher Staatsangehörigkeit und staatenlosen Juden wird der Besitz von Rundfunkgeräten verboten. Das Verbot gilt auch für Arier, die in jüdischen Häusern leben, und für Mischlinge.[4]

Knapp vier Wochen später, am 19. Oktober 1939, wurde die Beschlagnahmung von Rundfunkgeräten im Besitz von Juden ohne Entschädigung angeordnet.[5] Juden, die seit der Machtübernahme der Nationalsozialisten durch zahlreiche Sondergesetze aus der „Volksgemeinschaft" ausgeschlossen waren, sollten damit auch aus der „Hörergemeinschaft" ausgegrenzt werden. Radio hören war nunmehr ein rein „arisches" Privileg. So wurde am Beispiel des Rundfunks noch einmal demonstriert, was allgemein für die Konstruktion der „Volksgemeinschaft" galt: Sie sollte eine exklusiv deutsch-arische sein, „deutsche Volksgenossen" integrieren und aus politischen oder rassischen Gründen unliebsame Personenkreise ausgrenzen. Beides, Integration bei gleichzeitiger Ausgrenzung, war ein konstitutives Element dieser nationalsozialistischen „Volksgemeinschaft" und wahrscheinlich auch ein Schlüssel zu ihrer Wirkungsmächtigkeit. Indem die Zugehörigkeit als etwas Exklusives definiert wurde, wertete sie diejenigen, die dazu gehören durften, auf. Wer nicht dazugehören durfte, definierte die Staatsmacht. Die Gruppe derer, die ausgeschlossen wurden, vergrößerte sich im Laufe der zwölf Jahre nationalsozialistischer Herrschaft ständig: Juden, politisch Andersdenkende, geistig und körperlich Behinderte, „Asoziale", Zeugen Jehovas, Homosexuelle, Zigeuner.

Die Idee der „Volksgemeinschaft" war eines der zentralen ideologischen Postulate des Nationalsozialismus. Ideengeschichtlich geht der Begriff bis zum Anfang des 19. Jahrhunderts zurück. Erstmals 1809 von Schleiermacher verwandt, wurde er im Laufe des Jahrhunderts in die Rechtswissenschaft und 1887 von Ferdinand Tönnies in die Soziologie eingeführt. Seit dem beginnenden 20. Jahrhundert nutzte ihn auch die schnell wachsende bürgerliche Jugendbewegung zur Beschreibung ihrer Idealvorstellungen von deutscher Gemeinschaft. Mit dem Ausbruch des Ersten Weltkrieges wurde der Begriff vor allem Ausdruck eines bürgerlich-nationalen Erneuerungsstrebens.[6] Das „Augusterlebnis von 1914", mit seiner vermeintlichen Kriegsbegeisterung über alle politischen und sozialen Grenzen hinweg, wurde als Erfahrung von „Gemeinschaft und Einheit" des deutschen Volkes stilisiert und gab somit dem Begriff „Volksgemeinschaft" eine spezifische Bedeutung, füllte ihn mit Inhalt und knüpfte an die Erfahrungswelt der Zeitgenossen und Zeitgenossinnen an. In der Weimarer Republik gehörte der Begriff zum Vokabular aller politischen Richtungen: Konservative, Liberale, Sozialdemokraten und Gewerkschaftsfunktionäre bedienten sich des Topos der „Volksgemeinschaft". Einzig die Marxisten mieden den Begriff. Die Nationalsozialisten nahmen das Schlagwort auf und erweiterten es um völkisch-rassistische Elemente:

Die Deutsche Volksgemeinschaft schließt nicht nur alle diejenigen ein, die Mitglieder der Nationalsozialistischen Deutschen Arbeiterpartei sind, sie umschließt alle, die nach Abstammung, Sprache und Kultur zur Deutschen Volksgemeinschaft gehören […] ein Jude [kann] nicht Angehöriger des Deutschen Volkes sein.[7]

Angehörige der nationalsozialistischen „Volksgemeinschaft" durften eben nur „arische" deutsche Volksgenossen sein. Darüber hinaus wurde der Begriff genutzt, um die Ausschaltung der politischen Gegner, besonders aus dem kommunistischen und sozialdemokratischen Lager, ideologisch zu untermauern. Wer von Klassenkampf spreche und zu selbigem aufrufe, verneine die „Volksgemeinschaft" und damit ein wesentliches Fundament des nationalsozialistischen Staates.

Die Frage nach den realen Auswirkungen und der Bindungskraft des Volksgemeinschaftspostulats stand relativ früh auf der Agenda der NS-Forschung. Der Grund dafür lag in der Erkenntnis, dass sich hier unter Umständen eine Antwort auf die Konsensbereitschaft und den Unterstützungswillen großer Teile der deutschen Bevölkerung gegenüber dem NS-Regime finden ließ. War die nationalsozialistische Volksgemeinschaft ein reiner Mythos, eine imaginäre, inszenierte Propagandaanstrengung oder war sie für den Großteil der deutschen Bevölkerung ein erfahrbares, verbindendes Element, ein wirksames Instrument der Herrschaftsstabilisierung?

Grundsätzlich muss bei der Analyse der Wirkungsmächtigkeit der Volksgemeinschaftsideologie auch immer die zeitliche Dimension berücksichtigt werden. Dabei ist zwischen der Phase kurz nach der Machtübernahme, der Konsolidierungsphase des „Dritten Reiches" ab ca. 1935 sowie dem Zweiten Weltkrieg zu unterscheiden. Für Letzteren muss allerdings noch einmal zwischen der Zeit vor und nach der Niederlage von Stalingrad Anfang 1943 differenziert werden.

Die ältere Forschung ging davon aus, dass es sich bei der „Volksgemeinschaft" um ein rein ideologisches Konstrukt handelte, das von der nationalsozialistischen Propagandamaschinerie gekonnt in Szene gesetzt wurde, ohne reale Wirkung gehabt zu haben. Dieser Befund basierte auf einer Einengung der Forschungsperspektive auf den ökonomischen Sektor, hier im Besonderen auf die Industrie und die Arbeiterschaft sowie auf der damit verbundenen – begrenzten – Definition von „Volksgemeinschaft":

Ein Nationalsozialist kennt nicht Klassen und nicht Kasten, sondern nur eine einzige große Volksgemeinschaft, innerhalb deren jeder Volksgenosse, welchen Berufes oder Standes er auch sei, nichts zu tun hat als seine Pflicht.[8]

Die Fragestellung nach der Einebnung der Klassengegensätze und der „Bestechung" der Arbeiterschaft durch die NS-Herrschaft vor allem in Gestalt der Deutschen Arbeitsfront (DAF) ergab sich aus dem von den Nationalsozialisten postulierten Anspruch an eine „Volksgemeinschaft". Timothy W. Mason kam in seinem Pionierwerk „Arbeiterklasse und Volksgemeinschaft" zu dem Schluss, dass die „Volksgemeinschaft" ein Mythos blieb und es den Machthabern nicht gelang, die gegensätzlichen Klasseninteressen einzuebnen und aus dem Bewusstsein der Arbeiterschaft zu eliminieren. Ebenso seien die ständigen Appelle an die Opferbereitschaft der Bevölkerung mehr oder weniger ungehört verhallt.[9] In einem Punkt ist dem Befund nach wie vor zuzustimmen. Es gab keine Nivellierung der Klassengegensätze im „Dritten Reich", diese war vor allem ein Ergebnis des Krieges und der bundesdeutschen Nachkriegsentwicklung.[10]

Dennoch gibt es inzwischen auch in der Analyse des ökonomischen Sektors Befunde, die zumindest eine partielle Realisierung der „Volksgemeinschaft" konstatieren: „Es bedurfte ihrer unentwegten Mobilisierung, aber wo diese erfolgte, war Volksgemeinschaft mehr als ein Mythos"[11], schreibt Norbert Frei. Als Beweis für diese These wurden unterschiedliche Ebenen aus der Arbeits- und Alltagswelt untersucht.[12] Die Zerschlagung der politischen Organisationen der Arbeiterbewegung und die Schwächung der traditionellen Sozialmilieus zerstörte deren Bindungskraft und legte damit die Grundlage für eine zunehmende Akzeptanz der Volksgemeinschaftsideologie innerhalb der Arbeiterschaft. Allerdings bekam diese erst durch den wirtschaftlichen Aufschwung seit 1935/36 ihre materielle Grundlage. Durch arbeitspolitische Maßnahmen wie Lohnstoppverordnungen (1939) einerseits, Leistungszulagen, Leistungsanreize und die Schaffung von Möglichkeiten zum sozialen Aufstieg andererseits schien sich die Volksgemeinschaftspropaganda für den Einzelnen zu bestätigen. Auf der anderen Seite verstärkte eine individualistische Leistungsorientierung eine Entsolidarisierung, die die Nachkriegsentwicklung einleitete und nicht zuletzt zum Ziel hatte, die Arbeiterschaft zu befrieden. Dieses Vorgehen funktionierte relativ gut, und zwar nicht nur durch Bedrohung und Terror seitens des Staats- und Polizeiapparates. In diesem Zusammenhang wird der NS-Sozialpolitik mit ihren zum Teil durchaus „fortschrittlichen" Elementen eine wichtige, nicht nur propagandistische Rolle zugeschrieben. Die Aktivitäten des Amtes „Schönheit der Arbeit" der „Deutschen Arbeitsfront" beispielsweise seien eben nicht nur auf Nebensächlichkeiten beschränkt gewesen.[13] Da die Leistungssteigerung des Einzelnen im Vordergrund stand, bediente man sich in den Bereichen Arbeitsschutz und Arbeitsmedizin Erkenntnissen aus der modernen Arbeitswissenschaft, die eben nicht nur den Interessen der Industrie dienten, sondern auch für die Arbeiterschaft Vorteile mit sich brachten, wie z. B. mehr Urlaub oder eine verbesserte Gesundheitsvorsorge. Ebenso erzielte die Organisation „Kraft durch Freude" (KdF) – sie konzentrierte sich besonders auf den Freizeitbereich –, begleitet von entsprechender Propaganda, ihre Wirkung bei der Bevölkerung. Millionen von Menschen fuhren mit KdF in den Urlaub. Auch wenn viele Reisen nur für einige Tage in den Harz oder Bayerischen Wald führten, war es für viele die erste Möglichkeit überhaupt, die unmittelbare Lebenswelt zu verlassen, neue Eindrücke zu gewinnen und eine Reise zu machen. Dies blieb nicht nur im Gedächtnis haften, sondern wurde auch für das Regime positiv verbucht. Weiterhin ließen die von der KdF organisierten Betriebsfeste, Volksbildungsprogramme, Theaterabende, Tanzveranstaltungen und Museumsbesuche die „Volksgemeinschaft" erlebbar werden. Auch die Resonanz auf die Spendensammlungen des „Winterhilfswerkes" (WHW) und die so genannten Eintopfsonntage der „Nationalsozialistischen Volkswohlfahrt" (NSV) können als Zeichen für die Wirkung der Volksgemeinschaftsideologie gewertet werden. Solche Aktionen, die eine kollektive Opferbereitschaft ohne Klassenunterschiede suggerierten, vermittelten die Botschaft, dass die „Volksgemeinschaft" wirklich existiere. Ohne die ständige Aktualisierung und propagandistische Inszenierung der Volksgemeinschaftsidee, die die realen Maßnahmen flankierten, wäre sie jedoch vermutlich nicht mehr als ein Mythos geblieben.

Dennoch bleibt die Frage, ob und wie sich die Volksgemeinschaftsideologie in anderen – außerökonomischen – Bereichen konkretisierte. Die Forschung zum Nationalsozialismus hat in den letzten Jahren ihren Fokus erweitert. Es stehen nun vermehrt Fragen nach den Tätern und Mittätern, dem Alltag und den „ganz normalen" Menschen im Vordergrund. Dabei traten auch scheinbar unpolitische Bereiche wie Freizeitaktivitäten, Feiern, Unterhaltungsangebote in Rundfunk, Kino und Theater in den geschichtswissenschaftlichen Forschungshorizont. In diesem Zusammenhang war die Bedeutung der Volksgemeinschaftsideologie im Hinblick auf ihre Integrationsfähigkeit und als Bindeglied zwischen NS-System und Bevölkerung von erneutem Interesse. Auch ihre Rolle als Trägerin eines individuell differierenden Identifikationspotenzials, der bis weit in den Zweiten Weltkrieg hinein festzustellenden Konsensbereitschaft großer Bevölkerungsteile, war eine zentrale Fragestellung. Um diese Fragen beantworten zu können, musste ein ganzes Bündel von unterschiedlichen Quellengattungen herangezogen werden, die bis dahin zum Teil wenig oder gar keine Beachtung gefunden hatten. Dies waren u. a. neben Quellen staatlicher Provenienz wie Polizei-, Gestapo-, Lageberichte oder die Berichte des Sicherheitsdienstes (SD) der SS, Bilder, Film- und Rundfunkaufnahmen, Theateraufführungen, Zeitungen, die Sopade-Berichte der Exil-SPD, Tagebücher und Zeitzeugeninterviews. So war es möglich, ein differenzierteres Bild der „NS-Volksgemeinschaft" zu zeichnen. Neue Studien ergaben, dass es sich um ein Wechselspiel zwischen permanenter Inszenierung, Aktualisierung und erlebter „Volksgemeinschaft" handelte, deren Bindungs- und Integrationskraft während der Vorkriegszeit zunahm. Dies galt für alle gesellschaftlichen Gruppen, für Arbeiter, Angestellte und fürs Bürgertum genauso wie für Stadt und Land, für Männer und Frauen.[14] Neben zeitgenössischen Befunden sprechen auch zahlreiche Aussagen in Zeitzeugenberichten und -interviews für diese These. Darüber hinaus hängen viele Erinnerungen, in denen die NS-Zeit positiv konnotiert wird, mit der erlebten „Volksgemeinschaft" zusammen. Dies gilt ebenso für die Reisen mit KdF, für Film- und Rundfunkereignisse, für den Arbeitsdienst und die HJ wie für Feiern oder die allgemeine Verbesserung der wirtschaftlichen Situation, die als persönliches Fortkommen empfunden wurde.

Eine nur propagandistische Ausgestaltung des ideologischen Konstrukts der „Volksgemeinschaft" hätte ohne reale Auswirkungen in der alltäglichen Erfahrungswelt der Bevölkerung kaum eine solche Bindungskraft entfaltet. Dennoch gehörte die permanente Inszenierung der „Volksgemeinschaft" in ihren verschiedenen Facetten elementar zur Propagandastrategie der Nationalsozialisten. Dies galt auch für den „Führermythos",[15] der die Klammer der „Volksgemeinschaft" bildete. Der „Führerkult", der zentraler Bestandteil nationalsozialistischer Propaganda war, bildete auch einen wichtigen Pfeiler der Machtbasis der NSDAP. In der „Verehrung" des „Führers", seiner mystischen Verklärung, die ihn scheinbar von allem abkoppelte, manifestierte sich in nicht zu unterschätzendem Maß die Bindungskraft des NS-Regimes und damit auch der Volksgemeinschaftsideologie. Aus diesem Grund war es für das Regime sozusagen überlebenswichtig, den „Führermythos" immer wieder aufs Neue zu aktualisieren.

Zur Inszenierung der „Volksgemeinschaft" gehörte ferner – bis auf wenige singuläre Ereignisse wie beispielsweise die Olympischen Spiele im Jahr 1936 – die jährliche oder häufigere Wiederholung von Veranstaltungen. Ziel war es, diesen nationalsozialistischen Feierzyklus in den Alltag der Menschen zu integrieren. So wurden in den Jahresverlauf immer wiederkehrende, vor Massenkulissen stattfindende Großereignisse eingebaut, die „gemeinschaftsbildend" und „gemeinschaftserhaltend" wirken sollten. Da

"Volksgenossen" und "Volksgemeinschaft" 165

Nürnberg, 10. September 1938.
Aufmarsch der Hitlerjugend vor Hitler auf dem 10. Reichsparteitag der NSDAP,
'Parteitag Großdeutschland'.

nicht alle "Volksgenossen" an diesen zentralen Veranstaltungen teilnehmen konnten, wurden wichtige Reden oder Ereignisse live im Rundfunk übertragen und/oder in den Wochenschauen gezeigt. Darüber hinaus gab es – besonders an Feiertagen – auch dezentrale Veranstaltungen. So konnte sich der Einzelne sowohl mit seiner lokalen Gemeinschaft als auch mit der großen "Volksgemeinschaft" verbunden fühlen. Der Reigen des jährlichen nationalsozialistischen Feiermarathons wurde durch die Festivitäten in Erinnerung an den Tag der "Machtergreifung" am 30. Januar eröffnet, der 24. Februar folgte als Gründungstag der NSDAP, im März wurden Heldengedenktage begangen, am 20. April "Führers Geburtstag" gefeiert und an dessen Vorabend die 14-Jährigen in die HJ aufgenommen.[16] Der 1. Mai fand – aufwändig inszeniert – als "Tag der nationalen Arbeit" statt. Der zweite Maisonntag war dem aus der Weimarer Republik übernommenen Muttertag gewidmet, an dem ab 1939 das "Mutterkreuz" an Millionen von Frauen mit vier und mehr Kindern verliehen wurde. Am 21./22. Juni feierte man die Sommersonnenwende und den Höhepunkt des Feierjahres bildete im September der Reichsparteitag in Nürnberg, gefolgt vom Erntedankfest im Oktober und den jährlichen Reichsbauerntagen in Goslar. Der 8./9. November stand dann im Zeichen des Gedenkens an den gescheiterten Hitlerputsch von 1923 sowie an die "Gefallenen der Bewegung". Im Rahmen dieser Feierlichkeiten wurden ältere HJ-Mitglieder in die NSDAP aufgenommen und der SS-Nachwuchs leistete seine Treueschwüre. Ergänzt wurde dieser Feierablauf u. a. durch Sport- und Turnfeste, Eintopfsonntage des WHW sowie lokale Parteiveranstaltungen wie z. B. die Gauparteitage oder Landesbauerntage. Für die Konstruktion der „Volksgemeinschaft" im Rahmen der diversen Feierlichkeiten galt, genauso wie in anderen Bereichen auch, das Prinzip von Integration bei gleichzeitiger Ausgrenzung. Nur „arische Volksgenossen" waren erwünscht.

Betrachtet man als ein Beispiel für Akzeptanz und Wirksamkeit der NS-Volksgemeinschaft die Resonanz auf die Feiern zum 1. Mai und zum Erntedankfest vor Ort, so lässt sich feststellen, dass diese ab 1934/35 von der örtlichen Bevölkerung nicht nur zunehmend anerkannt wurden, sondern sich auch großer Beliebtheit erfreuten. Dies fand seinen Niederschlag in einer regen Teilnahme und aktiven Beteiligung, die in der Regel nicht erzwungen war. Der 1. Mai war von den Nationalsozialisten bereits 1933 als Feiertag und zum „Tag der nationalen Arbeit" erklärt worden; was wie ein Zugeständnis an die Arbeiterschaft aussehen sollte, entpuppte sich als geschicktes taktisches Manöver. Bereits am 2. Mai 1933 wurden die Gewerkschaften zerschlagen und „gleichgeschaltet". Die Maifeiern stilisierten die Nationalsozialisten zum Symbol der „Volks- bzw. Betriebsgemeinschaft". Nicht mehr nur Arbeiter, auch Angestellte und Vorgesetzte sowie Familienangehörige sollten an den Veranstaltungen teilnehmen. Der dezidert politische Charakter dieser Veranstaltung blieb allerdings immer offensichtlich, was zunächst besonders in vormals sozialdemokratischen Arbeiterkreisen zur Ablehnung führte und – wie die geheimen Berichte des Exilvorstandes der SPD meldeten – sich darin ausdrückte, dass eine Teilnahme vielfach nur durch Androhung von Zwangsmaßnahmen wie z. B. Lohnentzug erpresst wurde. Den Verantwortlichen von DAF und Gestapo blieb diese mangelnde Akzeptanz des neuen Feiertages nicht verborgen und schon im Jahr 1934 wurde der „Tag der nationalen Arbeit" teilweise neu gestaltet. Indem man versuchte, den Veranstaltungen den demonstrativ politischen Charakter zu nehmen, ohne auf die ideologische Botschaft der „Volksgemeinschaft" zu verzichten, steigerte man deren Akzeptanz, was sich u. a. in massenhafter freiwilliger Teilnahme ausdrückte. Als Freizeitvergnügen für die ganze Familie mit Kaffeetafel und Alkoholausschank, als ein „patriotisches Familienfest" machten die Veranstaltungen die „Volksgemeinschaft" scheinbar unpolitisch für den Einzelnen erlebbar.

Die Vermeidung direkter politischer Propaganda ist auch in anderen Bereichen des NS-Systems festzustellen. So verbot Goebbels bereits vier Wochen nach der Machtübernahme, mehr als zwei politische Reden pro Monat im Rundfunk zu übertragen. Auch hier stellte sich heraus, dass die Bevölkerung mit platter politischer Propaganda nicht an den Lautsprechern zu halten war. Von nun an wurde mehr auf Unterhaltung gesetzt. Die Akzeptanz der politischen Botschaften stieg, je „unpolitischer" sie präsentiert wurden.

Eine ähnliche Entwicklung lässt sich bei den jährlich stattfindenden Erntedankfesten, trotz des wesentlichen Unterschiedes, dass die ländliche Bevölkerung dem Nationalsozialismus von Anfang an wesentlich positiver gegenüberstand als große Teile der Arbeiterschaft, feststellen. Das traditionelle Erntedankfest wurde von den Nationalsozialisten genutzt, um ihre Vorstellungen vom Bauerntum, von der „Volksgemeinschaft" auf dem Land sowie der Verbundenheit von „Stadt und Land" zu inszenieren.[17] Die zentrale Veranstaltung fand auf dem Bückeberg bei Hameln statt. Zum Erntedankfest reisten aus allen Gebieten des Deutschen Reiches Bauern und Bäuerinnen an. Sie trugen meistens traditionelle Trachten aus ihrer jeweiligen Region, um so die Verwurzelung des Nationalsozialismus in deutscher Geschichte und Tradition sowie die Vielfalt der „deutschen Stämme" zu symbolisieren. Die führenden Politiker des NS-Regimes inklusive Adolf Hitler nahmen an der Veranstaltung teil und hoben in ihren Reden die Bedeutung des „Bauerntums" für Deutschland hervor. Sie malten, entsprechend der „Blut-und-Boden"-Ideologie, das Bild einer rückwärts gewandten, agrarisch geprägten Gesellschaft. Galt das zentrale Erntedankfest im Besonderen der Herrschaftslegitimation des NS-Staates und seiner Agrarpolitik, so lag der Schwerpunkt bei den dezentralen Festen mehr in einer Herrschaftsstabilisierung des NS-Regimes.

Bei den lokalen Festen vor Ort bediente man sich sowohl traditioneller Bestandteile als auch nationalsozialistischer Propagandamittel. Auch hier wurden, nach anfänglichen Versuchen, traditionelle Elemente – wie den gemeinsamen Kirchgang – aus dem Festablauf zu streichen, diese wieder integriert, nachdem zahlreiche Bauern ihrem Unmut darüber Ausdruck verliehen hatten. Nach dem Gottesdienst wurden Festumzüge abgehalten, die sich sowohl aus den traditionellen Erntewagen als auch aus allen vor Ort vorhandenen Parteigliederungen zusammensetzten. Die Beflaggung der Gemeinden und eine anlassgemäße Schmückung der Schaufenster gab die örtliche Parteileitung vor. Nach dem Umzug wurde im Rahmen des Gemeinschaftsempfangs auf dem Bückeberg die zentralen Reden angehört und der Tag mit einem Tanzfest beendet. Eine detaillierte Beschreibung eines Erntedanktages aus einem Dorf im niedersächsischen Landkreis Stade verdeutlicht die geschickte Verbindung von Politik und Freizeit, von Tradition und Nationalsozialismus:

Das in unserem Ort gestern gefeierte Erntedankfest nahm unter Beteiligung aller Berufsschichten und Berufsstände den erwarteten harmonischen Verlauf. Am Morgen hielt Pastor B. in unserem gut besuchten, altehrwürdigen Gotteshause die Festpredigt. [...] Der am Nachmittag auf dem Sportplatz beim Tivoli sich formierende Festzug war von imposanter Länge, da sich außer den Amtsleitern der PO und den Angehörigen des Reichsnährstandes die Formationen der SA, SA-Reserve, Motor-SA und Hitlerjugend, der BDM und das Jungvolk, die uniformierten Eisenbahn- und Postbeamten sowie zahllose Zivilisten in einmütiger Geschlossenheit beteiligten. Von den Gemeinden [...] waren Festwagen gestellt worden, die heimatliche Erntearbeit und Erntebräuche in oft humorvoller Weise zeigten. [...] Nach dem Horst-Wessel-Liede rückten die einzelnen Formationen unter den Marschklängen des SA-Musikzuges geschlossen zur Teilnahme am Gemeinschaftsempfang der Führerrede ab. Ein fröhlicher Tanz unter der Erntekrone [...] bildete den Abschluss dieses schönen Festes.[18]

Eine ähnliche Funktion und Wirkung hatten Orts- und Stadtjubiläen während der NS-Zeit. Sie inszenierten die „Bürgergemeinschaft" als „Volksgemeinschaft" und dienten somit ebenfalls der Herrschaftslegitimation und Herrschaftsstabilisierung. Wie neueste Forschungen u. a. am Beispiel der 800-Jahr-Feier Zwickaus im Jahr 1935 zeigen,[19] wurden traditionelle Bausteine aus dem Repertoire städtischer Jubiläen wie der historische Festumzug, ein Festakt im Rathaus sowie Theaterfestspiele mit neuen, spezifisch nationalsozialistischen Elementen wie SA-Aufmärschen oder Sportwettkämpfen verbunden. Gleichzeitig wurde somit das Spektrum „bürgerlicher Hochkultur", das solche Anlässe vor 1933 prägte, um populäre Veranstaltungen erweitert. Das Motto des Festes war „für jeden etwas" zu bieten und durch verbilligte Billetts es auch ärmeren „Volksgenossen" zu ermöglichen, an den Festivitäten zu partizipieren. Die spezifische Zusammensetzung der einzelnen Festbestandteile war wohl überlegt, um so, durch die zeitweilig erlebbar gewordene „Volksgemeinschaft", die Identifikation der Bürger mit ihrer Stadt und dem NS-Regime zu erhöhen. Dass dies auch von der Bevölkerung so wahrgenommen wurde, verdeutlichen nicht nur die zeitgenössischen Einschätzungen der ›Zwickauer Neuesten Nachrichten‹, die die massenhaften Besucherzahlen hervorhoben. Auch Erinnerungen und Reaktionen von Teilnehmern und Teilnehmerinnen des Zwickauer Stadtjubiläums belegen die große Begeisterung, die diese Festivitäten auslösten. Jedoch galt auch hier, dass das „Volksgemeinschaftserlebnis" nicht ohne Ausgrenzung funktionierte. Es waren vor allem die Juden, deren Teilnahme nicht erwünscht war und die im historischen Festumzug, flankiert von entsprechenden Zeitungsartikeln in der Zwickauer Lokalzeitung, als „Störenfriede" der „Stadtgemeinschaft" dargestellt wurden.

Die dargestellten Fallbeispiele machen deutlich, dass es sich bei der NS-Volksgemeinschaft um wesentlich mehr als um einen Mythos und eine gut inszenierte Propagandaidee handelte. Sie wurde von vielen Zeitgenossen, zumindest in Teilbereichen, als verwirklicht und alltäglich erfahrbar erlebt. Nur deshalb konnte sie ein so wichtiger Faktor der Herrschaftsstabilisierung im NS-Staat werden. Dies galt vor allem für die Konsolidierungsphase des „Dritten Reiches" ab 1934/35 bis hin zu den ersten Kriegsjahren, in denen die militärischen Erfolge zur Stärkung der „Volksgemeinschaft" beitrugen.

Auch der Beginn des alliierten Luftkrieges gegen deutsche Städte seit 1940 führte nicht zu einer Demoralisierung, im Gegenteil.[20] Die Siege an der Westfront hatten zu einer Hochstimmung unter der Bevölkerung geführt und die zunächst geringen zivilen Verluste auf deutscher Seite durch den Luftkrieg stärkten die Durchhaltemoral und das Zusammengehörigkeitsgefühl der deutschen „Volksgenossen". Hoffnungen und Versuche der Engländer, durch die Bombardierung deutscher Städte – flankiert von Propagandamaßnahmen wie dem Abwurf von Flugblättern, die zum Sturz Hitlers aufrufen – ein schnelles Kriegsende zu erzwingen, verkehrten sich in ihr Gegenteil. Erst nach der Niederlage von Stalingrad Ende Januar 1943 und der massiven Ausweitung der Bombardements aus der Luft auf die deutschen Städte seit dem Frühsommer 1943, die viele Opfer forderten und eine breitflächige Verwüstung hinterließen, verschlechterte sich zusehends die Stimmung in der Bevölkerung. Mit diesem Stimmungsumschwung verlor auch die Bindungskraft und Wirkungsmacht der Volksgemeinschaftsideologie massiv an Bedeutung, ohne dass das NS-Regime darauf verzichtete, sie weiterhin, nun häufig als „Schicksalsgemeinschaft", zu inszenieren. Sie wurde ersetzt, so schrieb Wolfgang Benz, „durch einen trotzigen Patriotismus, der nicht nach Ursachen fragte, sondern nur nach der Bedrohung des Vaterlandes, das auch mit einer bösen Regierung an der Spitze noch als unbedingt verteidigungswert galt"[21].

Julia Angster

Liberalisierung der Lebens- und Umgangsformen: '68 und die Folgen im Westen

Die 60er-Jahre brachten die Ordnung der jungen Bundesrepublik so gründlich durcheinander, dass manche von einer „Umgründung der Republik" sprechen.[1] Besonders „1968" steht als Symbol für eine gesellschaftliche Umwälzung, einen tief greifenden Wertewandel. Die vielfältigen Protestbewegungen der 60er- und 70er-Jahre stellten hergebrachte Werte in Frage und klagten demokratische Grundwerte und individuelle Freiheiten ein. Ihr Auftreten verunsicherte viele und provozierte oft schroffe Ablehnung. Am Ende aber kam es in der Bundesrepublik zu einer Liberalisierung und Demokratisierung im gesellschaftlichen Bereich, zu mehr politischer Teilhabe, einer öffentlichen Diskussionskultur und einer Individualisierung der Lebensstile.

Der gesellschaftliche Protest und der Wertewandel jener Jahre waren jedoch kein deutsches, sondern ein internationales Phänomen. Die meisten westlichen Industriegesellschaften hatten damals eine ähnliche Entwicklung zu verzeichnen. Die Protestbewegungen waren teilweise sogar miteinander verbunden, sie nahmen sich gegenseitig wahr und lernten voneinander. Mitte der 60er-Jahre lagen Berkeley, Paris, Frankfurt und Berlin – und für kurze Zeit auch Prag – sehr nahe beieinander. Die Bundesrepublik war damit zu einem westlichen Land unter anderen geworden. Denn auch wenn die Studenten an der Freien Universität Berlin antiamerikanische Banner trugen, so waren die Parolen gegen den Krieg in Vietnam doch dieselben wie die ihrer Kollegen in Berkeley. Die Menschen, die in den USA und in Westeuropa auf die Straße gingen um zu protestieren, waren meist Jugendliche und Studenten. Sie machten sich unterschiedliche Themen zu Eigen und wählten sehr verschiedene Formen des Protests.

Im Sommer 1967 trafen sich in San Francisco 100 000 Hippies zum ‚Summer of Love'. Die langhaarigen und bunt gekleideten Blumenkinder, die seit Mitte des Jahrzehnts in den USA und Europa zum Stadtbild gehörten, wollten eine neue Wertewelt ohne Materialismus, Unterdrückung und Krieg. Scott McKenzie sang in seinem Lied ›San Francisco‹:

> If you're goin' to San Francisco
> Be sure to wear some flowers in your hair
> If you're goin' to San Francisco
> You're gonna meet some gentle people there.

Weniger „hübsch" anzusehen waren die „Gammler", die nun in vielen europäischen Metropolen auftauchten, ebenfalls langhaarige, aber heruntergekommene und ungewaschene junge Leute, die nichts taten. Sie arbeiteten nicht, sie lernten nichts und sie planten nichts, sie waren „ungeraten" und verwahrlost. Sie weigerten sich schlicht, ein „anständiges" bürgerliches Leben zu führen.

Aus der Hippie-Bewegung, die nach dem Sommer von San Francisco verlosch, gingen verschiedene andere Richtungen hervor, z. B. die Anhänger der psychedelischen Revolution, die Drogen nahmen, um ihr Bewusstsein zu erweitern. Andere Protestgruppen hatten dagegen klare politische Anliegen. Den Anfang machten die Ostermarschierer, die 1957 in Großbritannien ihren Ausgang genommen hatten und sich von dort nach Westeuropa weiterverbreiteten. Hier versammelten sich aus Protest gegen die Atombombe verschiedene Gruppen zum Demonstrieren: kirchliche Gruppen, Gandhi-Anhänger, Anarchisten und die noch junge „neue Linke". Mit gewaltfreiem Widerstand wollten sie die Rüstungspolitik der Regierungen aufhalten.

Die neue Linke versuchte seit Ende der 50er-Jahre einen dritten Weg zu finden zwischen dem orthodoxen Kommunismus und dem Reformismus der Sozialdemokratie. Sie entwickelte sozialistische Konzepte, die eine Institutionalisierung, etwa durch einen Parteiapparat, ebenso ablehnten wie eine starre ideologische Dogmatik. Ihre Mitglieder waren meist Intellektuelle, Bürgerrechtler und Studenten.

Dennoch hatten alle diese Gruppen ein gemeinsames Anliegen. Sie wehrten sich gegen die Welt ihrer Eltern, gegen die politische und gesellschaftliche Ordnung der 50er-Jahre. Sie verweigerten den antikommunistischen Konformitätszwang, wandten sich gegen den Materialismus einer Generation, für die Arbeit, Leistung, Wirtschaftswachstum und Wohlstand die wesentlichen Leitbilder zu sein schienen, und sie verweigerten sich dem Ideal der bürgerlichen Familie mit Haus, Garage und PKW. Vor allem aber protestierten sie gegen die autoritären und hierarchischen Strukturen in Politik, Gesellschaft und Familie. Die protestierenden Jugendlichen waren meist Angehörige des Bildungsbürgertums und der Mittelschicht, waren weder arm noch ohne Perspektive.

Dieser antiautoritäre Protest war ein Phänomen, das zuerst in Großbritannien und den USA, bald aber in den meisten westlichen Industrieländern vorkam. In den USA radikalisierte sich der Protest früher als in Westeuropa, da dort die Bürgerrechtsbewegung gegen die Rassendiskriminierung und die Bewegung gegen den Vietnamkrieg hohe Wellen schlugen und auch große Aggressionen freisetzten.

In der Bundesrepublik mehrten sich um 1960 die Anzeichen, dass sich in der jüngeren Generation ein Protestpotenzial angesammelt hatte. Schon gegen Ende der 50er-Jahre hatte es „Halbstarkenkrawalle" in der Arbeiterjugend gegeben. Nun sprang der Funke auf die Gymnasiasten und die Studenten über. 1962 kam es in München zu Unruhen. Die von Dieter Kunzelmann und seiner „Subversiven Aktion" organisierten „Schwabinger Krawalle" hatten keine konkrete Ursache, sondern waren als Provokation gedacht, als inszeniertes ästhetisch-politisches „Happening". Durch eine solche Provokation sollten Normen und Regeln gezielt verletzt und gesellschaftliche Tabus gebrochen werden. Der Ärger der Bürger war beabsichtigt.

Kunzelmann führte sein Leben als Happening gemeinsam mit einigen anderen in der „Kommune 1" weiter. In der Berliner Wohnung des Schriftstellers Uwe Johnson, der nach New York gezogen war, richteten sie zur Jahreswende 1966/67 eine „revolutionäre Kommune" ein. Eine Wohnform wurde zur Provokation: Die Bild-Zeitung berichtete regelmäßig, die Nation war schockiert. Die „Institution Familie" stand unter Beschuss. In dieser Frühform der später alltäglichen Wohngemeinschaften wurden die Klotüren ausgehängt, sexuelle Liberalisierung eingeübt und neue Herrschaftsstrukturen entwickelt. Man lebte gegen die deutschen Tugenden Ordnung, Sauberkeit und Fleiß an, Putzpläne standen noch nicht auf dem Programm. Johnsons Wohnung überstand die Aktion somit nicht unbeschadet.

Auch wenn solche Formen des antiautoritären Protests zunächst unbedeutend erscheinen mögen, so haben sie doch neue Elemente in die öffentliche Debatte eingeführt: den Unernst und die Ironie. Vielleicht haben sie damit die Bundesrepublik sogar nachhaltiger verändert als ihre dogmatisch sozialistisch argumentierenden Mitstreiter, die „1968er".

Im engeren Sinn politisch war jedenfalls eine andere Form des antiautoritären Protests, die sich ebenfalls ab Anfang der 60er-Jahre herausbildete. Diese Richtung war zur neuen Linken zu rechnen und wurde in der Bundesrepublik vor allem durch den Sozialistischen Deutschen Studentenbund (SDS) repräsentiert. Der SDS war ursprünglich der Hochschulableger der SPD. 1960/61 kam es jedoch zum Bruch zwischen beiden Organisationen, da die Studenten die im Godesberger Programm vollzogene Entwicklung der SPD zur Volkspartei ablehnten. 1965 wurde der SDS zum inhaltlichen und organisatorischen Zentrum der westdeutschen Protestbewegung, die nun eine Studentenbewegung geworden war. Damit verlagerte sich der antiautoritäre Protest, ausgehend von der Freien Universität Berlin, an die Universitäten. Vorbild war die amerikanische Universität Berkeley, wo es im Herbst 1964 zu einem Aufbegehren gegen den autoritären Stil der Universitätsverwaltung gekommen war. Die Berliner Studenten forderten nun Mitbestimmung, eine Demokratisierung ihrer Universität. Die Reform der Hochschule und der Gesellschaft wurden jetzt im Zusammenhang gesehen.[2]

Vor diesem Hintergrund nahm der SDS 1965 den Entwurf einer Notstandsgesetzgebung im Bundestag, der eine Einschränkung der Grundrechte vorsah, als Bedrohung der Demokratie wahr. Als es dann 1966 zur Bildung der Großen Koalition unter Bundeskanzler Kurt-Georg Kiesinger kam, wurde der Protest schärfer. Bei den Studenten entstand der Eindruck, innerhalb des Bundestages sei keine Opposition gegen die Regierung mehr möglich, die Gewaltenteilung sei praktisch aufgehoben. Sie müsse nun, so glaubte man, durch die Protestbewegung auf der Straße ausgeübt werden, durch die „außerparlamentarische Opposition" (APO). Neben dem SDS und anderen linken Kleingruppen zählten sich zu ihr auch nicht organisierte Studenten, Künstler, Schriftsteller und Intellektuelle, die für gesellschaftliche Reformen eintraten.

Der Eindruck, es fehle eine Kontrolle staatlicher Organe durch das Parlament, wurde noch verschärft durch die bevorstehende Verabschiedung der Notstandsgesetze, mittels deren sich, in den Augen der SDS-Mitglieder, die Exekutive undemokratische Vollmachten verschaffen wollte.[3] Im Mai 1968 kam es deswegen zu einer Welle von Demonstrationen und Protestkundgebungen. Die Sorge um die gesellschaftlichen Konsequenzen, die die Notstandsgesetzgebung zeitigen könnten, war – im Nachhinein betrachtet – überzogen. In dem damaligen gesellschaftlichen Klima nahm die

Protestbewegung die Bundesregierung jedoch als Gegnerin einer demokratischen Gesellschaft wahr. Dazu trug auch die Überzeugung der Studenten bei, die nationalsozialistische Vergangenheit sei nicht bewältigt, ja es seien gar die Verantwortlichen von damals noch immer an der Macht. Man forderte eine Aufarbeitung des Nationalsozialismus und warf der Elterngeneration sogar vor, ihm nachzutrauern: „Mein Papi will wieder Blockwart werden", hieß es. Die Erfolge der rechtsradikalen NPD in den Landtagswahlen zwischen 1966 und 1968 schienen diese Sichtweise zu bestätigen. Besondere Empörung löste die Tatsache aus, dass mit Kurt-Georg Kiesinger ein Mann zum Bundeskanzler gewählt wurde, der 1933 in die NSDAP eingetreten war. Der Schriftsteller Günter Grass machte in einem offenen Brief auf die Problematik dieser Wahl aufmerksam:

Wie sollen wir der gefolterten, ermordeten Widerstandskämpfer, wie sollen wir der Toten von Auschwitz und Treblinka gedenken, wenn Sie, der Mitläufer von damals, es wagen, heute hier die Richtlinien der Politik zu bestimmen?[4]

Auf dem CDU-Bundesparteitag im November 1968 ohrfeigte die Journalistin Beate Klarsfeld den auf dem Podium sitzenden Kiesinger. Sie wollte damit der Weltöffentlichkeit beweisen, dass „ein Teil des deutschen Volkes, ganz besonders aber seine Jugend, sich dagegen auflehnt, dass ein Nazi an der Spitze der Bundesregierung steht"[5]. Noch am selben Tag wurde sie dafür zu einem Jahr Gefängnis ohne Bewährung verurteilt.

Auch an den Universitäten machte die Studentenbewegung „Muff von tausend Jahren unter den Talaren" aus. Tatsächlich hatten die Hochschulstrukturen und das Personal die Zäsur von 1945 einigermaßen unbeschadet überstanden, und erst um 1970 setzte durch den Generationswechsel und die anschließende Hochschulreform ein Wandel ein. Der Faschismusvorwurf wurde jedoch bald pauschal gegen die Politik und gegen Eltern, Lehrer und Professoren erhoben:

Die Herrschenden in ihrem alltäglichen Leben und die in der großen Politik erlebten sie als identisch – als Verschwörer des Schweigens über die Nazizeit.[6]

Große Koalition, Notstandsgesetzgebung und „Altnazis": Das Bild von der Bundesrepublik als faschistischem Staat verfestigte sich in der Wahrnehmung der SDS-Mitglieder. Der studentische Protest wurde nun mit einer theoretisch aufgeladenen sozialistisch-revolutionären Begründung versehen. Rudi Dutschke und Bernd Rabehl, seit 1965 die wichtigsten Theoretiker im SDS, verbanden Elemente traditioneller linker Ideologien mit Positionen der Kritischen Theorie, wie sie von Max Horkheimer und Herbert Marcuse vertreten wurden. Zugleich behielten sie aber mit Regelverletzungen und provokativen Aktionen die Methoden des antiautoritären Protests bei. Das herrschende System sollte durch eine Revolution beseitigt werden. Eine Koalition aus Arbeitern und Studenten sollte diese Revolution tragen und durch Aktionen die Massen mobilisieren.

Der Vietnamkrieg spielte bei der Gesellschaftsanalyse der Protestierer eine weitere zentrale Rolle. Er wurde als Folge des amerikanischen Imperialismus gedeutet, zugleich wurde die Aggressivität des Kapitalismus angeprangert. 1968 wurde in Frankfurt ein Stück von Peter Weiss uraufgeführt, das den Titel trug: ›Diskurs über die Vorgeschichte und den Verlauf des lang andauernden Befreiungskrieges in Vietnam als Beispiel für die Notwendigkeit des bewaffneten Kampfes der Unterdrückten gegen ihre Unterdrücker sowie über die Versuche der Vereinigten Staaten von Amerika, die Grundlagen der Revolution zu vernichten‹.

Bereits im Mai 1966 hatte der SDS in Frankfurt einen Vietnam-Kongress organisiert. Herbert Marcuse, der 1934 in die USA emigrierte deutsche Philosoph, erklärte dort, dass die Opposition zum Vietnamkrieg angesichts der NS-Vergangenheit eine „moralische Pflicht" sei. Es gelte, sich zu engagieren, Stellung zu beziehen, sich zu verweigern. Auch auf die Schriften Ernesto Ché Guevaras, der in der kubanischen Revolution eine zentrale Rolle gespielt hatte, griffen die Studenten zurück. Guevara hatte den gegen den „Imperialismus" gerichteten Guerillakampf der nationalen Befreiungsbewegungen in Afrika, Asien und Lateinamerika als Kern einer letztlich weltweiten Revolution verstanden. In Kuba, Frankreich, Italien, den USA und der Bundesrepublik fanden Konferenzen und Protestaktionen statt, auf denen gefordert wurde, den Befreiungskampf mit Widerstandsaktionen in den Metropolen des Westens zu unterstützen.[7]

Gegen die Rigorosität und die dogmatische Denkweise des SDS und seiner Anhänger – neben einer geradezu hysterisch reagierenden Medienlandschaft – äußerten sich auch Kritiker, die der neuen Linken nahe standen oder zumindest Sympathien aufbrachten für die Reformanliegen der Studentenbewegung. Der Frankfurter Philosoph Jürgen Habermas kritisierte den Glauben, die Revolution stünde unmittelbar bevor, und warf der Studentenbewegung vor, symbolische Regelverletzungen, die an sich legitim seien, als revolutionäre Akte misszuverstehen. Es sei eine „Scheinrevolution":

Ein abstrakter Kampf gegen die Institutionen der Verfassung wäre sowohl unbegründet als auch selbstmörderisch. [...] Niemand darf sich präsumptiv mit einem in Zukunft hervorzubringenden Bewusstsein aufgeklärter Massen identifizieren, um heute schon stellvertretend für sie zu agieren.[8]

Auch der Berliner Politikwissenschaftler Richard Löwenthal, der das „Dritte Reich" im britischen Exil verbracht hatte und in der Weimarer Zeit Mitglied einer sozialistischen Studentengruppe gewesen war, übte scharfe Kritik an der Studentenbewegung. Er warf ihr einen Rückfall vor „hinter die Errungenschaften der ersten Nachkriegsgeneration – das individuelle Verantwortungsbewusstsein, die nüchterne Selbstbemühtheit, die Toleranz und den Respekt vor der Person". Er beklagte das Auftreten einer neuen Intoleranz, einen „Mangel an Bereitschaft, die eigenen Thesen in freier Diskussion zu überprüfen", und „eine erneute Ablehnung der wesentlichen Institutionen des Westens, des liberalen Staates, der repräsentativen Demokratie".[9] Beide Kritiker argumentierten vor dem Hintergrund eines westlich-liberalen Politikverständnisses, das in der Bundesregierung eben erst Verbreitung gefunden habe und das nun wieder in Frage gestellt werde.

Am 2. Juni 1967 trat der Protest in eine neue Phase ein. Während einer Demonstration gegen den Besuch des Schahs von Persien in der Bundesrepublik wurde vor der

Deutschen Oper in Berlin der unbeteiligte Student Benno Ohnesorg von einem Polizisten erschossen. Die Grenze zur Gewalt war überschritten. Die Folge war eine Eskalation der Proteste, die noch einmal verschärft wurde, als am 11. April 1968, kurz vor den Ostertagen, der Gelegenheitsarbeiter und gescheiterte Fremdenlegionär Josef Bachmann ein Attentat auf Rudi Dutschke verübte. In dem auch von der Presse aufgeheizten und aggressiven Klima war es schon wiederholt zu Morddrohungen gegen Dutschke gekommen, der sich als Sprecher der Studentenbewegung exponiert hatte.[10] Der SDS machte deswegen die Springer-Presse für den Mordanschlag verantwortlich, an dessen Folgen Dutschke elf Jahre später sterben sollte. Der Protest radikalisierte sich und nahm gewalttätige Formen an, es kam zu Straßenschlachten in Berlin, die bis weit in den Mai hinein andauerten.

Der Mai 1968 war der Höhepunkt des Protests in ganz Europa. In Prag wurde der Versuch gemacht, einen demokratischen Sozialismus einzuführen. In Paris lieferten sich Demonstranten Barrikadenkämpfe mit der Polizei, die Gewerkschaften solidarisierten sich mit den Studenten und riefen den Generalstreik aus. Danach setzte jedoch allmählich der Zerfall der Protestbewegung ein. Im Mai 1968 wurden die Notstandsgesetze verabschiedet, im August der „Prager Frühling" von sowjetischen Panzern niedergewalzt und der im November des Jahres gewählte US-Präsident Nixon versprach, den Vietnamkrieg zu beenden. Im Frühjahr 1969 fand die APO nur noch geringe Resonanz, der SDS löste sich im März 1970 auf. Die Mehrheit der APO-Mitglieder wandte sich daraufhin der SPD zu und unterstützte dort den Reformkurs Willy Brandts. Andere engagierten sich in den 70er- und 80er-Jahren in der Friedens-, der Frauen- oder der Ökobewegung, wo sie sich mit konkreten Reformanliegen beschäftigten. Viele zogen sich ins Privatleben zurück.

Eine sehr kleine Gruppe aber ging den Weg in den Terrorismus. Diese Gruppe, zu denen unter anderen Andreas Baader, Gudrun Ensslin und Ulrike Meinhof zählten, wollten den „Marsch durch die Institutionen" nicht antreten, sondern den Kampf gegen das „imperialistische Herrschaftssystem" mit Gewalt weiterführen. Schon während der Studentenunruhen hatten Ensslin und Baader „Gewalt gegen Sachen" geübt und zwei Frankfurter Kaufhäuser in Brand gesetzt, um damit gegen den Konsumterror zu protestieren. Von dort aus war der Weg zur „Gewalt gegen Personen" nicht mehr weit. 1970 gründeten sie die „Baader-Meinhof-Gruppe", die sich dann in „Rote Armee Fraktion" umbenannte. Ihr Ziel war es, als „Stadtguerilla" die Massen zur Revolution zu mobilisieren. Der Staat sollte durch Terroranschläge dazu gezwungen werden, sein „wahres Gesicht" zu zeigen, nämlich das eines Polizeistaates. Das „unterdrückte Volk", so glaubten sie, würde sich daraufhin dem bewaffneten Kampf anschließen. Die Gruppe verübte Brandanschläge, Sprengstoffattentate und Banküberfälle. 1972 wurden Baader, der 1970 schon einmal festgenommen, aber gewaltsam befreit worden war, sowie Ensslin und Meinhof verhaftet und mit ihnen die gesamte übrige Führungsspitze der „ersten Generation" der RAF.

Dennoch gingen die Terroranschläge, Morde und Entführungen weiter. Den Höhepunkt erreichte der Linksterrorismus in der Bundesrepublik 1977, als Generalbundesanwalt Siegfried Buback, der Vorstandssprecher der Dresdner Bank Jürgen Ponto und Arbeitgeberpräsident Hanns Martin Schleyer mitsamt ihrer Fahrer und Begleiter von der RAF ermordet wurden. Die Entführung Schleyers und die damit verbundene Entführung eines Passagierflugzeugs der Lufthansa mit über einhundert Personen an Bord waren der Versuch, die in Stammheim einsitzenden RAF-Mitglieder der ersten Generation freizupressen. Die Bundesregierung unter Helmut Schmidt weigerte sich, auf die Erpressung einzugehen, um nicht weitere Entführungen zu provozieren. Der „deutsche Herbst" endete mit der Befreiung der Flugzeugpassagiere durch ein Sonderkommando in Mogadischu, der Ermordung Schleyers und dem Selbstmord Baaders, Ensslins und Jan-Carl Raspes im Gefängnis. Ulrike Meinhof hatte sich schon 1976 in der Haft das Leben genommen.[11]

Der westdeutsche Staat hatte sich durch den Terrorismus nicht in einen Polizeistaat verwandelt. Allerdings hatten Polizei und Verfassungsschutz mehr Kompetenzen erhalten und mit „Radikalenerlass" und „Rasterfahndung" waren, wie Kritiker mahnten, individuelle Freiheiten eingeschränkt worden.

Die sozialliberale Koalition, die 1969 an die Regierung kam, nahm einen Teil der Anliegen der „1968er" in ihrer Reformpolitik auf, etwa mit der Hochschulreform und den Veränderungen im Familienrecht. Nach 1973 jedoch wich die Aufbruchstimmung einem weit verbreiteten Krisenbewusstsein. Fast zeitgleich mit der Wirtschaftskrise, die auf den Ölpreisschock folgte, setzte ein Bewusstseinswandel ein. Nun ging es nicht mehr darum, immer neue Ziele zu erreichen, sondern vielmehr darum, alle möglichen Katastrophen abzuwenden, die die Menschheit aus eigenem Verschulden bedrohten. Vor diesem Hintergrund entstanden zahlreiche Gruppierungen, die man als „neue soziale Bewegungen" bezeichnet hat.[12] Die wichtigsten unter ihnen waren die Friedensbewegung, die Frauenbewegung und die Umweltschutzbewegung. Diese Bewegungen wiesen keine straffen Organisationsformen auf, sondern bestanden aus lose verbundenen Gruppen, die sich in der gleichen Sache engagierten, ähnlich dachten und zu Demonstrationen oder Veranstaltungen zusammenkamen. Manche Zusammenschlüsse gaben auch Periodika heraus oder verbanden lokal, regional, auf Landesebene oder sogar bundesweit verschiedene Organisationen miteinander. Sie waren auch nicht politisch im engeren Sinn, wollten als Gruppierung nicht einer Partei angehören und in den politischen Institutionen wirken, sondern soziale Anliegen im gesellschaftlichen Raum vertreten, indem sie auf ihre Themen aufmerksam machten und öffentlichen Druck auf die Verantwortlichen ausübten.

Sie waren damit ein Symptom für einen Wertewandel in der westdeutschen Gesellschaft, den sie zugleich weiter voranbrachten. Nicht wenige Anhänger dieser Bewegungen teilten in wesentlichen Aspekten die Gesellschaftskritik der „1968er" und versuchten, die damit verbundenen Ziele unter veränderten Bedingungen umzusetzen. Auch sie lehnten es ab, ihr Leben ganz im Zeichen von Arbeit und Konsum zu verbringen, und suchten eine Alternative zum Materialismus der Industriegesellschaft. Die „proletarische Revolution" war für sie indes keine Alternative. Viele hatten auch einfach genug von der linken Dogmatik der Studentenbewegung, von ihren umfassenden Lösungen und Theorien. Eine Aufspaltung der Gruppen und Pluralisierung der Sichtweisen setzte ein. Man zog sich ins Alltagsleben zurück und kümmerte sich um konkrete Reformanliegen. Die Theorie wurde durch die Praxis ersetzt.

Den Anfang machte die neue Frauenbewegung. Für die Studentenbewegung, die sich den Kampf gegen autoritäre Herrschaftsstrukturen auf die Fahnen geschrieben hatte, war die Emanzipation der Frauen eine sehr theoretische Forderung geblieben.[13] Dies hatten weibliche Mitglieder des SDS schon 1968 angeprangert:

Wir [...] verlangen, dass unsere Problematik hier inhaltlich diskutiert wird. Wir werden uns nicht mehr damit begnügen, dass den Frauen gestattet wird, auch mal ein Wort zu sagen, das man sich, weil man ein Antiautoritärer ist, anhört, um dann zur Tagesordnung überzugehen.

Wir stellen fest, dass der SDS innerhalb seiner Organisation ein Spiegelbild gesamtgesellschaftlicher Verhältnisse ist. Dabei macht man Anstrengungen, alles zu vermeiden, was zur Artikulierung dieses Konfliktes zwischen Anspruch und Wirklichkeit beitragen könnte, da dies eine Neu-Orientierung der SDS-Politik zur Folge haben müsste. Diese Artikulierung wird auf einfache Weise vermieden. Nämlich dadurch, dass man einen bestimmten Bereich des Lebens vom gesellschaftlichen abtrennt, ihn tabuisiert, indem man ihm den Namen Privatleben gibt. In dieser Tabuisierung unterscheidet sich der SDS in nichts von den Gewerkschaften und den bestehenden Parteien. Diese Tabuisierung hat zur Folge, dass das spezifische Ausbeutungsverhältnis, unter dem Frauen stehen, verdrängt wird, wodurch gewährleistet wird, dass die Männer ihre alte, durch das Patriarchat gewonnene Identität noch nicht aufgeben müssen. [...]

Genossen, wenn ihr zu dieser Diskussion, die inhaltlich geführt werden muss, nicht bereit seid, dann müssen wir allerdings feststellen, dass der SDS nichts weiter ist als ein aufgeblasener konterrevolutionärer Hefeteig. Die Genossinnen werden dann die Konsequenzen zu ziehen wissen.[14]

Das mussten sie auch, denn die Rednerin wurde ignoriert und der SDS konzentrierte sich weiterhin auf die Befreiung des Proletariats.[15] Erst als 1971 Alice Schwarzer in Anlehnung an radikale feministische Gruppen in Frankreich, den USA und anderen Ländern eine Kampagne gegen den „Abtreibungsparagraphen" 218 StGB in Gang setzte, hatte die westdeutsche Frauenbewegung ein Thema gefunden, mit dem sie aus der Isolierung herausfand.[16] Schwarzer initiierte in der Illustrierten ›Stern‹ die Selbstbezichtigung von 374 teils prominenten Frauen: „Wir haben abgetrieben!" Der Skandal war groß, und eine grundlegende Debatte um Abtreibung und das Selbstbestimmungsrecht der Frauen setzte ein. Die Frauenbewegung wuchs sprunghaft an, zahlreiche lokale Frauengruppen, Projekte und Initiativen entstanden, auch gegen die Diskriminierung von Frauen in ihrem gesellschaftlichen und beruflichen Umfeld. Bücher wurden geschrieben, Verlage und Buchläden gegründet. Das „Tabu Privatleben" wurde nun zum öffentlichen Thema. Langfristig änderten sich in der Folge gesellschaftliche Verhaltensmuster, die Rechte und Spielräume von Frauen erweiterten sich allmählich, auch wenn sich ein radikaler Teil der feministischen Bewegung in die Isolation zurückbegab.

Erfolgreich war auch die Ökobewegung. Ihr gelang es ebenfalls, wenn nicht noch besser, ihre Themen in das Bewusstsein einer breiten Öffentlichkeit zu bringen. Innerhalb ihrer facettenreichen und bunten Mischung aus Gruppen und Themen war die Bewegung gegen die Atomkraftwerke, die Anti-AKW-Bewegung, wohl die auffälligste.

Liberalisierung der Lebens- und Umgangsformen

Mutlangen, 1. September 1983.
Friedliche Demonstration gegen die geplante Stationierung von Pershing II und Cruise Missiles vor der US-Basis Mutlangen.
In der Mitte Heinrich Böll mit Ehefrau, darunter Petra Kelly (mit Helm) und Gert Bastian.

Sie machte ab 1975 mit spektakulären Aktionen gegen den Bau von Atomkraftwerken und Wiederaufbereitungsanlagen von sich reden, anfangs im badischen Wyhl, dann vor allem in Wackersdorf, ein Name, der bald für Straßenschlachten zwischen Atomkraftgegnern und der Polizei stand. In Wyhl schlossen sich Bauern aus der Region, die um ihre Felder besorgt waren, mit Umweltschützern und „Alternativen" zusammen, die auf die Gefahren der Atomenergie aufmerksam machten und die Macht der „Atomlobby" aus Wirtschaft und Politik brechen wollten. Aus dem Umfeld der Ökobewegung und der Atomkraftgegner ging 1979 schließlich auch die Partei Die Grünen hervor, die bald in Landtagen zu finden war und 1983 den Einzug in den Deutschen Bundestag schaffte. Sie ist am Ende die einflussreichste all dieser neuen Gruppierungen, da es ihr gelang, ihre Themen in die politischen Institutionen einzuspeisen und ab 1998 schließlich auch zur Regierungspolitik einer rot-grünen Koalition zu machen.[17]

Mit dem Ende der internationalen Entspannungspolitik zu Anfang der 80er-Jahre begann schließlich die Hochphase der neuen Friedensbewegung. Sie wandte sich gegen den „NATO-Doppelbeschluss" von 1979, der eine Stationierung amerikanischer Mittelstreckenraketen vom Typ Pershing II in der Bundesrepublik vorsah, falls die Sowjetunion sich nicht zu Abrüstungsverhandlungen, vor allem zu einer Reduzierung ihrer SS-20-Raketen in der DDR bereit erklärte. Das Gefühl unmittelbarer Bedrohung, der Eindruck, auf einem potenziellen atomaren Schlachtfeld zu leben, brachte den Nachrüstungsgegnern einen Zulauf, wie ihn die Friedensbewegung seit dem Vietnamkrieg nicht gekannt hatte. Quer durch alle politischen Lager und Altersgruppen fanden sich Anhänger, von den Kirchen bis zur kommunistischen DKP. Als es 1983 tatsächlich zur Aufstellung der atomaren Mittelstreckenraketen in der Bundesrepublik kam, verlor die Friedensbewegung jedoch ihren Schwung.

Zu den neuen sozialen Bewegungen der 70er- und 80er-Jahre gehörten außerdem die alternative Szene, die Hausbesetzer, die „Spontis" und „Autonomen". Hier lebte der antiautoritäre Protest der frühen und mittleren 60er-Jahre weiter, mit seinen Happenings und seiner Lust an der Provokation. Daneben fanden sich zahllose lokale Bürgerinitiativen. Die westdeutsche Gesellschaft war in Bewegung geraten, ein Wertewandel hatte eingesetzt: Das Streben nach individueller Entfaltung war an die Stelle der traditionellen Pflichtorientierung getreten; traditionelle bürgerliche Werte wie Fleiß und Anpassung an die gesellschaftliche Ordnung verloren an Zustimmung. Die Meinungsforscherin Elisabeth Noelle-Neumann resümierte 1978:

Im raschen Absinken fanden wir, was 250 Jahre lang als bürgerliche Tugenden gepflegt worden war. Der Abbau vollzog sich in der Arbeiterschaft, aber darüber hinaus in allen Bevölkerungsschichten und immer am radikalsten bei der jungen Generation.

Unter bürgerlichen Werten solle dabei verstanden werden:

Der hohe Wert von Arbeit, von Leistung; Überzeugung, dass sich Anstrengung lohnt, Glaube an Aufstieg und Gerechtigkeit des Aufstiegs; Bejahung von Unterschieden zwischen den Menschen und ihrer Lage; Bejahung des Wettbewerbs, Sparsamkeit als Fähigkeit, kurzfristige Befriedigung zugunsten langfristiger zurückzustellen; Respekt vor Besitz; Streben nach gesellschaftlicher Anerkennung, Prestige, damit verbunden Anerkennung der geltenden Normen von Sitte und Anstand; Konservatismus, um das Erworbene zu behalten; in gemäßigter Weise auch Bildungsstreben.[18]

Es kam zu einer Pluralisierung der Wertvorstellungen und Lebensstile; was „sich gehörte", war nicht mehr klar vorgegeben. Viele stellten nun das traditionelle Geschlechterverhältnis in Frage; außerdem traten für eine Mehrheit der Bevölkerung Umweltfragen in den Vordergrund.

Aber auch dieser Wertewandel war kein westdeutsches Phänomen, sondern ein internationales. Die meisten westlichen Industriegesellschaften durchliefen in dieser Zeit einen ähnlichen Prozess. Diese „stille Revolution"[19] in den westlichen Ländern war insgesamt wirkmächtiger als es das „laute" 1968 gewesen war. Sie baute aber auf dem auf, was die Studentenrevolte möglich gemacht hatte. Die Studenten hatten Missstände benannt und an die Öffentlichkeit gebracht, und auch wenn sich viele Reformer der 70er-Jahre kritisch von den Revolutionären der 60er-Jahre abgewandt hatten, so brauchten sie doch viele Tabus nicht mehr selbst zu brechen.

Es gab aber auch Strömungen, die sich von dieser Entwicklung abgrenzten oder sich sogar offen gegen sie wehrten. Hierzu gehörten in erster Linie die Konservativen. Sie hatten vor allem „1968" als Bedrohung wahrgenommen, als Angriff auf den Kern ihres Weltbilds. Nach der Studentenbewegung und dem „Machtwechsel" von 1969, als die CDU erstmals in der Bundesrepublik die Regierungsgewalt abgeben musste, herrschte Verunsicherung im konservativen Lager. Diese wurde jedoch produktiv genutzt: In den späten 60er- und den 70er-Jahren entwickelte die CDU eine regelrechte „Reformdynamik".[20] Organisation und Programmatik wurden überholt, ein Generationswechsel setzte ein und die Mitgliederschaft vergrößerte sich. Allerdings erlahmte der Schwung wieder, als sich neue Machtstrukturen innerhalb der Partei verfestigten und auch, als der gesamtgesellschaftliche Reformdruck nachließ und damit der Zwang, sich davon abzusetzen.

Auch rechtsextreme Gruppierungen, die sich in jenen Jahren verstärkt bildeten, kann man als Gegenbewegung zur Hochphase linken Reformeifers in der Bundesrepublik werten. Die Erfolge bei Landtagswahlen und der Mitgliederzulauf, den die Nationaldemokratische Partei Deutschlands (NPD) und später die so genannten Republikaner zu verzeichnen hatten, lösten in der Öffentlichkeit Sorge um die Stabilität der westdeutschen Demokratie aus. Jugendliche Neonazis in Springerstiefeln gehören mittlerweile, und insbesondere seit der deutschen Wiedervereinigung, zu so manchem Stadtbild. Auch unter Intellektuellen fanden sich im Lauf der 80er-Jahre Gegenströmungen. Die Postmoderne in Literatur und Kunst etwa setzte dem „Zwang zur Verweigerung" und zum Partei-Ergreifen, dem Dogmatismus der „Weltverbesserer" eine scheinbare Beliebigkeit entgegen, indem sie in ihren Werken auf klare Botschaften, ja sogar auf handelnde Subjekte verzichtete. Odo Marquard sprach von der „Weigerungsverweigerung".[21] Viele, auch solche, die mit der Postmoderne nichts anzufangen wussten, hatten das permanente Engagement satt. Sie waren die Aufgeregtheit leid und wollten die Welt nicht mehr retten müssen. In den 80er-Jahren machte sich unter Jugendlichen ein Desinteresse an der Politik breit, die Wahlbeteiligung in dieser Altersgruppe ging zurück.[22]

Die Abkehr von den Errungenschaften der „1968er" erfolgte aber nicht immer freiwillig. Mitte der 80er-Jahre machte Aids der sexuellen Revolution mit ihrer Unbekümmertheit ein Ende. Die Pille, die in der Bundesrepublik 1961 auf den Markt gekommen war, hatte den Sex vom Kinderkriegen und damit von Verantwortung und Angst entkoppelt. Nun machte die Angst vor dem Tod ein unbeschwertes Liebesleben unmöglich. Aids ist nicht heilbar, einen Impfstoff gibt es nicht und die Zahl der Toten stieg bis Ende des Jahrzehnts beängstigend schnell an. Die Angst vor Ansteckung führte oft dazu, dass die Kranken ausgegrenzt wurden. Vor allem die Übertragung durch ungeschützten Sex und die – allerdings nur anfängliche – Konzentration der Fälle auf die Schwulenszene führte zu aggressiven Schuldzuweisungen. Von einer Strafe für die unmoralische Lebensweise der Betroffenen war die Rede, Sodom und Gomorrha wurden beschworen. Die Hilflosigkeit angesichts einer Krankheit, die Sexualität und Tod in einen so engen Zusammenhang zwang, war offensichtlich. Viele Jugendliche wandten sich zumindest für einige Zeit wieder traditionelleren Formen der Partnerschaft und des Liebeslebens zu.

Inzwischen wird, nach den Terroranschlägen vom 11. September 2001, das „Ende der Spaßgesellschaft" ausgerufen. Ob das Pendel wieder zurückschwingt? Der Wertewandel hat die Gesellschaft der Bundesrepublik vom angeblichen „Materialismus" zum „Postmaterialismus" und darüber hinaus geführt. Seither stehen Phänomene wie die äußerst beliebten Fernsehsendungen ›Big Brother‹ oder ›Deutschland sucht den Superstar‹, in denen sich junge Leute in der Hoffnung auf Berühmtheit vorführen lassen, neben Straßenkämpfen zwischen jugendlichen Globalisierungs- oder Atomkraftgegnern und der Polizei. Die Zeiten, in denen jeweils eine zumindest in der öffentlichen Wahrnehmung einheitliche Protest- oder Jugendkultur vorherrschte, scheinen der Pluralisierung unserer Gesellschaft, und damit dem Wertewandel der letzten Jahrzehnte, zum Opfer gefallen zu sein.

Was also waren die Folgen von „1968" – genauer gesagt, der Protestbewegung der 60er- und frühen 70er-Jahre für die Bundesrepublik? Jürgen Habermas, der sie mit Sympathie und Kritik begleitet hat, meinte zwanzig Jahre danach:

Wer die Augen nicht im Affekt verschließt, wird zugeben müssen: diese Revolte war für die politische Kultur der Bundesrepublik ein Einschnitt, in den heilsamen Folgen nur übertroffen von der Befreiung vom NS-Regime durch die Alliierten. Was 1945 für die Umwälzung unseres Verfassungszustandes bedeutet hat, bedeutet 1968 für einen aufgelockerten Zustand der politischen Kultur, für eine sich erst heute voll auswirkende Liberalisierung in den Lebens- und Umgangsformen. […] Ohne den damals ausgelösten Einstellungsdruck hätten wir heute keine Grünen, keine scenes in den Großstädten, kein Bewusstsein davon, dass subkulturelle und ethnische Vielfalt unsere stromlinienförmige Kultur bereichert – wir hätten nicht das Maß an Urbanität, das sich allmählich herstellt, vermutlich hätten wir eine geringere Sensibilität der Regierenden gegenüber Stimmungslagen in der Bevölkerung, vielleicht hätten wir in der CDU keinen so genannten liberalen Flügel.[23]

Stefan Wolle

Die DDR:
Versäumte Revolten und nationales Trauma

„Dieses Buch ist das Buch der Wahrheit."[1] Diesen Satz von nahezu alttestamentarischer Wucht stellte Walter Ulbricht an den Anfang eines Geleitwortes zu dem Sammelwerk ›Weltall – Erde – Mensch‹. Der Staatsratsvorsitzende gab dem Buch durch sein Vorwort einen gleichsam staats- und parteioffiziellen Charakter. ›Weltall – Erde – Mensch‹ erschien von 1955 bis 1974 mindestens einmal jährlich, in jeweils der neuesten Parteilinie angepassten Versionen.[2] Das Buch brachte es auf 22 Auflagen mit insgesamt etwa vier Millionen Exemplaren und dürfte damit das am weitesten verbreitete Druckwerk der DDR gewesen sein. Ob es auch das am meisten gelesene Buch war, sei dahingestellt. Jedenfalls bekam es jeder Teilnehmer der Jugendweihe anlässlich des feierlichen Aktes zusammen mit dem Blumenstrauß und einem Spruch für die Zukunft in die Hand gedrückt. Da etwa 90 Prozent aller Vierzehnjährigen an der zentralistisch organisierten Jugendweihe teilnahmen, waren die gigantischen Absatzzahlen staatlich garantiert.

Das großformatige, über fünfhundert Seiten dicke und für damalige Verhältnisse durchaus opulent ausgestattete Buch enthielt ein Weltbild von bemerkenswerter innerer Geschlossenheit. Es vermittelte ein umfassendes System der Natur und Gesellschaft nach marxistisch-leninistischem Muster. Von der Entstehung der Erde und des organischen Lebens bis zum VII. Parteitag der Sozialistischen Einheitspartei Deutschlands obwaltete ein ehernes Gesetz, ein gleichsam göttlicher Wille zum ewigen Fortschritt, an dessen Ende eines Tages die kommunistische Gesellschaftsordnung stehen würde.

Wir träumen von der Welt der Zukunft, die schon begonnen hat. Wir, die Erbauer des Sozialismus, sehen jene Welt unter unseren Händen entstehen, die vielen Generationen einer jahrhunderte- und jahrtausendelangen Menschheitsgeschichte eine ferne, unerreichbare Vision war. Wir bauen komplizierte Automaten, die in allen Bereichen menschlicher Arbeit eingesetzt werden und die uns schneller, billiger und körperlich weniger anstrengend produzieren lassen; wir entwickeln; wir entwickeln elektronische Datenverarbeitungsanlagen, die den Wirkungsgrad des menschlichen Gehirns um ein Vielfaches vergrößern; wir schaffen in der Chemie „Werkstoffe nach Maß" und machen uns frei von Rohstoffsorgen, von den Launen der Natur; wir erschließen Energiequellen, die den wachsenden Energiebedarf der Menschheit für alle Zeiten decken werden; wir dringen in die tiefsten Geheimnisse des Lebens ein und beginnen die Biologie für die Technik nutzbar zu machen; die Medizin ist dabei, die letzten Massenerkrankungen, den Krebs und andere Geißeln der Menschheit an der Wurzel zu packen; reale Wege zur Verlängerung des menschlichen Lebens um viele Jahrzehnte werden beschritten; mit den Weltraumflügen hat sich dem Menschen das Tor zum Kosmos aufgetan. So nimmt die Zukunft Gestalt an.[3]

„Wie aber werden die Menschen in den kommenden Jahrzehnten und Jahrhunderten zusammenleben? Wohin führt der Weg der Menschheit?", fragt der Autor weiter und lässt seine Leser nicht lange im Ungewissen:

Ost-Berlin, 28. Juli bis 5. August 1973.
Jugendliche in FDJ-Hemden während der Weltfestspiele der Jugend.

Es gibt eine einfache, klare und zugleich inhaltsschwere, wissenschaftlich begründete Antwort auf diese Fragen: Die Zukunft der Menschheit, das ist der Kommunismus. Alle Völker der Welt werden den Weg gehen, der zum Kommunismus führt. […] Das wird ein Leben sein, in dem sich alle Fähigkeiten der Menschen, alle Seiten der Persönlichkeit voll entfalten. Seine Kennzeichen werden sein: Frieden, Arbeit, Freiheit, Gleichheit, Brüderlichkeit und Glück aller Völker![4]

Der Anspruch war also nicht gerade gering. Er enthielt bei aller Phrasenhaftigkeit und allem falschen Pathos ein Element der Verlockung, eine Art Herausforderung zu schöpferischer und vorwärts weisender Kritik, die Aufforderung, die regierende Partei beim Wort zu nehmen. Die humanistische Utopie war die gefährlichste Herausforderung der totalitären Macht und sie war gleichzeitig ihr Lebenselixier.

Die intellektuelle Biographie der DDR ist die Geschichte von immer neuen Anläufen zu Reform und Veränderung. Die politische Realität musste es sich gefallen lassen, am theoretischen Anspruch der Kirchenväter gemessen zu werden. So entstand in den 60er-Jahren das seltsam defensive, fast resignative Schlagwort vom „real existierenden Sozialismus". Trotzig wurde von den SED-Ideologen die Realität gegen die eigene Utopie verteidigt, der „reale Sozialismus" gegen ein Traumgebilde aus der Verheißung von sozialer Harmonie, repressionsfreier Gesellschaft und ewigem Frieden.

Die bürgerliche Revolution hatte sich den schmetternden Dreiklang ›Liberté, Egalité, Fraternité‹ auf die Fahnen geschrieben. Die Freiheit im rechtlichen Sinne hatte sie durchgesetzt, die Gleichheit als staatsbürgerliche Gleichheit vor dem Gesetz ebenfalls. Die Brüderlichkeit aber war sie schuldig geblieben. Insofern empfand sich der Sozialismus als Fortsetzer und Vollender der Freiheitsrevolutionen des 19. Jahrhunderts. Das Scheitern der sozialistischen Utopie trägt trotz aller grotesken und absurden Züge des realsozialistischen Systems die Züge einer großen Tragödie im Sinne des klassischen Trauerspiels. Eine erhabene Idee scheiterte schicksalhaft an der Nemesis der allein auf Gewalt ruhenden Macht.

Der tschechische Schriftsteller Milan Kundera schreibt in seinem Essay ›Verratene Vermächtnisse‹ über die Hauptfiguren seines 1968 unter dem Titel ›Der Scherz‹ erschienenen frühen Romans:

Übrigens sind die vier Protagonisten folgendermaßen konzipiert: vier persönliche kommunistische Welten, aufgepfropft auf vier europäische Vergangenheiten: Ludvik: der Kommunismus, der auf dem scharfen Geist Voltaires wächst; Jaroslav: der Kommunismus als Wunsch, die Zeit der patriarchalischen, in der Folklore konservierten Vergangenheit zu rekonstruieren; Kostka: die dem Evangelium aufgepfropfte kommunistische Utopie; Helena: der Kommunismus als Quelle des Enthusiasmus, eine homo sentimentalis. Diese persönlichen Welten sind im Moment der Zerstörung erfasst: vier Formen der Auflösung des Kommunismus; und das bedeutet auch: Zusammenbruch von vier alten europäischen Abenteuern.[5]

In der DDR kam ein weiteres Problem hinzu. Hier scheiterte der Versuch, aus der deutschen Geschichte auszusteigen. Die DDR blieb aller scheinbaren Stabilität zum Trotz ein Kunstprodukt des Kalten Krieges. Ihre Existenz war allein auf Ideologie und Machtpolitik gegründet. Als sich die Fronten des globalen Konfliktes aufzulösen begannen und die Sowjetführung bereit schien, auf ihr militärisches Glacis zu verzichten, kehrte der Wille zur Wiedervereinigung zurück. Dies entsprach keineswegs den Planungen der politisch Mächtigen in Ost und West. Die Forderung nach Wiedervereinigung wurde zuerst auf der Straße geäußert. Niemand hatte die Parolen vorgegeben und niemand hat – wie später behauptet wurde – Deutschlandfähnchen verteilt. Als im Dezember 1989 Helmut Kohl Dresden besuchte, wurde schlagartig klar, dass die Zweistaatlichkeit keine Zukunft haben würde, wenn man denn Freiheit und Demokratie ernst nehmen würde.

„Deutschland, einig Vaterland! … Deutschland, einig Vaterland!", schallte es mit weichem sächsischem Akzent am 19. Dezember 1989 Hans Modrow und seinem Gast Helmut Kohl entgegen.[6] Die Menge auf dem Dresdener Theaterplatz schwenkte schwarz-rot-goldene Fahnen ohne Hammer, Zirkel und Ährenkranz sowie die grün-weißen Fahnen Sachsens und skandierte im Chor die bekannte Zeile aus der Nationalhymne der DDR. Hans Modrow sah aus wie ein begossener Pudel. Kläglich und zerzaust stand er neben dem viel größeren Helmut Kohl. Allein die körperliche Ungleichheit schien das Verhältnis der beiden deutschen Vettern zu symbolisieren, die sich nach vierzig Jahren des Zwistes zum Familientreffen wiederfanden. Auf der einen Seite stand die wirtschaftlich ruinierte, moralisch diskreditierte und von der östlichen Vormacht im Stich gelassene DDR und auf der anderen Seite die reiche, selbstbewusste und erfolgreiche Bundesrepublik. Aber auch Kohl und seine Begleiter wirkten angesichts des patriotischen Überschwangs der braven Sachsen eher verunsichert. Immerhin war man Gast im Hause des armen Ostverwandten, nicht Befreier oder gar Eroberer.

Die Situation konnte in der Tat kaum merkwürdiger sein. Eine Zeile aus dem im Westen geschmähten und im Osten verbotenen Text der Nationalhymne der DDR wurde zum Symbol der Demonstranten, die nicht weniger forderten als die Abschaffung ihres Staates und die Wiedervereinigung Deutschlands. Nach der unerwartet und spontan ausgebrochenen demokratischen Massenbewegung der DDR-Bevölkerung im September und Oktober 1989 war dies das zweite Wunder jenes turbulenten Wendejahres. Dass sich die Menschen in der DDR nach mehr Freiheit, Demokratie und Wohlstand sehnten, hatten sowohl der Westen als auch die SED-Führung vorausgesetzt, beide hätten den Sachverhalt lediglich in unterschiedliche Worte gefasst. Dass eine heimliche Sehnsucht nach Wiedervereinigung bestand, blieb den Analytikern in Ost und West verborgen.

Auch die Oppositionsgruppen hatten in den 80er-Jahren niemals die Forderung nach Abschaffung der DDR gestellt. Bis weit in den Herbst 1989 hinein rückten sie die nationale Frage aus guten Gründen in eine rein historische Perspektive. Nach ihrer Auffassung wäre es unverantwortlich gewesen, die auf dem Dualismus der Supermächte beruhende globale Stabilität in Frage zu stellen. Die dominierende Grundstimmung der internen Diskussionen lautete damals: Erst Freiheit und Demokratie in der DDR, und dann wird man eines Tages über das Verhältnis zur Bundesrepublik reden können. Erst im Rahmen eines europäischen Sicherheitssystems schien eine deutsche Föderation oder ein Bundesstaat möglich. Soweit die Opposition außenpolitische Aspekte überhaupt berücksichtigte, hielt sie Frieden, Abrüstung und Entmilitarisierung immer für wichtiger als die Einheit der Nation.

Die Becher-Hymne, die 1989 eine überraschende Wiederbelebung erfuhr, erinnerte gleichzeitig an den nationalen Anspruch der SED der frühen Jahre. Viele Menschen hatten in den Jahrzehnten der nationalen Abstinenz vergessen, dass an der Wiege der DDR nicht nur der antifaschistische Anspruch, sondern auch der erklärte Wille zur Einheit des Vaterlandes stand. Das nationale Pathos der Ostpropaganda dieser Zeit war kaum zu überbieten und es erreichte in den Jahren 1948 und 1949 seinen Höhepunkt. Es waren nicht zufällig die Jahre, in denen die Weichen in Richtung der Teilung Deutschlands gestellt wurden. Mit gewaltigem rhetorischem Aufwand wurde gegen die Spalter und Verräter gewettert und selbst die westlichen Siegermächte wurden von der SED-Agitation nicht mehr geschont. „Das zu errichtende westdeutsche Staatswesen ist ein Vasallenstaat und der Willkür fremder Mächte unterworfen", heißt es in der Entschließung des Zweiten Deutschen Volksrates vom 22. Oktober 1948. „Ein Besatzungsstatut kann weder die Freiheit Deutschlands noch die seiner Bürger herstellen. Es bestätigt und verewigt nur den Zustand der Besatzung."7

Die nationalen Töne wurden im Laufe der 50er- und 60er-Jahre zwar leiser, programmatisch aber gab die SED-Führung ihren gesamtdeutschen Anspruch niemals auf. Erst die neue Ostpolitik der sozial-liberalen Koalition in Bonn seit 1969 brachte eine grundsätzliche Änderung der Haltung der SED-Führung. Bei der DDR-Führung wuchs die berechtigte Sorge, die Verhandlungen mit dem westlichen Klassenfeind könnten die alten Feindbilder des Kalten Krieges verblassen lassen. Sie setzte die Parole in die Welt, angesichts der politischen Entspannung verschärfe sich notwendigerweise und gesetzmäßig der ideologische Klassenkampf. Die Dialektik der Systemauseinandersetzung erfordere erhöhte politische Wachsamkeit. Gerade auf dem Gebiet der Ideologie sei für naive und politisch unreife Gemüter die Aufweichungs- und Unterwanderungsstrategie des Gegners nicht mehr auf den ersten Blick erkennbar. Am Abend des 27. September 1974 erfuhren die erstaunten Zuschauer der „Aktuellen Kamera", dass die Volkskammer die Verfassung der DDR geändert hatte. Im Unterschied zu der breiten Diskussion um den Verfassungsentwurf im Frühjahr 1968 hatte es diesmal nicht einmal eine Vorwarnung gegeben. Erich Honecker begründete das „Gesetz zur Ergänzung und Änderung der Verfassung" in einer Rede, und anschließend bestätigten die Abgeordneten einstimmig die Vorschläge. Während Artikel 1 in der Fassung von 1968 gelautet hatte: „Die Deutsche Demokratische Republik ist ein sozialistischer Staat deutscher Nation", hieß es nun: „Die Deutsche Demokratische Republik ist ein sozialistischer Staat der Arbeiter und Bauern."8 So verabschiedete sich die SED-Führung offiziell von der deutschen Nation. Für den Alltag der DDR-Bürger hatte dies alles kaum eine Bedeutung. Sie waren es ohnehin gewohnt, mit einer Verfassung zu leben, auf die sich zu berufen wenig Sinn hatte, weil die vielen schönen Versprechen nicht einklagbar waren. Man wird also davon ausgehen können, dass die staatsstreichartige Verfassungsänderung vor allem auf Außenwirkung abzielte und der Bundesrepublik den festen Willen signalisieren sollte, man wolle für immer eigene Wege beschreiten.

Danach setzte eine Welle von Umbenennungen ein und überall wurde nach Möglichkeit die Bezeichnung „deutsch" oder „Deutschland" getilgt. In Leipzig wurde das „Hotel Deutschland" in „Hotel am Ring" umbenannt. Lediglich die SED, das ›Neue Deutschland‹, die vier Blockparteien, die Massenorganisationen und die wegen internationaler Verträge bis 1989 gebundene „Deutsche Reichsbahn" machten eine Ausnahme. Ansonsten behalf man sich mit Abkürzungen. Zum Beispiel stand nun auf den Briefmarken in der Regel nicht mehr die vollständige offizielle Staatsbezeichnung, sondern nur noch das Kürzel „DDR". Konsequenterweise wurde das Stichwort „Deutschland" auch aus der zweiten Ausgabe von Meyers Neuem Lexikon gänzlich gestrichen.9 Wer etwa nachschlagen wollte, auf welches Land sich Heinrich Heines Poem ›Deutschland. Ein Wintermärchen‹ bezog, fühlte sich vom DDR-Meyer verlassen. Vielleicht aus Furcht vor der Lächerlichkeit rückte die Redaktion in seine folgende vierbändige Ausgabe von 1978 eine siebenzeilige Definition ein:

Deutschland: bis 1945 Land in Mitteleuropa, dann von ausländischen und deutschen Imperialisten systematisch gespalten. Seit 1945 existieren auf dem Territorium des ehemaligen D. die Deutsche Demokratische Republik und die Bundesrepublik Deutschland, zwei Staaten mit gegensätzlicher politisch-gesellschaftlicher Ordnung.[10]

Der Westen war in der DDR nicht einfach eine Himmelsrichtung. Er war zunächst und vor allem Synonym für Westdeutschland, wie man in den ersten beiden Jahrzehnten der Teilung den anderen deutschen Staat nannte, bzw. für die Bundesrepublik Deutschland, wie man von offizieller Seite ungern und nur mit verkniffener Miene sagte. Stattdessen wurde lieber die Abkürzung BRD gebraucht. Vorgegeben durch den Mediengebrauch war diese Buchstabenkombination betont abgehackt und distanziert auszusprechen. Meisterhaft beherrschte dies der Chefkommentator des Fernsehens der DDR, Karl Eduard von Schnitzler. So blieb die Abbreviatur fast ausschließlich auf den offiziösen Gebrauch beschränkt. In der Umgangssprache sagte man einfach Westen.

Wenn wieder einmal eine „politisch komplizierte Situation" herrschte – und wann eigentlich herrschte eine solche Situation nicht –, drehten selbst gute Genossen an der Sendereinstellung ihres Rundfunk- oder Fernsehgerätes, um zu hören „was der Westen sagt". Doch nicht nur die Empfangsgeräte und Antennen, auch Menschen waren im Sprachgebrauch besonders der 50er- und 60er-Jahre „westlich eingestellt". Sie hörten im harmloseren Fall gerne die „Westschlager", im schlimmeren Fall waren sie „Westargumenten" zugänglich. Alles wartete auf die begehrten „Westpakete" oder auf den „Westbesuch", der hoffentlich etwas „Westgeld" oder wenigstens „Westschokolade" und „Westseife" mitbrachte.

Der Westen war in der DDR Projektionsfolie aller Bedrohungsängste, Hoffnungen und Sehnsüchte. Er war als „der Gegner" oder „der Feind" omnipräsent wie der Teufel im mittelalterlichen Weltbild. Die Begriffe „Gegner" und „Feind" wurden mit dem bestimmten Artikel gebraucht und verwiesen so auf die Ausschließlichkeit und Universalität des Bösen. Die Bundesrepublik war für die DDR immer der Vergleichsmaßstab, das Spiegelbild, das Tertium Comparationis, die dialektische Entsprechung wie Licht für Dunkelheit. Aus der Existenz des anderen deutschen Staates ergab sich die historische Legitimation der DDR. Durch sie definierte sie sich politisch und ideologisch. Der Westen war in jeder politischen Diskussion virtuell anwesend. Das galt für die Sitzungen des Politbüros wie für Gespräche in Kneipen und Kaffeehäusern.

Dabei konnten die Sichtweisen der bundesrepublikanischen Gesellschaft unterschiedlicher kaum sein. Für die einen war der imperialistische Bonner Staat der Hort der Reaktion, für die anderen war der Westen das Ziel aller Sehnsüchte, für die man selbst den Tod im Stacheldrahtverhau riskierte. Die Fluchtträume, die zum obligaten psychologischen Repertoire jeder Ehekrise und jedes Büroärgers gehörten, hatten in der DDR einen festen geographischen Ort. Bis 1961 „türmte man" – wie der Berliner sagt, oder man „machte rüber" – wie es im sächsischen Sprachgebrauch hieß. Später – insbesondere seit Ende der 70er-Jahre – war der Ausreiseantrag der gleichsam magische „point of no return", von dem unendlich viel geredet wurde.

Zwischen der Dämonisierung und Überhöhung der BRD gab es alle nur denkbaren

Variationen und Differenzierungen. Nichts ist falscher als die Annahme, die DDR-Bürger seien naiv und schlecht informiert gewesen. An einer fast neurotischen Fixierung führte kaum ein Weg vorbei. Wie siamesische Zwillinge kamen die Deutschen in den vier Jahrzehnten der Teilung nicht voneinander los. Dies war nicht das Resultat einer abstrakten Bindung zur Nation oder gar eines ideologisch geprägten Patriotismus – dieser war im Osten genauso tot wie im Westen –, sondern Ergebnis politischer und wirtschaftlicher Tatsachen, die das Alltagsleben in der DDR bestimmten.

Vom Anfang bis zum Ende der DDR gehörte die ständige Präsenz westlicher Medien zu den mentalitätsgeschichtlich prägenden Grundlagen des Staates. Die Bedeutung dieser Tatsache ist kaum zu überschätzen. Die bundesdeutschen Rundfunk- und Fernsehprogramme haben über 45 Jahre der Trennung die kulturelle Einheit der deutschen Nation aufrechterhalten. Als die Deutschen wieder zusammenkamen, trällerten sie die gleichen Schlagermelodien, verwendeten die gleiche, mit Anglizismen versetzte Sprache, verehrten dieselben Sport- und Popidole und hatten ähnliche, von der Werbung geprägte Konsum- und Alltagsgewohnheiten. Die in zahllosen empirischen Erhebungen festgestellten Differenzen zwischen Bewohnern der alten und neuen Bundesländer waren angesichts einer staatlichen Teilung von annähernd einem halben Jahrhundert im Grunde marginal. Während es der Staatsmacht gelang, das Eindringen von Druckerzeugnissen westlicher Herkunft fast vollständig zu unterbinden, konnte die DDR-Bevölkerung die elektronischen Medien ohne wesentliche Einschränkungen empfangen. Es gab in den 70er- und 80er-Jahren kaum noch Versuche, das „Abhören von Feindsendern" technisch zu unterbinden. Auch Druck, Propaganda und Repression scheiterten und wurden seit dem VIII. Parteitag allmählich aufgegeben. Lediglich in den Kasernen der Volksarmee und der anderen militärischen Formationen war der Empfang westlicher Sender offiziell verboten und konnte disziplinarische und strafrechtliche Folgen nach sich ziehen. Radio- und Fernsehapparate durften nur in den Klubräumen stehen, und auf der Skala sollten die DDR-Stationen gekennzeichnet sein. Die Angehörigen der „bewaffneten Organe" sollten auch zu Hause kein Westfernsehen konsumieren, doch war selbst die Einhaltung dieser Beschränkung schwer zu kontrollieren.

Die Wirkungen der allabendlichen „kollektiven Ausreise" waren freilich ambivalent. Der ständige Konsum westlicher Medien führte dazu, dass viele Menschen gar nicht mehr „in der DDR lebten". Das war für die SED zwar ideologisch bedenklich, hatte praktisch jedoch eine stabilisierende Funktion. Die per Knopfdruck geistig Ausgereisten empfanden auch ihre Freiheitsberaubung als weniger schmerzhaft. Es fiel schon in den 80er-Jahren auf, dass der Bezirk Dresden die meisten Ausreiseanträge und „politischen Vorkommnisse" hatte. Sei es, dass die regelmäßigen Zuschauer des Westfernsehens weniger Illusionen über die Bundesrepublik hegten, also eher abgeschreckt wurden, sei es, dass das erhöhte Freizeitangebot sie beruhigte – die SED-Führung erwog seit 1988 allen Ernstes, den Bewohnern des „Tales der Ahnungslosen" über Relaisstationen das schmerzlich Vermisste zugänglich zu machen. Deshalb duldete sie auch schon einige Zeit vor der Wende selbst gebastelte und eingeführte Satellitenschüsseln, die, teilweise als Sammelantennen auf höher gelegenen Punkten montiert, ganzen Hausgemeinschaf-

Berlin-Köpenick 1987. Mitglieder des Kleingartenparks ‚Grünauer Straße 1920' des VKSK (Verband der Kleingärtner, Siedler und Kleintierzüchter).

ten den Empfang der Westkanäle, insbesondere der damals neuen und heiß begehrten Privatsender ermöglichten.

Die Präsenz der westlichen Medien war absolut. Gerade in Berlin wurde die Teilung immer als besonders absurd empfunden und schon vor der Wende rückte die Stadt unmerklich wieder zusammen. Das Berlin-Jubiläum 1987 war ein groß angelegter Versuch, dieser Tendenz entgegenzusteuern. Berlin (Ost), die Hauptstadt der DDR, sollte in ihrem Glanz Berlin (West) überstrahlen. Gerade in diesem Jahr kam es jedoch zu Vorfällen, die dem aufmerksamen Beobachter ankündigten, dass die Mauer brüchig wurde. Das dreitägige Pop-Festival „Rock for Berlin" vor dem Reichstagsgebäude entwickelte sich zum Menetekel für die SED-Führung. Am ersten Abend herrschte allgemeine Überraschung über die jugendlichen Fans, die sich am Brandenburger Tor sammelten. Der Wind trug einige Klangfetzen über die Mauer. Der große Innenhof der sowjetischen Botschaft fing sie akustisch auf, sodass man vor seinem gusseisernen Gitter gut David Bowies Songs hören konnte. Die Polizei verlor die Nerven und trieb einige tausend Jugendliche unter Schlagstockeinsatz in Richtung Alexanderplatz die Straße hinunter. Sprechchöre riefen: „Die Mauer muss weg!", und griffen damit einen Satz auf, den Willy Brandt im August 1961 vor dem Schöneberger Rathaus geprägt und ein im Jahr 1987 populärer Schlager erneut ins Bewusstsein gerufen hatte. Am folgenden Abend war die Sache durch Rundfunk- und Fernsehmeldungen noch bekannter geworden. Die Sicherheitskräfte waren besser vorbereitet und hatten schon einige hundert Meter vor dem Brandenburger Tor Absperrketten gebildet. Im Hintergrund standen Mannschaftswagen und Wasserwerfer. Es kamen weit mehr Leute als am Vorabend, und man konnte keine deutliche Grenze zwischen den Fans der Gruppe „Genesis", die jetzt auf dem Programm stand, Neugierigen, potenziellen politischen Protestlern und Stasi-Leuten ausmachen. Das einzige benachbarte Kaffeehaus „Egon Erwin Kisch" war bereits am Nachmittag brechend voll, doch niemand redete über die Mauer oder über die Popgruppe „Genesis". Auf der Straße sammelten sich kleinere und größere Gruppen. Die Stimmung war lauernd und abwartend, und erst im Schutz der Dunkelheit eskalierte die Situation. Wieder wurde „Die Mauer muss weg!" gerufen und mit provokativer Betonung der Textzeile „Die Internationale erkämpft das Menschenrecht" die Internationale gesungen. Seltsamerweise ertönte auch „Spaniens Himmel" – unter lautstarker Betonung des letzten Wortes im Refrain: „Die Heimat ist weit. Und wir sind bereit, zu kämpfen und sterben für dich. Für unsere Fr...ei...ei...heit." Dieses Lied von Paul Dessau hatte eine ganze Generation bis zum Erbrechen grölen müssen. In den Pionierlagern, Jugendherbergen und Kasernen der DDR gehörte es zum Standardrepertoire und hatte alle anderen Gesänge der Arbeiterbewegung weit abgeschlagen. Geblieben war ein Wort, nämlich „Freiheit", das jetzt die Jugendlichen den Soldaten der Stasi-Einheit „Feliks Dzierzynksi" ins versteinerte Gesicht brüllten und damit natürlich nicht Spaniens Himmel, sondern den geteilten Himmel über Berlin meinten.

Als im Herbst 1989 das Volk auf den Straßen der DDR die deutsche Einheit einforderte, waren die politischen Analytiker in Ost und West überrascht, teilweise sogar unangenehm berührt. Die marxistisch-leninistische Revolutionstheorie kennt den Topos vom „revolutionären Instinkt der Massen". Wenn es so etwas gibt, so war er im Herbst 1989 lebendig. Ganz im Sinne von Lenin diktierten die in Bewegung geratenen Massen den politisch Handelnden ihre Forderungen. Diese Forderungen zeugten von einem gesunden Realitätssinn. Es dominierte das Gefühl, jetzt schnell die deutsche Einheit durchsetzen zu müssen, ehe der Westen sich die praktischen Folgen überlegte. Das viel beschworene Wunder, dass die Massen im Herbst und Winter 1989 in Leipzig und anderswo den Ruf skandierten „Wir sind *ein* Volk", erklärt sich bei genauerer Kenntnis des DDR-Alltags fast von selbst. Der westliche Konsum, die Freizügigkeit, der politische Pluralismus waren für eine große – wenn auch lange Zeit politisch inaktive – Mehrheit der DDR-Bürger immer der Maßstab ihres eigenen Lebens gewesen.

Es gab auch eine Kultur des Widerstands. Die Stellung der Kirchen in der DDR kennzeichnete ein elementarer Zwiespalt. Sie standen als Institutionen weitgehend am Rand einer säkularisierten und kirchenfeindlichen Gesellschaft. Die Kirchengebäude aber standen seit alters her zentral in allen Städten und Dörfern. Wenigstens an den Sonntagen waren die Kirchentüren offen, und wer sie durchschritt, betrat eine fremde Welt. Während draußen in der Hitze der Verkehr lärmte, war es hier kühl und still. Im Gegensatz zu den allgegenwärtigen Symbolen der DDR gab es drinnen andere Zeichen und Bilder, deren Bedeutung die Schule nicht mehr lehrte und die Neugier erregten. Auf den Büchertischen im Vorraum lagen sonst im Buchhandel nicht erhältliche Schriften, und in den Schaukästen hingen Hinweise auf Veranstaltungen der Gemeinde, die fremd und geheimnisvoll klangen. Die Kirchen wirkten wie Orte, welche die Zeit überdauert hatten. Doch lange vor den Mahnwachen an den Türen und den stürmischen Protestveranstaltungen in den überfüllten Schiffen der Kirchen war jedermann klar, dass hier die Allmacht des Staates endete.

Seit den späten 70er-Jahren kehrte neues Leben in die alten Gebäude ein. Immer wieder fanden nun Veranstaltungen statt, für die selbst die drei- bis viertausend Menschen fassenden Bauten kaum noch ausreichten. Junge Leute saßen in den Gängen und rund um den Altar, und selbst die Emporen füllten sich bis zum letzten Platz. Man muss es als historischen Glücksfall bezeichnen, dass es diese Räumlichkeiten gab, denn die staatlichen oder kommunalen blieben der Opposition noch bis in den Winter 1989 hinein verschlossen. Hier in den Kirchen waren weder polizeiliche Voranmeldungen nötig noch staatliche Einflussnahmen auf die Inhalte der angebotenen Themen möglich. Wenn Gemeindekirchenrat und Pfarrer ihr Einverständnis erklärten, konnte man kurzfristig Informationsandachten, Fürbitten oder Mahnwachen ansetzen, denen regelmäßig Zeichen vorausgingen, die Kundige wohl zu deuten wussten. Zuerst traten paarweise sportliche und ordentlich frisierte junge Männer in der Umgebung der betroffenen Gebäude auf. Sie trugen Nylonkutten und kokette Gelenktäschchen, in denen sich – wie man munkelte – die Sprechfunkgeräte befanden, standen betont unauffällig in Hausfluren und musterten aufmerksam die Vorübergehenden oder saßen in Personenkraftwagen vom Typ „Wartburg" oder „Lada" und beobachteten das Leben und Treiben auf der Straße. Gelegentlich tauchten Mannschaftswagen mit grün uniformierten Bereitschaftspolizisten und Hunden auf. Um den potenziellen Ort der „öffentlichkeitswirksamen Aktion" – wie es in der Stasi-Sprache hieß – zog sich ein unsichtbarer Ring, der die Aufmerksamkeit all derjenigen auf sich zog, die von dem geplanten Treffen bisher noch nichts wussten. Dann näherten sich grüppchenweise oder einzeln die erwarteten „feindlich-negativen Kräfte" und strebten der einladend geöffneten Kirchentür zu. Sie bevorzugten das 60er-Jahre-Outfit – lange Haare, Bärte, Nickelbrille, Stirnband, verwaschene Jeans, grüne Kutten, malerische Tücher und Umhängetaschen aus Jute, die Damen mit flatterigen langen Kleidern in Schwarz – und pflegten sich zur Begrüßung zu umarmen und flüchtige Küsschen auszutauschen. Die Stasi fasste sie als Jugendliche mit „feindlich-dekadentem Äußerem" zusammen. Vielleicht hatten ihre Eckensteher dabei das Lehrmaterial VVS 001–19/79 I der Juristischen Hochschule Potsdam-Eiche im Kopf, das die „politische Untergrundtätigkeit" folgendermaßen definierte:

[Sie] ist eine der gefährlichsten Erscheinungsformen der subversiven Tätigkeit. Sie ist durch konzentrierten Einsatz der politisch-ideologischen Diversion inspirierte und von den imperialistischen Zentren, Organisationen und Kräften organisierte Suche, Sammlung und Zusammenführung von feindlich-negativen Kräften zur Schaffung einer personellen Basis im Innern der DDR, die in Durchsetzung feindlicher politisch-ideologischer Plattformen unter Anwendung konspirativer Mittel und Methoden langfristig orientierend gegen die DDR mit dem Ziel kämpfen, in der sozialistischen Gesellschaft sozialismusfeindliche Positionen zu schaffen, Bürger der DDR gegen den Sozialismus aufzuwiegeln, feindliche Handlungen zu aktivieren, um damit den Prozess konterrevolutionärer Veränderungen zur letztlichen Beseitigung der Arbeiter- und Bauern-Macht in Gang zu setzen.[11]

Trotz ihres bewusst zur Schau getragenen „Andersseins" konnten die Kirchenbesucher eine gewisse Bravheit kaum verleugnen. Sozial gesehen entstammten sie meist den kleinbürgerlichen Mittelschichten. Ihr Kern war christlich geprägt und zum Teil aus sächsischen, thüringischen oder mecklenburgischen Pfarrhäusern in die Großstadt gekommen. Bei den Frauen dominierten Katechetinnen, Kindergärtnerinnen, Buchhändlerinnen, Krankenpflegerinnen und bei den Männern ebenfalls die nicht akademischen „Weißkittel-Berufe". Originär proletarische Typen traten selten auf, Akademiker ohne Ausreiseantrag nur vereinzelt. Das Altersspektrum reichte vom Teenager bis zum Rentner, doch insgesamt fiel dem Beobachter eine gewisse Überrepräsentanz der Enddreißiger ins Auge. Weder die Kirchengruppen noch das MfS führten eine Statistik. Die wenigen vorhandenen Schätzungen stimmten allerdings mit dem gewonnenen Eindruck überein, und so berichtete denn auch ein Informant über eine Veranstaltung in der Lichtenberger Erlöserkirche im Februar 1988: „Es waren 600 Personen anwesend [...] 40% unter 30 Jahre, 50% 30 bis 40 Jahre, 10% über 50 Jahre."[12]

Die Stasi hat für die Dreißig- bis Vierzigjährigen in ihren Akten den hübschen, sonst wohl gänzlich unüblichen Begriff „Jungerwachsene" gewählt und damit weniger eine konkrete Altersgruppe als vielmehr den Typus des jung gebliebenen Erwachsenen erfassen wollen. Jedenfalls ist die Vorstellung falsch, es habe sich bei der Opposition der 80er-Jahre um eine ausgesprochene Jugendbewegung gehandelt. Gelegentlich bezeichnete man die Wendeereignisse auch als die Revolution der Vierzigjährigen, also derjenigen, die in etwa mit der Republik geboren waren. Während sie die Oberschule besuchten, rebellierten ihre Altersgenossen zwischen Paris und Prag gegen das Establishment und die fremden Besatzer. Auf den damals noch schwarz-weißen Bildschirmen sahen sie die Bilder der brennenden Barrikaden auf den Champs-Élysées, von den Straßenschlachten rund um das Springerhochhaus in West-Berlin und der Panzer auf dem Wenzelsplatz. Auch sie wären gern dabei gewesen, als unter so mancher FDJ-Bluse ein aufrührerisches Herz klopfte. Doch das Leben spielte sich immer anderswo ab. Im Westradio hörten sie die elegischen Songs der Woodstock-Generation und über dem Bett hing ein Poster von Ché Guevara. So hatten sie sich eine heimliche Sehnsucht nach Unruhe, einen diffusen Rest Utopie, eine romantische Hoffnung auf eine bessere Welt bewahrt. Kurz bevor sie Gefahr liefen, als lächerliche Figuren zu enden, begann mit 20 Jahren Verspätung endlich ihre Erhebung. Jürgen Habermas hat die Ereignisse des Jahres 1989 die „nachvollziehende Revolution" genannt und damit die Vollendung der bürgerlichen Revolution von 1789 gemeint. Der Begriff traf aber auch die Seelenlage vieler Vierzigjährigen in der DDR, die in diesen Monaten viel nachholen wollten und mussten.

Unter den Intellektuellen der DDR, die sich selbst als kritische Geister empfanden, herrschte nahezu übergreifend eine negative Meinung über die Kirchengruppen. Sie vermissten dort den theoretischen Anspruch des politischen Entwurfs, die höheren Weihen dialektischer Welterkenntnis, die akademische Feinheit der Argumentation. Die wackligen Konstruktionen der individuellen Lebenslügen ließen sich am sichersten vor Erschütterungen bewahren, wenn man die Arbeit der anderen ironisch abwertete. Wer mochte schon einen zwar mäßig bezahlten, aber sicheren und bequemen Job in einer wissenschaftlichen Institution riskieren, indem er sich zu den Schmuddelkindern der Gesellschaft gesellte? Die Rituale der Abgrenzung funktionierten freilich beiderseitig. Wenn ein vereinzelter „Normalbürger" den Weg in die Gemeinden fand, fühlte er sich oft deplatziert, denn er wurde sofort mit einem betont antibürgerlichen Ambiente konfrontiert. Die Luft bestand entgegen allen Bekenntnissen zur „Bewahrung der Schöpfung" weitgehend aus Zigarettendunst, aus den Lautsprecherboxen dröhnte Musik neuerer Geschmacksrichtung, und der Geist der Rebellion manifestierte sich vor allem im Unwillen gegen das Ausleeren und den Abwasch der als Aschenbecher dienenden Konservendosen.

„Die Opposition in der DDR war eine kleine Opposition", schrieb Reinhard Schult, einer der Protagonisten der Bewegung, in einer Art Abschiedsbrief aus dem Jahre 1995, und weiter:

Fast kannte jeder jeden. Die Hoffnung, das SED-Regime zu stürzen, hatte niemand von uns. Es ging um etwas mehr Luft in dieser miefigen DDR, um etwas mehr Bewegungsfreiheit in der Zwangsjacke. Wir waren eine verschwindende Minderheit – ohne Rückhalt in der Bevölkerung wie etwa die Solidarnosc in Polen.[13]

Ähnlich beurteilte das eine Analyse der zuständigen Abteilung XX der Bezirksverwaltung des MfS, die für 1986, bezogen auf Ost-Berlin, von 18 „Friedens- und Ökologiekreisen mit ca. 350 Mitgliedern" sprach.[14] Hinzu kam ein Sympathisantenumfeld von vielleicht zehnfacher Größe, also drei- bis sechstausend Personen. Selbst bei großzügigster Rechnung handelte es sich dabei statistisch gesehen um einen zu vernachlässigenden Anteil von weniger als einem halben Promille der hauptstädtischen Gesamtbevölkerung. Zwei oder drei Dutzend Aktivisten trugen die Opposition über Jahre hinweg. Prominente Künstler, Schriftsteller oder Wissenschaftler fehlten gänzlich, obwohl sie kaum ein persönliches Risiko getragen hätten. Obwohl man sich untereinander kannte, beim Singen einander an den Händen fasste und das brüderliche und schwesterliche Du vorherrschte, blühten hinter der Fassade der Friedfertigkeit – von den Stasi-Spitzeln kräftig geschürt, aber nicht verursacht – doktrinäres Gezänk, Eifersüchteleien und Führungsstreit. Die lange innere Emigration blieb nicht ohne Auswirkungen auf die psychosoziale Befindlichkeit und führte zu den bekannten Symptomen der isolierten Kleingruppe. Das individuelle Aufbegehren ist inmitten einer Umwelt des alltäglichen Opportunismus der biographische Ausnahmezustand, für den die wenigen Oppositionellen einen ausgesprochen hohen Preis zahlten. Er bestand – jedenfalls für alle außerhalb des kirchlichen Dienstes Beschäftigten – im Verzicht auf bürgerliche Normalität, berufliches Fortkommen, familiäre Unbeschwertheit. Nach der Wende wurden die Folgen dieses Verzichts schmerzhaft deutlich.

V. Krieg, Vernichtung, Demokratie und Diktatur
Das deutsche Gedächtnis

Winfried Speitkamp

Vom Ersten Weltkrieg zum Nationalsozialismus

Zwei Weltkriege haben das deutsche Gedächtnis im 20. Jahrhundert geformt. Der Zweite Weltkrieg hat dabei den Ersten überlagert. Er steht im Mittelpunkt der deutschen Gedenk- und Erinnerungskultur. Allerdings bündeln sich in der Erinnerung an den Krieg vielfältige Sichtweisen auf die deutsche Vergangenheit. Deshalb ist sehr unterschiedlich, wofür der Krieg steht, welche Elemente und Phasen in den Blick genommen werden, in welchen Zusammenhängen der Krieg ins Gedächtnis zurückgerufen wird, zu welchen Zwecken er aktualisiert und instrumentalisiert wird. Die kollektive Erinnerung scheint also weit aufgefächert. Doch bildet sich daraus gleichwohl eine Einheit des deutschen kollektiven Gedächtnisses. Dieses ist allerdings weder statisch noch homogen. Unter dem kollektiven Gedächtnis wird in jüngerer Zeit in Anlehnung an den französischen Soziologen Maurice Halbwachs ein soziales Phänomen verstanden.[1] Demnach sind individuelles und kollektives Erinnern eng verzahnt. Das Erinnern des Einzelnen ist von seinen Erfahrungen vorgeprägt, es wird von den gesellschaftlichen Bedingungen beeinflusst, unter denen es stattfindet, und es vollzieht sich in der sozialen Kommunikation. Der Einzelne ist demnach nicht frei in seiner Erinnerungsleistung, auch individuelle Erinnerung ist Ausdruck eines sozialen Gedächtnisses. Das kollektive Gedächtnis basiert insofern einerseits auf einem gemeinsamen Fundus an historischen Bezügen, Merkpunkten des öffentlichen Gedenkens, „Erinnerungsorten" im übertragenen Sinn. Es basiert andererseits auf der beständigen oder wiederholten Debatte über diese historischen Bezugspunkte. Nicht die Übereinstimmung in der Deutung und Wertung, wohl aber die Gemeinsamkeit der Bezugspunkte ist dabei entscheidend. Sie garantiert Kontinuität über Brüche hinweg und erklärt, dass die an Zäsuren und Konflikten so reiche Geschichte der Deutschen im 20. Jahrhundert doch eine Einheit bildet, dass nicht nur äußerlich, staatsrechtlich, am Anfang wie am Ende der Nationalstaat stand, sondern auch in Gesellschaft und Mentalität die Verbindung über alle Wechsel der politischen Systeme hinweg bewusst blieb.[2]

Die Zeit der Weimarer Republik war eine Nachkriegszeit. Die Erinnerung an den Ersten Weltkrieg und die Niederlage fesselte die politische Kultur der Republik. Sie prägte die Deutungen der Gegenwart, leitete die Verhaltensweisen und formte die Zukunftserwartungen.[3] Das Ende des Weltkrieges kam für die deutsche Bevölkerung zwar nicht so überraschend, wie es später häufig dargestellt worden ist. Seit Sommer 1918 konnte man von Hunderttausenden Soldaten, manche davon im Heimaturlaub, nicht wenige faktisch desertiert, allenthalben hören, dass die Lage an den Fronten katastrophal sei, die Truppen zurückwichen und militärisch keine Siegesaussichten mehr bestünden. Glauben wollte man dies indes nicht. Das macht das eigentliche Dilemma des Umbruchs von 1914/1918 aus: Einerseits handelte es sich um die tiefste Zäsur der deutschen Geschichte seit Napoleon. Andererseits wurde die Zäsur missverstanden, sie wurde interpretiert gewissermaßen als historischer Irrtum, der auf Verschwörung und Verrat basierte und folglich zu revidieren sei. Davon löste sich das kollektive Gedächtnis bis in die nationalsozialistische Zeit hinein nicht.

Die Revolution von 1918 machte anders als die von 1848 zwar nicht vor den Thronen halt; die deutschen Monarchen mussten abdanken. Aber sie machte vor der Geschichte halt. Zwar wurde das Berliner Stadtschloss bereits am Nachmittag des 9. November 1918 von einer Menschenmenge gestürmt und Karl Liebknecht rief vom Balkon die sozialistische Republik aus. Doch wurde das Schloss nicht geschleift. Der sozialdemokratische Politiker Kurt Heinig, später als Beauftragter des Finanzministeriums an der Liquidation des Kronvermögens beteiligt, beschrieb aus der Rückschau von 1921 die Vorgänge:

Die Menge, die in den Tagen des Zusammenbruchs von 1918 ins Schloss eindrang, dampfte weder in Wutschweiß noch waren ihre Hände mit Menschenblut besudelt, sie verlangte nicht Hohenzollernköpfe, und ihre Weiber trieben mit keinem Entsetzen Scherz. Nichts wollte man zertrümmern oder niederbrennen. Es ist während der ganzen Dauer der Besetzung der ehemaligen kaiserlichen Residenz Derartiges von niemand versucht oder erlebt worden. [...] Nicht einmal der Thronsessel flog am 9. November zum Fenster hinaus, obwohl verschiedene herumstanden und eine Nachahmung des französischen Beispiels von 1848 doch eigentlich nahe lag.[4]

Tatsächlich kam es im November 1918 im Deutschen Reich, anders als in Österreich, kaum zu Angriffen auf Symbole der Monarchie. Zwar wurden in den frühen Revolutionstagen Offizieren die Achselstücke abgerissen, aber die monarchischen Insignien und zumal die dynastischen Denkmäler blieben fast unberührt. Die über hundert Einschüsse, die das von Christian Daniel Rauch 1840 geschaffene Reiterstandbild Friedrichs II. in Berlin, Unter den Linden, in der Revolution davontrug, waren dem exponierten Standort im Zentrum der Straßenkämpfe geschuldet, nicht systematischem Vandalismus und Denkmalsturz. Erst dreieinhalb Jahre später kam es im Reich zu Angriffen auf monarchische Denkmäler, dies aber vor ganz anderem Hintergrund. So attackierten Anhänger des Rheinlandseparatismus im Sommer 1922 das Reiterstandbild Kaiser Wilhelms II. auf der Kölner Hohenzollernbrücke.[5] Doch hier wie schon 1918/19 widersprachen Reichs- und Länderregierungen der Forderung nach einem politischen Denkmalsturz. Im Gegenteil: Sie setzten sich für Erhalt und Schutz der monarchischen Überreste, Symbole und Denkmäler ein. Nur an öffentlichen Gebäuden waren nach einem Beschluss des Reichsinnenministeriums vom September 1919 alle Hoheitszeichen der ehemaligen Regierung und Herrscherbilder zu beseitigen. Doch schon fünf Monate später wurde der Beschluss verwässert. Auch bei der Benennung von Straßen und Plätzen fand keine Entroyalisierung statt. Vereinzelte Versuche kommunaler Politiker vor allem der USPD und der KPD, seltener der SPD, geschichtsträchtig-monarchische Straßennamen zu beseitigen, scheiterten fast durchweg. Im Laufe der 20er-Jahre kam es vereinzelt zur Kommemorierung republikanischer Politiker, so Hugo Preuß, Walther Rathenau, Friedrich Ebert und Gustav Stresemann in Berlin,[6] weit öfter allerdings zu neuen Namengebungen, die bewusst an die vergangene Bedeutung des Kaiserreiches erinnerten, z. B. durch Namen, die auf die verlorenen Kolonien verwiesen. Eine „Säuberung" fand jedenfalls nicht statt, weder auf der Ebene der Symbolik noch gar auf der Ebene des Verwaltungspersonals. Die Republik, die weiterhin als Reich firmierte, grenzte sich nicht vom Kaiserreich ab, sondern verstand sich als dessen Fortsetzung. Nach politischer oder juristischer Verantwortung für Krieg und Kriegsniederlage sollte nicht gefragt werden.

Umso empörter reagierte man deshalb in Deutschland, als die alliierten Kriegssieger genau dies taten und im Versailler Friedensvertrag niederlegten. Am 7. Mai 1919 teilten die Alliierten den deutschen Verhandlungsführern die Friedensbedingungen mit.[7] Diese enthielten die territoriale Beschneidung Deutschlands. Ein Siebtel des Gebietes und ein Zehntel der Bevölkerung gingen verloren. Das Rheinland sollte entmilitarisiert werden, vorerst besetzt bleiben und erst in drei Etappen bis 1935 geräumt werden. Das Saargebiet sollte auf 15 Jahre dem Völkerbund unterstellt werden. Die in Wien diskutierte Verbindung Deutschösterreichs mit dem Reich wurde untersagt. Zu den wirtschaftlichen Folgelasten zählte der Verlust von Eisenerz- und Kohlevorkommen in Lothringen, im Saarland und in Oberschlesien. Darüber hinaus sollte das Reich Reparationen in noch unbestimmter Höhe leisten, im Prinzip galt es die gesamten Kriegskosten der Alliierten, einschließlich der Militärpensionen und Unterstützungen für Verletzte und Hinterbliebene, zu ersetzen. Nach den militärischen Bestimmungen schließlich sollte Deutschland eine eigenständige Kriegführung künftig nicht mehr möglich sein. Die Wehrpflicht wurde abgeschafft, übrig blieb ein stehendes Heer von 100 000 lang dienenden Berufssoldaten. Eigentlicher Grund der Erregung in Deutschland war aber nicht allein das Ausmaß der Auflagen, sondern die völkerrechtliche Begründung, die moralische Vorwürfe enthielt. Der Artikel 231 des Friedensvertrages, der „Kriegsschuldartikel", machte Deutschland „als Urheber" für alle Schäden verantwortlich, welche die Alliierten „infolge des ihnen durch den Angriff Deutschlands und seiner Verbündeten aufgezwungenen Krieges erlitten" hätten. Daraus folgten auch „Strafbestimmungen". So verlangte man u. a. die Auslieferung von „Kriegsverbrechern" und die Anklageerhebung gegen Kaiser Wilhelm II. „wegen schwerster Verletzung des internationalen Sittengesetzes und der Heiligkeit der Verträge". Der in Artikel 119 festgestellte Verzicht Deutschlands auf seine „überseeischen Besitzungen", die dann als Völkerbundmandate an andere Kolonialmächte übergingen, wurde ebenfalls politisch-moralisch begründet. Deutschland habe sich durch Misswirtschaft und unmenschliche Behandlung der Bevölkerung als unfähig erwiesen, Kolonien angemessen zu verwalten. Moralische Untertöne enthielten schließlich auch die Bestimmungen des Artikels 247 des Versailler Vertrages. Sie bezogen sich auf die Zerstörung von Kulturgütern im Krieg, so bei der Beschießung der Kathedrale von Reims im September 1914 und bei der Inbrandsetzung der Altstadt von Löwen Ende August 1914. Die Deutschen hatten im gerade besetzten neutralen Belgien nach einer Schießerei ein Strafgericht über die Stadt verhängen wollen. Dem war auch die kulturhistorisch wertvolle Bibliothek zum Opfer gefallen. Nun sollte Deutschland die verbrannten Werte durch gleichwertige Werke aus deutschen Beständen ersetzen.[8]

Der Aufschrei in der deutschen Öffentlichkeit war allgemein. „Welche Hand müsste nicht verdorren, die sich und uns in diese Fesseln legt?", formulierte der sozialdemokratische Regierungschef Philipp Scheidemann am 12. Mai 1919 vor der Nationalversammlung,[9] und der Chef der Obersten Heeresleitung Paul von Hindenburg teilte der Reichsregierung im Juni 1919 mit, er wolle „als Soldat den ehrenvollen Untergang einem schmählichen Frieden vorziehen"[10]. Zwar ging kein Weg daran vorbei, den Friedensvertrag am 28. Juni 1919 zu unterzeichnen; am 10. Januar 1920 trat er in Kraft. Aber die demütigenden Umstände und Inhalte blieben im Mittelpunkt der öffentlichen Debatten. So hatten sich die Deutschen im Ersten Weltkrieg gerade als Verfechter einer höheren Kultur verstanden. Zerstörungen von historischen Werten hatten sie als bedauerliche, aber unumgängliche Begleiterscheinungen des Kriegs gerechtfertigt und auf das provozierende Verhalten der Gegner zurückgeführt wie in Reims und Löwen.[11] Dass nunmehr Deutschland als Kulturnation in Frage gestellt wurde, verstörte zutiefst. Sorgsam versuchte man zu belegen, dass die Deutschen außerordentlich behutsam vorgegangen und Vorstellungen moderner Kultur- und Denkmalpflege im quasi noch barbarischen Ausland durchgesetzt hätten. Auch die so genannte Kolonialschuldlüge provozierte wütenden Protest.[12] Deutschland habe nicht brutaler, sondern bescheidener und zivilisierter als die anderen Mächte Kolonialpolitik betrieben, hieß es jetzt. Der koloniale Gedanke wurde in Gedenkfeiern, Denkmälern und an den Schulen wachgehalten. Freilich waren es besonders die Kolonialverbände und die aus den Kolonien zurückgekehrten, um ihre Existenzgrundlage gebrachten Militärs, Siedler und Kaufleute, die nun Kolonialpropaganda betrieben. Zwar forderten auch sämtliche Parteien mit Ausnahme von USPD und KPD die Rückgabe der Kolonien. Doch handelte es sich dabei eher um politische Rhetorik. Dagegen standen die territorialen Bestimmungen im Westen und Osten des Reiches ständig im Blickpunkt der revisionistischen Debatte. Nicht von ungefähr verschob sich in der Rezeption des außerordentlich erfolgreichen kolonialrevisionistischen Afrikaromans ›Volk ohne Raum‹ von Hans Grimm die territoriale Perspektive.[13] Das Titel-Schlagwort des 1926 veröffentlichten Buches wurde bald nicht mehr mit Afrika, sondern mit einer Revision und Expansion in Osteuropa verbunden. Gravierend waren die innenpolitischen Konsequenzen von Versailles. Die ständige Bezugnahme auf das „Friedensdiktat" diente zur Mobilisierung der republikfeindlichen Kräfte der Vorwurf einer „Erfüllungspolitik" gegenüber den Forderungen des Auslands wurde der nationalkonservativen und nationalsozialistischen Rechten zur ideologischen Waffe gegen die republikanischen Parteien. Die Reichsregierung hatte dazu unfreiwillig beigetragen. Denn von Anfang an bemühte sie sich, die „Kriegsschuldlüge" zu widerlegen. Umfangreiche amtliche Aktenpublikationen und offizielle Veröffentlichungen wie das vom Reichsarchiv herausgegebene Monumentalwerk ›Der Weltkrieg 1914–1918‹, dessen erste Bände seit 1925 erschienen,[14] versuchten die These von einer deutschen Verantwortung am Ausbruch des Ersten Weltkrieges zu widerlegen.

Außenpolitisch war die Propagandaoffensive wenig wirkungsvoll. Indem das Reich aber die innenpolitische Debatte um den Weltkrieg am Leben hielt, beförderte es seinen eigenen Untergang. Denn Teil der offiziellen Geschichtsdarstellung war auch die „Dolchstoßlegende", die Behauptung nämlich, das „im Felde unbesiegte" Heer sei durch einen Dolchstoß in den Rücken von der Heimat zu Fall gebracht worden, konkret von demonstrierenden und streikenden Arbeitern, revolutionären Räten und republikanisch orientierten Parteien. Wer die Begrifflichkeit des Dolchstoßes für den Herbst 1918 aufgebracht hatte, ist unklar. Später beanspruchten verschiedene Politiker die Urheberschaft. Seit Ende Dezember 1918 jedenfalls war das Wort vom Dolchstoß in Deutschland in aller Munde, namhafte Personen wie Hindenburg im November 1919 vor einem Untersuchungsausschuss der Nationalversammlung nutzten es auch quasi offiziell. Die Idee war freilich nicht neu. Schon im Kaiserreich hatten sich koloniale Eroberer und Militärs beschwert, engstirnige Paragraphenritter in Berlin, Juristen und Parteipolitiker, seien ihnen in den Rücken gefallen und hätten den Erfolg deutscher Kolonialpolitik blockiert. Diese Vorstellung, die die Verantwortung abwälzte, konnte nun mit weit gesteigerter Wirkung aufgegriffen und neu genutzt werden, weil sie exakt die nationalen Empfindungen zu treffen, dabei kollektives Gedächtnis und politische Gegenwart wieder in Übereinstimmung zu bringen schien. Die Dolchstoßlegende, die in verschiedenen Varianten vertreten wurde, gewann im Verlauf der 20er-Jahre in radikalisierter Form noch an Bedeutung und förderte den Aufstieg des Nationalsozialismus. Mit parteipolitischer Ausrichtung konnte der „Dolchstoß" am Ende der Republik zum Schlüssel- und Erkennungsbegriff der Rechten im Kampf gegen „Judentum und Marxismus" werden.[15]

So diametral entgegengesetzt die Wertungen, die mit der Dolchstoßlegende verknüpft waren, auch blieben, offenbarte der Konflikt doch die zentrale Bedeutung des Weltkrieges in der Erinnerungskultur der Zwischenkriegszeit. Das Augusterlebnis der vermeintlich parteien- und klassenübergreifenden Kriegsbegeisterung von 1914 und „Langemarck", die nationale Selbstaufopferung aus der Jugendbewegung kommender Freiwilliger, die mit dem Deutschlandlied auf den Lippen in die feindlichen Reihen gestürmt seien, stiegen zu nationalen Erinnerungsorten auf, vor denen die Vorkriegsgeschichte verblasste. Kampf und Krieg wurden nun als Urerfahrung interpretiert, als Archetypen von Bewährung und Kameradschaft. Freikorps, Bünde und nationalistische Gruppierungen schöpften daraus Legitimation, Gemeinschaftsbewusstsein und Zielsetzung. Daneben stand freilich die Kriegserinnerung der Opfer, der Witwen und Waisen, der Verletzten und Kriegsversehrten. Allgegenwärtig im öffentlichen Erscheinungsbild der Republik, ein finanzielles Problem ebenso wie ein gesellschaftliches, prägten sie das Selbstverständnis der Nation nicht minder. In Konflikten, wie sie um den schonungslos ernüchternd den Frontalltag abbildenden Roman des ehemaligen Kriegsfreiwilligen Erich Maria Remarque ›Im Westen nichts Neues‹ aus dem Jahr 1929 entstanden, trafen die unversöhnlichen Kriegserinnerungen aufeinander. Zugleich spiegelten sich in den von den Nationalsozialisten organisierten Boykottaktionen gegen die Vorführung der Filmversion des Romans die zunehmende parteipolitische Vereinnahmung des Krieges und die antisemitische Überformung der Erinnerung. Die Idealisierung des Krieges auf der einen Seite widersprach elementar der Darstellung des Krieges auf der anderen

Berlin, nach 1920.
Kriegsblinde Straßenmusikanten zu Fuß unterwegs von Breslau über Berlin nach Hamburg.

Seite, wie Letztere sich in den realistischen, expressionistischen oder sogar dadaistischen Formen von Literatur, Theater und bildender Kunst fanden. In dieser negativen Integrationsfunktion umkämpfter Erinnerung lag das Kernproblem der Republik.[16]

Weitsichtige Politiker hatten daher schon bei der Gründung der Republik eine integrierende Kulturpolitik verlangt, die den alleinigen Bezug auf den Krieg überwinden müsse. Gerade angesichts des militärischen, wirtschaftlichen und politischen Desasters müsse Deutschland sich auf seine kulturellen Werte und Traditionen besinnen. Vor allem der linksliberale Politiker und langjährige preußische Kultusminister Carl Heinrich Becker schrieb der Kulturpolitik eine gesellschaftliche Aufgabe zu, einen gemeinschaftsbildenden und nationalen Auftrag. Es gelte „ein neues einigendes Band" zu suchen, das den „Stammespartikularismus", die „konfessionelle Spaltung" und die „berufsständische und soziale Gliederung" überwinde. Die Deutschen sollten durch Kulturpolitik zum „Einheitsvolk" erzogen werden.[17] Dabei sollte auch die historisch-symbolische Selbstdarstellung der Republik mitwirken. Doch konnte eine verbindende geschichtspolitische Einordnung des neuen Staates nicht gefunden werden. Eine Landesgeschichtsschreibung, die sich immer stärker der Erforschung von Volkstum, Landschaft und Kulturraum in Deutschland zuwandte, unterlief die republikanischen Integrationsbemühungen und gab eher revisionistischen oder gar völkischen Tendenzen

Auftrieb.[18] Auch die Denkmalpflege, seit der Jahrhundertwende als Vertretung des öffentlichen Interesses im Umgang mit der historischen Überlieferung rechtlich und administrativ auf Länderebene institutionalisiert, konnte in der Weimarer Zeit keine integrative Wirkung entfalten. Ihre materielle Ausstattung blieb unter den Vorzeichen ständiger Finanzkrisen des Staates bescheiden und ihre rechtlichen Handlungsmöglichkeiten konnten nicht ausgeweitet werden, zudem verstrickte sie sich in Debatten um Bewahren und Neugestalten in der konservatorischen Tätigkeit, um Tradition und Modernität im Bauen, um regionale Prägung und nationalen Auftrag sowie um Eigentumsfreiheit und Gemeinwohlbindung.[19] Eine Reichsdenkmalpflege, die nationale Identität hätte vermitteln können, gab es ohnehin nicht. Diese Funktion übernahm am ehesten das neu eingerichtete Amt des Reichskunstwarts.[20] Es wirkte bei der gesamten Symbolpolitik mit, von Briefmarken, Banknoten und Münzen über Nationalflagge und Reichswappen bis zu Verfassungs- und Trauerfeiern. Insofern hatte der Reichskunstwart – das Amt hatte von 1920 bis 1933 durchgängig der Stuttgarter Kunsthistoriker Edwin Redslob inne – ein breites und wichtiges Aufgabenfeld; er prägte die historische Selbstverortung der Republik. Anders als oft angenommen, war die Republik dabei keineswegs zurückhaltend in der Propagierung einer neuen eigenen Symbolik. Freilich traf sie Grundentscheidungen, die ihrer Selbstdarstellung womöglich schadeten. So schaffte die Weimarer Verfassung vom 11. August 1919 alle staatlichen Orden und Ehrenzeichen ab, verbot aber das Tragen alter Ehrenzeichen aus monarchischer Zeit ebenso wenig wie das Vorzeigen der von Kriegerverbänden und Vereinen in großer Zahl verliehenen quasi privaten Kriegsauszeichnungen. So konnte man zwar eine monarchisch-republikkritische Einstellung durch Orden zur Schau stellen, nicht aber die Loyalität zur Republik entsprechend demonstrieren. Später wurde zwar der „Adlerschild des Deutschen Reiches" als republikanische Auszeichnung geschaffen, aber auch diese Ehrung konnte nicht an der Kleidung getragen werden. Der Kulturphilosoph Eduard Spranger monierte daher 1927, dass

der Staat und seine ersten Träger so gar nichts mehr von einem höheren Glanz an sich tragen. Sie sind phantasielos ausgedacht und ausgerechnet bis zum tz. Das Volk will aber seinen Staat in begeisternden Symbolen vor sich sehen. Es will seine Größe und Höhe in Formen verkörpert sehen, die sich vom Alltag und vom schwarzen Rock unterscheiden.[21]

Dieses Urteil war insofern nicht ganz falsch, als die Weimarer Symbolpolitiker zwischen der Möglichkeit einer dezidiert revolutionären Symbolik und der Rückkehr zur monarchisch-nationalstaatlichen Symbolik von 1871 einen mittleren Weg anstrebten, der die heterogenen Traditionen von Republik und Nationalstaat in sich vereinen sollte.[22] So knüpfte man an die Nationalsymbolik des 19. Jahrhunderts an. Dabei versuchte man die Erinnerung an die Befreiungskriege von 1813/14, die für die nationale Erweckung standen, mit den demokratisch-liberalen Traditionen des Hambacher Festes von 1832 und der Revolution von 1848 sowie mit der nationalstaatlichen Reichstradition von 1871 zu verbinden. Die Politik des Reichs, von Regierungen wechselnder Ausrichtung getragen, wirkte allerdings unentschieden und widersprüchlich, auch wenn der Reichskunstwart zeitweilig nicht ohne Erfolg versuchte, der Republik einen eigenen Stil zu verschaffen. Symptomatisch für die Vieldeutigkeit steht das ›Gedenkbuch der Reichsregierung zum 10. Verfassungstag‹, das 1929, während der Regierungszeit einer großen Koalition unter sozialdemokratischer Führung, unter dem Titel ›Deutsche Einheit – Deutsche Freiheit‹ erschien. Es enthielt Textauszüge zur deutschen Nationalgeschichte seit den Befreiungskriegen, angefangen mit dem Philosophen Johann Gottlieb Fichte und dem preußischen Reformer Karl Freiherr vom Stein, dokumentierte Hegel und Goethe ebenso wie liberale Vormärz-Kämpfer, so die Göttinger Sieben oder Dichter wie Georg Herwegh und Ferdinand Freiligrath, ehrte die Paulskirche ebenso wie die Bismarck'sche Einheitspolitik von 1871, den Arbeiterführer Ferdinand Lassalle ebenso wie den borussischen Historiker Heinrich von Treitschke, Vordenker von Rassismus, völkischem Antisemitismus und Zivilisationskritik, Paul de Lagarde und Julius Langbehn ebenso wie den sozialistischen Parteivorsitzenden August Bebel und den nationalsozialen Ahnherrn des Linksliberalismus Friedrich Naumann; es enthielt Texte des antirepublikanischen Politikers und späteren Ministers der Papen-Regierung Wilhelm von Gayl ebenso wie des sozialdemokratischen Reichstagspräsidenten Paul Löbe und endete nicht von ungefähr mit einem versöhnenden Beitrag des linksliberalen Reichstagsabgeordneten Theodor Heuss über „Ebert und Hindenburg".[23] Ein derartig harmonisierendes Geschichtsbild mochte man als eklektisch oder als integrativ verstehen, breite Akzeptanz konnte es in einer auch historisch eher dezisionistisch ausgerichteten Epoche jedenfalls nicht gewinnen.

Das Ringen um historische Integration kennzeichnete auch die Konflikte um die konkrete Ausgestaltung der Nationalsymbolik. Als Hoheitszeichen und Wappentier behielt man den Reichsadler bei. Allerdings musste der bekrönte Adler des Kaiserreiches aktualisiert werden. Die vom Reichskunstwart in Auftrag gegebenen Neuentwürfe, darunter ein expressionistisch-stilisierter Adler von Karl Schmidt-Rottluff, ernteten aber viel Kritik und Spott. Die „behagliche Wohlbeleibtheit des Wappentieres", so monierte das Auswärtige Amt im Mai 1920, würde das Ausland „zu ausgiebigen Erörterungen über den Geist des neuen Deutschland" veranlassen.[24] Schließlich wurden für unterschiedliche Funktionen unterschiedliche Ausgestaltungen des Wappenadlers eingeführt, der Einprägsamkeit des Reichsadlers, der für viele angesichts des Verlusts seiner monarchischen Insignien ohnehin etwas schmucklos und gerupft wirkte und zunehmend als „Pleitegeier" verhöhnt wurde, war das nicht zuträglich. Noch erbitterter waren die Kontroversen um die Nationalflagge. In ihnen spiegelte sich die Zerrissenheit des kollektiven Gedächtnisses der Republik. Weder Rot als Farbe der Revolution noch „Schwarz-Weiß-Rot", die Farben des Kaiserreiches, schienen die neue Ordnung angemessen zu symbolisieren. Die Weimarer Verfassung erklärte deshalb „Schwarz-Rot-Gold" zu den Reichsfarben, sie bekannte sich also zu den Farben der bürgerlichen und demokratischen Nationalbewegung des Vormärz und der Revolution von 1848, die freilich auch die Farben der großdeutschen Bestrebungen nach der Reichsgründung geblieben waren. Allerdings gestand die Verfassung von 1919 Ausnahmen zu. So blieb die Handelsflagge schwarz-weiß-rot; sie trug die neuen Reichsfarben lediglich in der oberen inneren Ecke. In der Folge verweigerten sich die konservativen Kräfte den neuen Farben, die sie als „Schwarz-Rot-Senf" diffamierten. Auch Angehörige von Reichsorganen, an erster Stelle die Reichswehr, unterliefen die republikanische Farbenvorgabe und nutzten jede Gelegenheit, um sich zu den alten kaiserlichen Farben zu bekennen. Reichswehrchef Hans von Seeckt akzeptierte Schwarz-Rot-Gold nach eigenem Bekunden nur, weil er „die Besudlung der alten schwarz-weiß-roten Farben durch die Republik" vermeiden wollte. 1926 erlaubte die bürgerliche Regierung unter dem parteilosen Reichskanzler Hans Luther den Auslandsvertretungen, neben den Nationalfarben auch Schwarz-Weiß-Rot zu flaggen. Die Regierung stellte sich damit gegen die Republik. Das führte zum so genannten Flaggenstreit, Luther musste zurücktreten.

Tatsächlich wurde der Konflikt um die historische Anbindung der Nationalsymbolik zum zentralen Problem der Selbstdarstellung des Reiches. Schon die Frage des Anknüpfungspunktes war kaum zu beantworten. Bei der Flagge gab es immerhin konkrete Vorbilder mit benennbarem Symbolgehalt. Das führte allerdings auch zu kuriosen Kombinationsvorschlägen. So erwog man sowohl eine Reminiszenz an das kaiserzeitliche Modell, etwa durch einen Tausch der Farbreihung in Schwarz-Gold-Rot oder durch einen additiven Vierfarb Schwarz-Rot-Gold-Weiß, als auch eine altertümelnde Gestaltung, bei der die von einem schwarzen Kreuz abgeteilten vier Flächen im Wechsel golden und rot eingefärbt werden sollten. Derart sollte die Akzeptanz der neuen Farben erhöht werden. Bei Hymne und Feiertag waren historische Bezüge noch schwerer zu legitimieren. Im Kaiserreich von 1871 hatte es formal weder einen reichsweiten Nationalfeiertag noch eine Nationalhymne gegeben. In der Hymnenfrage entschied sich Reichspräsident Friedrich Ebert 1922 für das Deutschlandlied, das man als Verbindung von liberal-demokratischer und nationaler Tradition ansehen konnte, von „1848" und „Langemarck". Ebert verwies dabei besonders auf die dritte Strophe mit der Zeile von „Einigkeit und Recht und Freiheit".[25] In der Frage eines Nationalfeiertags fand man dagegen keine Einigung.[26] Die Teilkulturen der Weimarer Zeit propagierten je eigene Vorstellungen. Erste Vorschläge zielten darauf ab, den 9. November 1919, den Jahrestag der Revolution, als demokratisches Volksfest zu begehen. Das kam nicht zustande. Die monarchisch-konservativen Kräfte, so die Deutsche Volkspartei, verlangten, den 18. Januar, den Reichsgründungstag von 1871, zum Nationalfeiertag zu erklären, und sie erhielten dafür mit fortschreitender Krise immer mehr Zustimmung. Sozialdemokraten und Kommunisten plädierten für den 1. Mai, der seit 1890 von der internationalen Arbeiterbewegung als Tag der Arbeit begangen wurde. Das katholische Zentrum wollte einen Gedenktag für die Kriegsopfer offiziell begehen. Die Linksliberalen und letztlich auch die Sozialdemokraten und das Zentrum plädierten dann für den 11. August, den Tag der Verfassungsgebung von Weimar, als Nationalfeiertag. Doch auf einen arbeitsfreien staatlichen Nationalfeiertag konnte man sich nicht einigen, zu unterschiedlich waren die Erinnerungen, die sich mit den einzelnen Terminen verbanden, und die Zukunftsvorstellungen, die daraus abgeleitet wurden. Die vom Reichskunstwart inszenierten jährlichen Verfassungsfeiern am 11. August spiegelten das Dilemma: Popularität konnten sie nie erlangen, und namentlich dann, wenn sie bloß den Verfassungserlass von

Weimar in den Mittelpunkt rückten wie bei den Zehnjahresfeiern von 1929, die dafür die Festtradition des 14. Juli in Frankreich mit deutscher politischer Festtradition verbinden wollten, blieb die Teilnahme hinter den Erwartungen weit zurück. Mobilisierende Effekte erzielten die Verfassungsfeiern dagegen gerade dann, wenn sie mit der Kriegserinnerung gekoppelt wurden, nämlich 1923, als die Feiern in Verbindung gestellt wurden zum Kampf gegen die Ruhrbesetzung, und 1930, als die Feiern im Zeichen der Räumung des Rheinlandes standen.

Des Erbe des Krieges prägte die Republik somit unausweichlich. Die Ehrung der 2,4 Millionen Kriegstoten stand dabei notwendigerweise im Mittelpunkt, war die Erinnerung an Kriegstod und Gefallene doch die zentrale Erfahrung, die Angehörige aller Parteien, ehemalige Frontkämpfer und zu Hause Gebliebene, Junge und Alte, Männer und Frauen verband. Doch gleichzeitig überformten die politischen Konflikte der Weimarer Zeit wiederum die Formen des Gedenkens. Das galt schon für die Trauerfeiern, die jährlich am Volkstrauertag begangen wurden. Der Reichskunstwart erarbeitete dafür im Januar 1923 Vorschläge. Er wollte pietätvolles Gedenken, innere Läuterung und geistigen Neubeginn der Nation verbinden. Auch Werke moderner Dichter und Komponisten, die für Kriegskritik und Pazifismus standen, darunter Georg Trakl, Leonhard Frank und Fritz von Unruh, sollten zum Vortrag kommen. Damit konnte er sich indes nicht durchsetzen. Vielmehr wurde es dem 1919 gegründeten „Volksbund Deutsche Kriegsgräberfürsorge" übertragen, die seit 1926 jährlich am Volkstrauertag im März veranstalteten Gedenkfeiern für die Toten des Weltkrieges zu gestalten. Dem Volksbund ging es nicht um innere Einkehr, sondern darum, an die Leistungen und Tugenden der Kriegstoten, an „Treue, Gehorsam, Pflichtbewusstsein, Opfersinn und Liebe zum Vaterland", zu erinnern und sie der Gegenwart als Ansporn vorzuhalten. Auch eine außenpolitische, auf Revanche gerichtete Zielsetzung des Volkstrauertags wurde nun deutlicher.[27] Die Kriegerdenkmäler, die seit der Kriegszeit in vielen deutschen Gemeinden errichtet wurden, waren ebenfalls von der Politisierung des Gedenkens betroffen. Spiegelten sie anfangs bis in die Mitte der 20er-Jahre noch in christlicher Symbolik auch das Leid, die Trauer um die Toten und die Hoffnung auf Trost im Glauben, so standen die seit den späteren 20er-Jahren errichteten deutschen Kriegerdenkmäler fast ausschließlich für einen profanen Heldenkult um die gefallenen Soldaten. Sie wiesen jedes Schuldgefühl zurück, demonstrierten trotzigen Widerstand gegen die Niederlage, suggerierten mehr oder minder latent die Dolchstoß-Interpretation des Kriegsverlaufs und gaben dem Soldatentod im Krieg neuen Sinn, indem sie die Nation zum Aufbruch aufriefen.[28]

Die Positionen und Interessen im Kampf um die Deutung von Krieg und Soldatentod schlugen sich in den Konflikten um ein Reichsehrenmal für die Toten des Weltkrieges nieder. Es sollte zugleich als Nationaldenkmal der deutschen Republik fungieren. Im Oktober 1924 wurde unter Federführung des Reichsinnenministeriums und unter Beteiligung der Länder ein vorbereitender Ausschuss eingesetzt. Allerdings konnte kein einheitliches Konzept gefunden werden. Schon der Standort war umstritten. Über 300 Vorschläge und Bewerbungen gingen ein. Ebenso unklar war die Gestaltung. Aus der Fülle der Vorschläge kristallisierten sich vor allem vier Modelle heraus. Dazu zählte die

Errichtung einer Denkmalbrücke über den Rhein. Sie sollte in der Mitte den Durchblick bis hinab ins Wasser gewähren. Unter der Brücke sollte der Sarg eines unbekannten Soldaten versenkt werden. Damit war der politische Hintergrund gewürdigt, nämlich der Rhein-Mythos allgemein, die Rolle des Rheins im Weltkrieg konkret, auch waren die Rheinlande durch die Brücke symbolisch an das Reich gebunden. Zugleich übernahm das Modell das aus Frankreich stammende egalisierend-demokratische Prinzip der Ehrung des „unbekannten Soldaten". Die preußische Regierung sprach sich für die Ausgestaltung der Schinkel'schen Neuen Wache in Berlin als Denkmal aus. 1929 setzte sie den Umbau auf eigene Faust durch. Die von Heinrich Tessenow entworfene einfache Ehrenhalle, die nur einen schwarzen Granitblock enthielt, wurde 1931 eingeweiht, aber nicht als Reichsehrenmal anerkannt, sondern lediglich als preußisches Ehrenmal bezeichnet. Die großen Frontkämpferverbände sprachen sich für eine Gedenkstätte abseits vom großstädtischen Treiben aus. Sie befürworteten den Plan, das Ehrenmal als neogermanischen „heiligen Hain" in einem größeren Waldstück bei Bad Berka in Thüringen zu errichten. Der Standort in der Mitte Deutschlands repräsentierte die Werte der von den Soldaten verteidigten Heimat. Abgeschiedenheit und Natur vermittelten weihevolle, religiöse Stimmung. Eine monumentale Ausgestaltung sollte dies unterstreichen und Ehrfurcht vor deutscher Leistung und Tugend wecken. Die westlichen Regionen und Provinzen schließlich setzten sich für das Projekt einer „Toteninsel" im Rhein ein. Einerseits verkehrstechnisch gut angebunden und erreichbar, sollte sie andererseits durch Naturnähe und Abgeschlossenheit pietätvolle Ruhe ermöglichen. Überdies wurde damit erneut der Rheinmythos beschworen und die Abgrenzung von Frankreich demonstriert. Freilich konnte das Projekt eines Reichsehrenmals in der Republik nicht mehr verwirklicht werden. Politische Vorstellungen kollidierten ebenso wie materiell-touristische Interessen der betroffenen Regionen. 1931 beschloss das Reichskabinett, das Reichsehrenmal in Bad Berka zu errichten, am Rhein dagegen, und zwar bei der Festung Ehrenbreitstein, ein Denkmal „für Einheit und Freiheit" vorzusehen. Ein Gestaltungswettbewerb verzögerte die Realisierung bis in das Jahr 1933 hinein. Die Diskussionen blieben am Ende ergebnislos.[29] De facto übernahm das Tannenberg-Denkmal in Ostpreußen die Funktionen eines Reichsehrenmals. Es war in Erinnerung an die siegreiche Tannenbergschlacht von 1914, Grundlage des Hindenburg-Mythos, als Wahrzeichen für die „Helden des Weltkrieges" auf private Initiative hin errichtet und 1927 eingeweiht worden, vor den Formationen der Frontkämpferverbände in Anwesenheit des Reichspräsidenten Hindenburg, der dabei eine provozierende, im In- und Ausland größte Aufmerksamkeit erregende Rede gegen die Kriegsschuldthese gehalten hatte. Mit dem Tannenberg-Denkmal hatte die Republik zugleich den Nationalsozialisten in die Hände gespielt. Hitler ließ das Denkmal nach dem Tod Hindenburgs am 2. August 1934 durch Anlage eines Aufmarschplatzes und axiale Ausrichtung auf eine neu eingerichtete Hindenburg-Gruft zur faschistischen Weihestätte umgestalten und erklärte es 1935 zum Reichsehrenmal.[30]

Die in Tannenberg demonstrierte Verknüpfung von monarchischer Tradition, Kriegsgedenken und Neugestaltungswillen kennzeichnete die Erinnerungspolitik im

Tannenberg, 2. Oktober 1935.
Beisetzung Hindenburgs in der neuerrichteten Gruft des Tannenbergdenkmals in Anwesenheit Hitlers.

„Dritten Reich". Der Nationalsozialismus versprach einzulösen, was die Weimarer Republik vergeblich versucht hatte: die Bewältigung und Überwindung des Weltkrieges. Auch die Nationalsozialisten verstanden ihren Staat als Nachkriegsstaat. Der Bezug auf die Ergebnisse des Ersten Weltkrieges war allgegenwärtig: Die Revision der Bedingungen von Versailles wurde zum Motor von Einigung und Mobilisierung. Zugleich präsentierten die Nationalsozialisten das „Dritte Reich" als Abrechnung mit dem „System" von Weimar, mit „Novemberverbrechern", „Systemparteien" und „Erfüllungspolitikern". Und schließlich stellte sich das „Dritte Reich" als Anknüpfung an die ehrenvollen Traditionen der deutschen Geschichte dar. Wenn dies auch nur zeitweise, zudem punktuell und taktisch motiviert stattfand, war es doch nicht weniger wirkungsvoll. Der „Tag von Potsdam", die feierliche Eröffnung des Reichstages am 21. März 1933 mit Gottesdienst in der Potsdamer Garnisonkirche und Verbeugung des neuen Reichskanzlers Hitler vor dem Reichspräsidenten Hindenburg, war eine propagandistisch perfekt inszenierte Demonstration der Versöhnung von Tradition und Aufbruch, von Monarchie und „Drittem Reich", von altem und neuem Deutschland. Damit sollte nicht nur die umgehend folgende, rechtlich fragwürdige Durchsetzung des Ermächtigungsgesetzes überstrahlt werden. Vielmehr kaschierte der geschichtsträchtige Symbolakt, dass sich die Nationalsozialisten nicht auf eine Revision von Versailles beschränken wollten. Ihre Geschichtssicht ruhte auf anderen Fundamenten. Der Bezug auf preußische Größe und Bismarck'sche Nationalstaatsgründung wurde im Verlauf der späten 30er-Jahre wieder zurückgestellt, an eine Restauration der Monarchie, auf die der exilierte Kaiser Wilhelm II. jetzt meinte hoffen zu dürfen, war ebenso wenig gedacht wie an eine Beschränkung auf die deutschen Grenzen von 1914. Vielmehr wurden ganz neue historische Fundamente gelegt. Mythos und Rasse avancierten nun zu Ausgangspunkten eines historischen Denkens, das sich vom deutschen kollektiven Gedächtnis dem Grundsatz nach abkoppelte. Den Ausgangspunkt bildete die Weltanschauung Hitlers, niedergelegt schon Mitte der 20er-Jahre in ›Mein Kampf‹. Anknüpfend an sozialdarwinistische und völkische Gedankenelemente des späten 19. Jahrhunderts verstand Hitler die Geschichte als ständigen Kampf der durch das Blut, die Abstammung, bestimmten Völker und Rassen um ihre Selbsterhaltung. Gefährlichster Feind waren in dieser Sicht „die Juden", einerseits eine minderwertige Rasse, andererseits von bemerkenswerter Überlebenskraft, die sie nach Hitlers biologistischem Sprachgebrauch aus parasitärer Existenz gewannen. Die Lehre aus dieser Geschichtssicht war eine doppelte: Es galt „das Judentum" auszuschalten und im Osten neuen „Lebensraum" für das deutsche Volk zu erkämpfen.[31] Diese Grundideen fanden sich bei anderen nationalsozialistischen Theoretikern wieder, wenn zum Teil auch besondere Varianten vertreten wurden, so in der antikirchlichen Ideologie des NS-Kulturideologen Alfred Rosenberg, im „Blut-und-Boden"-Denken des Agrarrassisten Walther Darré und im Germanenkult Heinrich Himmlers. Eklektizismus, Mystizismus und Schlichtheit dieser Geschichtssicht minderten ihre Wirkmächtigkeit nicht, sondern steigerten sie, bot sie doch in ihrer Eindeutigkeit griffige Erklärungen für die aktuellen Übel an. Zugleich vermittelte sie im Verständnis der Nation als jahrtausendealter Bluts- und Schicksalsgemeinschaft Herkunftssicherheit und Zukunftserwartung. In der Idee der Volksgemeinschaft sollte dies schichten-, geschlechter- und generationenübergreifend alltäglich fühlbar werden.

In diesem Sinn suchte das 1933 installierte NS-Regime durch Geschichtspolitik die Erinnerung zu besetzen. Die Vorgehensweise folgte dabei dem Primat der Volksgemeinschaft. Dem wurde auch die Denkmalpflege untergeordnet. Zwar wurde sie anfangs ideell, materiell und personell gestärkt. Neue Denkmalschutzgesetze wurden vorbereitet, denkmalpflegerische Ziele allenthalben propagiert und ganz im Sinne der Konservatoren Eigentümerwillkür und ästhetische Bausünden als Angriff auf die Volksgemeinschaft angeprangert. Zudem wurden über 50 Architekten und Kunsthistoriker neu eingestellt, um die Inventarisationsvorhaben zügig zu Ende zu führen. So hoffte der nationalsozialistische Staat, eine repräsentative Dokumentation deutschen Kulturschaffens zu erhalten und die Bevölkerung an nationale Kulturwerte zu binden. Auch Restaurationsvorhaben wurden beschleunigt. Fachwerkfreilegungen und Stadtkernrestaurierungen ließen vormoderne Bürgeridyllen entstehen; Ortsbilder sollten nun das „Volkstum" widerspiegeln. Dorfverschönerungsaktionen und Neubauten im Heimatschutzstil, wie er z. B. für Jugendherbergen oder HJ-Heime oft Verwendung fand, unterstrichen den Eindruck einer Versöhnung von Geschichte und neuer Politik. Es gelte, so hieß es, „die Denkmalpflege in die neue Zeit hineinzustellen"[32]. Dieses Postulat konnte allerdings nicht verbergen, dass nicht nur die propagierten Ziele kaum eingelöst wurden – und im Übrigen mit der seit 1938 geplanten Neugestaltung der deutschen Städte obsolet wurden –, sondern vor allem die zuvor zäh verteidigte wissenschaftliche Autonomie der Denkmalpflege beseitigt war, womit die Vergangenheit vollends dem Zugriff der Politik unterlag.

Das zeigte sich am Umgang mit dem von den Nationalsozialisten nicht geliebten Erbe der deutschen Geschichte. Weichen musste jetzt, was der neuen Vorstellung von Volksgemeinschaft zu widersprechen schien. Relikte des Weimarer Staates ebenso wie Kulturgüter und Symbole jüdischer Tradition waren davon bedroht. Das begann schon bei der Namengebung: Namen, die an republikanische oder sozialistische Politiker erinnerten, verschwanden wieder von den Straßenschildern. Vorsichtshalber tilgte man sogar den Namen „Weimarer Straße" aus dem Berliner Stadtplan. Mehrfach wurden auch an Juden erinnernde Namengebungen ersetzt, ob es sich um Begriffe wie „Judenhof" oder „Judendorf" handelte oder um konkrete Benennungen etwa nach der Verlegerfamilie Mosse, nach Gustav Mahler oder Heinrich Heine. Dafür wurden die Helden der Bewegung sowie die Spitzen des neuen Regimes geehrt: Horst Wessel und Leo Schlageter ebenso wie Hermann Göring und Hitler, daneben selbstverständlich Hindenburg. Neubenennungen berücksichtigten auch verstärkt koloniale Heroen wie den in der Weimarer Zeit noch umstrittenen Kolonialpionier Carl Peters sowie kaiserliche Admiräle, die für Imperialismus und Kolonialismus standen, nicht dagegen preußische Offiziere. Im eigentlichen Denkmalsturz setzte sich dies fort. Kriegerdenkmäler, die nicht heroischen Geist ausstrahlten, sondern noch Leid und Trauer widerspiegelten, wie ein Düsseldorfer Gefallenenmal und ein Hamburger Kriegerdenkmal, das das Relief von Ernst Barlach ›Trauernde Mutter mit einem Kind‹ umfasste, wurden attackiert, abgebrochen oder umgestaltet. In Düsseldorf trat an die Stelle des alten Denkmals ein altarartiger Block mit Reliefband, der marschierende, also quasi wiederauferstandene Soldaten darstellte, in Hamburg sollte Barlachs Relief durch den Adler als Symbol des wiedererstarkten Reiches ersetzt werden. Auch das abstrakt gestaltete, aus versetzt geschichteten Kuben konstruierte Denkmal der Novemberrevolution von Mies van der Rohe auf dem Friedhof in Berlin-Friedrichsfelde und das ebenfalls abstrakte Denkmal für die Märzgefallenen von Walter Gropius in Weimar wurden beseitigt. Gleichermaßen verschwanden weitere Denkmäler, Tafeln und Inschriften, die an die Revolution von 1918 oder an republikanische Politiker erinnerten. Im Zuge der Festigung des NS-Regimes radikalisierte und systematisierte man auch die Denkmalpolitik. Attacken richteten sich nicht nur verschärft gegen missliebige Künstler wie an erster Stelle Ernst Barlach. Auch die antisemitische Tendenz wurde noch deutlicher, so 1935, als Goebbels die Entfernung der Namen jüdischer Bürger von Gefallenendenkmälern des Weltkrieges anordnete, so im November 1936 bei der Beseitigung des Mendelssohn-Denkmals in Leipzig – für den Leipziger Oberbürgermeister Carl Goerdeler, der den Abbruch zu verhindern versucht hatte, der Anlass zum Rücktritt. Die Gelegenheit der Metallsammelaktion im Zweiten Weltkrieg wurde schließlich auch zur Beseitigung von Monarchen- und Offiziersdenkmälern aus der Tradition von Reich und Ländern genutzt.[33]

Mit den Attacken auf republikanische Denkmäler, unheroische Kriegerehrungen und „entartete Kunst" wie im Fall Barlachs griffen die Nationalsozialisten auf, was in der konservativen und nationalistischen Öffentlichkeit der 20er-Jahr gefordert worden war. In der antisemitischen Übersteigerung und mit der Politik der Neubelegung allerdings strapazierten sie nationalkonservatives Denken. Während die neue Gestalt des Tannenberg-Denkmals noch als Ehrung Hindenburgs und damit der Reichstradition verstanden werden konnte, hatten die geschichtsklitternden profanierenden Umgestaltungen des Braunschweiger und des Quedlinburger Doms zu germanisch-nationalsozialistischen Weihestätten revolutionären Charakter, zumal sie nun Heinrich den Löwen und Heinrich I. für den neuen Staat reklamierten. Selbst monarchische Denkmäler des 19. Jahrhunderts wurden teilweise umgestaltet und durch Inschriften mit der „Machtergreifung" verbunden, so das Kaiser-Wilhelm-Denkmal auf der Hohensyburg. All diese Denkmäler wurden jetzt in den Kult des Nationalsozialismus integriert, der sich auch in den monumentalen Neuanlagen wie dem Reichsparteitagsgelände in Nürnberg eigene Denkmäler schuf. Den Höhepunkt erreichte die Hybris des NS-Regimes in den von Albert Speer für Hitler betriebenen Planungen der neuen Reichshauptstadt Germania. Für die neoklassizistische Neugestaltung sollte in Berlin ein umfangreicher Altbaubestand weichen. Als zentraler Bezugspunkt war eine Kuppelhalle vorgesehen, die mit einem Durchmesser von 250 Metern und einer Höhe von insgesamt über 260 Metern bis zu 180 000 Menschen Platz geboten hätte.

Die Neugestaltung der von vornherein auf ihren künftigen, Jahrtausende überdauernden Ruinenwert hin konzipierten Denkmallandschaft war Teil des profanen Kults, der nun an die Stelle von Geschichte wie Religion gleichermaßen treten sollte. Dieser Kult arbeitete freilich mit historischen Versatzstücken, die ihm erst Anbindung und Akzeptanz verschaffen konnten. Beispielhaft dafür steht neben der Integration und Popularisierung altbekannter Mythen wie der Nibelungensage auch der Umgang mit der Nationalsymbolik. Der Adler behielt seine Funktion als Hoheitszeichen, aber fortan umklammerten seine Fänge das Hakenkreuz. Das Deutschlandlied blieb Nationalhymne, aber nur in Kombination mit dem Horst-Wessel-Lied. Die Reichsfarben Schwarz-Rot-Gold allerdings wurden 1933 überall aus der Symbolik getilgt. Obzwar doch eindeutig auf die Ursprünge der deutschen Nationalbewegung verweisend, waren sie durch vierzehn Republikjahre für die Nationalsozialisten unbrauchbar geworden; jede Erinnerung an die republikanischen Werte galt es auszulöschen. Stattdessen wurde im März 1933 die Hakenkreuzfahne zusammen mit dem kaiserlichen schwarz-weiß-roten Dreifarb zur Reichsflagge erklärt. Mit dem Nürnberger Flaggengesetz vom 15. September 1935 avancierte die Hakenkreuzfahne zur alleinigen „Reichs- und Nationalflagge", Schwarz-Weiß-Rot, immerhin ja auch die Farben der NS-Flagge, galten fortan lediglich als „Reichsfarben". Ergänzend legte das „Gesetz zum Schutz des deutschen Blutes und der deutschen Ehre" vom selben Tag fest, dass Juden „das Hissen der Reichs- und Nationalflagge und das Zeigen der Reichsfarben verboten" sei.[34] Reichstagspräsident Göring begründete den Wechsel zum „Feldzeichen" der „revolutionären Kämpfer" mit den Worten, nun werde die „alte Flagge in Ehren eingerollt". Sie gehöre „einem vergangenen Deutschland der Ehre" an und solle nicht „herabgewürdigt werden zu einem Parteiwimpel, unter dem sich als Sammelzeichen die Reaktion verborgen hält".[35] Damit war die monarchische Vergangenheit aus NS-Sicht würdig beerdigt und der Weg zum neuen Kult eröffnet. Das Hakenkreuz stand für germanische, rassisch-völkische Vorstellungen, auch für die Verdrängung des christlichen Kreuzes und damit für den Totalitätsanspruch und religiösen Charakter des neuen Kults. Die Hakenkreuzflagge diente nunmehr allenthalben zur Ausstattung des öffentlichen Raumes im Allgemeinen wie der politischen Feiern und Masseninszenierungen im Besonderen. Hier erreichte der NS-Kult seinen eigentlichen Kern. Im Mittelpunkt stand der neue nationale Festkalender, der wiederum bekannte Daten aufgriff und umdeutete. Vier Nationalfeiertage wurden eingeführt: der 1. Mai als arbeitsfreier „Tag der nationalen Arbeit" und „Nationalfeiertag des deutschen Volkes", der „Heldengedenktag" im März, der aus dem Volkstrauertag hervorging, das Erntedankfest Anfang Oktober am ersten Sonntag nach Michaelis und der „Gedenktag für die Gefallenen der Bewegung" am 9. November, der an den Hitlerputsch von 1923 erinnerte. Der Reichsgründungstag von 1871, den die monarchischen Kräfte bislang propagiert hatten, stand dagegen nicht mehr zur Debatte, ebenso wenig wie Kaisergeburtstage oder Sedanfeiern. Dafür wurden weitere Tage im Kalender hervorgehoben: an erster Stelle der „Führergeburtstag" am 20. April, der mit Feiern und Militärparaden begangen wurde und an dem die Aufnahme des neuen Jahrgangs in das Jungvolk der Hitlerjugend stattfand, dadurch prägte er sich über 1945 hinaus in das Gedächtnis der Heranwachsenden ein, dann der Tag der „Machtergreifung", der Tag der Verkündigung des Parteiprogramms, der Muttertag im Mai, die Sommersonnenwende 21./22. Juni und die Wintersonnenwende 21./22. Dezember. Zum Festkalender gehörten auch die Nürnberger Parteitage, ferner spezielle Feiern wie der „Tag des deutschen Volkstums" oder das „Fest der deutschen Schule", die allesamt Gemeinschaftserlebnis und Mobilisierung verbinden sollten. Dabei entwickelte das Regime eine eigene Feierliturgie mit Massenaufmarsch und Lichtinszenierung, mit Heldenehrung und Todesmystik, die den religiösen Charakter unterstrich.[36]

Im Kult um die Ehre gipfelte die dem Nationalsozialismus eigene Verschränkung von Erinnerung, Tradition, Gemeinschaftserlebnis und Neuanfang. Indem das NS-Regime den scheinbar atavistischen Terminus der Ehre wiederbelebte, versuchte es nicht nur Volksgemeinschaft und Individuum, sondern auch Geschichte und Gegenwart zu verbinden. Der Begriff der Ehre, vor allem der Nationalehre und der Soldatenehre, hatte spätestens mit dem Ersten Weltkrieg mystische Bedeutung erlangt, Wilhelm II. ebenso wie Hindenburg hatten ihn immer häufiger verwendet. In der Weimarer Zeit war er von Theoretikern der Konservativen Revolution wie von nationalistischen Agitatoren als Gegenbegriff zur Republik, dem System von Dolchstoß-Verrat, nationaler Schande und politischer Ehrlosigkeit, benutzt worden. Die Nationalsozialisten unterlegten dem Begriff nun überdies einen rassischen Gehalt. So erschien Ehre dem NS-Ideologen Alfred Rosenberg als Ausfluss „germanisch-nordischen Rechts" und Gegenmodell zu jüdischen und christlichen Gesellschafts- und Wertvorstellungen. Die Nationalehre galt ihm „als Anfang und Ende unseres ganzen Denkens und Handelns".[37] Verstanden als Ausdruck des sozialen Werts des Individuums, wurde Ehre im „Dritten Reich" zum Leitbegriff einer gesellschaftlichen Neuordnung. Robert Ley, Führer der Deutschen Arbeitsfront, propagierte die „soziale Ehre", die sich in der Überwindung von Interessenpolitik ausdrücken sollte.[38] Die SS-Leute führten den Spruch „Meine Ehre heißt Treue" auf dem Koppelschloss. Von der Ehre der Bauernarbeit war ebenso häufig die Rede wie von der Ehre des Jungvolkes oder anderer Bevölkerungsgruppen. Ehrrituale standen im Mittelpunkt der großen NS-Feiern, an erster Stelle Totenehrungen.[39] Und vor allem führte das „Dritte Reich" am 7. April 1933 Orden und Ehrenzeichen wieder ein. Nun ergoss sich eine Flut von Auszeichnungen über die Bevölkerung, insgesamt wohl allein vor dem Krieg bzw. außerhalb der Wehrmacht 16 bis 20 Millionen. In beinahe jeder Familie befanden sich Ehrenzeichen des neuen Staates. Den Anfang machte das Ehrenkreuz des Weltkrieges 1914/18, gestiftet von Hindenburg am 13. Juli 1934, das innerhalb von zwei Jahren, bis 1936, über acht Millionen Mal an Kriegsteilnehmer und Hinterbliebene verliehen wurde. Hinzu traten zahlreiche weitere Auszeichnungen für Verdienste in der „Kampfzeit", in NS-Organisationen, im Staat und im Beruf, schließlich 1938 auch das Mutterkreuz, das allein bis September 1941 4,7 Millionen Mal verliehen wurde.[40] Da Frauen u. a. auch das Hinterbliebenen-Ehrenkreuz von 1934 und verschiedene NS-Orden erhalten konnten, dürften über sechs Millionen Auszeichnungen an Frauen gegangen sein. Erstmals war nun über die individuelle Ehrung die Realität der Volksgemeinschaft vorgeführt worden: Jeder konnte integriert werden – außer Juden, die keine Auszeichnungen erhalten durften. Durch die offizielle Erinnerung an das ehrenvolle Schicksal der deutschen Soldaten im Ersten Weltkrieg und die breit gestreuten Auszeichnungen als ideelle Belohnung wurde der Neuanfang demonstrativ untermauert, zugleich das rassistische Unterscheidungskriterium sinnfällig eingeführt. Mithilfe einer zweiten Welle von Ehrenzeichen, an die sechs Millionen, wurde dann auch der neuerliche Weltkrieg als Chance der individuellen und nationalen Bewährung vermittelt – wenn auch mit abnehmendem Erfolg.

Denn die Katastrophe des Weltkrieges führte besonders seit der Wende von Stalingrad im Januar 1943 zur Aporie der nationalsozialistischen Geschichtsmythologie. Wenn der Oberbefehlshaber der deutschen Luftwaffe Hermann Göring am 30. Januar 1943 in einer im Rundfunk gesendeten Rede auf die Nibelungensage als Mustererzählung eines heldenhaften, ehrenvollen Untergangs verwies – zum Entsetzen der in Stalingrad eingeschlossenen deutschen Soldaten, die sich aufgegeben fühlen mussten –,[41] so war das kein Rückgriff mehr auf die Geschichte, sondern lediglich die mythische Verbrämung eines Endes der Geschichte. Die Zerstörung auch deutscher Städte im Bombenkrieg machte die Zäsur für jeden augenfällig. Schon die Denkmalpfleger, die Sachwalter des quasi vor ihren Augen vernichteten baulichen Erbes, überhöhten dies nun als Chance zum Neubeginn: Der Wiederaufbau werde „eine Erlösung aus der Unkultur der letzten 70 Jahre" ermöglichen.[42] Noch konsequenter deutete Joseph Goebbels die Vernichtung der deutschen Städte in den letzten Kriegsmonaten als Tabula rasa und Ausgangspunkt eines geradezu sozialrevolutionären Neubeginns. So beschwor er nicht nur, wie in seinem Tagebuch vom 20. März 1945 nach dem Luftangriff auf Würzburg, die Vernichtung der Altstädte als Chance zum ideellen Neuanfang:

Eine Welt geht unter, aber wir haben alle den festen Glauben, dass aus dem Untergang der Welt eine neue Welt hervorgehen wird.[43]

Nach Goebbels ermöglichen vielmehr der Krieg und namentlich die Bombardierung ganzer Städte auch den endgültigen Sieg der revolutionären Volksgemeinschaft. In Presse und Rundfunk ließ er nun verkünden, dass „unter den Trümmern unserer verwüsteten Städte […] die letzten so genannten Errungenschaften des bürgerlichen neunzehnten Jahrhunderts endgültig begraben" und „zusammen mit den Kulturdenkmälern […] auch die letzten Hindernisse zur Erfüllung unserer revolutionären Aufgabe" vernichtet worden seien. „Nun, da alles in Trümmern liegt, sind wir gezwungen, Europa wiederaufzubauen. In der Vergangenheit zwang uns der Privatbesitz bürgerliche Zurückhaltung auf. Jetzt haben die Bomben, statt alle Europäer zu töten, nur die Gefängnismauern geschleift, die sie eingekerkert hatten." Denn:

Dem Feind, der Europas Zukunft zu vernichten strebte, ist nur die Vernichtung der Vergangenheit gelungen, und damit ist es mit allem Alten und Vergangenen vorbei.[44]

„Drittes Reich", Zweiter Weltkrieg und Holocaust in der Erinnerung

Tatsächlich wurde die Vorstellung der Tabula rasa, der „Stunde Null", damit des Endes der deutschen Geschichte und der Geschichtslosigkeit der Nachkriegsdeutschen, zum Ausgangsmythos der (west-)deutschen Erfolgsgeschichte seit 1945, in der zweiten Nachkriegszeit. „Vergangenheitsbewältigung", in der ersten Nachkriegszeit seit 1918/19 geradezu Mittelpunkt nationaler Reflexion, rückte nun scheinbar ganz in den Hintergrund, dies mit derart nachhaltigem Effekt, dass spätere Betrachter zu der Ansicht kommen konnten, nach Kriegsende und namentlich in der frühen Bundesrepublik habe man die Geschichte regelrecht verdrängt. Bis in die Gegenwart ziehen sich daher scharfe Kontroversen darüber, ob die „Unfähigkeit zu trauern" zur Belastung der bundesrepublikanischen Gesellschaft geworden sei (so die Psychoanalytiker Alexander und Margarete Mitscherlich 1967)[1] oder ob man den Nationalsozialismus im „deutschen Nachkriegsbewusstsein" aus Gründen der politischen Neukonstruktion habe zurücktreten lassen müssen (so der Philosoph Hermann Lübbe 1983),[2] ob man durch die Verdrängung eine „zweite Schuld" auf sich geladen habe (so der Publizist Ralph Giordano 1987)[3] oder ob es sich dabei um eine „Legende" handele (so der Historiker Manfred Kittel 1993)[4]. Genauere Untersuchungen der letzten Jahre Zeit zeigen, dass die Wirklichkeit komplizierter war. Niemals sonst waren die Deutschen unmittelbarer und brutaler mit ihrer eigenen Geschichte konfrontiert als in den ersten Nachkriegsjahren. Fast 600 000 zivile Todesopfer hatte der Bombenkrieg gefordert, weit mehr als zwei Millionen Menschen starben bei Flucht und Vertreibung, 13 Millionen Menschen waren obdachlos, rund ein Viertel der knapp 19 Millionen Wohnungen in Deutschland war zerstört.[5] In Hunger, Not und Trauer war der Zusammenbruch ebenso unmittelbar erfahrbar wie in der Auflösung des deutschen Staatswesens, der Besatzungsherrschaft und der von den Besatzern forcierten Entnazifizierung. Die darin eingeschlossene Erfahrung der absoluten Zäsur verhinderte weitaus wirkungsvoller als die zwar als hart wahrgenommene, aber weder durchdachte noch konsequente Vorgehensweise der Alliierten von 1919 das Aufkommen revisionistischer Tendenzen. Sie minderte jedoch das Empfinden für Verantwortung und Schuld, förderte eine Verweigerungshaltung gegenüber der eigenen Geschichte und legte die individuelle sowie kollektive moralische Selbstentschuldung nahe, die nach der Staatsgründung im Westen ein Klima der selbstgerecht wirkenden Abkehr von der Vergangenheit hervorbrachte.

Vergangenheitsbewältigung in Deutschland nach 1945 war zuerst einmal die Sache der Alliierten. Sie verfügten, vor dem Hintergrund ihrer im Krieg entwickelten Sichtweisen, auf der Basis gemeinsamer Grundsätze, aber mit sehr unterschiedlicher, zumal in Ost und West immer weiter auseinander klaffender Praxis, in welcher Weise mit der NS-Vergangenheit umzugehen war. Die Beseitigung von Nationalsozialismus und Mili-

Februar 1946: Schillerdenkmal in Frankfurt a. M.

tarismus stand dabei an erster Stelle. Das geschah symbolisch: durch die Deklaration, dass Preußen aufgelöst sei, und durch die Beseitigung der Inschriften, Hoheitszeichen, Denkmäler und Namen, die an das „Dritte Reich" erinnerten. Freilich war die Vorgehensweise anfangs nicht konsequent und nicht einheitlich. Auch eine Verfügung des Alliierten Kontrollrats vom 13. Mai 1946 sorgte nur scheinbar für klare Vorgaben. Demnach waren Denkmäler zu entfernen, die geeignet waren, „deutsche militärische Traditionen zu bewahren und lebendig zu erhalten, den Militarismus wachzurufen oder die Erinnerung an die nationalsozialistische Partei aufrechtzuerhalten", oder die „ihrem Wesen nach in der Verherrlichung von kriegerischen Ereignissen bestehen".[6]

In der sowjetischen Zone wurden diese Vorgaben weitgehend umgesetzt. Doch Ausnahmebestimmungen und die weiterhin uneinheitliche Vorgehensweise der Besatzungsmächte verhinderten in den Westzonen eine flächendeckende Beseitigung der NS-Relikte. Viele Gebäude wurden zudem nach Entfernung der nationalsozialistischen Embleme und Büsten weiter genutzt. Eine Ausnahme blieb der kuriose Fall einer Hitler-Büste, die, zunächst versteckt, in den 50er-Jahren zur Adenauer-Büste umgearbeitet und dem Bundeskanzleramt – wenn auch vergeblich – zum Kauf angeboten wurde.⁷ Hinzu kam, dass die Differenzierung zwischen nationalen Symbolen und Denkmälern einerseits, genuin nationalsozialistischen Objekten andererseits oft schwer fiel. Die radikale Position, die beispielsweise Ostberliner Kommunisten einnahmen, wollte auch Namen aus der vornationalsozialistischen Zeit beseitigen, die bloß auf preußische und monarchische Traditionselemente verwiesen; die auf dieser Basis zusammengestellte Liste der zu ändernden Namen umfasste – nur für Berlin – 1785 Straßen, 89 Plätze, neun Parkanlagen und 17 Brücken.⁸ Das Ergebnis der symbolischen Entnazifizierung war widersprüchlich. So wurden beispielsweise Namengebungen nach Carl Peters, dem umstrittenen Kolonialpionier, die in der NS-Zeit vorgenommen worden waren, in der Regel rückgängig gemacht, nicht dagegen entsprechende Benennungen aus der Weimarer Zeit. Dafür blieben zahlreiche Kriegerdenkmäler aus der NS-Zeit stehen, weil sie vorgeblich bloß der Erinnerung an Gefallene dienten und keine innere Verbindung zum Nationalsozialismus aufwiesen. Das bewahrte Konfliktstoff, der seit der zweiten Hälfte der 60er-Jahre immer wieder zu kontroversen Diskussionen und Denkmalstürzen führte und somit die fortwährende Brisanz auch der symbolischen Relikte der NS-Zeit offenbarte. Noch die in den 90er-Jahren geführte Diskussion um Gestaltung und Nutzung des Nürnberger Reichsparteitagsgeländes zeigte, dass mit zunehmender Distanz die Brisanz selbst einer ihres Kontextes entkleideten Symbolik mehr denn je wahrgenommen wurde. Außerordentlich problematisch war auch der Umgang mit den Überresten des Lager- und SS-Systems, mit Konzentrationslagern und Außenstellen. Einerseits wurden manche Lager nach 1945 wieder als Strafanstalten oder als Flüchtlingslager genutzt, ihre Erinnerungsfunktion wurde dadurch zerstört. Andererseits neigten die kommunalen Verantwortlichen dazu, die Spuren zu verwischen, um nicht mehr an alte Wunden zu rühren. Das gilt etwa für Bergen-Belsen und Neuengamme. Gegen die Einrichtung einer Gedenkstätte oder Ausstellung wehrte sich anfangs auch nicht selten die örtliche Bevölkerung, so in Dachau. Insgesamt wurde in den Jahren 1945 bis 1949 zwar eine Reihe von Mahnmalen und Inschriftentafeln errichtet. Doch dienten sie – wie auch der wieder eingeführte Volkstrauertag – eher dem allgemeinen Gedenken an die Toten, zumal an die Gefallenen des Ersten wie des Zweiten Weltkrieges. In den 50er-Jahren hielt man sich mit der Anlage von Gedenkstätten zurück, erst in der zweiten Hälfte der 50er-Jahre nahm die Zahl der Initiativen zu Gedenkveranstaltungen langsam wieder zu. In größerer Zahl wurden Gedenkstätten an den Tatorten der NS-Herrschaft aber erst in den 80er-Jahren angelegt.⁹

Die Frage, wie mit den Tätern und Belasteten der nationalsozialistischen Zeit zu verfahren sei, bildete den Ausgangspunkt der Debatte um die NS-Vergangenheit. Anders als 1918/19 sollte diesmal eine grundlegende Reinigung die Basis für einen Neuanfang schaffen. Am Anfang stand neben der automatischen Dienstentlassung die Internierung der mutmaßlichen NS-Verbrecher, vor allem der Angehörigen von SS und Gestapo sowie der politischen Leiter der NSDAP. In den Westzonen waren davon zunächst rund 200 000 Personen betroffen, bis 1946/47 halbierte sich die Zahl, für die sowjetisch besetzte Zone wird die Zahl der Internierten für die Zeit von 1945 bis 1950 auf rund 120 000 geschätzt. Hier wurden auch Widersacher des SED-Regimes und sozialdemokratische Gegner der Zwangsvereinigung mit der KPD inhaftiert. Schon im Krieg hatten die Siegermächte über die Bestrafung der Hauptkriegsverbrecher nachgedacht, selbst eine summarische standrechtliche Erschießung von Zehntausenden deutschen Offizieren war erwogen worden. Parallel zur Potsdamer Konferenz wurde dann aber im Sommer 1945 ein Militärgerichtsverfahren gegen die führenden NS-Politiker, deren man noch habhaft werden konnte, vorbereitet. Die Prozesse, die vom 20. November 1945 bis zum 1. Oktober 1946 vor einem internationalen Tribunal in Nürnberg stattfanden, waren ungeachtet ihrer rechtlichen Problematik vor allem Teil einer oktroyierten kollektiven Vergangenheitsbewältigung: Sie beanspruchten Aufklärung über den neu definierten Straftatbestand der „Verbrechen gegen die Menschlichkeit", und sie sollten, wie der Chefankläger Robert H. Jackson schon in seiner Eingangsrede hervorhob, erzieherischen Charakter haben. Den Verfahren, die ungeachtet ihres politischen Hintergrundes juristische Maßstäbe setzten, die zu differenzierten Urteilen und auch einigen Freisprüchen führten, folgten Prozesse in der Obhut der einzelnen Siegermächte, darunter von 1946 bis 1949 zwölf weitere Prozesse der Amerikaner gegen bestimmte Tätergruppen, gegen Angehörige des Auswärtigen Amtes („Wilhelmstraßenprozess"), Ärzte, Juristen oder Industrielle. Insgesamt wurden in den Westzonen vor den Militärgerichten 5025 Angeklagte verurteilt, 806 Todesurteile verhängt und davon 486 vollstreckt. In der sowjetischen Zone sollen 45 000 Personen verurteilt worden sein.[10]

Die Entnazifizierung im engen, personellen Sinn ging auf die gemeinsamen Beschlüsse der Siegermächte in Potsdam zurück. Die Umsetzung in den einzelnen Zonen hing allerdings davon ab, wie man die Vergangenheit, konkret Ursachen und Funktionsweise des nationalsozialistischen Systems, bewertete und welche Konzepte man für die künftige Gestaltung hatte. In der US-Zone sollten ursprünglich nur höhere und politische Beamte auf ihre NS-Tätigkeit hin überprüft werden, doch weitete man die Entnazifizierung bald aus, seit Herbst 1945 wurde neben dem öffentlichen Dienst auch die Wirtschaft erfasst. Entlassen werden sollten die führenden Funktionsträger der NSDAP und angeschlossener Organisationen sowie führende Beamte und hohe und mittlere Funktionäre der wirtschaftlichen Verbände. Bis Ende März 1946 waren bereits 1,26 Millionen Fragebögen ausgewertet, die Hälfte davon aus dem öffentlichen Dienst. Ein Viertel der Befragten galt als entlassungspflichtig. Auf dieser Basis fand 1945/46 tatsächlich ein nicht unbeträchtlicher Personalaustausch statt, von dem in Hessen über 50 Prozent der Beamten und 25 Prozent der leitenden Angestellten betroffen waren. Die meisten der Entlassenen wurden später allerdings wieder eingestellt. Nach dem am 5. März 1946 verkündeten „Gesetz zur Befreiung von Nationalsozialismus und Militarismus", dem so genannten Befreiungsgesetz, sollten die Deutschen an der Entnazifizierung beteiligt werden, wenn auch unter amerikanischer Oberaufsicht. Im Prinzip sollten jetzt alle erwachsenen Deutschen befragt werden. Dafür wurde ein neuer Fragebogen entworfen, der eine vorläufige Einstufung nach fünf Kategorien (Hauptschuldige, Belastete, Minderbelastete, Mitläufer, Entlastete) vorsah; deutsche Spruchkammern trafen die endgültige Entscheidung. In ihren Urteilen zeigte sich bald die Neigung zur Schonung und Reinwaschung der Belasteten. Teilamnestien (Jugendamnestie 1946,

Weihnachtsamnestie 1947) kamen hinzu. Schließlich wurden die Kriterien und Sanktionen weitgehend abgemildert, und als Ende 1949 Bilanz gezogen wurde, waren nur 1654 Hauptschuldige und 22 122 Belastete ermittelt. Die rund 100 000 Minderbelasteten erhielten eine Bewährungsfrist, die Mitläufer waren faktisch vollständig entlastet. In der Besatzungszone der Briten, die weniger programmatisch-missionarisch vorgingen als die Amerikaner und die Funktionstüchtigkeit der Verwaltung stärker berücksichtigten, wurden deutsche Stellen bereits seit Dezember 1945 beteiligt. Hier sollten wie in der französischen Zone nur Beamte und Angestellte in bestimmten Berufszweigen erfasst werden. Von den zwei Millionen Fällen, welche die deutschen Ausschüsse in der britischen Zone seit 1947 behandelten, wurde wiederum der allergrößte Teil entlastet, 27 000 galten als Minderbelastete, nur wenige Hundert gehörten zu den beiden oberen Belastungskategorien. Allerdings war die eigentliche Strafverfolgung in der britischen Zone abgetrennt und bereits Ende 1946 der deutschen Justiz übertragen worden, hier wurden mehrere Tausend Personen zu Strafen bis zu zehn Jahren Gefängnis verurteilt. Auch in der französischen Zone, wo schon im Oktober 1945 die Entnazifizierung auf deutsche Stellen übertragen worden war, blieb die quantitative Wirkung der Entnazifizierung eher gering: Von rund 670 000 untersuchten Fällen wurden nur zwölf als Hauptschuldige und 938 als Belastete eingeordnet, der Rest der Verfahren wurde eingestellt oder führte zur Einstufung in die drei unteren Kategorien, die eine Weiterbeschäftigung nicht verhinderten. Einen grundsätzlich anderen Ausgangspunkt hatte die Entnazifizierung in der sowjetischen Zone, ging man hier doch davon aus, dass der Nationalsozialismus kein personelles, sondern ein strukturelles Problem gewesen sei. Es galt also die Basis von Faschismus und Militarismus zu zerstören. Insofern zählte die Enteignung des Großgrundbesitzes, der Banken sowie der Groß- und Mittelbetriebe zum Kern der Entnazifizierungspolitik. Hinzu kam der Austausch des Führungspersonals und die Reinigung besonders wichtiger Teile des öffentlichen Dienstes: Richter und Lehrer wurden zu einem hohen Prozentsatz ersetzt. An ihre Stelle traten zum beträchtlichen Teil Laien, die in Schnellkursen von wenigen Monaten ausgebildet worden waren. Von Anfang an wurden deutsche Kräfte zur Umsetzung der Entnazifizierung eingesetzt. Schon früh wurde dabei der Grundsatz vertreten, dass die so genannten nominellen Parteimitglieder nicht zu bestrafen seien, wenn sie mit der Vergangenheit gebrochen hatten. Allerdings durften sie noch nicht in Gewerkschaften und Parteien eintreten, bei der Anwartschaft auf öffentliche Ämter hatten sie zurückzustehen und sich zunächst im Wiederaufbau zu bewähren. Die deutschen Kräfte forderten im Februar 1947 eine Milderung im Umgang mit Mitläufern, dies gilt auch für die SED, welche die Masse der Betroffenen integrieren wollte. Im August 1947 gab die Sowjetische Militäradministration dem Drängen nach: Alle bloß nominellen NS-Parteimitglieder waren nun rehabilitiert und erhielten ihre bürgerlichen und politischen Rechte zurück. Die weitere Aburteilung von NS- und Kriegsverbrechern sollten deutsche Gerichte übernehmen. Im Februar 1948 wurde dann das Ende der Entnazifizierung in der SBZ verkündet, bis Oktober 1952 wurden die verbliebenen Beschränkungen für ehemalige Nationalsozialisten beseitigt. Zugleich wurde mit der Gründung der Nationaldemokratischen Partei Deutschlands in der SBZ ein eigenes Auffangbecken für ehemalige Nationalsozialisten geschaffen, das de facto unter der Kontrolle der SED stand. In der Endbilanz unterschied sich die Zahl derer, die aus dem öffentlichen Dienst entlassen worden waren, in der SBZ nicht grundlegend von derjenigen in den Westzonen.[11]

Die Entnazifizierung ist im Nachhinein oft negativ beurteilt worden. Moniert wurde zum ersten, dass am Ende nur die Kleinen zur Verantwortung gezogen worden seien, viele große Verantwortliche sich aber durch die langen Verzögerungen in die sicheren 50er-Jahre hätten retten und dann auch wieder wichtige Positionen hätten übernehmen können. Kritisiert wurde zum zweiten die „Persilschein"-Praxis, die „Mitläuferfabrik", die Kumpanei in der Vertuschung von Verantwortung und Schuld als Beginn einer großen Verdrängungsstrategie, die eine wahrhaftige Auseinandersetzung mit der eigenen Vergangenheit verhindert habe. Eingewandt wurde zum dritten, dass die Entnazifizierung einer „nahezu bruchlosen" Kontinuität im Verwaltungspersonal oder zumindest in der Funktionselite nicht den Weg versperrt habe.[12] Bei einer derartigen Bewertung wird zweierlei übersehen: Auf der einen Seite stellte die Entnazifizierung eine Innovation dar, sie hatte keine Vorläufer und musste experimentell erprobt werden. Daraus ergaben sich Vielfalt, Widersprüche und Rückschläge. Der Versuch, deutsche Kräfte schon früh zu beteiligen, unterstrich die demokratische Absicht, vermehrte aber fast zwangsläufig die Probleme und Blockademöglichkeiten. Auf der anderen Seite führte die alliierte Politik der Internierungen, Entlassungen und Überprüfungen tatsächlich dazu, dass der Aufbau der neuen demokratischen Institutionen zunächst weitgehend ohne NS-Belastete stattfand. Deren spätere Rückkehr stellte die Stabilität der Bundesrepublik nicht mehr in Frage, ganz abgesehen davon, dass das Ausmaß der personellen Umschichtung jüngst wieder sehr viel höher veranschlagt worden ist.

Allerdings hatte der von der Entnazifizierung ausgehende Zwang für Millionen Deutsche, sich mit ihrer je individuellen Vergangenheit auseinander zu setzen, nicht eine Neubewertung der Geschichte zur Folge, sondern die Abschottung und Abkehr von der Politik. Tatsächlich stand nämlich die deutsche Bevölkerung der alliierten Entnazifizierungspolitik zunächst, in der frühen Besatzungszeit und wohl auch zur Zeit der Nürnberger Prozesse, mehrheitlich nicht ablehnend gegenüber. Im März 1946 ergaben Umfragen in der amerikanischen Zone, dass 57 Prozent der Deutschen das amerikanische Vorgehen gutheißen, und zwar die zu dieser Zeit noch recht rigide Entlassungspraxis. Mit dem Befreiungsgesetz fiel die Zustimmung im September 1947 auf 32 Prozent, im Mai 1949 auf 17 Prozent. Verantwortlich dafür war wohl weniger die Ausweitung der Befragung auf die Gesamtbevölkerung, denn auch in der britischen und französischen Zone sank die Akzeptanz. Wichtiger war vielmehr das Zusammenwirken verschiedener Faktoren: die unzulängliche Praxis, eine zunehmende Leugnung eigener Schuld und die Einräumung neuer Mitsprachemöglichkeiten. Das führte dazu, dass die Entnazifizierung immer aggressiver abgelehnt wurde. Auch Kreise, die zum Nationalsozialismus in Opposition gestanden hatten, bis hin zu namhaften Kirchenvertretern und sogar als Widerstandskämpfer ausgewiesenen Personen, kritisierten die Entnazifizierung. Dabei ging es zum einen um rechtliche Fragwürdigkeiten wie das Rückwirkungsverbot oder die Umkehr der Beweislast sowie um die Vergiftung des Alltagsklimas in der Nachkriegszeit. Wichtiger war wohl zum anderen, dass hinter der Entnazifizierung die Vorstellung einer Kollektivschuld der Deutschen vermutet wurde. Damit war eine These angesprochen, die schon in amerikanischen Nachkriegsplanungen für Kontroversen gesorgt hatte und gerade von ehemaligen Widerstandskämpfern entschieden zurückgewiesen wurde. Die Auseinandersetzung mit dem Vorwurf einer kollektiven Schuld der Deutschen am „Dritten Reich" war es, welche die Vergangenheitsdebatten in den 50er-Jahren unterschwellig prägte. Die Meinung, dass die Masse der Mitläufer vielmehr als unschuldig zu gelten habe und nur die Haupttäter zu bestrafen seien, wurde seit 1947 nicht nur von den Kirchen, sondern auch von den Parteien vertreten, die nicht zuletzt im Blick auf ihre Wähler zu den alliierten Entnazifizierungsvorgaben auf Distanz gingen. Die Rehabilitierungspolitik, die mit der Ausweitung deutscher Selbstbestimmungsrechte schon vor der Weststaatsgründung von 1949 einsetzte, kulminierte im so genannten 131er-Gesetz von 1951, das die nach dem entsprechenden Grundgesetzartikel erforderlichen Bestimmungen über die Einstellung oder Versorgung entlassener Angehöriger des öffentlichen Dienstes traf.[13] Damit stand einer Rückkehr der nicht strafrechtlich verurteilten Beamten nichts mehr im Wege, rund 40 000 ehemalige NS-Beamte traten wieder in den öffentlichen Dienst ein. Der Eindruck, die Bundesrepublik habe einen Schlussstrich unter die NS-Vergangenheit ziehen wollen, war letztlich verheerender als der finanzielle und administrative Nutzen, zumal Äußerungen von Politikern bis hinauf zum neu gewählten Bundeskanzler Konrad Adenauer die Forderung nach einer Amnestie enthielten: Genug Menschen hätten gebüßt, so der Kanzler in seiner Antrittsrede vor dem Bundestag, es gelte, „Vergangenes vergangen sein zu lassen".[14] Für diese Sichtweise gab es allzu viele Belege, als dass man sie nicht als Ausdruck einer kollektiven Verdrängung hätte interpretieren müssen. Sie offenbarte sich auch ohne formelle Amnestie im strafrechtlichen Umgang mit NS-Tätern. Hatte die deutsche Justiz im Rahmen ihrer Zuständigkeit bis 1949 NS-Verbrechen verfolgt, so zeigte sie danach eher das Bemühen, die NS-Verfolgung im Sande verlaufen zu lassen. Deutsche Staatsanwaltschaften und Gerichte befassten sich schon seit Ende 1945 mit NS-Verbrechen.[15] Sie sollten zunächst nur zuständig sein für Delikte, die Deutsche an Deutschen begangen hatten. Bis 1949 wurden 4500 Personen verurteilt, allerdings ging es dabei zumeist um minder wichtige Delikte, nur in 100 Fällen um Tötungen. Auch diese Fälle betrafen nicht den Holocaust. Eine systematische Strafverfolgung in diesem Bereich gab es noch nicht. Immerhin fanden schon in der Besatzungszeit einige wichtige Prozesse statt, so in Hessen vier „Euthanasie"-Prozesse zwischen 1946 bis 1948, darunter der Hadamar-Prozess vom März 1947.[16] Dabei wurden gegen die insgesamt 44 Angeklagten sechs Todesurteile und zahlreiche Haftstrafen verhängt. 18 Angeklagte wurden freigesprochen. Kein Todesurteil wurde vollstreckt, Anfang der 50er-Jahre kamen alle Verurteilten mit zwei Ausnahmen wieder frei. Seit 1951 wurden weitere NS-Täter begnadigt, 1954 folgte ein Amnestiegesetz für minder schwere Fälle. In der ersten Hälfte der 50er-Jahre ging auch die Zahl der Prozesse stark zurück, zu Verurteilungen kam es 1955 nur noch in 21 und 1956 in 23 Fällen. Die Strafverfolgung von NS-Tätern kam insofern in den 50er-Jahren weitgehend zum Erliegen.[17] Dies alles deutet erneut auf einen Einstellungswandel hin. Er hing mit der äußeren Zäsur, mit der Weststaatsgründung und der Teilsouveränität zusammen. Doch stand dahinter ein tiefer Wandel in der Einstellung der deutschen Gesellschaft wie der deutschen Politiker zum Umgang mit der nationalsozialistischen Vergangenheit.

Wie schon an der Haltung zur Entnazifizierung ablesbar, wurden die ersten Jahre der Besatzungszeit von einer breiten Diskussion über Ursachen des Nationalsozialismus und den Zustand der deutschen Nachkriegsgesellschaft begleitet. Diese Debatte stand nicht unter dem Diktat der Siegermächte, und sie war weder homogen noch einseitig. Ort der Debatten war die seit 1945/46 wieder rasch ausgebaute Infrastruktur der Kultur. Zwischen 1945 und 1948 erschienen rund 1400 Zeitschriften, darunter allein 200, die zur kulturellen und kulturpolitischen Publizistik zu rechnen waren. Erst mit der Währungsreform brach der Boom der Zeitschriftenliteratur wieder ein. Bis dahin entfaltete sich in Zeitschriften wie den von Walter Dirks und Eugen Kogon seit Frühjahr 1946 herausgegebenen ›Frankfurter Heften‹, dem ›Ruf‹ von Alfred Andersch und Hans Werner Richter oder dem seit 1947 erscheinenden ›Merkur‹ sowie in den neuen Wochenzeitungen, von der ›Zeit‹ bis zum 1947 neu gegründeten ›Spiegel‹, eine breite Debatte über den Standort des Nationalsozialismus in der deutschen Geschichte. Ökonomistische, soziologische und massenpsychologische Erklärungsansätze konkurrierten, auch die Frage von Kollektivschuld und individueller Verantwortung wurde diskutiert. Die Literatur, das „Geistige", fungierte zwar auch als Zufluchtsort in einer bedrohlichen Welt, doch waren Eskapismus und Unterhaltungsverlangen nicht die einzigen und nicht die dominierenden Tendenzen. Auch führende Historiker dachten über die „deutsche Katastrophe" (Friedrich Meinecke)[18] nach und die Kirchen reflektierten ihren Anteil an den Verbrechen des „Dritten Reiches". Doch offenbarten sich hier zugleich die Probleme und Grenzen der Debatte um Verantwortung und Schuld. Die frühen Schuldbekenntnisse der Kirchen sprachen weder die Ursachen des Nationalsozialismus an noch benannten sie präzise Verantwortliche und Täter, sie beließen es bei Erklärungen, welche die Kirche als Institution nicht in Zweifel zogen. In dem Hirtenbrief der Fuldaer Bischofskonferenz vom 23. August 1945 heißt es über den Katholizismus im „Dritten Reich":

Viele Deutsche, auch aus unseren Reihen, haben sich von den falschen Lehren des Nationalsozialismus betören lassen, sind bei den Verbrechen gegen menschliche Freiheit und menschliche Würde gleichgültig geblieben; viele leisteten durch ihre Haltung den Verbrechen Vorschub, viele sind selbst Verbrecher geworden. Schwere Verantwortung trifft jene, die aufgrund ihrer Stellung wissen konnten, was bei uns vorging, die durch ihren Einfluss solche Verbrechen hätten verhindern können und es nicht getan haben, ja diese Verbrechen ermöglicht und sich dadurch mit den Verbrechern solidarisch erklärt haben.[19]

Der Rat der Evangelischen Kirche in Deutschland räumte in seinem „Stuttgarter Schuldbekenntnis" vom 19. Oktober 1945 zwar ein: „Durch uns ist unendliches Leid über viele Völker und Länder gebracht worden." Aber die genauere Diagnose relativierte den Befund:

Wohl haben wir lange Jahre hindurch im Namen Jesu Christi gegen den Geist gekämpft, der im nationalsozialistischen Gewaltregiment seinen furchtbaren Ausdruck gefunden hat; aber wir klagen uns an, dass wir nicht mutiger bekannt, nicht treuer gebetet, nicht fröhlicher geglaubt und nicht brennender geliebt haben.[20]

Die verhaltene Schuldanerkenntnis, die in derartigen Stellungnahmen lag, wurde freilich desavouiert durch die nicht unproblematische Rolle der Kirchen in den folgenden Jahren. Viele evangelische Pfarrer waren selbst belastet, auch waren Pfarrer ihrerseits bei der Ausstellung von „Persilscheinen" behilflich. Selbst Mitglieder der Bekennenden Kirche wie Martin Niemöller brachten sich durch zweifelhafte Aussagen zu Nationalsozialismus und Demokratie ins Gerede. Andere wie der württembergische Landesbischof Theophil Wurm, der die NS-Politik gegenüber Behinderten und Juden kritisiert hatte, griffen nun die Besatzungsmächte und ihre Entnazifizierungspolitik an. Die Kirchen sahen ihre Aufgabe darin, die Bevölkerung vor den Besatzungsmächten zu vertreten, nicht dagegen darin, die Auseinandersetzung mit der deutschen Vergangenheit zu forcieren.[21]

So widersprach das Verhalten der Kirchen nicht dem Bild, das der Umgang mit der jüngsten Vergangenheit in der Nachkriegsgesellschaft vermittelte. Nicht zuletzt die deutschen Abwehrreaktionen auf die Entnazifizierungspolitik führten zu diesem Eindruck, denn erst nach 1946 setzte das ein, was später als Verdrängung bezeichnet worden ist und zu der Auffassung geführt hat, die Deutschen hätten sich in den 50er-Jahren konsequent jeder Beschäftigung mit dem Nationalsozialismus widersetzt. Die demoskopischen Befunde scheinen zunächst eindeutig: Die Distanzierung von der NS-Zeit bezog sich auf bestimmte Charakterzüge und Erscheinungsformen des Regimes, nicht aber auf alle Elemente und Ideen. Dass der Nationalsozialismus eine gute Idee, aber falsch umgesetzt worden sei, meinten im November 1945 53 Prozent der Deutschen, im Juli 1946 42 Prozent, im August 1947 aber wieder 55 Prozent. Der Anteil ging im folgenden Jahrzehnt nur langsam zurück. Die Frage, ob Hitler ohne den Krieg als einer der größten deutschen Staatsmänner in die Geschichte eingegangen wäre, bejahten 1955 noch 48 Prozent der Befragten, 1959 immerhin noch 41 Prozent. Erst dann beschleunigte sich der Meinungswandel: 1961 lag die Zustimmung nur noch bei 30 Prozent. Auch der Antisemitismus war Anfang der 50er-Jahre noch virulent. 1952 hielten es noch 37 Prozent der Bevölkerung für vorteilhaft, wenn in Deutschland keine Juden lebten, nur 20 Prozent hielten das ausdrücklich nicht für einen Vorteil. 1963 war die Zahl derer, die keine Juden in Deutschland wünschten, auf 18 Prozent gesunken.[22] Diese Ergebnisse deuten auf zweierlei hin: einerseits auf den hohen Bestand an Einstellungen, die zutiefst der nationalsozialistischen Zeit verpflichtet waren, und andererseits auf den tief greifenden Wandel, der sich in den 50er-Jahren vollzog. Insofern waren die 50er-Jahre keineswegs eine Zeit des bloßen Verdrängens, sondern die Inkubationsphase einer neuen Auseinandersetzung mit der NS-Vergangenheit.

Zu Anfang, nach der Weststaatsgründung 1949, dominierten dabei aber Sichtweisen, welche die Verdrängungsthese und Begriffe wie Verschweigen, Beschönigung, Vereinfachung nahe legen. Die NS-Zeit war in dieser Sicht die dunkle Zeit, quasi ein Ausbruch aus der Geschichte, mit menschlichen Kriterien nicht zu messen. Die Verbrechen waren nicht von Deutschen, sondern lediglich im deutschen Namen begangen worden. In öffentlichen Reden blieben die Täter und Opfer meist anonym. Man gedachte der Opfer des Krieges und der Gewalt, Soldaten und Juden wurden weder benannt noch unterschieden. Damit verwischten sich auch die Grenzen zu den Tätern, genauer: Als Täter kamen nur wenige Verbrecher in Betracht, die das Volk verführt hatten. Auch Hitler erschien als größenwahnsinniger Verbrecher, der Deutschland in die Katastrophe gesteuert hatte. Das Militär dagegen, von Hitler missbraucht, war im Kern unschuldig und sauber geblieben – eine Interpretation, die Auswirkungen auf die Bewertung des 20. Juli haben musste. Überhaupt war der Einzelne unschuldig, einem von Verbrechern geleiteten System hilflos ausgeliefert. In diesem Sinn sahen auch die verschiedenen Berufsgruppen – Juristen, Ärzte, Wissenschaftler – keine Notwendigkeit, sich mit ihrer Verwicklung in das Regime auseinander zu setzen. Zu den auffälligsten Merkmalen der Beschäftigung mit der NS-Zeit gehörte bei alledem der geringe Stellenwert, den die Verfolgung und Ermordung der deutschen und europäischen Juden im Diskurs über das „Dritte Reich" einnahm. Die Beratungen der Bundesregierung über das Luxemburger Wiedergutmachungsabkommen mit Israel von 1952 belegten im Übrigen, dass eine mehr oder minder latent antisemitische Haltung bis in die Ministerialebene reichte. Nur Einzelne wie der SPD-Vorsitzende Kurt Schumacher benannten explizit den Mord an den Juden als Verbrechen, und nur wenige wie Adenauer erkannten, dass eine Wiedergutmachung – ob aus politischen oder moralischen Gründen – unumgänglich war.[23]

Das verzerrende und beschönigende Bild der NS-Zeit war umso wirkungsvoller, als es in einer Vielzahl von populären Medien Ausdruck und Verbreitung fand. Vorübergehend, in der ersten Hälfte der 50er-Jahre, trat das NS-Thema ganz zurück, wohl in Reaktion auf ein Übersättigungsgefühl einerseits, neue Wohlstandsorientierung andererseits. Seit der Mitte der 50er-Jahre rückte die NS-Zeit durchaus wieder in den Blick. In Filmen und Trivial- oder Populärromanen wurden Krieg und Wehrmacht behandelt. Der gemeine Soldat, der Landser, erschien hier fast regelmäßig als aufrecht und unschuldig. Immerhin war parallel dazu bereits eine verstärkte Hinwendung zu literarischer Gesellschaftskritik und politischem Engagement der Literatur festzustellen. Dafür standen Autoren wie – als einer der ersten – Heinrich Böll (›Wo warst du, Adam?‹, 1951; ›Und sagte kein einziges Wort‹, 1953; ›Haus ohne Hüter‹, 1954; ›Billard um halbzehn‹, 1959) und Günter Grass (›Die Blechtrommel‹, 1959). Auch realistische Darstellungen des Krieges in Filmen (›Die Brücke‹, 1959) oder Wolfgang Staudtes filmische Auseinandersetzung mit der Nachkriegszeit und den Karrieren von NS-Funktionären oder -Juristen (›Rosen für den Staatsanwalt‹, 1959) deuteten die erneute Hinwendung zur Vergangenheit an. Seit Mitte der 50er-Jahre erschienen auch Berichte von Opfern der NS-Diktatur. Nach wie vor nur eine geringe Rolle spielte freilich die Judenverfolgung im kollektiven Gedächtnis. Das Tagebuch der Anne Frank, Anfang der 50er-Jahre erstmals in Deutschland publiziert, fand zunächst nur wenig Beachtung. Das änderte sich erst durch Aufführungen des darauf basierenden amerikanischen Theaterstücks (1957 war ›Anne Frank‹ das meistgespielte Stück auf deutschen Bühnen) und die Verfilmung 1959. 1960 erreichte die deutsche Fassung des Tagebuches bereits eine Auflage von 750 000. Das individuelle Schicksal weckte nun Betroffenheit und Empathie. Diese Befunde bestätigen, dass die 50er-Jahre nicht nur die Zeit der Geschichtsleugnung, sondern auch die Zeit der langsamen Einsicht in Charakter und Nachwirkung des Nationalsozialismus waren, die eine fortwährende Auseinandersetzung herausforderten.

Eine wichtige Rolle hierbei spielten die großen westdeutschen Prozesse, die das Thema fortwährend auf der Tagesordnung hielten. Sie betrafen mit dem Antisemitismus und dem Widerstand vom 20. Juli die beiden zentralen umstrittenen Aspekte des NS-Gedenkens in der Bundesrepublik.[24] Dazu zählte der Prozess gegen den Bundestagsabgeordneten Wolfgang Hedler, der früher dem Stahlhelm und der NSDAP angehört hatte. Er hatte NS-Opfer und Widerstandskämpfer verunglimpft. 1950 zunächst vor dem Kieler Landgericht freigesprochen, wurde er 1951 zu neun Monaten Haft verurteilt. Sodann erregte der Fall Remer die Öffentlichkeit. Der ehemalige Generalmajor Otto Ernst Remer, der für die neonazistische Sozialistische Reichspartei aktiv war, nannte die Widerstandskämpfer gegen Hitler „Landesverräter, die vom Ausland bezahlt wurden". Darauf folgten Initiativen für ein Verbot der Sozialistischen Reichspartei und Privatklagen gegen Remer wegen übler Nachrede und Beschimpfung des Andenkens Verstorbener. Zu den Klägern zählte neben Angehörigen ehemaliger Widerstandskämpfer auch der Bundesminister Robert Lehr von der CDU. Im März 1952 wurde Remer zu drei Jahren Haft verurteilt, allerdings konnte er sich durch die Flucht nach Ägypten der Strafe entziehen. Aufsehen erregte schließlich der Fall des Regisseurs Veit Harlan, der im „Dritten Reich" Unterhaltungs- und Propagandafilme gedreht hatte, darunter den antisemitischen Streifen ›Jud Süß‹. Nach 1945 als entlastet entnazifiziert, wollte er wieder arbeiten. Anklagen wegen Beihilfe zur Verfolgung aus politischen oder rassischen Gründen wurde vor westdeutschen Gerichten nicht stattgegeben. Ein Boykottaufruf des Leiters der Pressestelle im Hamburger Rathaus, Erich Lüth, gegen ein neues Filmprojekt Harlans im Jahr 1950 führte dann zu einem Prozess, der sich um das Verhältnis von Meinungs- und Berufsfreiheit drehte. Lüths Aufruf wurde vor Gericht als sittenwidrig und geschäftsschädigend bewertet. Erst mit einer Beschwerde beim Bundesverfassungsgericht bekam Lüth im Januar 1958 Recht. Diese Vorgänge hielten die NS-Vergangenheit in der Diskussion. Eine Reihe von weiteren antisemitischen Skandalen und Ausschreitungen kam hinzu. All dies führte dazu, dass die Politik sich deutlicher und grundsätzlicher mit der NS-Vergangenheit befasste. Auf der einen Seite wurde der Widerstand immer stärker in die Selbstdarstellung der Bundesrepublik einbezogen, so durch ein Denkmal für die Männer des 20. Juli in Berlin, das 1953 eingeweiht wurde, und durch ein 1954 beschlossenes, 1958 enthülltes Denkmal für die „Weiße Rose" in München. Auf der anderen Seite kamen die Kultusminister 1962 überein, dem Eindruck antisemitischer Tendenzen in der Bundesrepublik entgegenzuwirken und den Nationalsozialismus im Geschichtsunterricht ausführlicher zu berücksichtigen.

Wie bei den Wiedergutmachungsverhandlungen ging es bei der Aufnahme von Widerstand und Judenvernichtung in die Selbstreflexion der Bundesrepublik in den

50er-Jahren nicht bloß um moralische Einkehr, sondern auch um Legitimation und Außendarstellung eines Staates, der Wiederanerkennung, Souveränität und Integration in den Westen anstrebte. Dahinter stand überdies die Auseinandersetzung mit der DDR. Denn mit dem Abschluss der Entnazifizierung erklärte die SED das Problem der nationalsozialistischen Vergangenheit in ihrem Herrschaftsbereich für erledigt. Mit personellem Austausch und Strukturreformen sei der Nazismus ausgelöscht. Erbe des „Dritten Reiches" sei mithin die Bundesrepublik, die als kapitalistischer Staat nach wie vor alle Voraussetzungen für einen Wiederaufstieg nazistischer Tendenzen biete. Wiederholt wies die DDR kampagnenartig auf ehemalige NS-Funktionäre in westdeutschen Führungsebenen sowie auf neonazistische Tendenzen hin. Wie schon Hans Globke, Kommentator der NS-Rassengesetze und dann Staatssekretär Adenauers, wurde auch Bundespräsident Heinrich Lübke, als KZ-Baumeister beschuldigt, zum Gegenstand der Angriffe. Zu Wiedergutmachungszahlungen an Israel, das ohnehin als Teil des kapitalistischen Westens verstanden wurde, sah sich die DDR daher auch nie verpflichtet. Erst kurz vor dem Untergang der DDR schien sich eine außenpolitisch motivierte Abkehr von dieser Position abzuzeichnen.[25]

Seit den späten 50er-Jahren rückten Diktatur und Holocaust durch neue westdeutsche Prozesse gegen NS-Täter in den Blick. Dazu zählte an erster Stelle der Ulmer Einsatzgruppenprozess von 1958. Hier ging es um das Verhalten von Angehörigen der Gestapo und des SD in Litauen gegenüber der jüdischen Bevölkerung. Die Verhandlung brachte die Brutalität der Vorgehensweise ans Licht. Nun wandten sich Öffentlichkeit und Politik intensiver als zuvor der nationalsozialistischen Vergangenheit zu. Die Debatte um antisemitische Vorfälle und die Kritik an der bisherigen Rechtsprechung führte zur Forderung nach einem systematischen juristischen Vorgehen und schärferen gesetzlichen Bestimmungen. So wurde 1958 die „Zentrale Stelle zur Aufklärung nationalsozialistischer Verbrechen" in Ludwigsburg eingerichtet. Im Januar 1959 legte die Bundesregierung den Entwurf eines Gesetzes gegen Volksverhetzung vor. Nach kontroversen Debatten über Sinn und Zweck strafrechtlichen Vorgehens im politischen Raum und einigen Verzögerungen und Neufassungen wurde es Ende Mai 1960 verabschiedet. Nunmehr stand die „Aufstachelung zum Hass gegen Teile der Bevölkerung" ebenso unter Strafe wie die Aufforderung „zu Gewalt- und Willkürmaßnahmen gegen sie" sowie ihre Beschimpfung und Verleumdung. Der Text vermied einen expliziten Hinweis auf die jüdische Minderheit, um eine positive Diskriminierung zu vermeiden. Die neuen Vorkehrungen hatten nicht bloß politische Bedeutung. Sie sollten die Erinnerung wachhalten, das Bewusstsein für die NS-Verbrechen wecken und zur Aufklärung beitragen. Mehr und mehr dienten auch Fernsehdokumentationen diesem Zweck, und gerade die Verbindung von juristischer Aufarbeitung und medialer Präsenz verstärkte die Eindringlichkeit der neuen Arbeit am kollektiven Gedächtnis. Vor diesem Hintergrund konnte auch der Eichmann-Prozess in Jerusalem 1961 beträchtliche Wirkungen in Deutschland entfalten.

Zum Höhe- und Wendepunkt der Entwicklung wurde der Frankfurter Auschwitz-Prozess der Jahre 1963 bis 1965. Er war nicht der erste Prozess gegen NS-Täter, der das neue Bemühen um Aufarbeitung der Vergangenheit begleitete, aber doch der wichtigste. Zugleich wurde mit dem Prozess der Begriff „Auschwitz" zum Schlüsselwort für den Völkermord der Nationalsozialisten. Und schließlich war es der Auschwitz-Prozess, der die Verfolgung und Ermordung der europäischen Juden auch zum Gegenstand der deutschen Geschichtswissenschaft werden ließ. Dem Prozess voraus gingen die Ermittlungen des hessischen Generalstaatsanwalts Fritz Bauer, der zum Motor der systematischen Verfolgung von NS-Verbrechen in Westdeutschland wurde.[26] 1959 begannen die Ermittlungen, in deren Verlauf 1300 Personen, darunter ehemalige Auschwitz-Häftlinge, vernommen wurden. 24 Personen wurden wegen Mordes oder der Beihilfe zum Mord angeklagt. Die Angeklagten erschienen als normale Bürger, die regulären Berufen nachgegangen waren. Sie sahen sich als Opfer des Nationalsozialismus, die durch Erziehung manipuliert worden seien, und als Soldaten, die Befehlen hätten folgen müssen. In den Verhandlungen wurden Details der „Selektionen" und der Ermordung in Gaskammern ausgebreitet. Auch die Erinnerungen des Lagerkommandanten von Auschwitz, Rudolf Höß, der 1947 in Polen zum Tode verurteilt und hingerichtet worden war, wurden verlesen. Zahlreiche wissenschaftliche Gutachter, darunter Historiker des 1952 zur Erforschung des Nationalsozialismus eingerichteten Münchner Instituts für Zeitgeschichte, berichteten über SS-Staat und Lagersystem. Wiederum wurden Überlebende von Auschwitz befragt. Am Ende wurden von den verbliebenen 20 Angeklagten drei freigesprochen, die anderen zu Haftstrafen verurteilt, darunter sechs zu lebenslangem Zuchthaus. Prozess und Urteil waren in mehrfacher Hinsicht von grundlegender Bedeutung für die Vergangenheitsbewältigung in der Bundesrepublik. Die Medien, Zeitungen wie Fernsehen, widmeten dem Prozess große Aufmerksamkeit. Täter und Taten wurden dadurch ebenso wie das Leiden der Opfer einer großen Öffentlichkeit bekannt. Deutlich wurde in den Berichten, dass im NS-Regime durchaus normale Bürger zu Tätern werden konnten. Vor allem wurden erstmals das System von Auschwitz und die gesamte Vernichtungspolitik der Nationalsozialisten wissenschaftlich rekonstruiert und damit justiziabel gemacht. Mehrfach und grundsätzlich wurde auch die schwierige Rechtslage diskutiert. Das Gericht stellte sich auf den Standpunkt, das Deutsche Reich sei seit 1871 ein Rechtsstaat gewesen, eine rechtsstaatliche Kontinuitätslinie ziehe sich bis in die Bundesrepublik. Rechtsstaatliche Elemente mochten durch Hitler außer Kraft gesetzt worden sein, grundsätzlich hätten sie durchgängig fortbestanden. Insofern hatte sich die Strafverfolgung von NS-Tätern an dem seinerzeit bzw. zuvor geltenden Recht, den Bestimmungen des Strafgesetzbuches über Totschlag und Mord, zu orientieren, zumal in der Bundesrepublik das Rückwirkungsverbot anerkannt war. Der Befehlsnotstand der Täter wurde allerdings anerkannt: Wer aufgrund von Befehlen tötete, durfte demnach juristisch nicht belangt werden. Allerdings konnte derart der Charakter des Regimes und seines spezifischen Umgangs mit dem Recht nicht erfasst werden.[27]

Die unmittelbare öffentliche Wirkung des Auschwitz-Prozesses war ebenso enorm wie seine längerfristige Bedeutung. Doch war die Reaktion in der westdeutschen Öffentlichkeit zunächst durchaus ambivalent. Der Empathie, die die Schilderungen weckten, standen Abwehrreaktionen gegenüber. Jedenfalls schien die Bevölkerung in der Bundesrepublik, die sich soeben erst mehrheitlich für eine Strafverfolgung von NS-Tätern ausgesprochen hatte, nun wieder skeptischer zu reagieren. Gleichwohl war ein Schritt hinter den Wissensstand des Auschwitz-Prozesses nicht mehr möglich. Nicht nur der hessische Generalstaatsanwalt Fritz Bauer erhoffte von derartigen Gerichtsverfahren einen Beitrag zur Aufarbeitung und Bewältigung der Vergangenheit sowie einen Anstoß zur wissenschaftlichen Erforschung des NS-Systems. Die veränderte Diskussionslage zeigte sich auch in den Debatten, die in den 60er-Jahren über die Verjährung von NS-Straftaten geführt wurden. Gemäß dem Strafgesetzbuch verjährten Mord und schwerer Totschlag nach 20 Jahren, einfacher Totschlag nach 15 Jahren. Durch die Tätigkeit der Zentralen Stelle zur Aufklärung nationalsozialistischer Verbrechen in Ludwigsburg wurden aber immer neue Fakten und Dokumente bekannt, die neue Ermittlungen und Verfahren verlangten. Mehrfach musste deshalb über eine Verschiebung des Laufbeginns der Verjährungsfrist von 1945 auf 1949 und über eine Verlängerung oder Aufhebung der Frist überhaupt diskutiert werden. Das Bundesverfassungsgericht hielt eine Veränderung der Verjährungsfrist für verfassungsmäßig, weil sie nicht die Strafbarkeit einer Tat betreffe, sondern nur den Verfolgungsmodus. Die Debatten im Parlament über die Verjährung im März 1965 wurden später als „Sternstunden" des Parlaments bezeichnet. Das hing damit zusammen, dass sich die Positionen quer zu den Parteien formierten, dass Abgeordnete nach ihrem Gewissen und nicht nach Fraktionszwang argumentierten und votierten, dass ältere Abgeordnete mit jüngeren über Verantwortung und Schuld debattierten, schließlich auch damit, dass die zentrale Frage angesprochen wurde: War aus rechtsstaatlichen Gründen an der Verjährungsfrist festzuhalten, war gar die „Machtergreifung" der Nationalsozialisten dadurch erleichtert worden, dass nicht kompromisslos rechtsstaatliche Grundsätze aufrechterhalten worden waren, oder war es wichtiger, um des Rechtsgefühls und der höheren Gerechtigkeit willen die Möglichkeit zu schaffen, auch künftig noch NS-Mörder juristisch belangen und bestrafen zu können? Zu einer Entscheidung konnte sich das Parlament am Ende nicht durchringen. Die Verjährungsfrist wurde nicht ausgeweitet, sondern ihre Laufzeit verschoben, indem man sie erst von 1949 an rechnete. 1969 wurde die Verjährungsfrist für Mord dann auf 30 Jahre verlängert, 1979 nach kontroverser Debatte über die Unterschiede von Mord und Völkermord und die Zulässigkeit eines spezifisch der Verfolgung von NS-Tätern gewidmeten Strafrechts ganz aufgehoben. Mittlerweile hatte sich die öffentliche Stimmung in Westdeutschland gewandelt. Aber dieser Wandel hatte eine längere Vorgeschichte. Anders als erwartet, war die Zahl der Ermittlungsverfahren nicht zurückgegangen, immer neue Strafprozesse und Urteile trugen zur Aufklärung über das NS-System bei, darunter der Majdanek-Prozess, der 1975 mit der Anklage wegen Mord oder Beihilfe zum Mord gegen 17 Angehörige des Personals in diesem Vernichtungslager begann und 1981 mit den letzten Urteilen endete.

In den Verjährungsdebatten hatte sich angedeutet, was jenseits kurzfristiger Emotionalisierungen durch Prozesse, Medienberichterstattung und Fernsehfilme in den 60er-Jahren die westdeutschen politischen Kontroversen um die Verbrechen des Nationalsozialismus bestimmte: Eine neue Generation Heranwachsender kam in das Alter der politischen Reflexion, und sie nahm anders Stellung als ihre Vorläufergeneration. Denn die Heranwachsenden der 50er-Jahre waren dem Anschein nach unpolitisch gewesen, desinteressiert an der Vergangenheit, apolitisch oder im Zweifelsfall autoritären Modellen zuneigend. Der Soziologe Helmut Schelsky hatte 1957 daher von einer „skeptischen Generation" gesprochen, von der Generation derer, die, geboren um 1930, fast ihre gesamte Kindheit in der NS-Zeit verlebt und womöglich noch als Flakhelfer gedient hatten, die nunmehr im raschen Systemwechsel die Relativität aller Werte meinten feststellen zu können, die ernüchtert und unpolitisch waren, aber auch, da erfahren in täglicher Überlebensnot, pragmatisch, leistungsorientiert und zupackend, wenn es um individuelles Glück ging, und die immerhin ideologieresistent geworden waren.[28] Ihnen folgte die Generation derjenigen, die in den späten 30er- oder in den 40er-Jahren geboren waren, also in die Notzeit des Krieges und der Nachkriegszeit hinein, die aber aufgewachsen waren unter dem Vorzeichen von Wachstum und Wirtschaftswunder.[29] Das Geschichtsbild, das ihnen in den 50er-Jahren in Politik und Schule vermittelt worden war, dämonisierte das „Dritte Reich" abstrakt, sprach aber persönliche Verantwortung nicht an. Dies kollidierte mit dem, was sie durch den Eichmann- und den Auschwitz-Prozess sowie die anderen NS-Prozesse über das „Dritte Reich" und die Judenverfolgung nach und nach erfuhren. Zugleich mussten sie zur Kenntnis nehmen, dass es die Generation ihrer eigenen Väter war, die zu den Tätern gehörte, denn namentlich die zwischen etwa 1900 und 1914 Geborenen waren es, die, jung und aufstrebend, nach deprimierenden Jahren in der späten Weimarer Republik auf das neue Regime gesetzt und dabei persönliche Karrierehoffnungen mit nationalem Wiederaufstieg verbunden hatten, in deren Erinnerung jedenfalls die frühe NS-Zeit nicht selten als Zeit des Glücks aufgehoben war. Das stand im Widerspruch mit dem seit Ende der 50er-Jahre immer stärker wahrgenommenen verbrecherischen Charakter des NS-Systems. Vor diesem Hintergrund können die später „68er" genannten Heranwachsenden, die sich nun zu Wort meldeten, oft Studenten, tatsächlich als Generationseinheit bezeichnet werden: Sie entstammten nicht nur beieinander liegenden Jahrgängen und waren durch ähnliche Erfahrungen geprägt, sondern fühlten sich auch zunehmend einander verbunden in ihrer Sicht auf die deutsche Geschichte und Gegenwart. Beeinflusst wurden sie, was nicht untypisch für die Bildung von Generationseinheiten ist, durch ideelle Vorbilder und Vordenker, die einer älteren Generation entstammten, durch ihren Lebensweg und ihre gesellschaftskritische Haltung aber eine Sonderstellung einnahmen, an erster Stelle die Mitscherlichs und die politischen Philosophen Theodor W. Adorno und Max Horkheimer. Deren Überlegungen zur Verdrängung der Vergangenheit, zu den Ursprüngen des autoritären Charakters in Deutschland und zum Zusammenhang von Kapitalismus und Faschismus fanden hier Resonanz. In der Umsetzung zeigte sich eine eigenartige, widersprüchliche Verbindung von Systemanalyse und personalen Schuldvorstellungen. Auf der einen Seite wurden die Angehörigen der Elterngeneration wegen ihrer persönlichen Verantwortung für die Geschichte attackiert, auf der anderen Seite wurden die verbrecherischen Charakterzüge des „Dritten Reiches" als systembedingte

Konsequenzen des (Spät-)Kapitalismus erklärt. Daraus folgte eine hoch emotionalisierte Auseinandersetzung mit der weiterhin kapitalistischen Gegenwart, die gewissermaßen in ihrem noch fruchtbaren Schoße die Auswucherungen hin zu Faschismus und Imperialismus berge. Denn aus den Konflikten um die Unabhängigkeit der europäischen Kolonien, zunächst aus den afrikanischen Erfahrungen der frühen 60er-Jahre, dann aus dem bis in die 70er-Jahre reichenden Vietnamkrieg, nährte sich eine antiimperialistische Gesinnung, die sich mit deutscher Vergangenheitsbewältigung, Generationskonflikten und politischer Zeitkritik verband.[30]

Von „68", wenn auch noch nicht von den „68ern", gingen maßgebende Impulse zur Erneuerung der Bundesrepublik Deutschland aus. Das betraf auch den Umgang mit der deutschen Vergangenheit und schlug sich spätestens mit der sozialliberalen Koalition ab 1969 in der Politik der Bundesregierung nieder. Das „Dritte Reich" wurde nun immer stärker zum Bezugspunkt der westdeutschen Gesellschaft, die aus der Auseinandersetzung mit der eigenen Vergangenheit und aus dem Bekenntnis zu ihrer kollektiven Verantwortung für die Geschichte ihre Identität gewann. Das war nicht unumstritten. Bis in die Spitzen der CDU hinein kritisierte man die Fixierung auf die Zeit des Nationalsozialismus und forderte man die Aufwertung der deutschen Nationalgeschichte vor Hitler, die eben nicht nur Vorgeschichte des „Dritten Reiches" gewesen sei. Doch im Innern wie nach außen maßgebend blieb das Bild, das die Bundesregierung vermittelte. Es drückte sich sinnfällig im Dezember 1970 im Kniefall des Bundeskanzlers Willy Brandt am Denkmal für den Warschauer Ghetto-Aufstand von 1943 aus.[31] Die symbolische Handlung war in Deutschland und Polen umstritten. Mehr als alle anderen erinnerungspolitischen Akte aber demonstrierte die Geste eines Kanzlers, der als Sozialdemokrat, Emigrant und Widerstandskämpfer zweifellos unbelastet war, dass Deutschland nunmehr bereit war, seine Verantwortung anzuerkennen. Fortan stand der Holocaust immer stärker im Mittelpunkt der deutschen Gedenkkultur, immer eindeutiger definierte sich die Bundesrepublik über ihren Umgang mit der Geschichte des „Dritten Reiches". Eine Kette von symbolischen Handlungen belegte das ebenso wie die in immer dichterer Folge zu verzeichnenden Bücher, Ausstellungen oder Fernsehdokumentationen, die sich mit dem „Dritten Reich" beschäftigten. Gerade die Historiker nahmen sich nun des Themas verstärkt an und eroberten über die Zeitgeschichte die führende Stellung in der deutschen Gedenkkultur zurück, die sie nach dem Zweiten Weltkrieg verloren hatten. Geschichtswissenschaftliche Kontroversen um den Nationalsozialismus waren fortan öffentliche Debatten, die in der Presse geführt wurden und weit über die Fachwissenschaft hinaus wirkten. Der so genannte Historikerstreit von 1986/87, der die Vergleichbarkeit und Einzigartigkeit des Holocaust und die Beziehung zwischen Bolschewismus und Nationalsozialismus betraf,[32] war ein Höhepunkt dieser Entwicklung, die sich in einer Kette von Kontroversen äußerte.

Zugleich wurde die NS-Zeit vollends zum politischen Argument in der öffentlichen Auseinandersetzung. Beispielhaft dafür steht die Debatte um NATO-Doppelbeschluss und Nachrüstung, die 1983 im Deutschen Bundestag geführt wurde. Gegner wie Befürworter beriefen sich gleichermaßen auf die Lehren der Geschichte: Während der Abgeordnete Joschka Fischer von den Grünen die Abschreckungslogik mit der Politik verglich, die zu Auschwitz geführt habe, argumentierte der CDU-Generalsekretär Heiner Geißler, dass erst Pazifismus und Appeasement Weltkrieg und Auschwitz möglich gemacht hätten. Das Thema der Bewältigung der NS-Vergangenheit hatte sich damit ganz von den Prämissen und Intentionen gelöst, unter denen es mit den „68ern" in die politische Diskussion gebracht worden war. Es diente nicht mehr der Debatte über Struktur und Legitimation der postfaschistischen Gesellschaft in Deutschland, sondern der Selbstfindung einer sich verändernden politischen Kultur. Am Ende war es freilich eine Ironie der Geschichte, dass die Generation der „68er" genau dann die Regierungsgewalt in Deutschland übernahm, als die deutsche Einheit vollzogen war und sich in der deutschen Gesellschaft das Verlangen nach einer unbefangeneren Einstellung zum deutschen Nationalstaat, zur deutschen Vergangenheit und zur künftigen Stellung Deutschlands in der Weltpolitik abzeichnete. In dieser Perspektive diente das Holocaust-Denkmal, das ein letzter Schritt auf dem Weg der symbolpolitischen Holocaust-Verarbeitung sein sollte, auch der Aufhebung des Gedenkens in der neuen Bundesrepublik. Freilich gingen in die Geschichtsdebatten der wiedervereinigten Bundesrepublik, namentlich in die Diskussion um „Drittes Reich" und Holocaust, vor allem die Erfahrungen des Westens ein, die Geschichte der DDR schien dagegen als Episode marginalisiert.

Geteilte Vergangenheit:
Geschichtspolitik zwischen West und Ost

Schon die deutsche Teilung von 1949 spaltete die Erinnerung an Krieg und Holocaust, und sie spaltete die Erinnerung an die Nachkriegszeit. Sie rückte die politische Funktion von Erinnerung unübersehbar vor Augen, weil jede Beschäftigung mit der Vergangenheit zugleich Beschäftigung mit dem anderen deutschen Staat war und als Kampf um die Deutungshoheit über die deutsche Geschichte verstanden werden konnte. Aus der Art des Umgangs mit der deutschen Geschichte sollte dabei die Legitimation des Staates abgeleitet werden, umgekehrt sollte das Selbstverständnis des Staates den Umgang mit der Vergangenheit prägen. Dabei geriet oft aus dem Blick, dass die Vergangenheit eine geteilte im doppelten Sinn war: Sie war nicht bloß eine zwischen den Erinnerungskulturen zweier grundverschiedener Staaten aufgespaltene, sondern auch eine gemeinsame Vergangenheit. Das galt für die Zeit der Doppelstaatlichkeit ebenso wie für die Zeit nach der Wiedervereinigung, in welcher der Konflikt um unterschiedliche Bilder der Vergangenheit immer auch ein Konflikt um die gemeinsamen Anteile an ebendieser Vergangenheit war.

Die Geschichtspolitik der Bundesrepublik Deutschland hatte bereits in der Verfassungsgebung ihren ersten Höhepunkt. Schon die Festlegung auf ein Provisorium verwies auf einen historischen Tatbestand. Der Nationalstaat wurde als Normalfall der deutschen Geschichte interpretiert, der Weststaat war demnach nur „Kernstaat" und für einen späteren Beitritt der östlichen Länder offen, die Konstitution war bloß Grundgesetz. Inhaltlich widersprach das Grundgesetz aber dem Charakter eines Provisoriums. Vielmehr dokumentierte es durch Präambel und Grundrechte die nicht bloß organisatorische, sondern ideelle Abkehr von der Vergangenheit. Die Verfassungsgeber wollten dezidiert aus der Geschichte lernen und gerade das vermeiden, was ihrer Ansicht nach Aufstieg und Durchsetzung des Nationalsozialismus 1933 ermöglicht hatte. Verfassungsvorstellungen, die in Widerstand und Exil für die Nachkriegszeit entwickelt worden waren, spielten dabei eine eher marginale Rolle. Für das Bemühen um Vergangenheitsbewältigung qua Verfassung standen der religiös-christliche Ausgangspunkt, die naturrechtliche Fundierung, die Schlüsselstellung der Menschenwürde, die Garantie des Wesensgehalts der Grundrechte und die sich auf Legislative, Exekutive und Judikative erstreckende Bindungswirkung der Grundrechte. Darüber hinaus konnte ein großer Teil der staatsorganisatorischen Vorkehrungen als Gegenmodell zur Weimarer Verfassung verstanden werden. Dazu gehörte die Beschränkung des Präsidenten, die Zurückdrängung plebiszitärer Elemente, das konstruktive Misstrauensvotum und die Ausgestaltung des Föderalismus.[1]

Der neu fundierte Staat stellte sich in der Symbolik allerdings weitgehend in die demokratisch-liberale Tradition des 19. Jahrhunderts und der Weimarer Zeit. Schon die offiziellen Jubiläumsfeiern zur 100. Wiederkehr der Revolution von 1848 in der dafür zügig restaurierten Paulskirche in Frankfurt am Main hatten in einseitiger Isolierung eines Traditionsstranges die Revolution als Ursprung des Parlamentarismus in Deutschland gewürdigt.[2] Die Bezugnahme auf eine traditionsvermittelnde Nationalsymbolik wurde nur dort vermieden, wo unmittelbare politische Belange berührt waren, nämlich bei der Hauptstadtfrage, wo man sich nicht für das historisch sowohl mit der älteren Reichsgeschichte wie mit der 1848er Revolution zu begründende Frankfurt am Main entschied, sondern für Bonn. Dafür wurde der Adler in das Staatswappen der Bundesrepublik übernommen. In der Frage der Nationalflagge wurden Alternativen diskutiert. Adenauer selbst erwog Vorschläge, welche die Kreuzform aufgriffen. In der CDU wollte man damit wie mit der Präambel des Grundgesetzes die Verbindung zum christlichen Abendland und die christliche Prägung des neuen Staates ausdrücken. Am Ende aber entschied sich der Parlamentarische Rat mit nur einer Gegenstimme für die schwarz-rot-goldene Trikolore. Etwas länger dauerten die Debatten um eine neue Nationalhymne an, sie führten aber zu einem vergleichbaren Ergebnis. Bundespräsident Theodor Heuss wollte eine neue, unbelastete Hymne schaffen. Doch der von Heuss favorisierte betulich-harmonisierende Text, den der Dichter Rudolf Alexander Schröder geschrieben hatte („Land des Glaubens, Deutsches Land, … Land der Hoffnung, Heimatland, … Land der Liebe, Vaterland, … Schling um uns dein Friedensband …"), wurde nicht populär. Nach einer Umfrage aus dem Jahr 1951 kannten 40 Prozent der Westbevölkerung das Lied nicht, 29 Prozent waren gegen die neue Hymne, 23 Prozent unentschieden und nur acht Prozent für sie. Immerhin 73 Prozent der Befragten plädierten für das Deutschlandlied, das auch Adenauer befürwortete. Der Kanzler setzte es gegen das Unbehagen der Alliierten in einem Briefwechsel mit Heuss vom Mai 1952 als Nationalhymne durch; bei staatlichen Veranstaltungen sollte allerdings nur die dritte Strophe gesungen werden. Heuss räumte ein, dass er die Beharrungskraft der Tradition unterschätzt hatte.[3]

Am schwierigsten fiel zunächst die Entscheidung über einen Nationalfeiertag. Hier war ein Rückgriff auf Traditionen des 19. Jahrhunderts und der Weimarer Republik kaum möglich. Mehrere Daten standen zur Diskussion, keines blieb ohne Widerspruch. Der 9. November, Tag der Revolution 1918, des Hitlerputsches 1923 und der damals gemäß der NS-Diktion noch so genannten Reichskristallnacht von 1938 war als ambivalentes, mehrheitlich negativ verstandenes Erinnerungsdatum nicht realistisch.[4] Was den ebenfalls vorgeschlagenen 8. Mai als Tag des Kriegsendes anging, so war umstritten, ob er als Tag der Befreiung oder der Niederlage zu begehen sei. Immerhin wurde die Schlussabstimmung des Parlamentarischen Rats über das Grundgesetz absichtsvoll auf den 8. Mai 1949 gelegt. Doch nachdem die DDR 1950 dazu übergegangen war, den 8. Mai als Tag der Befreiung zu feiern und zur Abgrenzung von der Bundesrepublik zu nutzen, war das Datum für Westdeutschland gewissermaßen politisch kontaminiert.[5] Auch der 20. Juli, Bezugspunkt des nationalkonservativen Widerstands gegen Hitler, der seit der Mitte der 50er-Jahre zunehmend zum Symbol des besseren Deutschland in der bundesrepublikanischen Gedenkkultur aufstieg, war anfangs durchaus umstritten, namentlich hinsichtlich des Verhaltens und eines etwaigen Eidbruchs der Offiziere. So blieb es hier vorerst bei offiziellem Gedenken.[6] Als Alternative blieb der 23. Mai, der Tag, an dem der Parlamentarische Rat 1949 nach der Annahme des Grundgesetzes durch die Länder das Grundgesetz förmlich verkündet hatte. Erwogen wurde aber auch, den Termin der Eröffnung von Bundestag und Bundesrat zum offiziellen Feiertag des Weststaates zu erklären. Doch waren auch diese Termine nicht wirklich populär, zumal das Grundgesetz nicht durch Volksentscheid angenommen worden war. Erst der Aufstand der Arbeiter in der DDR vom 17. Juni 1953 verhalf der Bundesrepublik unverhofft zu einem konsensstiftenden Gedenktag. Dabei wurde der Aufstand im Westen sehr unterschiedlich interpretiert. Ob er primär sozialreformerisch, antidiktatorisch, prowestlich oder nationalstaatlich ausgerichtet war, blieb offen. Doch erlaubte gerade dies mittelfristig die breite Akzeptanz. Jedenfalls verbanden sich mit dem Tag keine Konflikte über die Deutung der nationalsozialistischen Zeit. Gemäß einem von der SPD eingebrachten Antrag sprachen sich bis auf die KPD alle im Bundestag vertretenen Parteien dafür aus, den 17. Juni zum nationalen Feiertag zu erklären. Selbst Adenauer, der zunächst skeptisch reagiert hatte, schloss sich der Stimmung an. In seinem berühmten „Rütli-Schwur" bei der Berliner Trauerfeier am 23. Juni 1953 kündigte er in für ihn eher ungewöhnlichem Pathos an, man werde die Deutschen im Osten nicht vergessen und nicht ruhen, bis die deutsche Einheit „in Frieden und Freiheit" wiederhergestellt sei. Bemerkenswert war, dass die Bundesrepublik mit dem neuen „Tag der deutschen Einheit" nun ein Ereignis in den Mittelpunkt des westdeutschen Gedenkkults stellte, an das die Westdeutschen sich gar nicht erinnern konnten, weil sie nicht daran teilgenommen hatten. Allein die Erinnerung an die nationale Einheit, unterlegt mit einer antikommunistischen Ausrichtung, diente als Legitimation. Daher wurde die Festtagsinszenierung in den ersten Jahren bewusst mit der deutschen Geschichte verknüpft. Feiern am Hermannsdenkmal stellten die Verbindung zum Hermannsmythos als Gründungsmythos her, Elemente des üblichen Zeremoniells politischer Feste, darunter Höhenfeuer und Stafettenläufe, verbanden die Feiern mit der deutschen Nationalbewegung des 19. Jahrhunderts. Konkurrierten dabei anfangs noch die Vorstellungen der Liberalen, die den 17. Juni als nationale Demonstration verstanden, mit der Wertung der Sozialdemokraten, die die aufständischen Arbeiter ehren wollten, so bemühte man sich seit etwa 1958 um eine überparteiliche, konsensstiftende Gestaltung der Feiern. Auch Pläne für Denkmäler zum 17. Juni und eine zentrale Gedenkstätte in Berlin, die aus einem 40 Meter hohen Turm und einer hundert Meter langen Ehrenhalle bestehen sollte, zeigten, dass beachtliche Versuche bundesrepublikanischer Konsensstiftung unternommen wurden. Erst nach dem Mauerbau, als die Gewöhnung an die deutsche Teilung einsetzte, die Deutschlandpolitik zunehmend von der Zweistaatlichkeit ausging und sich Vorboten einer neuen Ostpolitik abzeichneten, ging die politische Bedeutung des 17. Juni zurück. Der Tag behielt in staatlich-offiziellen Auftritten noch seine rituelle Bedeutung, wurde im Übrigen aber als willkommener arbeitsfreier Familientag wahrgenommen.[7] Dass man den Nationalfeiertag mit der Erinnerung an die Toten des Zweiten Weltkrieges verbinden wollte, änderte daran nichts.

Erst in den 60er-Jahren kam die Debatte über ein zentrales Ehrenmal in Gang. Das Ergebnis war eine schlichte schwarze Gedenktafel, die zunächst im Bonner Hofgarten errichtet und später auf den Bonner Nordfriedhof versetzt wurde. Sie trug die Inschrift: „Den Opfern der Kriege und der Gewaltherrschaft". Durch die Einweihung am Vorabend des 17. Juni 1964 wurde sie in den Kult um den Aufstand in der DDR integriert. Die mit der Bonner Gedenktafel markierte Ausweitung und damit Entwertung des Totengedenkens zeigte sich auch im „Gesetz über die Erhaltung der Gräber der Opfer von Krieg und Gewaltherrschaft" von 1965, das nicht nur die Opfer des NS-Regimes, sondern auch die der sowjetischen Zone, der DDR, und der Vertreibung heraushob.[8] In dieser Konvergenz von Gedenk- und Deutschlandpolitik spiegelten sich Charakter und Wandel der frühen bundesrepublikanischen Erinnerungskultur. Die offiziöse Interpretation stützte sich auf drei Hauptelemente der Argumentation. Dazu zählte erstens die Vorstellung, man könne die Bundesrepublik in die großen nationalen und freiheitlichen Traditionen der deutschen Geschichte stellen. Das drückte sich schon in der Wahl der Staatssymbolik aus, die auf die Werte des Hambacher Festes von 1832 und der Revolution von 1848 verwies. Auch der Aufstand in der DDR von 1953 und der 20. Juli 1944 wurden hier eingeordnet. Aus Sicht von Liberalen und Christdemokraten war in der Bundesrepublik die bürgerliche Revolution vollendet. Der deutsche Weststaat war insofern primär kein Nach-Hitler-Staat, sondern ein antitotalitärer Staat. Zweites Element der offiziösen Geschichtsdeutung war die Vorstellung, der deutsche Nationalstaat, wie er im 19. Jahrhundert unter Bismarck entstanden war, sei nicht Vorläufer, sondern Gegenmodell des Nationalsozialismus. Es gebe keine unheilvolle Kontinuität, vielmehr wertvolle Traditionen, an die es anzuknüpfen gelte. Gerade Historiker wie Gerhard Ritter und Theodor Schieder unterstützten in den 50er-Jahren diese Deutung. Drittes Element des nationalen Selbstverständnisses war die Überhöhung der Adenauer'schen West- und Europaorientierung. Sie wurde mit der Tradition und dem Auftrag des christlichen Abendlandes verknüpft, die zur Abgrenzung vom Osten aufriefen. Diese Elemente bündelten sich im schillernden Begriff der „Freiheit", der dem ostdeutschen Primat des „Friedens" gegenübergestellt wurde.

Ein derartiges Geschichtsbild ließ sich in den 60er-Jahren immer weniger aufrechterhalten. Von vielen Seiten wurde es infrage gestellt. Schon in der Fischer-Kontroverse um den Ausbruch des Ersten Weltkrieges wurde seit 1961 nicht nur über die deutsche Verantwortung für den Krieg debattiert, sondern auch über die unheilvollen Traditionen der deutschen Geschichte und vor allem über die Kontinuität deutschen Expansionsstrebens mindestens seit Bismarck.[9] Scharfe Angriffe national-konservativer Historiker auf Fischers Befunde konnten nicht verhindern, dass sich die Einhelligkeit, mit der die deutsche Historikerzunft den Standort Hitlers in der deutschen Geschichte zu bewerten schien, nunmehr auflöste. Auch der Antisemitismus und der Mord an den europäischen Juden wurden stärker diskutiert, in die deutsche Geschichte quasi integriert und neu bewertet. Die bislang in der öffentlichen Diskussion wenig beachtete Judenpolitik der Nationalsozialisten rückte langsam und mit Unterbrechungen in den Mittelpunkt der westdeutschen Erinnerung an das „Dritte Reich". Das provozierte Fragen nach der Kontinuität der Judenfeindschaft in Deutschland und nach der Beteiligung der deutschen Bevölkerung an der Judenverfolgung zwischen 1933 und 1945. Schließlich geriet auch der 20. Juli, der nur mühsam als Bezugspunkt des kollektiven Gedenkens hatte durchgesetzt werden können, schnell wieder in die Kontroverse. Denn unter dem Vorzeichen zunehmender Kritik an der Verdrängung der NS-Erinnerung galt nun die Konzentration auf den 20. Juli gerade als Beweis einer Beschönigung der Geschichte. Indem der bürgerliche, nationalkonservative und militärische Widerstand herausgehoben werde, so der Vorwurf, entlaste man das Militär von seiner Mitverantwortung für das „Dritte Reich" und den Weltkrieg und verschweige den Widerstand anderer Bevölkerungskreise. Tatsächlich galten, betrachtet man offiziöse Darstellungen, Gedenkreden und Denkmäler, nur der 20. Juli und die „Weiße Rose" als wahrhafter Widerstand, schienen sie doch getragen von hoher ethischer, zumeist christlicher Gesinnung und von der Bereitschaft, das eigene Leben den Idealen zu opfern, den Märtyrertod zu sterben. Die historische Forschung ging seit den 70er-Jahren aber weiter, indem sie das Bild der Widerstandskämpfer differenzierter und kritischer zeichnete und auch andere Träger und Formen von widerständigem Verhalten bis hin zur bloß alltäglichen Resistenz herausarbeitete. Nicht weniger als zuvor allerdings verblieb die Widerstandsforschung im Spannungsfeld politischer Interessen.[10]

Seit den 70er-Jahren nahm also die Leitinterpretation der deutschen Geschichte im Westen eine neue Wendung. Zum einen wurden unter sozialdemokratischen Vorzeichen die Traditionen von Emanzipation und Demokratie, Selbstbehauptung und Revolte stärker gewürdigt. Schülerwettbewerbe zur deutschen Geschichte, vom Bundespräsidenten Gustav Heinemann gefördert, sollten die freiheitlichen Bewegungen der deutschen Geschichte herausarbeiten, dies nicht zuletzt auch, um sie nicht der DDR allein zu überlassen. Aus sozialem Engagement und alltagsgeschichtlichem Interesse entwickelte sich eine Geschichtsbewegung, die neue Methoden erprobte und sich in Geschichtswerkstätten eigene Formen gab. Dadurch belebte sich das Interesse an Region und Heimat, das in der Zwischenkriegszeit von der Volkstums- und Kulturraumforschung überformt worden war und daher nach 1945 politisch desavouiert schien, was zu einer zunehmenden Marginalisierung der traditionellen Landesgeschichte geführt hatte. Auch die Denkmalpflege erhielt nun einen unverhofften Auftrieb, zumal im Zusammenhang mit dem Europäischen Denkmalschutzjahr von 1975. Waren die rechtlichen und materiellen Möglichkeiten der Denkmalpflege bis dahin beschränkt geblieben und hatte sie trotz anfangs dominierender traditionalistischer Bauvorstellungen namentlich in den 50er-Jahren nicht verhindern können, dass im allgemeinen Wachstums- und Wohlstandsoptimismus und rücksichtsloser, mit dem Begriff des „Wiederaufbaus" nur schlecht kaschierter Neugestaltung historische Bausubstanz in großem Umfang vernichtet wurde – vielleicht nicht weniger als während des Krieges –,[11] so avancierte sie nun durch neue Denkmalschutzgesetze der Länder, bessere finanzielle und personelle Ausstattung und größere öffentliche Akzeptanz zur Trägerin des gesellschaftlichen Geschichtsbewusstseins. Sie wurde immer mehr als Sozialpolitik verstanden, deren Aufgabe in der Bewahrung und Verteidigung gesellschaftlicher Lebensräume gegen ökonomische Interessen liege. Dies schlug sich nieder in der dann neu in Angriff genommenen Inventarisation, die die Vorstellung des Erhaltenswerten immer weiter ausdehnte und selbst bescheidenen Relikten aus älterer oder auch jüngerer Zeit (bis in die 1950er-Jahre) sozialhistorischen Zeugniswert zuerkannte.

Zum anderen gewann das Interesse an der Judenverfolgung im Nationalsozialismus eine neue Qualität; der Mord an den europäischen Juden rückte in den Mittelpunkt der Geschichtskultur. Als Fanal und Einschnitt des westdeutschen Geschichtsbewusstseins gilt zumeist die Ausstrahlung des Fernsehmehrteilers ›Holocaust‹ 1978/79, einer amerikanischen Produktion, die mit den Mitteln des Trivialfilmgenres ein Familienschicksal nachzeichnete, dadurch Betroffenheit und Mitgefühl weckte und die deutsche Debatte nachhaltig prägte. Fortan rückte der nunmehr bis in die Wissenschaft hinein als „Holocaust" bezeichnete Mord an den europäischen Juden in den Mittelpunkt der bundesdeutschen Erinnerungskultur.[12] Allerdings gab es auch konkurrierende Tendenzen. Die „Preußenwelle", die sich in Vorbereitung und Rezeption der 1981 eröffneten Preußen-Ausstellung in Berlin offenbarte, deutete bereits auf Bedürfnis und Bestreben hin, die Bundesrepublik in eine andere Tradition zu stellen. Seit den 80er-Jahren verstärkten sich unter der Kanzlerschaft Helmut Kohls die Bemühungen, der Bundesrepublik Deutschland historisch-staatliche Normalität zu verleihen. Dafür standen sorgfältig inszenierte Aussöhnungsgesten, so 1984 der Händedruck Kohls mit dem französischen Präsidenten François Mitterrand an den Gräbern der Gefallenen des Ersten Weltkrieges in Verdun und 1985 das Treffen des Kanzlers mit dem amerikanischen Präsidenten Ronald Reagan auf dem Soldatenfriedhof in Bitburg – auf dem allerdings auch, was zu Kontroversen führte, Angehörige der Waffen-SS begraben waren. Hinzu kam die Gründung zweier Nationalmuseen im Jahr 1987, des Deutschen Historischen Museums in Berlin und des Hauses der Geschichte der Bundesrepublik in Bonn. Hier wurde keine bloß harmonisierend-heroische Geschichtssicht präsentiert, sondern eine Vielfalt deutscher Vergangenheitselemente dokumentiert, die man als postmoderne Beliebigkeit, aber auch als pluralistische Offenheit werten könnte, die aber umso wirkungsvoller an erster Stelle die Erfolgsgeschichte der westdeutsch-demokratischen Gesellschaft hervorkehrte. Dabei stand die selbstbewusste Geschichtspolitik, die Kanzler Helmut Kohl betrieb, nur scheinbar im Widerspruch zu der nachdenklich-behutsamen Haltung des Bundespräsidenten Richard von Weizsäcker, der 1985 in einer weithin beachteten und vielfach gerühmten Rede zur 40. Wiederkehr des 8. Mai 1945 das Kriegsende als Tag der Befreiung kennzeichnete und die Opfer Hitlers ebenso wie den Widerstand gegen das Regime differenziert würdigte.[13] Die Spannbreite der Interpretationsansätze wurde vielmehr zum Motor einer immer intensiveren Beschäftigung mit der Vergangenheit. Je offener sich die bundesdeutsche Gedenkkultur dabei gestaltete, desto weiter entfernte sie sich von der Geschichtspolitik in der DDR.

Auch die Geschichtspolitik der DDR[14] schlug sich bereits in der Verfassungsgebung nieder.[15] Die Verfassung von 1949, die auf einen Entwurf der SED vom November 1946 zurückging, folgte keinem sozialistischen Modell, sondern stellte sich selbst in die Tradition der Weimarer Verfassung, von der sie manche Elemente übernahm. Sie enthielt

11. November 1984, Soldatenfriedhof von Verdun. Der Händedruck als Aussöhnungsgeste zwischen Bundeskanzler Helmut Kohl und dem französischen Präsidenten François Mitterrand während einer Gedenkfeier für die Toten der beiden Weltkriege.

keine Berufung auf Marxismus, Leninismus oder Stalinismus, keinen expliziten Materialismus, und sie erwähnte weder Volksdemokratie noch SED. Zugleich sicherte sie das Wahlrecht und eine Reihe von bürgerlich-liberalen Grundrechten zu und enthielt somit äußerlich viele Elemente eines demokratischen, liberalen Rechtsstaates. Zwar proklamierte sie auch soziale Gerechtigkeit und enthielt weitgehende Sozialisierungsmöglichkeiten. Zudem rief sie zur „Freundschaft mit allen Völkern" auf und versprach, „den Frieden zu sichern". Doch im Übrigen präsentierte sie sich als reformbürgerliche Verfassung mit nationalem Einschlag: Der Souverän war das deutsche Volk, Deutschland wurde als „unteilbare demokratische Republik" bezeichnet. In diesem Verfassungskonzept spiegelte sich das Bemühen der SED, unterschiedliche Traditionsstränge zu verbinden. Die SED wollte sich zunächst als führende antifaschistisch-demokratische Kraft im Osten präsentieren, sie sollte die Bereitschaft zur nationalen Einigung Deutschlands im Sinne Moskaus demonstrieren, sie musste Widerstandskämpfer ebenso wie ehemalige Wehrmachtssoldaten integrieren. Daher reklamierte die DDR die nationalen Traditionen Deutschlands für sich. Bis 1955 hielt sie an der Vorstellung „eine Nation – ein Staat" fest. Erst dann dominierte bis Ende der 60er-Jahre die Vorstellung zwar einer Nation, die aber in zwei Staaten organisiert sei; sinnfällig drückte sich dies darin aus, dass die innerdeutsche Grenze seit 1957 von der DDR als Staatsgrenze bezeichnet wurde. Danach setzte man auf das Konzept „zwei Nationen – zwei Staaten" und vertrat die Vorstellung einer spezifischen Gesellschaft der DDR, die eben nicht mehr als „deutsche" Gesellschaft bezeichnet wurde, und einer sozialistischen Nation – ein Konzeptwandel, der sich sowohl in den Verfassungsrevisionen von 1968 und 1974 als auch in der Auswahl und Nutzung der politischen Symbolik niederschlug.

Am Anfang stand die – auch symbolische – Betonung der deutschen Einheit. Dazu gehörte die Festlegung Berlins als Hauptstadt schon in der Verfassung von 1949. Ebenso erklärte die Verfassung in Artikel 2 „Schwarz-Rot-Gold" zu den Farben der DDR. Daran war nicht nur die Entscheidung für die Farben der bürgerlich-liberalen und demokratischen Bewegung bemerkenswert, sondern mindestens ebenso die Entscheidung gegen die rote Fahne. Bei den Feiern zum 100. Revolutionsjubiläum im Frühjahr 1948 hatten die schwarz-rot-goldenen Farben noch keine herausragende Rolle gespielt, erst in einem Verfassungsentwurf vom Oktober 1948 tauchten sie als Ausdruck der nationalen Einheit auf. 1949 fiel die endgültige Entscheidung für die Trikolore – wohl auch in Reaktion auf die Farbenwahl der Bundesrepublik, der man den Anspruch auf das nationaldemokratische Erbe streitig machen wollte. Als Staatssymbol wurde zwar der Adler wegen seiner Vergangenheit in preußischer und nationalsozialistischer Zeit aufgegeben und mit Hammer und Zirkel eine neue Kombination gewählt, welche die Verbindung von Arbeiterklasse und technischer Intelligenz ausdrücken sollte und später noch mit der Ergänzung um den Ährenkranz das Bündnis mit den Bauern dokumentierte. Doch erschien das Staatswappen zunächst nicht auf der Flagge, erst zum zehnjährigen Bestehen der DDR 1959 vollzog man mit der Aufnahme des Wappens in die Flagge die symbolisch eindeutige Abgrenzung von der Bundesrepublik und die Abkehr vom Einheitsanspruch. Auch mit der Schaffung einer neuen Hymne löste man sich scheinbar von der Geschichte. Aber der von Johannes R. Becher gedichtete Text drückte in seinem Appell an die Jugend („Deutsche Jugend, bestes Streben / unsres Volks in dir vereint, / wirst du Deutschlands neues Leben, / und die Sonne, schön wie nie, / über Deutschland scheint") nicht nur Zukunftserwartungen aus, sondern auch das Streben nach einem einheitlichen Deutschland. Die neu komponierte Melodie von Hanns Eisler setzte sich durch die bewusst gewählte musikalische Nähe zum Deutschlandlied ebenfalls mit der Geschichte auseinander. Gerade deshalb wurde die DDR-Hymne im Westen als Hymne der nationalen Spaltung angesehen, was sie aber nicht davor bewahrte, auch in der DDR in Verruf zu geraten: Angesichts veränderter politischer Prioritäten durfte der Text, der „Deutschland einig Vaterland" beschwor, seit 1971 nicht mehr gesungen werden.[16]

Im Mittelpunkt der symbolisch-historischen Selbstdarstellung der DDR stand der Festtagskalender.[17] Er bot die Möglichkeit, gesellschaftlichen Alltag, politische Tradition und ideologische Wertbestimmung in eine sinnlich erfahrbare, emotional eindringliche Verbindung zu bringen. Der außerordentlich dichte Feierzyklus der DDR diente wiederum einem profanierten Kult und enthüllte zugleich die nationale Meistererzählung, auf die sich die DDR berufen wollte. Als arbeitsfreie staatliche Feiertage wurden neben dem gleich anfangs eingeführten 1. Mai 1950 zwei weitere Termine bestimmt: der 8. Mai als Tag der Befreiung und der 7. Oktober als Tag der Republik. Hinzu trat eine Kette weiterer wichtiger Gedenktage: der 15. Januar als Tag der Ermordung von Rosa Luxemburg und Karl Liebknecht 1919, der 8. März als Internationaler Frauentag, der 7. November als Jahrestag der russischen Oktoberrevolution von 1917 und der 9. November als Jahrestag der deutschen Revolution, dazu der zweite Septembersonntag als Tag für die Opfer des Faschismus sowie eine größere Anzahl von Tagen, die bestimmten Gruppen der Bevölkerung gewidmet waren. Dies stand in Zusammenhang mit dem breiten Ehrenkult, den die DDR entfaltete und der zu zahlreichen spezifischen Auszeichnungen und Ehrungen führte, von Titeln wie „Verdienter Lehrer des Volkes" bis zum Karl-Marx-Orden.[18] Feiern wie Ehrungen in der DDR waren nicht innovativ, sie stützten sich auf die geläufigen Elemente derartiger Symbolik, von Fackelzügen über Gelöbnisse bis zu Fahneneiden, und sie dienten gleichermaßen der gesellschaftlichen Integration, daneben wie im Westen der Abgrenzung vom anderen deutschen Staat. Spezifisch sozialistisch waren sie nicht, eher durch die Theatralisierung des Alltags und die Veralltäglichung des Festes typisch für totalitäre politische Religionen.

Wie nur in der Diktatur möglich, schufen die Feiertage der DDR ein abgerundetes und in sich stimmiges Bild des eigenen Staates. Das heißt indes nicht, dass sie nicht von inneren Konflikten um die Deutung der Vergangenheit und die Wertsetzung in der Gegenwart beeinflusst wurden, ebenso wenig, dass sie nicht Wandel und Umformung erlebten. Unproblematisch waren nur etatistische Daten wie der 7. Oktober, der Tag, an dem die Provisorische Volkskammer 1949 die Verfassung in Kraft gesetzt hatte. Der Tag stand für Aufbruch, für Stolz auf den neuen Staat, für die Errungenschaften der Arbeiterklasse. Als Feiertag wurde er ritualisiert, aber nicht populär. Doch schon der 8. Mai war angesichts vieler Kriegsteilnehmer nur mit Schwierigkeiten als Tag der Befreiung und nicht der Niederlage zu vermitteln. Deshalb fiel erst 1950 die Entscheidung, den Tag zum Staatsfeiertag zu erklären. Dann wurde ein umfassendes Programm für die Gestaltung entwickelt. Als zentraler Gedenkort diente das am 8. Mai 1948 eingeweihte Treptower Ehrenmal für die gefallenen sowjetischen Soldaten, Feierstunden sollten darüber hinaus im ganzen Land in Schulen und Behörden abgehalten werden. Nur im Krisenjahr 1953 wurde der an die sowjetische Anbindung erinnernde Tag etwas zurückgenommen, dann wieder seit 1958 massiv überhöht und in Gedenkwochen zur deutsch-sowjetischen Freundschaft eingebettet. Gleichzeitig entwickelte sich der Tag im allgemeinen Bewusstsein mehr und mehr zum bloßen Freizeitangebot. Erst recht war der 15. Januar nicht einfach nur ein Tag des Heldengedenkens. Die Niederschlagung des Januaraufstandes von 1919 war eine Zäsur in der Frühgeschichte der deutschen Kommunisten und ein bis über 1945 hinauswirkendes Trauma. Das konnte nur überwunden werden, indem der Gedenktag Trauer um die Märtyrer mit der Demonstration von Kampfbereitschaft verband und zum ersten Höhepunkt des DDR-Feierjahres ausgestaltet wurde, u. a. durch das jährliche Ritual mit Trauerzug zum Friedhof Berlin-Friedrichsfelde und Massendemonstration. Im Januar 1951 wurden auf dem Friedhof Gedenktafeln für die von der DDR reklamierten Helden und Vorläufer enthüllt, darunter neben Luxemburg und Liebknecht auch Thälmann, Rudolf Breitscheid und Franz Mehring; der DDR-Präsident Wilhelm Pieck sprach bei der Einweihung vom „Golgathaweg des deutschen Proletariats".[19]

Darin drückte sich aus, dass die Gedenkrituale Teil profanierter Gottesdienste waren und die historisch-politische Mythologie der DDR darstellten, in der das Pantheon der Helden eine besondere Position einnahm. Die DDR definierte sich primär als antifaschistischer Staat, als der einzige deutsche Staat, der aus der Geschichte gelernt hatte, damit auch in Abgrenzung von der Bundesrepublik, die mit ihrem kapitalistischen System die Keime der Refaschisierung in sich berge. Als Chiffre des Gedenkkults fungierte Buchenwald. Das Konzentrationslager war nicht primär ein Ort der Judenverfolgung gewesen, vielmehr waren hier gerade politisch Verfolgte in großer Zahl inhaftiert gewesen. Es galt zudem als Ort antifaschistischer Bündnisse und internationaler Solidarität quer über die alten Parteigrenzen hinweg, und schließlich verknüpfte man mit Buchenwald den Mythos der Selbstbefreiung. Hier wurde deshalb 1958 eine nationale Mahn- und Gedenkstätte eingeweiht, die fortan als Zentrum des Märtyrerkults dienen sollte.[20] Die Vorkämpfer und Märtyrer des antifaschistischen Kampfes standen auch in der alltäglichen Symbolik im Vordergrund, durch Straßennamen, Briefmarkenserien und Gedenkrituale wurden sie im kollektiven Bewusstsein verankert. Anfangs war dies nicht auf kommunistische Heroen beschränkt, noch im Oktober 1949 wurde in Ostberlin eine Straße nach den Geschwistern Scholl benannt. Doch der 20. Juli spielte – abgesehen von einzelnen Würdigungen Stauffenbergs – in der DDR keine Rolle, die konservativen Widerständler galten als bürgerlich-militärischer Zirkel, der das Ziel verfolgt habe, den deutschen Imperialismus angesichts der drohenden Kriegsniederlage zu retten und den Kommunismus abzuwehren. Umgekehrt wurde vielmehr, wie schon am Feierzyklus aufgezeigt, die Freundschaft zur Sowjetunion zum Kern der Selbstdarstellung und zum Ausgangspunkt einer Neuinterpretation der deutschen Geschichte. Die Sowjetunion hatte demnach Deutschland 1945 die Freiheit gebracht. Zahlreiche Denkmäler, Tafeln und Gedenkstätten erinnerten an die Leistungen der Sieger, die „Gesellschaft für Deutsch-Sowjetische Freundschaft", die, 1947 gegründet, 1958 3,3 Millionen Mitglieder hatte, und zahlreiche „Straßen der Deutsch-Sowjetischen Freundschaft" sicherten die Allgegenwärtigkeit der UdSSR in der Gesellschaft der DDR. Das überdauerte auch den exorbitanten Stalinkult,[21] der seinen Höhepunkt zum 70. Geburtstag des sowjetischen Diktators 1949 in einer viermonatigen Kampagne, in Sonderschichten ostdeutscher Arbeiter, einem mit Geschenken beladenen Güterzug nach Moskau und der Ausgestaltung der Ostberliner „Frankfurter Allee" zur „Stalinallee" gefunden hatte. Noch lange nach dem Tod Stalins 1953 wurden 1955 neue Stalindenkmäler in der DDR errichtet, bevor der 20. Parteitag der KPdSU 1956 die Wende brachte. Die Entstalinisierung setzte sich in der DDR freilich nur mit Verzögerungen durch. Die Elemente des Personenkults fanden sich auch in der Verehrung für die führenden Politiker der DDR und die Ahnen des Kommunismus wieder, für Marx, Engels und Lenin ebenso wie für Ulbricht, Pieck, Thälmann sowie wiederum Liebknecht und Luxemburg. Vor allem

Thälmann rückte dabei seit Mitte der 50er-Jahre in den Blick. Als Führer der Arbeiterbewegung, Antifaschist und Opfer der Nationalsozialisten entsprach er dem Heldenideal der DDR. In Namengebungen und Briefmarken schlug sich dies nieder, auch die Jungen Pioniere als Nachwuchsorganisation der FDJ wurden 1952 nach Thälmann benannt. Karl Liebknecht genoss ebenso ungebrochene Verehrung, nur Rosa Luxemburg musste in den 50er-Jahren eine Rückstufung hinnehmen: Nun wurde die in Polen geborene Kommunistin wegen der Distanz ihres Denkens zu Positionen von Lenin und Stalin weniger als kommunistische Theoretikerin denn als Vorkämpferin der deutsch-polnischen Freundschaft geehrt. Ihre jüdische Herkunft wurde dabei ganz verschwiegen. Dahinter stand die höchst problematische Einstellung der DDR, welche die Erinnerung an die Tradition der jüdischen Kultur ebenso wie an den Antisemitismus zurückdrängte. Kämpfer gegen den Faschismus in Deutschland, Spanien oder anderenorts wurden geehrt, Juden dagegen standen als bloße Opfer des NS-Regimes quasi im zweiten Rang der Gedenkkultur.

Nur über Umwege, mit Brüchen, Wandlungen und Neuinterpretationen, suchte die DDR ihren Standort in der deutschen Geschichte. Am Anfang stand die scheinbar eindeutige Abgrenzung von der preußisch-deutschen Tradition. Preußentum, Junkertum und Militarismus wurden als Helfer des Faschismus in eins gesetzt. Das entsprach der von den Alliierten deklarierten Auflösung Preußens. Die DDR beseitigte deshalb seit Anfang der 50er-Jahre die Symbole der preußischen Geschichte und der Hohenzollern-Dynastie. Zahlreiche herausragende Kulturdenkmäler wie Schlösser und Kirchen verschwanden. Die Denkmalpflege der DDR, deren Handlungsmöglichkeiten durch sozialistische und namentlich stalinistische Städtebauideale, durch politische Gängelung und auch schlicht durch Mangel an Material eingeengt waren, blieb dagegen machtlos. So wurde das vom Krieg schwer beschädigte, aber nicht zerstörte Berliner Schloss 1950 gesprengt, entsprechend erging es z. B. in Potsdam dem Schloss 1959, der Heiliggeistkirche 1960 und der Garnisonkirche 1968. Im selben Jahr fiel auch die vom Krieg verschonte Leipziger Paulinerkirche.[22] Das Denkmal Wilhelms I. vor dem Berliner Schloss wurde 1950 abgebrochen, das Denkmal Friedrichs II. Unter den Linden nach Potsdam in den Park von Sanssouci versetzt. Weitere Denkmäler preußischer Generale verschwanden. Außerdem wurden allein im April und Mai 1951 159 Straßen in Ostberlin umbenannt, vor allem Namen, die an die preußische Dynastie erinnerten, mussten nun weichen, darunter Prinz-Oskar-Straße, Auguste-Viktoria-Straße, Kaiser-Wilhelm-Straße; dann folgten Bismarckstraße, Kaiserstraße, Kronprinzenstraße, Königstraße; schließlich verschwanden Roon, Moltke, Gneisenau, Yorck und andere preußische Militärs von den Straßenschildern. Allerdings blieben auch einige Friedrich- und Wilhelmstraßen bestehen. Schon seit 1952/53 verschoben sich die Akzente. Die Vordenker und Helden der Befreiungskriege von 1813–1815 wurden wieder geehrt, etwa Fichte, Scharnhorst, Gneisenau oder Ernst Moritz Arndt. Sie standen jetzt für den nationalen Kampf gegen den Westen, für die Tradition der deutsch-russischen Waffenbruderschaft und für den Volkskrieg. Insofern konnten sie in die neue Situation der Abgrenzung von der Bundesrepublik, der deutsch-sowjetischen Freundschaft und nicht zuletzt der beginnenden Aufrüstung in der „Nationalen Volksarmee" eingefügt werden. Die Volksarmee, deren Uniformen nicht, wie zunächst erwogen, dem sowjetischen Modell angeglichen waren, stellte sich bis hin zum Stechschritt wohl bewusst in die deutsche Militärtradition, und die preußischen Generale avancierten jetzt zu Traditionsstiftern. Ihre Namen durften nun wieder für Namengebungen genutzt und sogar einige gestürzte Denkmäler sollten restauriert werden. Seit Ende der 70er-Jahre wurde der Rückgriff auf die preußische Geschichte noch einmal erweitert: Preußen würdigte man nun auch als aufgeklärten Reformstaat und die großen Persönlichkeiten der preußischen Geschichte, an erster Stelle Friedrich II., erlangten wieder historischen Rang: Das Rauch'sche Denkmal des Preußenkönigs wurde aus Potsdam nach Berlin zurückgebracht und Anfang der 80er-Jahre wieder Unter den Linden aufgestellt.

Die Vertreter der kulturellen Tradition Deutschlands, in der DDR als „Humanisten" bezeichnet, rückten schon seit den frühen 50er-Jahren in den Blick. Grundsätzlich ging es dabei um alle Persönlichkeiten der deutschen (Hoch-)Kultur, vor allem um Musiker und Dichter, darunter Goethe, Schiller, Heine, Lessing, Beethoven, Bach, Mozart und Händel. Seit Anfang der 50er-Jahre wurden sie durch Straßennamen und Denkmäler, Reden und Feiern geehrt. Schiller stand an erster Stelle. Er galt – wie auch schon im „Dritten Reich" – als Patriot und Revolutionär und wurde in der Propaganda für die nationale Einheit instrumentalisiert. Briefmarken, die im Schiller-Jahr 1955 erschienen, trugen den aus „Wilhelm Tell" stammenden Spruch „Wir wollen sein ein einig Volk von Brüdern". Der nationale Anspruch wurde später zwar reduziert. Doch es blieb das programmatische Bemühen der DDR, sich als das bessere Deutschland auf der einen Seite unter dem Begriff des „Erbes" die Gesamtheit der kulturellen Überlieferung anzueignen und auf der anderen Seite mit dem Begriff der „Tradition" die fortschrittlichen Tendenzen und Kräfte der deutschen Geschichte als Vorgeschichte der DDR zu reklamieren.

Der Zusammenbruch des SED-Regimes im Herbst 1989, der in der Öffnung und symbolischen Besetzung der Berliner Mauer am 9. November seinen Höhepunkt fand, führte in Teilen der Bürgerbewegung und selbst der SED zu einer kurzen Renaissance der Erinnerung an den eigentlichen sozialistischen Gehalt der DDR, an eigene, gewissermaßen ursozialistische Werte, die es nach dem Missbrauch durch das Regime nun wiederzugewinnen galt, um die DDR in reformierter Form weiterbestehen zu lassen. Auch im Westen wurden Warnungen vor einer Wiedervereinigung laut, könnten dadurch doch neue nationalistische Großmachtträume ausgelöst werden. Deutschland, so hieß es dabei zuweilen, habe aufgrund seiner historischen Schuld das Recht auf nationale Einheit verspielt. Die ökonomischen und politischen Realitäten gingen über diese Bestrebungen allerdings schnell hinweg. Ein Jahr nach der Öffnung der Mauer endete die staatsrechtliche Eigenexistenz der DDR. Die Wiedervereinigung, am 3. Oktober 1990 vollzogen, hob eine gut 40 Jahre dauernde Phase der Teilung auf, die, von vielen zuvor als fast vernünftig und vermutlich endgültig angesehen, nunmehr als unnatürliches Zwischenspiel und bloße Episode der europäischen Geschichte erschien. Trotz mancher Forderungen nach einer neuen Verfassung, die per Volksabstimmung anzunehmen sei, wählte man den unspektakulären Weg des Beitritts der neuen Länder zur Bundesrepublik Deutschland, wie er durch Artikel 23 des Grundgesetzes ermöglicht wurde.[23] Der Einigungsvertrag vom 31. August 1990 legte zwar eine Reihe von Sonderbedingungen fest, ließ aber keinen neuen Staat entstehen: Die wiedervereinigte neue Bundesrepublik war staatsrechtlich eine erweiterte alte Bundesrepublik. In der fast vollständigen Übernahme der Verfassungs-, Verwaltungs- und Rechtsordnung des Westens drückte sich das aus. Auch in der Staatssymbolik zeigte es sich: Die Symbolik der DDR verschwand spurlos. Bundeswappen und Bundesflagge blieben unverändert. Auch das Deutschlandlied blieb, in einem wiederum symbolträchtig an die Gründungsjahre der alten Bundesrepublik erinnernden Briefwechsel erklärten Bundeskanzler Kohl und Bundespräsident von Weizsäcker im August 1991 förmlich die dritte Strophe zur Nationalhymne. Nur der 17. Juni schien als Nationalfeiertag überholt. Wiederum standen verschiedene Alternativen zur Auswahl, darunter der durch den Mauerfall erneut geschichtsmächtige 9. November, der nun alle Wechselfälle, Ambivalenzen, Belastungen und Höhepunkte des 20. Jahrhunderts auszudrücken schien. Doch entschied man sich auch hier für die unspektakuläre Lösung: Der 3. Oktober, Tag der Vereinigung von alter Bundesrepublik und DDR, ist nur scheinbar ein besonders national besetztes Datum, in der allgemeinen Wahrnehmung jedoch viel eher der Tag eines quasibürokratischen Vollzugs politisch längst gefallener Entscheidungen. Anders als bei den Erinnerungsdaten der „friedlichen Revolution" in der DDR, den Tagen der Leipziger Montagsdemonstrationen gegen das SED-Regime oder dem Mauerfall, band sich daran für kaum jemand eine emotionale Erinnerung und man musste den Eindruck gewinnen, dass gerade dies beabsichtigt war, sollten doch weitläufige Auseinandersetzungen um die innere Gestalt der Bundesrepublik vermieden werden. Die fortan praktizierte Festgestaltung, nämlich Gedenkfeiern jeweils am Sitz des dem Bundesrat vorstehenden Ministerpräsidenten, welche die föderale Struktur der Bundesrepublik unterstrichen und damit vom Kern des zu Erinnernden gerade ablenkten, trug dazu bei, dass der 3. Oktober von Anfang an vor allem als willkommener arbeitsfreier Tag wahrgenommen wurde. Umstritten war die Wahl der Bundeshauptstadt: Pragmatisch-fiskalische Argumente kollidierten dabei mit geschichtssymbolischen. Die Entscheidung, die de facto die Hauptstadt der DDR zur Bundeshauptstadt machte, bedeutete freilich die Abkehr von 40 Jahren DDR und die Anbindung an die nationalstaatliche deutsche Tradition von 1871.

Dieser insgesamt bruchlos erscheinende Übergang im Bereich von Verfassung und Staatssymbolik konnte die dahinter stehenden Probleme nicht kaschieren, ganz abgesehen davon, dass die im Einigungsvertrag enthaltenen Regelungen zu den Enteignungen in der sowjetischen Besatzungszone und der DDR zu lang dauernden politischen Kontroversen führten. Umstritten blieb der Umgang mit der symbolischen Erinnerungslandschaft der DDR und vor allem die personelle Vergangenheitsbewältigung. Mit dem Ende der DDR verschwanden nicht nur deren Institutionen und Organisationen, deren Denkmäler und Hoheitssymbole von der Bildfläche, auch die alltägliche Namens- und Symbollandschaft wurde flächendeckend fast auf einen Schlag beseitigt. Die seit Jahrzehnten eingeübten Benennungen von Ämtern und Firmen, von Produkten und Gegenständen schienen plötzlich kontaminiert. Wer sich nicht umstellte, drohte auf der Strecke zu bleiben.[24] Damit wurde die Basis der wenige Jahre später feststellbaren „Ostalgie" gelegt, in deren Gefolge dann Namen und Produkte der DDR-Zeit ihre ideelle oder sogar reale Wiederauferstehung erlebten. Die mentale Wirkung des abrupten Erinnerungsverlustes ist vermutlich unterschätzt worden, die Folgen sind jedenfalls noch nicht absehbar. Gilt dies schon für Namen mit unbeabsichtigt symbolischer Wirkung, gewissermaßen die ungewollten Namensdenkmäler der DDR, so trifft es ebenso für die gewollten Namensdenkmäler zu, die symbolbehafteten Benennungen von Straßen, Plätzen, Werken und sogar Städten in der DDR. Der Osten Deutschlands hatte seit 1945 eine ganz beträchtliche Zahl von Umbenennungswellen erlebt. Manche Straßen waren wiederholt neu benannt worden, wenn ehedem Geehrte in Ungnade gefallen waren, dies zumal im Zuge der Entstalinisierung, die beispielsweise der Stalinallee 1961 den Namen Karl-Marx-Allee eingetragen hatte. Nach 1989 folgte eine neue Welle von Umbenennungen. Allerdings kam es kaum zu spontanen, quasirevolutionären Namenswechseln und Denkmalstürzen. Vielmehr wurden die Neubenennungen oft erst nach langen, manchmal wie im Fall Berlin mehrjährigen Konflikten und aufgrund parlamentarischer Debatten und administrativen Vollzugs vorgenommen. Die Forderung nach völliger Eliminierung von Namen, die an das verflossene Regime erinnerten, deutete nicht nur auf die Vorstellung gänzlicher Illegitimität von 40 Jahren ostdeutscher Herrschaft hin, sondern spiegelte auch die Annahme, man könne und müsse mit der Beseitigung der Symbole eine Reinigung der Köpfe beschleunigen. Dabei war allerdings umstritten, ob nur die Vertreter der stalinistischen Politik einschließlich der sowjetischen Politiker von deutschen Namensschildern zu verschwinden hätten oder ob auch die Ahnen des Sozialismus, an erster Stelle Karl Marx und Friedrich Engels, sowie die Heroen der revolutionären Arbeiterbewegung, hier zumal die Märtyrer Karl Liebknecht und Rosa Luxemburg, zu ersetzen seien. Die Trennlinie zwischen dem noch Akzeptablen und dem unbedingt zu Streichenden markierte somit gleichzeitig die Toleranzlinie in der Bundesrepublik. Aussagekräftig war, dass in Berlin nicht mehr an Clara Zetkin, die kommunistische Politikerin der Weimarer Zeit, erinnert werden sollte, Rosa Luxemburg aber schließlich erhalten blieb: Wie die DDR je nach politischem Kurswechsel nur bestimmte Facetten im Luxemburg-Bild hervorhob, so wurde Rosa Luxemburg jetzt, wenn auch von konservativer Seite scharf attackiert, als früh emanzipierte Frau und Verfechterin von Demokratie im Sozialismus kommemoriert. Marx und Engels, an die in ihren Heimatstädten Trier und (Wuppertal-)Barmen selbstverständlich weiterhin Straßennamen erinnern, wurden in den ostdeutschen Städten häufig aus dem Stadtbild entfernt; die Rückbenennung von Karl-Marx-Stadt in Chemnitz bildete dabei nur die Spitze. Bestenfalls konnte Marx mit reduzierter Bedeutung als Philosoph auf Straßenschildern bewahrt werden. Auch viele Denkmäler der DDR-Zeit verschwanden, Lenin an erster Stelle, aber nicht alle. Vielmehr kam es wie bei den Straßennamen zu langwierigen und unlösbar anmutenden Kontroversen. Zu den Argumenten der Gegner einer Rückführung gehörte zum ersten, dass man die Geschichte nicht leugnen,

Berlin-Köpenick, Juni 1992.
Segmente des Lenin-Denkmals vom Leninplatz
(Friedrichshain) in einer Sandgrube
in den Müggelbergen bei Berlin.

40 Jahre DDR nicht einfach ausradieren und die Erfahrungswelt der DDR-Bürger nicht rücksichtslos übergehen dürfe, indem man die Erinnerungsorte des DDR-Bewusstseins lösche. Zum zweiten wurde angeführt, dass es Zeugen diktatorischer Machtinszenierung schon aus dokumentarischen und Forschungsinteressen zu bewahren gelte. Zum dritten wurde darauf hingewiesen, dass man an den Relikten der DDR gerade die Brüche und Konflikte der deutschen Geschichte und Gegenwart ablesen könne und sie als Steine des Anstoßes bewahren müsse.[25]

In den Debatten wurde nicht immer beachtet, dass die gesamte symbolische Erinnerungslandschaft der DDR eine Einheit bildete, dass die Straßennamen und Denkmäler bloß die äußeren Markierungen einer spezifischen Stadtgestalt und charakteristischer Straßen-, Platz- und Bauformen waren, die ungeachtet einer Symbolreinigung DDR-Geschichte spiegelten. Diese blieb oft erhalten und ablesbar. Insofern stand die DDR-Architektur insgesamt zur Disposition[26] und die Frage des Systemwechsels war zugleich eine Frage der Denkmalpflege, die ihre Kriterien neu diskutieren musste. Nicht nur Investoren und Verkehrsplaner bedrohten die Überreste der DDR, auch ein historisierender Rückbau, der manche idyllischen, gleichwohl leblosen Stadtzentren wieder erstehen ließ, forcierte eine Bereinigung der DDR-Geschichte. Freilich lag das nicht immer im Sinn der Denkmalpflege, die sich in der Bundesrepublik der 90er-Jahre nicht mehr nur als Erweiterung der Sozialpolitik, sondern als Hüterin eines – womöglich widersprüchlichen und umstrittenen – gesellschaftlichen und alltagskulturellen Erbes verstand. Doch trat immer wieder zutage, wie sehr ihre Handlungsmöglichkeiten durch Politik und Öffentlichkeit eingegrenzt blieben. So kam es an Schlüsselpunkten des kollektiven Gedächtnisses auch zu massiven Konflikten, wenn nicht bloß eine Beseitigung der DDR-Relikte, sondern eine Neubelegung mit historischen Symbolträgern beabsichtigt war. Dies gilt an erster Stelle für monumentale Wiederaufbauprojekte wie die Dresdner Frauenkirche und das Berliner Schloss. Die Unterschiede waren dabei nicht unbedeutsam, wurden aber manchmal überbetont: Auf der einen Seite die barocke Frauenkirche, künstlerisch ohne Frage von großem Wert, die als Kriegsruine und Mahnung gegen Krieg und Machtmissbrauch erhalten worden war, für die daher nicht unbeträchtliche Überreste zusammengetragen werden konnten, sodass der Wiederaufbau bei wohlwollender Einschätzung als bloß rekonstruierende Restauration erscheinen mochte; auf der anderen Seite das Berliner Schloss, dessen kunsthistorischer Wert umstritten und dessen ersatzweise ins Feld gerückte städtebauliche Notwendigkeit bezweifelbar war, für das überdies nach der ideologisch begründeten Sprengung von 1950 keine nennenswerten Überreste mehr auffindbar waren, ganz abgesehen davon, dass – anders als bei der Frauenkirche – fraglich blieb, wofür ein derartiger Monumentalbau künftig genutzt werden könnte, ganz abgesehen auch davon, dass für das Schloss der „Palast der Republik", ein erinnerungsbeladener und symbolbehafteter Teil der Selbstdarstellung der DDR ebenso wie der Geschichte des Zusammenbruchs von 1989, verschwinden müsste.[27] Gemeinsam aber war beiden Projekten, dass die Initiative nicht von der Politik, sondern von der Öffentlichkeit ausging und bürgerschaftliches Engagement im neuen, wiedervereinigten Deutschland zeigte. Dabei ging es weniger um neonationale Reichsträume. Bemerkenswert war vielmehr die Kontinuität des kulturellen Nationalbewusstseins, das über alle Brüche der deutschen Geschichte hinweg an bestimmten Erinnerungsorten festhielt und die unliebsamen Zeugnisse der Brüche und Verwerfungen deutscher Geschichte ignorieren wollte. Vergleichbares hatte sich in den 80er-Jahren auch im Westen gezeigt, als von privater Seite die Rekonstruktion des 1945 vom Sockel gestürzten Kaiser-Wilhelm-Denkmals am Deutschen Eck bei Koblenz vorbereitet worden war. Der rheinland-pfälzische Ministerpräsident Bernhard Vogel (CDU) hatte seinerzeit die Zustimmung verweigert. Das Deutsche Eck solle bleiben, was es seit 1953 war: ein Mahnmal der deutschen Einheit; an eine Wiedererrichtung des Kaiserdenkmals sei allenfalls nach einer Wiedervereinigung zu denken. Vogel mochte sich in der Sicherheit wähnen, dass es dazu nicht kommen und er nie in die Lage geraten würde, in der höchst umstrittenen Angelegenheit nachzugeben. Wenig später freilich war es so weit, und nach nochmaligem scharfem, von Bürgerinitiativen und Politikern ausgetragenem Streit wurde Wilhelm im September 1992 per Kran wieder auf den Sockel gehoben – mittlerweile im Übrigen unter einer sozialdemokratisch geführten Landesregierung.[28] Binnen kurzem gewann die Rekonstruktion die Aura von selbstverständlicher Dauer, die sie an den Nationalstaat band, doch Großmachterinnerungen wurden davon kaum mehr wachgerufen. Vielmehr gingen überlieferte und rekonstruierte Denkmäler ein in regionale Erinnerungskulturen, wurden sie zur Basis einer selbstbewussten Identitätspflege der Bundesländer, die – im Westen nicht zuletzt in Zusammenhang mit den 50-jährigen Landesjubiläen – ihre historische Verwurzelung und demokratische Zuverlässigkeit ebenso hervorhoben wie ihre nationale Bedeutung und europäische Offenheit.[29]

Auf diese Weise wurden west- und ostdeutsche Erinnerungslandschaft tatsächlich wieder in eine scheinbar zeit- und systemneutrale Erinnerungsgeschichte eingebunden. Allerdings wuchsen sie dabei noch nicht zusammen, allenfalls wurde die ostdeutsche Erinnerungslandschaft westdeutsch überformt. An der Neugestaltung und Nutzung zahlreicher Erinnerungsorte im konkreten Sinn lässt sich dies ablesen. So wurde die Neue Wache in Berlin, die auch von der DDR umgestaltet und als Soldatengedenkstätte genutzt worden war, nunmehr zur „Zentralen Gedenkstätte der Bundesrepublik Deutschland" umgebaut: Eine auf das Vierfache vergrößerte Plastik der Pietà von Käthe Kollwitz, die nun im Innenraum errichtet wurde, sollte an die Opfer von Krieg und Gewalt überhaupt erinnern und schien damit eine Tradition des bundesrepublikanischen Totengedenkens seit den 50er-Jahren wieder aufzugreifen, das zwischen gefallenen Soldaten und ermordeten KZ-Gefangenen nicht unterschied und als Relativierung des Holocaust verstanden werden konnte. 1993 in der umstrittenen neuen Gestaltung eingeweiht, gewann die Neue Wache allerdings keine zentrale Position in der deutschen Gedenkkultur.[30] Auch so unterschiedliche Denkmäler wie der Kyffhäuser, der die DDR-Zeit mit Ergänzungen schließlich überstanden hatte, und das Bauernkriegspanorama von Werner Tübke in Bad Frankenhausen, erst 1987 kurz vor dem Untergang der DDR fertig gestellt, wurden nunmehr in ihrer Aussage verändert und historisiert. Die DDR-Eingriffe wurden dabei keineswegs ausgelöscht, sondern gewissermaßen der Geschichte übereignet. Der umstrittenste und aussagekräftigste Fall war das Konzentrationslager Buchenwald bei Weimar, das im Mittelpunkt der Selbstdarstellung der DDR als antifaschistischer Staat gestanden hatte. Zwischen 1945 und 1950 hatte es unter der sowjetischen Besatzungsmacht und der DDR als Internierungslager auch für Regimegegner gedient. Diese forderten nach 1989, bei einer künftigen Gestaltung angemessen berücksichtigt zu werden. Die Buchenwald-Opfer der NS-Jahre dagegen wollten ihr Leiden nicht durch eine Verbindung mit der Verfolgung in der DDR relativiert sehen. Eine Neugestaltung musste beide berücksichtigen, getrenntes Gedenken ermöglichen, ohne die gemeinsame Geschichte zu leugnen, den Stellenwert des Lagers im NS-System ebenso wie in der DDR dokumentieren, ohne beides gleichzusetzen. Das sorgsam ausgehandelte Ergebnis, das beide Opfergruppen in je spezieller Weise berücksichtigte, erscheint paradigmatisch für die national-integrative Vorgehensweise, welche die Großsymbolik der Bundesrepublik seit den 90er-Jahren prägte: Dazu gehörte das Bemühen um eine Offenlegung der Ambivalenzen der Geschichte ebenso wie das Bestreben, die gemeinsame Vergangenheit im öffentlichen Bewusstsein zu verankern. Sosehr diese harmonisierende Historisierung und symbolische Integration die Außendarstellung der Bundesrepublik charakterisierte, so wenig konnte sie verhindern, dass im Inneren der Riss zwischen West und Ost noch bestehen blieb, manchmal sogar als vertieft empfunden wurde. Jedenfalls klafften die Geschichtsbilder noch auseinander, schien das deutsche Gedächtnis gespalten zu sein durch zwei grundsätzlich divergierende Erfahrungen der Geschichte der zweiten deutschen Nachkriegszeit im 20. Jahrhundert. Nur ansatzweise deutete sich eine Verschmelzung der beiden deutschen Erinnerungskulturen an, etwa wenn das Brandenburger Tor, das von seiner Geschichte, seinem Standort in der Mitte Berlins und an der alten Zonengrenze sowie von seiner baulichen Umgebung her ideale Bedingungen dafür bot, als Mittelpunkt zivil-nationaler Volksfeste diente.

Die personelle Erneuerung, die zu einem weitgehenden Austausch der Funktionseliten zumindest im öffentlichen Dienst führte, wirkte noch weniger integrativ als die Symbolpolitik, oft ließ sie neue Gräben entstehen.[31] Erste Schritte zur Verfolgung von staatlichem Unrecht in der DDR gingen nicht vom Westen aus, sondern wurden noch vor der Vereinigung in der DDR initiiert. Auch wurden bereits erste Strafprozesse eingeleitet. Zu Anfang waren es sogar eher westliche Politiker, die davor warnten, nunmehr die gesamte alte politische Führung vor Gericht zu stellen, sei doch die DDR insgesamt als Unrechtssystem einzustufen. Die Westpolitiker fürchteten offenbar, die Aburteilung einiger ehemaliger Spitzenpolitiker solle dazu dienen, die DDR als sozialistischen Staat zu retten und ihre Reformierbarkeit unter Beweis zu stellen. Mit der Wiedervereinigung waren auch diese Bedenken obsolet. Die Probleme der Vergangenheitsbewältigung aber blieben. Eine generelle Amnestierung schien kaum möglich. Allerdings fehlten klare Kriterien für Vergehen und Schuld. Wie nach 1945 war erneut umstritten, auf welcher Rechtsbasis als rechtswidrig empfundene Verhaltensweisen der DDR-Zeit zu verfolgen seien. Angesichts des Rückwirkungsverbots überprüften die Gerichte in der Regel die Verhaltensweisen anhand des ehedem in der DDR geltenden Rechts. Auf dieser Basis wurden Politiker wegen Wahlfälschung in der DDR verurteilt. Nicht ohne Grund wurde dagegen eingewandt, es sei abwegig, in einem System, in dem der Wahlvorgang an sich bloß akklamatorischen Charakter hatte und insofern sinnentleert und manipuliert war, nach Fälschungen im Detail zu suchen. Auch im ungleich bedeutsameren Fall der so genannten Mauerschützen, also der DDR-Grenzsoldaten, die auf flüchtende DDR-Bürger geschossen hatten, war die Rechtsbasis fragwürdig, zumal die Frage der Befehlsbindung der Schützen dabei geklärt werden musste. Ebenso konnten auch die Spitzen der DDR letztlich nicht für das juristisch belangt werden, was man ihnen am meisten vorwarf: die Aufrechterhaltung der DDR als Unrechts- und Gewaltsystem. Stattdessen wurden sie angeklagt, wenn ein Verstoß gegen Rechtsgrundsätze des eigenen Staates nachweisbar schien. Die Legitimation für ein solches Vorgehen der Nach-DDR-Justiz konnte nur die unbedingte Anerkennung rechtsstaatlicher Grundsätze sein, welche die Legitimation der Bundesrepublik unter Beweis stelle, auch und sogar gerade wenn dadurch Täter straffrei ausgingen und also das Rechtsempfinden verletzt werde. Man habe Gerechtigkeit erwartet, aber den Rechtsstaat bekommen – mit diesen bitteren Worten kommentierte die Bürgerrechtlerin Bärbel Bohley diese Vorgehensweise. Das Unbehagen an einer derartigen juristischen Vergangenheitsbewältigung also blieb. Dazu trug bei, dass angesichts der juristischen und institutionellen Überformung der Beitrittsländer durch den westdeutschen Rechtsstaat die Prozesse vom bundesrepublikanischen Justizsystem geführt wurden. Der Eindruck, die Träger der Umgestaltung seien übergangen worden, setzte sich fest.

Hinzu kam, dass die Hinterlassenschaft des Ministeriums für Staatssicherheit immer mehr in den Mittelpunkt rückte. Die bürokratische Verwaltung der Stasi-Akten durch eine neu geschaffene Behörde, den Bundesbeauftragten für die Unterlagen des Staatssicherheitsdienstes, nach dem ersten Leiter Joachim Gauck auch „Gauck-Behörde" genannt, warf eine Reihe von politischen und juristischen Problemen auf. Die Suche nach informellen Mitarbeitern, die Enttarnung von immer neuen Personen, die gezielte Streuung von Informationen und das Problem nicht mehr eindeutig zu klärender Verdächtigungen belasteten das erste Jahrzehnt und spalteten das Gedächtnis erneut, zumal die Stasi-Problematik als rein ostdeutsches Problem wahrgenommen wurde und die Vorstellung einer Verstrickung fast aller DDR-Bürger und einer kollektiven Schuld der ostdeutschen Bevölkerung vermittelte. Dass auch an die 20 000 westdeutsche Bürger für die Staatssicherheit gearbeitet hatten, wurde allenfalls am Rande wahrgenommen. Auch die historische Aufarbeitung des DDR-Systems minderte die Probleme zunächst nicht. Die Träger waren allzu sehr in geschichtspolitische Debatten verwickelt, von Aktiven der Bürgerrechtsbewegung bis zur Enquete-Kommission des Bundestags. Eine

Flut von Dokumentationen und Monographien aber trug immerhin dazu bei, ein immer dichteres Bild der DDR und ihrer Gesellschaft entstehen zu lassen. Im Mittelpunkt stand zunächst der gesamte Überwachungsapparat.[32] Wie sehr allerdings die Geschichte der DDR mit der Geschichte der alten Bundesrepublik verschränkt ist, bleibt noch offen. Die Geschichte Deutschlands zwischen 1945 und 1989 wird somit immer noch als eine zweifache Geschichte erinnert: Die deutsche Teilung lebt in der Spaltung des kollektiven Gedächtnisses fort.

Die Zukunft der Geschichte heute

Im allgemeinen Sprachgebrauch des ersten Jahrzehnts nach der Wiedervereinigung bürgerte es sich ein, die ohnehin schon untergegangene DDR als „ehemalig" zu apostrophieren. Die sprachlich widersinnige doppelte Vergangenheitsform deutet auf eine tiefe Furcht hin, die Geschichte der DDR könne vielleicht doch noch nicht beendet sein und in der erweiterten Bundesrepublik ihre Fortsetzung finden. Tatsächlich ist nicht nur die Aufarbeitung der DDR-Geschichte noch nicht beendet. Auch die Erinnerung an die DDR im individuellen Gedächtnis, im Familiengedächtnis und im deutschen Gedächtnis wird, so ist nach vergleichbaren Systembrüchen zu vermuten, noch an Bedeutung gewinnen. Niemand kann sagen, welche Folgen dies haben wird. Hinzu kommt, dass auch die Erinnerung an das „Dritte Reich" nicht verblasst. Der Umgang mit Holocaust oder „Shoah" in der Erinnerung steht sogar in weiter zunehmendem Maß mit neuen Fragestellungen im Blick.[1] Zudem soll der Holocaust auch in der Zukunft eine Schlüsselrolle im kollektiven Gedächtnis wie in der Selbstdarstellung Deutschlands spielen. Dafür steht das Projekt eines zentralen Holocaust-Denkmals in Berlin. Und schließlich ist im Wandel, was unter Deutschland begriffen wird: Wie europäisch Deutschland wird, und zwar sowohl in Hinsicht auf seine Bevölkerung als auch in Hinsicht auf seine Einbindung in die Europäische Union – das wird darüber entscheiden, welche Zukunft die Geschichte hat.

Nicht wenige nahmen mit dem Untergang der kommunistischen Systeme in Europa in den späten 80er-Jahren an, dass nun gewissermaßen das Ende der Geschichte erreicht sei: Das liberal-demokratische System des Westens habe seine politische und ökonomische Überlegenheit schlüssig und endgültig belegt, die globale Systemkonfrontation sei damit zum Abschluss gelangt. Die neue Konstellation biete alle Voraussetzungen für einen dauerhaften Zustand des Friedens und der Freiheit.[2] So fragwürdig eine solche Einschätzung im Lichte der weiteren Entwicklung, etwa der Zerfallskriege in Osteuropa, der Bürgerkriege in Afrika oder der terroristischen Anschläge vom September 2001 auch erscheint – wirkungsvoll ist diese Sichtweise ohne Frage gewesen. Dafür spricht das in den 90er-Jahren gewachsene Interesse an „Geschichtskultur", „Erinnerungskultur" und kollektivem Gedächtnis. Dieses betraf mehr als bloß die Neugier auf Vergangenheit, wie sie in Phasen eines Geschichtsbooms wiederholt feststellbar war und mit dem Wunsch nach kausalen Erklärungen für das Gewordene und nach Anleitungen zur Gestaltung der Gegenwart zusammenhängen konnte, oder auch mit der Suche nach den eigenen Wurzeln, mit dem Bedürfnis nach Herkunftssicherheit und kompensierender Ruhe in einer Zeit beschleunigten Wandels. Das Interesse an „Erinnerung" als Gegenstand der Forschung, das sich in den 90er-Jahren offenbarte, diente auch nicht primär dem im Zusammenhang mit der Holocaust-Auseinandersetzung immer wieder vorgebrachten Postulat, wer sich seiner Vergangenheit nicht stelle, sei dazu verurteilt, sie zu wiederholen. Vielmehr konzentrierte sich das Interesse auf die Funktionsweise von „Erinnerung" selbst. Gefragt wurde, warum und wie Menschen sich erinnern, wie das individuelle und das kollektive Gedächtnis arbeiten, wie privates und öffentliches Erinnern in Beziehung stehen. Dahinter stand einerseits das mit dem Ende der DDR und der osteuropäischen Diktaturen erneut virulent gewordene Problem der Vergangenheitsbewältigung. Mit der Frage, wie Individuen und Gesellschaften mit ihrer belasteten Vergangenheit umgehen, wie sie mit Verantwortung und Schuld leben können, wie sie daraus Kraft für einen gemeinsamen Neuanfang gewinnen können, hat man sich nicht nur empirisch, sondern auch theoretisch beschäftigt, bis hin zu Ansätzen einer Theorie der Vergangenheitsbewältigung.[3] Andererseits stand dahinter aber eben auch die Vorstellung eines Endes, ja eines Verschwindens der Geschichte. Gerade vor diesem Hintergrund wurde gefragt, wie Gesellschaften ihre Gedenkweise organisieren, wie sie über Erinnern und Vergessen entscheiden, welche Aufgaben der kollektiven Erinnerung gerade in Zeiten der historischen Zäsur zukommen.

In diesem Zusammenhang wurden die Überlegungen von Maurice Halbwachs zum kollektiven Gedächtnis aufgegriffen. Der Ägyptologe Jan Assmann führte zwei „Formen kollektiver Erinnerung" ein: das kommunikative und das kulturelle Gedächtnis. Das kollektive Gedächtnis funktioniere „bimodal: im Modus der fundierenden Erinnerung, die sich auf Ursprünge bezieht, und im Modus der biographischen Erinnerung, die sich auf eigene Erfahrungen und deren Rahmenbedingungen [...] bezieht". Das kommunikative Gedächtnis umfasse also gemeinsame Erinnerungen an die jüngste Vergangenheit. Das kulturelle Gedächtnis dagegen konzentriere sich auf entfernte „Fixpunkte" in der Vergangenheit und schließe auch Mythen ein; es bedürfe bestimmter „Wissensbevollmächtigten", welche die Erinnerung weitergeben.[4] Diese aus altägyptischen Verhältnissen abgeleiteten „zwei Modi Memorandi" sind in der zeithistorischen Realität nicht immer scharf zu unterscheiden. Dabei verbinden sich gerade in der Erfahrung der Nation Geschichten und Mythen über Herkunft und Gemeinschaft mit den Erfahrungen und Erinnerungen einer gemeinsam erlebten Geschichte. Scharfsichtig erkannte das der französische Historiker Pierre Nora, als er in den Jahren 1984 bis 1992 ein monumentales Werk über die französischen ›Lieux de mémoire‹ initiierte. Noras Werk präsentierte in drei Teilen und sieben Bänden die materiellen und ideellen Bezugspunkte des kollektiven Gedächtnisses in Frankreich. Das nationale Gedächtnis, so Nora, werde von der kalt-sezierenden Geschichtswissenschaft ersetzt. Es gelte daher, die Erinnerungsorte in dem Moment festzuhalten, in dem sie mit der Nation und dem nationalen Gedächtnis zu entschwinden drohten. Die ›Lieux de mémoire‹ waren demnach eine Bestandsaufnahme, durchaus mit nationalpolitischer Intention und unter Betonung nationaler Konstanten, doch ohne Verleugnung der zahlreichen Brüche und Widersprüche, der Konkurrenzen und Konflikte in der französischen Geschichte, etwa hinsichtlich der Erinnerung an die Revolution von 1789.[5]

Noras Dokumentation fand auch in anderen Staaten Nachahmer, darunter in Deutschland: Im Jahr 2001 gaben Hagen Schulze und Etienne François ein dreibändiges deutsches Werk heraus, das 121 deutsche Erinnerungsorte vorstellte.[6] Die so intendierte „deutsche Gedächtnisgeschichte" war vom französischen Modell inspiriert, setzte aber eigene Akzente. Die Herausgeber hoben die zentrale Bedeutung der nationalsozialistischen Herrschaft und des Völkermordes an den europäischen Juden für das Selbstverständnis und die Erinnerungskultur Deutschlands hervor. Dies prägte die Auswahl der Erinnerungsorte, mehr aber noch ihre Darstellung. So zählte Hitler ausweislich des Registers bei weitem zu den meistgenannten Personen, obwohl ihm nicht einmal ein eigener Artikel gewidmet war. Die Bündelung des deutschen Gedächtnisses auf Hitler bezog sich in den ›Deutschen Erinnerungsorten‹ nicht nur auf die Nachkriegszeit, sondern ebenso auf die Zeit vor Hitler. „Drittes Reich", Zweiter Weltkrieg und Holocaust fungierten als Erinnerungsfilter, durch welche die deutsche Geschichte geleitet wurde. Nach Hitler konnte die Zeit vor Hitler nur mehr als Vorhitlerzeit interpretiert werden. Auf der einen Seite zeigten die ›Deutschen Erinnerungsorte‹ die deutsche Geschichte als Geschichte von Belastungen und Krisen, von Brüchen und Zäsuren, von „Zerrissenheit" und „Schuld". Daraus wurde eine Konstante der deutschen Nationalgeschichte konstruiert, die bei aller Betonung von „Komplexität" und „Kontingenz" doch mit einer gewissen Folgerichtigkeit „im Höllensturz des ersten deutschen Nationalstaats",⁷ nämlich im Nationalsozialismus, ihren Tiefpunkt gefunden habe und in der deutschen Teilung ausgelaufen sei. Dabei wurde der Umbruch von 1989/90 zum Zielpunkt der Darstellung, zur Überwindung der Katastrophe des ersten und zur Vollendung des Auftrags des zweiten deutschen Nationalstaates. Denn: „Die Chance besteht, dass mit dem Fall der Mauer der Mythos der ‚deutschen Zerrissenheit' sein Ende findet."⁸ Dahinter stand die Vorstellung eines Endes zumindest der deutschen Geschichte: Deutschland sei seit zehn Jahren „wieder zu einem ‚normalen' Nationalstaat geworden":

Ernst Moritz Arndts Frage „Was ist des Deutschen Vaterland?" ist zum ersten Mal in der deutschen Geschichte unmissverständlich und dauerhaft beantwortet. Die fast zweihundertjährige Geschichte eines widersprüchlichen, unfertigen, von den Dämonen eines neurotischen Nationalismus getriebenen Volkes ist an ihr Ende gekommen; […] Es gibt keine deutsche Frage mehr.⁹

Was aber den Holocaust angehe, so gelte es „mit der Ambivalenz der Vergangenheit zu leben und das Gedächtnis der Opfer in die eigene Geschichte zu integrieren".¹⁰

Diese Sicht auf die deutsche Geschichte im 20. Jahrhundert war Resultat der vorerst letzten Umschreibung der deutschen Nationalgeschichte seit dem 19. Jahrhundert und Ausdruck einer neuen nationalen Meistererzählung. Die ältere stand noch unter dem Verdikt der „Sonderwegs"-These, wie sie die kritische historische Sozialwissenschaft in Abgrenzung von der nationalkonservativen Historiographie seit den späten 60er-Jahren vertrat. Demnach hatte sich Deutschland seit dem ausgehenden 18. Jahrhundert von der politischen und ökonomischen Modernisierung des Westens gelöst. Aufgrund ausgebliebener und gescheiterter Revolutionen sowie der Schwäche oder gar des Verrats des Bürgertums sei die Nationalstaatsbildung gewaltsam und von oben erfolgt und habe eine autoritär-neofeudale Ausprägung des Kaiserreiches zur Konsequenz gehabt. Daraus wiederum habe sich eine imperialistisch-kriegstreiberische Politik entwickelt, die zur Juli-Krise von 1914 und über die unverdaute Niederlage von 1918 konsequent in das „Dritte Reich" geführt habe. Die deutsche Teilung war das logische Resultat des Sonderwegs, wenn nicht sogar die historisch gebotene Antwort. Mit der Wiedervereinigung änderte sich die Perspektive, das Wort vom „normalen" Nationalstaat Deutschland war nun immer öfter zu vernehmen, das Postulat, Deutschland müsse unbefangen seine Aufgaben als Nationalstaat in Europa und der Welt wahrnehmen, verlangte eine neue historische Absicherung. An die Stelle der auch von den ehemaligen Verfechtern wieder aufgegebenen Sonderwegsthese trat daher mehr und mehr die Vorstellung von Deutschlands „langem Weg nach Westen".[11] Die Belastungen der deutschen Geschichte wurden dabei nicht im Sinne einer apologetischen Nationalgeschichtsschreibung eingeebnet, sondern historisiert, eingeordnet in die Vielfalt europäischer „Eigenwege" in die Moderne. Zielpunkt der deutschen Geschichte waren damit nicht mehr „Drittes Reich" und Holocaust, wie in der Sonderwegsthese unvermeidlich angelegt, sondern die nationalstaatliche Einheit 1989/90, die im Rahmen der Europäischen Union nunmehr Läuterung und Sicherung verhieß.

Diese neue Sichtweise war umso wirkungsvoller, als sie von unverdächtiger Seite vertreten und in den Medien mit großer Publikumswirkung präsentiert wurde. Namentlich der Berliner Historiker Heinrich August Winkler, der sich mit der Erforschung der Zwischenkriegszeit in Deutschland einen Namen gemacht und sich schon 1986 im „Historikerstreit" gegen jeden Versuch der Relativierung, Verharmlosung oder gar „Entsorgung" der deutschen Geschichte engagiert hatte, proklamierte im Juni 2001 im Wochenmagazin ›Der Spiegel‹ das „Ende aller Sonderwege". Damit wandte er sich gegen politische Kritik an der Wiedervereinigung, die von deutschen Linken wie Günter Grass, Jürgen Habermas und Oskar Lafontaine vertreten worden war, und unterstützte die von Willy Brandt einprägsam auf den Begriff gebrachte Vorstellung, dass nun zusammenwachse, was zusammengehöre. Die Teilung Deutschlands war für Winkler gerade nicht, wie „viele westdeutsche Linke und ostdeutsche Bürgerrechtler" meinten, „als Sühne für Auschwitz" zu verstehen. Vielmehr sei sie „der Tatsache" geschuldet, „dass sich die ,Großen Vier' nach 1945 nicht auf eine Lösung der deutschen Frage hätten verständigen können". Damit bedeutete die Existenz zweier deutscher Staaten die Fortsetzung von Sonderwegen. Und Winkler fuhr in ganz ähnlichen Formulierungen wie in den ›Deutschen Erinnerungsorten‹ fort: „Wo Deutschland liegt, wo seine Grenzen verlaufen, wohin es politisch gehört, das alles ist seit dem 3. Oktober 1990 endgültig geklärt. Es gibt keine deutsche Frage mehr." Polemisch zugespitzt folgerte er, dass sich die Deutschen „keinen Anspruch auf fortdauernde Anomalie" erworben hätten. Allerdings sei es nötig, in Anknüpfung an das von dem Politikwissenschaftler Dolf Sternberger geprägte Wort vom „Verfassungspatriotismus" nun einen „aufgeklärten Patriotismus" anzustreben. Dazu gehöre „eine kritische Aneignung der deutschen Geschichte", weder eine apologetische Sicht noch die „Pflege nationaler Mythen", sondern die „Freilegung der tieferen Ursachen der deutschen Katastrophe in der älteren Geschichte", ohne „diese Geschichte auf eine bloße Vorgeschichte des Nationalsozialismus zu reduzieren". Das „Dritte Reich" sei eben nicht mehr der einzige „Fluchtpunkt" der deutschen Geschichte, vielmehr sei „1990" hinzugetreten: „Da es wieder einen deutschen

Nationalstaat gibt, kann die deutsche Geschichte nicht mehr als Widerlegung des deutschen Nationalstaats oder gar des Nationalstaats schlechthin gelesen werden."[12]

In dieser neuen nationalen Meistererzählung schien auch der Holocaust aufgehoben. Denn die anhaltenden Debatten über eine zentrale, in Berlin zu errichtende Gedenkstätte für die Opfer des Holocaust widersprachen nicht der neuen historischen Fundierung der wiedervereinigten Bundesrepublik. Vielmehr bildete das Holocaust-Mahnmal geradezu den sinnfälligen Mittelpunkt der neuen Geschichtssymbolik. Während andere reale Erinnerungsorte des nationalsozialistischen Gewaltregimes, die Lager oder die so genannte „Topographie des Terrors" in Berlin, im Vergleich in der Aufmerksamkeit zurücktraten und selbst die ausdrucksstarke „Gegenarchitektur" des in Berlin errichteten Jüdischen Museums von Daniel Libeskind nur vor der Eröffnung als Ausstellungsgebäude in die Rolle eines nationalen Erinnerungsmals hineinzugeraten schien,[13] konzentrierten sich alle Auseinandersetzungen auf das Mahnmalprojekt. Initiiert 1988 von der Journalistin Lea Rosh, wurde es seit 1989, noch vor der Öffnung der Mauer, von einem „Förderkreis zur Errichtung eines Denkmals für die ermordeten Juden" vorangetrieben. Über zehn Jahre lang begleitete die Diskussion über das Mahnmal den Prozess der Neufundierung der erweiterten Bundesrepublik.[14] Die Konflikte begannen bei dem Projekt selbst: Konnten, sollten oder durften die Täter den Opfern ein Denkmal errichten? Die Konflikte betrafen sodann die Opfer, deren gedacht werden sollte: War es zulässig, nur eine Opfergruppe, die europäischen Juden, in den Mittelpunkt zu stellen? Hätte man nicht die anderen rassisch Verfolgten, etwa Sinti und Roma, gleichermaßen berücksichtigen müssen? Immerhin folgte aus der Ausschließung anderer Opfergruppen umgehend die Forderung nach besonderen Denkmälern. Auch der vorgesehene Standort in den ehemaligen Ministergärten in der Nähe des Brandenburger Tores blieb nicht unumstritten. Kritisiert wurden die Ausmaße des zwei Hektar großen Areals, das den Eindruck zu erwecken schien, der Monumentalität des Verbrechens nur durch ein monumentales Denkmal gerecht werden zu können. Fast unmöglich aber schien eine Einigung über die Gestaltung. Ein erster Wettbewerb brachte 1994 zwar 528 Vorschläge, aber keine überzeugende Lösung. Das schließlich prämierte und zur Realisierung ausgewählte Projekt der Berliner Architektin Christine Jackob-Marks sah eine schräg gestellte Betonplatte quasi als überdimensionierte Grabplatte vor. Darauf sollten die bekannten Namen der jüdischen Opfer des Holocaust eingeschrieben werden. Neben der Monumentalität war freilich der Symboleklektizismus, die Mischung von Elementen aus jüdischer und christlicher Tradition, höchst umstritten. Nach langwierigen Debatten und mehreren Kolloquien mit Fachleuten unterschiedlicher Disziplinen wurden neue Entwürfe angefordert. Aus den im Herbst 1997 eingegangenen Vorschlägen wählte eine neue Findungskommission das Objekt der Amerikaner Richard Serra und Peter Eisenman aus, Künstler der eine, Architekt der andere. Ihr Entwurf sah ein Feld von 4200 Stelen vor, die in Reihen angeordnet sich wellenförmig aus dem Untergrund erheben sollten und denjenigen, der zwischen ihnen hindurchschritt, immer tiefer in den gräberfeldartig anmutenden Stelenwald hineinführten und damit der umgebenden Großstadt entzogen.

Dass auf dieser Basis nunmehr im Bundestag im Juni 1999 eine Einigung erzielt werden konnte, lag nur zum Teil an dem Entwurf. Er musste ohnehin noch abgeändert werden, was den Miturheber Richard Serra zum Rückzug bewog; fortan zeichnete Eisenman allein verantwortlich: Die Zahl der Stelen wurde auf 3000, später auf 2700 reduziert; das milderte nicht nur die Monumentalität, sondern schuf auch Platz für Besucherbusse. Die Höhe der Stelen wurde angeglichen, die Tiefe der Wege dadurch so verringert, dass der Besucher sich nicht mehr in einem bedrohlichen Labyrinth zu verlieren glaubte. Eine umgebende Baumbepflanzung dämmte zudem die Außenwirkung und versöhnte das neue Denkmal mit Sehgewohnheiten. Wichtiger als die Korrekturen aber war die veränderte Konstellation. Denn dem Standort des Mahnmals kam mit der Wahl Berlins zur Hauptstadt eine grundlegend neue Bedeutung zu. Das Denkmal würde nun nicht mehr in der geteilten Stadt, Symbol der historischen Antwort auf das „Dritte Reich", errichtet, sondern in der deutschen Bundeshauptstadt, Symbol wiedergewonnener nationaler Einheit. Es erinnerte damit nicht mehr nur an deutsche Geschichte, sondern wurde zu einem Teil der nationalen Symbolik der „Berliner Republik". Die unbescheidene Monumentalität, die dem Entwurf von Jackob-Marks zum Vorwurf gemacht wurde, dem Eisenman-Projekt aber nicht weniger nachgesagt werden könnte, war jetzt kein Manko mehr, sondern eine Qualität. Was ursprünglich als demütige Geste, als Eingeständnis der Schande und als Zeichen von Lernbereitschaft geplant war, konnte nun als selbstbewusste Demonstration des Stolzes über nationale Lernfähigkeit, als Nachweis der qua kollektiver Scham wiedergewonnenen nationalen Ehre verstanden werden. Insofern beruhte es auf einem Missverständnis, wenn ergänzend die Errichtung eines Nationaldenkmals für Einheit und Freiheit oder eines nationalen Mahnmals zu Flucht und Vertreibung gefordert wurde, um eine historische Balance zu schaffen. Tatsächlich wuchs das Holocaust-Mahnmal im Prozess seiner Vorbereitung weit über seine Funktion als Erinnerungsmal für den Mord an den europäischen Juden hinaus. Es übernahm funktional – schon vor der Errichtung – auch die Rolle eines Nationaldenkmals der neuen „Berliner Republik". Dabei trat es an die Stelle weniger erfolgreicher vorangegangener Versuche, eine nationale Gedenkstätte der Bundesrepublik zu etablieren, wie sie sich im Bonner Ehrenmal von 1964 und in der umgestalteten Berliner Neuen Wache von 1993 niedergeschlagen hatten. Das Holocaust-Mahnmal stand nun in einer Reihe mit den Nationaldenkmälern des Kaiserreiches, dem Reichsehrenmal-Projekt der Weimarer Republik und dem Tannenberg-Ehrenmal im „Dritten Reich". Jede Epoche suchte im nationalen Denkmal ihr kollektives Selbstverständnis symbolisch auszudrücken. Dem widerspricht nicht, dass das Holocaust-Mahnmal höchst umstritten blieb, denn nicht nur die Weimarer Projekte, sondern auch die Nationaldenkmäler des Kaiserreiches wurden kontrovers diskutiert. Weder basierten sie auf einem Konsens, noch gelang es ihnen, Einheit zu stiften. Die Einheit beruhte vielmehr in der beständigen Diskussion über den geeigneten Ausdruck nationaler Identität. Das Holocaust-Denkmal war insofern Kristallisationspunkt des nationalen Gedächtnisses in der Bundesrepublik Deutschland.

Nicht weniger wichtig als die Hauptstadtfrage aber war dabei der Regierungswechsel nach den Bundestagswahlen von 1998. Hatte Helmut Kohl sich als Bundeskanzler lange Jahre für das Mahnmal engagiert, so hatten sein Herausforderer Gerhard Schröder und dessen designierter Kulturstaatsminister Michael Naumann vor den Wahlen eher Skepsis bekundet. Doch kaum im Amt, nahmen sie sich des Projekts an, modifizierten es freilich weiter und sicherten durch eine harmonisierend-didaktische Einrahmung die parteienübergreifende Akzeptanz. Ergänzt um vier unterirdische Räume, die der Belehrung und Besinnung dienen sollen (ein Raum der Namen, ein Raum der Schicksale, ein Raum der Orte und ein Raum der Information), genügte es nun allen Interessen, bot es auch interpretative Handreichungen, die Missverständnisse und Missbräuche ausschlossen. Weder die im ursprünglichen Konzept enthaltenen Ansätze eines offenen Denkmals noch das alternativ u. a. von Jochen Gerz vertretene Konzept eines interaktiven Denkmals, an weniger sinnfälliger Stelle wie in Gerz' Hamburg-Harburger versenkter Inschriften-Stele umgesetzt, ließen sich somit realisieren. Selbst Gerz allerdings, der anfangs das Mahnmalprojekt abgelehnt, sich später jedoch am Gestaltungswettbewerb beteiligt hatte, wählte für seinen dann nicht berücksichtigten Berlin-Vorschlag eine eher didaktisch angelegte Variante, die durch die auf mehreren Lichtsäulen angebrachte Frage „Warum?" dem Betrachter die Denkrichtung vorgab. Auch die führenden Künstler der deutschen und internationalen Erinnerungskultur konnten sich insofern nicht dem Bemühen entziehen, im Holocaust-Denkmal die letztgültige, verbindende und verbindliche Form einer symbolischen Darstellung der nationalen Katastrophe zu finden.

Mochte dieses Unterfangen auch ebenso aussichtslos wie fragwürdig erscheinen, so erfüllte es doch seinen Zweck. Die Debatte um das Holocaust-Mahnmal verlor deutlich an Brisanz mit der Entscheidung von 1999 und dem symbolischen Baubeginn am 27. Januar 2000, dem Jahrestag der Befreiung des Vernichtungslagers Auschwitz, den bereits Bundespräsident Roman Herzog zum Gedenktag für den Holocaust erklärt hatte. Damit war die Basis für eine Nationalsymbolik der bundesrepublikanischen Holocaust-Erinnerung geschaffen, die Konsens über die Deutung der NS-Vergangenheit demonstrieren mochte. Allerdings hielten fortdauernde Scharmützel am Rande, Berichte über Planänderungen und Bauverzögerungen sowie Kontroversen um den Förderkreis das Thema in der Diskussion. Aufsehen erregte vor allem eine Spendenkampagne des Fördervereins. Er publizierte eine Anzeige, auf der vor einer idyllischen Alpenlandschaft die Aufschrift „den holocaust hat es nie gegeben" zu sehen war. Dazu waren Telefon- und Kontonummer für Spenden angegeben. Die Anzeige wurde großflächig in der überregionalen Presse und auf Plakatwänden publiziert. Sie rief einen Sturm der Entrüstung hervor, der Text führte sogar zu Strafanzeigen, denn die Leugnung des Holocaust ist seit 1994 in Deutschland unter Strafe gestellt. Dabei war die ironisch-provozierende Absicht offenkundig und auch durch Anführungszeichen sowie ergänzenden Satz („Es gibt immer noch viele, die das behaupten") deutlich gemacht. Nichts lag den Initiatoren ferner, als den Holocaust zu leugnen. Was indes Empörung weckte, war die unverblümte Art, in der moderne Mittel der Massenkommunikation und Werbung für ein ethisch begründetes Ziel benutzt wurden. Der Protest wiederholte

Berlin, 8. August 2001. Umstrittenes Plakat zum Spendenaufruf des Mahnmal-Förderkreises mit der Aufschrift „den holocaust hat es nie gegeben" am gegenüberliegenden Bauplatz für die amerikanische Botschaft.

sich, als die Förderinitiative ein Jahr später in einem ebenfalls der Geldsammlung dienenden Werbespot das deutsche Fotomodell Claudia Schiffer als Sprecherin engagierte. „Die Holocaust-Werbeindustrie boomt", hieß es nun in der Presse. Dem Förderkreis warf man „eine selbstgerechte, wenn nicht autoritäre Gedenkpolitik" vor.[15] Tatsächlich bündelten sich hier zwei Kontroversen: zum einen der Streit darüber, wer die Erinnerung an den Holocaust repräsentieren, damit über Form und Inhalt des Gedenkens entscheiden dürfe, und zum anderen die Auseinandersetzung über die Vereinbarkeit von moderner Medialisierung und ethischer Fundierung. Damit wurde das Projekt des Holocaust-Mahnmals noch einmal, in veränderter Weise, zum Schlüssel der modernen Gedenkkultur in Deutschland. In ihm offenbarten sich Grundsatzkontroversen, die noch ungelöst blieben. Die Geschichte gelangte daher keineswegs an ein Ende. Im Gegenteil: Die nationalsozialistische Vergangenheit, die bislang eher in Wellen an die tagespolitische Oberfläche zu kommen schien, wurde mehr und mehr zur dauernden medialen Begleiterscheinung des gesellschaftlichen und politischen Alltags. Ein Konsens konnte dabei jedoch nicht erzielt werden, weder was die Themen noch was die Bewertungen anging.

Die Verstetigung der NS-Kontroverse fällt in etwa zusammen mit dem Ende der deutschen Teilung. In der Rückschau scheint sie sich schon in der Diskussion über die Rede des Bundestagspräsidenten Philipp Jenninger zum 50. Jahrestag des 9. November

1938 abzuzeichnen.[16] Jenninger hatte durch eine Art einfühlende Beobachtung, formal beispielsweise in rhetorische Fragen verkleidet, versucht, den Aufstieg des Nationalsozialismus und das Verhalten des NS-Mobs verständlich zu machen, ohne es entschuldigen zu wollen. Dabei verkannte er nicht nur die Wirkung der gesprochenen Rede, vielmehr verfehlte er auch Tonfall und Duktus der Riten deutscher Gedenkkultur. Jenninger musste zurücktreten, obwohl der Präsident des Zentralrats der Juden in Deutschland, Ignaz Bubis, sich auf seine Seite gestellt und Teile der Rede Jenningers in einem eigenen Vortrag verwandt hatte, ohne Anstoß zu erregen. Nun war ungewollt eine polare Gedenkstruktur eingeführt, die sich fortan fast zwanghaft wiederholte. Nur basierte sie jetzt nicht mehr auf den Ungeschicklichkeiten eines rhetorisch überforderten Politikers, sondern auf gezielten Provokationen, die reflexartig die erwarteten Reaktionen hervorriefen. Das führt beispielhaft die Kontroverse zwischen Bubis selbst und dem Schriftsteller Martin Walser vor Augen, der in einer Paulskirchen-Rede zur Verleihung des Friedenspreises des Deutschen Buchhandels am 11. Oktober 1998 seinen Überdruss an beständiger Belehrung über den Holocaust und die deutsche Schuld, an der „Dauerrepräsentation unserer Schande", kund getan und auch vom Missbrauch der Erinnerung an Auschwitz, von der „Moralkeule", gesprochen hatte. Nicht zuletzt da sich Walser auch an anderer Stelle für eine größere Unbefangenheit beim Blick auf die deutsche Geschichte ausgesprochen hatte, war damit der Ausgangspunkt einer unter breiter medialer Beteiligung über Monate ausgetragenen, zu persönlicher Verbitterung führenden Kontroverse gelegt.[17] Eine große Zahl weiterer Kontroversen um die NS-Vergangenheit belegten in den 90er-Jahren die fortwährende Virulenz des Themas. Das zeigte sich in der „Wehrmachtsausstellung", die 1995 eröffnet wurde und den Eindruck erweckte, das deutsche Militär sei vor allem Teil des verbrecherischen Regimes der Nationalsozialisten gewesen. Sie stellte insofern die immer noch wirksamen Mythen deutscher Geschichte, vor allem die Vorstellung eines im Kern unbefleckten, allenfalls politisch missbrauchten Militärs, in Frage. Die Ausstellung zog innerhalb von fünf Jahren knapp eine Million Besucher an und provozierte neben Zustimmung auch erbitterte Kritik. Obwohl die Grundthese wissenschaftlich nicht neu, ja nicht einmal sonderlich umstritten war, führten Mängel der Präsentation und handwerkliche Fehler dazu, dass die Ausstellung völlig neu erarbeitet wurde. Die Neufassung, welche die Kernthese nicht korrigierte, erregte weitaus weniger Widerspruch, aber sie weckte auch weniger Interesse.[18]

So zeigte sich, dass die moderne Mediengesellschaft längst die Vergangenheitsbewältigung überformt hatte: Geschichte geriet dann in die Tagesaktualität, wenn sie den Bedingungen moderner medialer Verwertung entsprach. Dazu zählte nicht die wissenschaftliche, sondern eben die mediale Innovation: Das gilt einmal für die Neuauslegung der Kollektivschuldthese durch Daniel Goldhagen. Auch dessen Werk, das den Holocaust auf die vornationalsozialistische Tradition eines „eliminatorischen Antisemitismus" in Deutschland zurückführte, präsentierte zwar keine grundlegend neuen wissenschaftlichen Erkenntnisse über den Holocaust, führte aber das Grauen der Judenverfolgung und die Brutalität der Täter geradezu bildhaft vor und entsprach insofern modernen Rezeptionsgewohnheiten.[19] Und das gilt in umgekehrter Weise für das Werk eines scharfen Goldhagen-Kritikers, für Norman Finkelsteins Buch über die „Holocaust-Industrie", das an das Unbehagen am kommerzialisierten Umgang mit der Vergangenheit appellierte und nicht zuletzt angesichts neuer Debatten, Klagedrohungen und Vereinbarungen in der Frage der Entschädigung ehemaliger Zwangsarbeiter auf außerordentliche Aufmerksamkeit in Deutschland stieß.[20] Finkelsteins Werk ist allerdings – nachweislich der Anlage des essayhaft polemisierenden Buches, der medienwirksamen verschwörungstheoretischen Interpretation, der Werbung und Vermarktung sowie der Selbstdarstellung des Autors – wieder Teil gerade jener „Holocaust-Industrie", die der Autor kritisierte. Das im Kern ähnliche Argumente aufgreifende und ähnliche Thesen begründende, aber breiteres Material präsentierende, wissenschaftlich fundierte und abwägende, daher im Grunde weitaus überzeugendere Werk des amerikanischen Historikers Peter Novick blieb in der öffentlichen Wirkung weit dahinter zurück.[21]

Die Mischung aus mediengerechter Zubereitung und Veralltäglichung der NS-Erinnerung zeigte sich nirgends deutlicher als in den Arbeiten des Fernsehjournalisten Guido Knopp. Zusammen mit einer Gruppe von jüngeren Journalisten präsentierte er eine Reihe von erfolgreichen NS-Dokumentarserien etwa über „Hitlers Helfer", begleitet zumeist von Sachbuchpublikationen, die wiederum in den Bestsellerlisten auftauchten. Die große Resonanz derartiger Medienoffensiven führte entgegen manchen Bedenken nicht zu einer „Normalisierung" der NS-Erinnerung oder einer Verharmlosung des „Dritten Reiches". Das öffentliche Interesse belegte vielmehr, dass die Gefühle des Überdrusses gegenüber einer penetrant-pädagogischen NS-Aufarbeitung zu überwinden waren, wenn das Thema in die Darstellungsformen der modernen Medienkultur transponiert wurde. Dabei blieb die moralische Verurteilung in Fernsehbeiträgen und Büchern Knopps unzweideutig. Doch gerade in dieser Doppelgesichtigkeit von historischer Anschaulichkeit und moralischer Eindringlichkeit entfaltete die NS-Erinnerung ihre mediale Wirksamkeit, konnte sie immer noch – und sogar erst recht – zur politischen Waffe werden. Das zeigte nicht zuletzt ein eigenartiges Phänomen der politischen Kultur in Deutschland, nämlich die fortwährende Nutzung und Wirkung von NS-Vergleichen. Die immer wieder, mal polemisch und unbedacht, mal kalkuliert eingesetzten Vergleiche garantierten unmittelbares Medieninteresse, führten zu Empörung und nicht selten zu Rücktrittsforderungen. Die Erinnerung an das „Dritte Reich" bestimmte mithin noch über zehn Jahre nach der Wiedervereinigung das öffentliche Klima, der Nationalsozialismus blieb im Zentrum der politischen Erinnerungskultur und des kollektiven Gedächtnisses in Deutschland.

Freilich wandte sich die öffentliche Debatte in Deutschland seit der Wende zum 21. Jahrhundert auch historischen Themen zu, in denen nichtjüdische Deutsche als Opfer eine Rolle spielten, vor allem dem Bombenkrieg und der Vertreibung. Das wurde von manchen als notwendige Normalisierung angesehen, die gerade in dem durch intensive Aufarbeitung der historischen Schuld und durch demokratische Bewährung nachgewiesenermaßen geläuterten Deutschland nicht nur zulässig, sondern geboten sei. Andere betreiben die Hinwendung zur Geschichte deutscher Opfer in apologetischer Manier als Aufrechnung von Schuld und Entlastung Deutschlands. Es gelte nun, die Erinnerung an deutsches Leiden zuzulassen, die lange verschwiegene und verdrängte Geschichte von Not und Bedrückung zu rekonstruieren, den deutschen Opfern Gerechtigkeit widerfahren zu lassen und auch andere Schuldige, die Verantwortlichen für englische Bomben und für die Vertreibung, zu benennen. Tatsächlich ist das Thema, anders als in diesem Zusammenhang suggeriert, nicht neu, wenn es auch in den 60er- und 70er-Jahren vorübergehend in eine politische Randlage geraten war. Schon in den 50er-Jahren hatte die Bundesregierung eine Dokumentation über die Vertreibung der Deutschen aus dem Osten erstellen lassen, in die zahlreiche Zeugenberichte aufgenommen worden waren. Eine Neuauflage Mitte der 80er-Jahre belegt neben zahlreichen neuen Forschungen das wieder belebte Interesse.[22] Über den Bombenkrieg und den Alltag in den bedrohten Städten und über Erfahrungen im Luftschutzkeller informierten ebenfalls schon lokalgeschichtliche Publikationen.[23] Zudem hatte bereits die DDR regelmäßig durch Gedenkveranstaltungen an die Bombardierung deutscher Städte, namentlich Dresdens, im Zweiten Weltkrieg erinnert. All dies wurde allerdings wenig beachtet, als das Thema unversehens beträchtliche mediale Resonanz erhielt. Ein erstes Beispiel dafür war eine schmale Publikation des Schriftstellers W. G. Sebald, die, auf zwei Züricher Vorlesungen zurückgehend, 1999 erschien. Sebald konstatierte die Verdrängung des massenhaften Sterbens in den Bombennächten durch die deutsche Nachkriegsgesellschaft und sprach von einem Schweigen, das „vom Familiengespräch bis hin zur Geschichtsschreibung" reiche. Auch was bei Befragungen von Zeitzeugen erzählt werde, bewege sich in „stereotypen Bahnen". Obwohl Sebald denen, die die Schrecken erlebt hatten, das „Recht zu schweigen" zugestand, sprach er von einem „skandalöse[n] Defizit".[24] Er monierte nicht zuletzt die Unfähigkeit deutscher Schriftsteller, das Grauen angemessen in Worte zu fassen. Noch wichtiger ist aber, dass einer der frühesten und wichtigsten Beiträge zu der neuen Debatte von einem über jeden Verdacht einer revisionistischen Tendenz erhabenen Autor stammt, von Günter Grass. Seine im Februar 2002 veröffentlichte Novelle ›Im Krebsgang‹ behandelt den Untergang der „Wilhelm Gustloff" in der Ostsee, die mit knapp 5000 Flüchtlingen aus dem Osten und über 1600 Marineangehörigen an Bord am 30. Januar 1945 von einem sowjetischen U-Boot torpediert und versenkt worden war; 5348 Menschen hatten dabei den Tod gefunden. Nicht nur die bewegende Schilderung der Szenen des Untergangs weckt dabei Emotionen, vielmehr knüpft Grass daran die Geschichte einer Familie und ihres Generationsgedächtnisses bis hin zur Wiederkehr der Vergangenheit im Neonazismus. Eindringlich wie kaum jemand zuvor führt Grass damit über die Aktualität der NS-Vergangenheit hinaus auch die fortwährenden Belastungen einer unverstandenen Geschichte von Krieg und Vertreibung vor Augen. Sebald wie Grass weckten Interesse freilich gerade nicht durch die historisch-empirische Aufarbeitung, sondern durch eine Art „dichter Beschreibung" grauenvoller Erfahrungen. Damit erst öffneten sie mediale Wege. Selbst Historiker, die bislang Bombenkrieg und Vertreibung eher als konsequente und letztlich verdiente Antwort der Geschichte auf die NS-Diktatur bewertet hatten, räumten nun wie Hans-Ulrich Wehler ein, dass die Zeit für eine offene Auseinandersetzung auch über diese Kapitel europäischer Geschichte gekommen sei.[25] Historische Werke, die sich den Schrecken des Bombenkrieges widmeten, fanden nun plötzlich Aufmerksamkeit. Der Militärhistoriker Jörg Friedrich, der schon 1995 die Bombennächte in einem Buch behandelt hatte, ohne große öffentliche Resonanz zu erzielen,[26] rief nun mit einem Ende 2002 publizierten Werk über ›Deutschland im Bombenkrieg 1940–1945‹ ein ungewöhnlich breites Interesse hervor. Dazu trug wiederum die von Friedrich gewählte Vermittlungsweise – eine sukzessive Steigerung in der Schilderung von Kriegserfahrungen – bei.[27] Begleitende publizistische Beiträge sowie eine „Spiegel-Serie" und eine Fernsehdokumentation über den „Bombenkrieg" belegen das große Interesse, obwohl von grundlegend neuen Forschungsergebnissen oder Forschungsperspektiven kaum die Rede sein kann. Allerdings verdrängt die neue Opfergeschichte der Deutschen das Holocaust-Thema vorerst noch nicht, wie skeptische Beobachter neonationaler Bestrebungen fürchteten, sondern ergänzt es.

Am Beginn des 21. Jahrhunderts ist die Zukunft der Geschichte mithin offen. Mehrere Tendenzen sind in der Bilanz festzustellen: Erstens konstituiert sich das kollektive Gedächtnis in Deutschland durch die Vielfalt der Perspektiven und die Beständigkeit der Kontroversen. Gerade im Konflikt bildet sich Identität heraus. Noch die stereotype Wiederholung der Auseinandersetzungen verfestigt die Einheit der Empfindungen, und dies besser, als es durch alle Versuche einer normativen Konzentration der Erinnerung geschehen könnte. Denn der Pluralismus der historischen Debatten entspricht viel eher der Vielfalt der Erinnerungssplitter, die im kollektiven Gedächtnis der Deutschen gespeichert sind. Zweitens ist das deutsche Gedächtnis nach wie vor auf das „Dritte Reich" ausgerichtet. Auch die Hinwendung zu Vertreibung und Bombenkrieg nimmt Folgen der NS-Politik in den Blick und bestärkt die Filterfunktion des „Dritten Reiches" für das deutsche Geschichtsbild. Selbst da, wo eine „Normalisierung" und die Hinwendung auch zu anderen Epochen des deutschen Nationalstaates angemahnt wird – ob in apologetischer Absicht oder nicht –, bleibt der Nationalsozialismus als Bezugspunkt erhalten, wird er doch zum Maßstab des Normalen gemacht. Drittens wird das deutsche Gedächtnis immer stärker durchformt von den Instrumenten und Möglichkeiten der Medien. Erinnert wird, was medial präsentabel ist, was anschaulich, einprägsam, nachvollziehbar gemacht werden kann, und erinnert wird daher auch in Formen, die mediengerecht sind. Entscheidend ist die Möglichkeit der Vergegenwärtigung, die sich in Dokumentation, Zeitzeugenbefragung, filmischer Rekonstruktion oder fiktionaler Bearbeitung ausdrücken kann. Die Grenzen von Authentizität und Fiktion können dabei verschwimmen, wie beispielhaft an den anfangs für wahr genommenen, dann als Fälschung erkannten Wilkomirski-Memoiren über eine Kindheit im Konzentrationslager abzulesen ist.[28] Viertens wird auch das deutsche Gedächtnis gewissermaßen internationalisiert. Der Holocaust ist längst kein bloß deutscher Erinnerungsort mehr, sondern im internationalen Diskurs geradezu das Synonym für die Problematik des Erinnerns in der zweiten Hälfte des 20. Jahrhunderts geworden. So wie jedes individuelle Gedächtnis in soziale Beziehungen eingebettet ist, ist das deutsche kollektive Gedächtnis untrennbar gebunden an den transnationalen Diskurs. Fünftens aber löst sich das deutsche Gedächtnis auch quasi von innen auf. Das liegt nicht nur daran, dass nunmehr eine Epochenschwelle der Gedächtnisgeschichte überschritten wird und der Holocaust vom kommunikativen ins kulturelle Gedächtnis übergeht. Mindestens ebenso wichtig ist, dass zunehmend eine Generation die Diskurshegemonie gewinnen wird, in die Zuwanderer mit ganz anderer Gedächtnisgeschichte integriert sind. Welchen Stellenwert NS-Zeit und Holocaust in der kollektiven Erinnerung dann noch einnehmen werden, ist ungewiss.

Die Zukunft der Erinnerung ist auch von daher offen. Mehr denn je wird sich freilich zeigen, dass sich das kollektive Gedächtnis weniger in gemeinsamen Symbolen als im Diskurs selbst ausdrückt. Treffend erkannte das der amerikanische Wissenschaftler James E. Young, als er angesichts der vermeintlichen Endlosigkeit und Ergebnislosigkeit der Debatten um das Holocaust-Mahnmal die Vorstellung vertrat, die ebenso kontroverse wie aufrichtige Debatte selbst sei als Denkmal zu begreifen.[29] Ähnlich hatte schon in der Weimarer Zeit der Reichskunstwart Edwin Redslob die Vielfalt der divergierenden Meinungen zur Gestaltung eines Reichsehrenmals für die Gefallenen des Weltkrieges als Ausdruck der pluralistisch-demokratischen Kultur in der Republik und somit als Wert an sich verstanden: Denn „in der verworrenen Entfaltung der Kräfte" finde sich „zugleich ein prachtvoller, die Eigenart unseres Volkes offenbarender Zug: die Idee des Reichsehrenmals soll nicht die Angelegenheit Weniger bleiben, sie beschäftigt das ganze Volk".[30] Gemeinsam war Redslob und Young die Einsicht, dass Vergangenheitsbewältigung nicht über hermetische Vorgaben, sondern in der Kontroverse stattfindet. In der Auseinandersetzung über die Deutung gemeinsamer Erinnerungsorte, über Brüche und Konflikte der Geschichte, über Verantwortung und Schuld entwickelt sich das kollektive Gedächtnis ständig weiter und entwirft sich die Nation neu. Auch daher kann von einem Ende der Geschichte keine Rede sein.

Anmerkungen

Die Deutschen im 20. Jahrhundert

1 Hans-Peter Schwarz, Das Gesicht des Jahrhunderts. Monster, Retter, Mediokritäten, Berlin 1998.
2 Horst Möller, Diktatur- und Demokratieforschung im 20. Jahrhundert, in: Vierteljahrshefte für Zeitgeschichte 50 (2003), S. 29–50; Hartmut Kaelble, Wege zur Demokratie. Von der Französischen Revolution zur Europäischen Union, Stuttgart/München 2001.
3 Francis Fukuyama, Das Ende der Geschichte. Wo stehen wir?, München 1992.
4 Vgl. Werner Abelshauser, Umbruch und Persistenz: Das deutsche Produktionsregime in historischer Perspektive, in: Geschichte und Gesellschaft 27 (2001), S. 503–523.
5 So Herfried Münkler, Die neuen Kriege, Reinbek ³2002.
6 Eric Hobsbawm, Gefährliche Zeiten. Ein Leben im 20. Jahrhundert, München/Wien 2003, S. 11; Dan Diner, Das Jahrhundert verstehen. Eine universalhistorische Deutung, München 1999.
7 Eric Hobsbawm, Das Zeitalter der Extreme. Weltgeschichte des 20. Jahrhunderts, München/Wien 1997.
8 Vgl. Timothy Garton Ash, Ein Jahrhundert wird abgewählt. Aus den Zentren Mitteleuropas 1980–1990, München/Wien 1990; François Furet, Das Ende der Illusion. Der Kommunismus im 20. Jahrhundert, München 1996.
9 Eberhard Jäckel, Das deutsche Jahrhundert. Eine historische Bilanz, Stuttgart 1996.
10 Christian Graf von Krockow, Die Deutschen in ihrem Jahrhundert 1890–1990, Reinbek 1992.
11 Wolfgang Schieder, Die Umbrüche von 1918, 1933, 1945 und 1989 als Wendepunkte deutscher Geschichte, in: Dietrich Papenfuß/ders. (Hrsg.), Deutsche Umbrüche im 20. Jahrhundert, Köln usw. 2000, S. 3–18, hier S. 3.
12 Fritz Stern, Verspielte Größe, Essays zur deutschen Geschichte des 20. Jahrhunderts, München 1996; Hans-Ulrich Wehler, Deutsche Gesellschaftsgeschichte Bd. 4: Vom Beginn des Ersten Weltkriegs bis zur Gründung der beiden deutschen Staaten 1914–1949, München 2003.
13 Vgl. Heinrich August Winkler, Der lange Weg nach Westen, Bd. 2: Deutsche Geschichte vom „Dritten Reich" bis zur Wiedervereinigung, München 2000, S. 655.
14 Christoph Kleßmann, Verflechtung und Abgrenzung. Aspekte der geteilten und zusammengehörigen deutschen Nachkriegsgeschichte, in: Aus Politik und Zeitgeschichte B 29/30 (1993), S. 30–41.
15 Axel Schildt, Ankunft im Westen. Ein Essay zur Erfolgsgeschichte der Bundesrepublik, Frankfurt a. M. 1999; Anselm Doering-Manteuffel, Wie westlich sind die Deutschen? Amerikanisierung und Westernisierung im 20. Jahrhundert, Göttingen 1999.
16 Hans Günter Hockerts (Hrsg.), Drei Wege deutscher Sozialstaatlichkeit. NS-Diktatur, Bundesrepublik und DDR im Vergleich, München 1998.
17 Vgl. Etienne François/Hagen Schulze (Hrsg.), Deutsche Erinnerungsorte, 3 Bde., München 2000 ff.
18 Hans Günter Hockerts, Zugänge zur Zeitgeschichte: Primärerfahrung, Erinnerungskultur, Geschichtswissenschaft, in: Aus Politik und Zeitgeschichte B 28 (2001), S. 15–30.
19 Dirk Blasius, Von Bismarck zu Hitler. Kontinuität und Kontinuitätsbegehren in der deutschen Geschichte, in: Aus Politik und Zeitgeschichte B 51 (1998), S. 3–10, hier S. 5.

Die Zerstörung der Weimarer Demokratie

¹ Ernst Troeltsch, Die Fehlgeburt einer Republik. Spektator in Berlin 1918 bis 1922, hrsg. von Johann Hinrich Claussen, Frankfurt a. M. 1994, 36 f.
² Vgl. Heinrich A. Winkler, Von der Revolution zur Stabilisierung. Arbeiter und Arbeiterbewegung in der Weimarer Republik 1918–1924, Bonn ²1985, S. 206–216.
³ Ebd.
⁴ Vgl. Siegfried Weichlein, „Die alte Schönheit ist nicht mehr wahr, und die neue Wahrheit ist noch nicht schön." Epochenwahrnehmungen und Zukunftsvorstellungen der republikanischen Kräfte in der Weimarer Republik, in: Karsten Fischer (Hrsg.), Neustart des Weltlaufs? Fiktion und Faszination der Zeitenwende, Frankfurt a. M. 1999, S. 139–163.
⁵ Vgl. Karl-Dietrich Bracher, Manfred Funke und Hans-Adolf Jacobsen (Hrsg.), Die Weimarer Republik 1918–1933. Politik – Wirtschaft – Gesellschaft, Bonn ²1988, S. 637.
⁶ Vgl. Wolfram Pyta, Gegen Hitler und für die Republik. Die Auseinandersetzung der deutschen Sozialdemokratie mit der NSDAP in der Weimarer Republik, Düsseldorf 1989.
⁷ Carl Schmitt, Weiterentwicklung des totalen Staates in Deutschland (1933), in: ders., Verfassungsgeschichtliche Aufsätze aus den Jahren 1924–1954. Materialien zu einer Verfassungslehre, Berlin 1958, S. 362 ff. (erschien zuerst Anfang Februar 1933 in der ›Europäischen Revue‹).
⁸ Hermann Heller, Rechtsstaat oder Diktatur, Tübingen 1930.
⁹ Vgl. Aufstieg oder Niedergang? Deutsche Wirtschafts- und Finanzreform 1929. Eine Denkschrift des Präsidiums des Reichsverbandes der Deutschen Industrie, Berlin 1929.
¹⁰ Vgl. Heinrich Brüning, Memoiren 1918–1934, Stuttgart 1970.
¹¹ Petition von führenden Repräsentanten der Wirtschaft an den Reichspräsidenten vom 19. November 1932, in: Martin Broszat, Die Machtergreifung. Der Aufstieg der NSDAP und die Zerstörung der Weimarer Republik, München ²1987, S. 199 f.

Das „Dritte Reich"

¹ Daniela Münkel, Bauern und Nationalsozialismus. Der Landkreis Celle im Dritten Reich, Bielefeld 1991, S. 90 ff.
² Kreisarchiv Celle, 281/1/2, Hanna-Fuess-Sammlung, Interview vom 21. April 1948.
³ Vgl. Peter Steinbach, Widerstand im Widerstreit. Der Widerstand gegen den Nationalsozialismus in der Erinnerung der Deutschen, Paderborn u. a. ²2001, S. 39 ff.; Hartmut Mehringer, Widerstand und Emigration. Das NS-Regime und seine Gegner, München ²1998, S. 267 ff.
⁴ Vgl. Martin Broszat u. a. (Hrsg.), Bayern in der NS-Zeit, Bde. 1–6, München 1977–1983.
⁵ Martin Broszat, Resistenz und Widerstand. Eine Zwischenbilanz des Forschungsprojekts, in: ders. u. a. (Hrsg.), Bayern in der NS-Zeit, Bd. 4: Herrschaft und Gesellschaft im Konflikt, München 1981, S. 691–709.
⁶ Vgl. Ian Kershaw, „Widerstand ohne Volk?". Dissens und Widerstand im Dritten Reich, in: Jürgen Schmädeke / Peter Steinbach (Hrsg.), Der Widerstand gegen den Nationalsozialismus. Die deutsche Gesellschaft und der Widerstand gegen Hitler, München / Zürich 1985, S. 779–798.
⁷ Vgl. Klaus-Michael Mallmann / Gerhard Paul, Resistenz oder loyale Widerwilligkeit? Anmerkungen zu einem umstrittenen Begriff, in: Zeitschrift für Geschichtswissenschaft 41 (1993), S. 99–116.
⁸ Vgl. Detlev Peukert, Volksgenossen und Gemeinschaftsfremde. Anpassung, Ausmerze und Aufbegehren unter dem Nationalsozialismus, Köln 1992, S. 97.
⁹ Vgl. dazu u. a. Robert Gellately, Die Gestapo und die deutsche Gesellschaft, Paderborn u. a. 1993; Klaus-Michael Mallmann / Gerhard

Paul (Hrsg.), Die Gestapo. Mythos und Realität, Darmstadt 1995.

[10] Vgl. zuletzt Martha Schad, Frauen gegen Hitler. Schicksale im Nationalsozialismus, München 2002, S. 248 ff. Ohne das mutige Verhalten der Frauen relativieren zu wollen, hat jüngst Wolf Gruner die These aufgestellt, dass die Wiederfreilassung der in der Rosenstraße inhaftierten und als „arisch versippt" kategorisierten Personen von vornherein geplant war, da u. a. deren Arbeitseinsatz neu geregelt werden sollte und somit keine direkte Folge des öffentlichen Protestes war; vgl. Wolf Gruner, Die Fabrik-Aktion und die Ereignisse in der Berliner Rosenstraße, in: Wolfgang Benz (Hrsg.), Jahrbuch für Antisemitismusforschung 11/2002, S. 137–177.

[11] Dorothee von Meding, Mit dem Mut des Herzens. Die Frauen des 20. Juli, Berlin 1993.

[12] Vgl. Inge Deutschkron, Ich trug den gelben Stern, Köln 1978; dies., Berliner Juden im Untergrund, Berlin 1987.

[13] Vgl. Michael Degen, Nicht alle waren Mörder. Eine Kindheit in Berlin, München 2001.

[14] Gerd R. Ueberschär, Von der Einzeltat des 20. Juli 1944 zur „Volksopposition"? Stationen und Wege der westdeutschen Historiographie nach 1945, in: ders. (Hrsg.), Der 20. Juli. Bewertung und Rezeption des deutschen Widerstandes gegen das NS-Regime, Köln 1994, S. 101–125.

[15] Vgl. Christian Gerlach, Männer des 20. Juli und der Krieg gegen die Sowjetunion, in: Hannes Heer/Klaus Naumann (Hrsg.), Vernichtungskrieg. Verbrechen der Wehrmacht 1941–1944, Hamburg 1995, S. 427–446.

[16] Vgl. u. a. Wolfram Wette, Reichswehr, Wehrmacht, Antisemitismus und militärischer Widerstand (1933–1939), in: Gerd R. Ueberschär (Hrsg.), NS-Verbrechen und der militärische Widerstand gegen Hitler, Darmstadt 2000, S. 19–30; Hans Mommsen, Die Stellung der Militäropposition im Rahmen der deutschen Widerstandsbewegung gegen Hitler, in: ebd., S. 119–134.

[17] Vgl. u. a. Klaus von Dohnanyi, Helden im Nazi-Terror, in: Die Politische Meinung 43 (1998), H 341, S. 21–33.

[18] Vgl. Inge Marßolek/René Ott, Bremen im Dritten Reich. Anpassung – Widerstand – Verfolgung, Bremen 1986.

[19] Vgl. Ulrich Herbert, Arbeiterschaft im „Dritten Reich". Zwischenbilanz und offene Fragen, in: Geschichte und Gesellschaft 15 (1989), S. 320–360, hier S. 344.

[20] Vgl. Ludwig Eiber, Arbeiter und Arbeiterbewegung in der Hansestadt Hamburg in den Jahren 1929 bis 1939. Werftarbeiter, Hafenarbeiter und Seeleute: Konformität, Opposition, Widerstand, Frankfurt a. M. u. a. 2000.

[21] Vgl. Michael Schneider, Unterm Hakenkreuz. Arbeiter und Arbeiterbewegung 1933 bis 1939, Bonn 1999, S. 701 ff.

Ankunft im Westen

[1] Jürgen Habermas: Interview mit Barbara Freitag [1989], abgedr. in: ders.: Die nachholende Revolution. Kleine politische Schriften, Bd. VII, Frankfurt a. M. 1990, S. 99–113, hier S. 99.

[2] Anselm Doering-Manteuffel, Wie westlich sind die Deutschen? Amerikanisierung und Westernisierung im 20. Jahrhundert, Göttingen 1999; Ulrich Herbert (Hrsg.), Wandlungsprozesse in Westdeutschland. Belastung, Integration, Liberalisierung 1945–1980, Göttingen 2002.

[3] Amerikanische Direktive JCS 1067 des Generalstabs der Streitkräfte der Vereinigten Staaten von Amerika an den Oberbefehlshaber der amerikanischen Besatzungstruppen in Deutschland vom 26. April 1945, abgedr. in: Merith Niehuss/Ulrike Lindner (Hrsg.), Deutsche Geschichte in Quellen und Darstellung, Bd. 10: Besatzungszeit, Bundesrepublik und DDR 1945–1969, S. 40–46, hier S. 41 f.

[4] Anselm Doering-Manteuffel, Die Bundesrepublik in der Ära Adenauer. Außenpolitik und innere Entwicklung 1949–1963, Darmstadt 1983, S. 30–35.

⁵ Erklärung von Bundeskanzler Adenauer vor dem Deutschen Bundstag, 21. 10. 1949, abgedr. in: Niehuss/Lindner, Besatzungszeit (wie Anm. 3), S. 202–205, hier S. 204 f.
⁶ Edgar Wolfrum: Geschichtspolitik in der Bundesrepublik Deutschland. Der Weg zur bundesrepublikanischen Erinnerung 1945–1990, Darmstadt 1999, S. 65–85.
⁷ Hermann Lübbe, Der Nationalsozialismus im deutschen Nachkriegsbewußtsein, in: Historische Zeitschrift 236 (1983), S. 579–599, hier S. 585. Im Gegensatz dazu: Norbert Frei, Vergangenheitspolitik. Die Anfänge der Bundesrepublik Deutschland und die NS-Vergangenheit, München 1996.
⁸ Klaus Schönhoven, Aufbruch in die sozialliberale Ära. Zur Bedeutung der sechziger Jahre in der Geschichte der Bundesrepublik, in: Geschichte und Gesellschaft 25 (1999), S. 123–145; Axel Schildt/Detlef Siegfried/Karl Christian Lammers (Hrsg.), Dynamische Zeiten. Die 60er Jahre in den beiden deutschen Gesellschaften, Hamburg 2000; Herbert, Wandlungsprozesse (wie Anm. 2).
⁹ Julia Angster, Konsenskapitalismus und Sozialdemokratie. Die Westernisierung von SPD und DGB, München 2003.
¹⁰ Manfred Görtemaker, Geschichte der Bundesrepublik Deutschland. Von der Gründung bis zur Gegenwart, München 1999, S. 413–418, Zitat S. 415.
¹¹ Frank Bösch, Die Adenauer-CDU. Gründung, Aufstieg und Krise einer Erfolgspartei; 1945–1969, Stuttgart/München 2001.
¹² Willy Brandt, Regierungserklärung vom 28. Oktober 1969, abgedr. in: Klaus Stüwe (Hrsg.), Die großen Regierungserklärungen der deutschen Bundeskanzler von Adenauer bis Schröder, Opladen 2002, S. 161–180, hier S. 163 f., 180.
¹³ Interview mit Kurt Hager, in: Stern, Heft 16 vom 9. 4. 1987, S. 140.
¹⁴ Rundfunkinterview mit Michail Gorbatschow vom 30. 1. 1990, abgedr. in: Deutschland-Archiv 3 (1990), S. 468.
¹⁵ Rundfunkinterview mit dem französischen Staatspräsidenten François Mitterrand, abgedr. in: Informationen zur politischen Bildung 250 (1996), S. 38.

Aufbruch im Osten?

¹ Milan Kundera, Der Scherz, München 1987, S. 85.
² Hermann Kant, Das Impressum, Berlin (DDR) 1972, S. 208 f.
³ Neues Deutschland vom 20. 10. 1961.
⁴ Ebd.
⁵ Peter Hacks, Ausgewählte Dramen, Bd. 2, Berlin (DDR) ²1981, S. 156.
⁶ Günter de Bruyn, Vierzig Jahre. Ein Lebensbericht, Frankfurt a. M. 1996, S. 185 f.
⁷ Uwe Kolbe, Bilder aus einem Panoptikum. Geschichten und Grotesken, Frankfurt a. M. 1988, S. 79.

Weimar: Perikleisches Zeitalter

¹ Vgl. Siegfried Weichlein, Sozialmilieus und politische Kultur in der Weimarer Republik. Lebenswelt, Vereinskultur, Politik in Hessen, Göttingen 1996, S. 272.
² Vgl. Detlev Peukert, Die Weimarer Republik. Krisenjahre der klassischen Moderne, Frankfurt a. M. 1987, S. 174.
³ Egon Erwin Kisch, Der rasende Reporter, Berlin 1924.
⁴ Marcellus Schiffer und Mischa Spoliansky, Titelsong für die Revue „Es liegt in der Luft" (1928), in: David Midgley (Hrsg.), Writing Weimar critical realism in German literature, 1918–1933, Oxford 2000, S. 40.
⁵ Zit. in: Midgley (Hrsg.), Writing Weimar (wie Anm. 4), S. 17.
⁶ Vgl. Walter Müller-Seidel, Literarische Moderne und Weimarer Republik, in: Karl-Dietrich Bracher, Manfred Funke und Hans-Adolf Jacobsen (Hrsg.), Die Weimarer Republik 1918–1933. Politik – Wirtschaft – Gesellschaft, Bonn ²1988, S. 429–453, hier S. 442.

⁷ Vgl. Jost Hermand/Frank Trommler (Hrsg.), Die Kultur der Weimarer Republik, Frankfurt a. M. 1988, S. 162, Zitat Joseph Roth S. 166.

⁸ Vgl. hierzu Reinhard Mehring, Thomas Mann. Künstler und Philosoph, München 2001.

⁹ Axel Eggebrecht, in: Die Weltbühne, Heft 22 (1926), S. 229.

¹⁰ Martin Heidegger, Sein und Zeit, Tübingen 1979 (1. Aufl. 1927), § 27, S. 127f.

¹¹ Zit. nach: Kurt Nowak, Geschichte des Christentums in Deutschland. Religion, Politik und Gesellschaft vom Ende der Aufklärung bis zur Mitte des 20. Jahrhunderts, München 1995, S. 212–215. Das Zitat aus „Zwischen den Zeiten" in: Jürgen Moltmann (Hrsg.), Anfänge der dialektischen Theologie, 2 Bde., München 1962/63, Teil II, S. 95–101, hier S. 95.

¹² Vgl. Hermand/Trommler (Hrsg.), Die Kultur der Weimarer Republik (wie Anm. 7), S. 120, 173.

¹³ Rainer Maria Rilke, Neunte Duineser Elegie, in: ders., Werke, Bd. I, 2, hrsg. von Ruth Sieber-Rilke und Ernst Zinn, Frankfurt a. M. 1980, S. 473–476, hier S. 474f.

¹⁴ Vgl. Hermand/Trommler (Hrsg.), Die Kultur der Weimarer Republik (wie Anm. 7), S. 128.

¹⁵ Vgl. Winfried B. Lerg, Rundfunkpolitik in der Weimarer Republik, München 1980.

¹⁶ Vgl. Heinrich A. Winkler, Von der Revolution zur Stabilisierung. Arbeiter und Arbeiterbewegung in der Weimarer Republik 1918–1924, Bonn ²1985, S. 143.

¹⁷ Vgl. Peukert, Die Weimarer Republik (wie Anm. 2), S. 174.

¹⁸ Heinrich A. Winkler, Der Weg in die Katastrophe. Arbeiter und Arbeiterbewegung in der Weimarer Republik 1930 bis 1933, Berlin 1987, S. 253.

¹⁹ So Alfred Kerr zit. in: Bruno Walter, Thema und Variationen. Erinnerungen und Gedanken, Frankfurt a. M. 1963, S. 349.

²⁰ Vgl. Bernd Faulenbach, Die Ideologie des deutschen Weges. Die deutsche Geschichte in der Historiographie zwischen Kaiserreich und Nationalsozialismus, München 1980.

²¹ Welt am Montag vom 23. 12. 1918.

²² Vgl. hierzu auch: Ernst Jünger, „Invictis victi victuri." Der Vormarsch. Blätter der nationalistischen Jugend, Juni 1928, S. 10–12.

NS-Staat

¹ Fania Fénelon, Das Mädchenorchester in Auschwitz, München ⁹1991, S. 110ff.

² Vgl. Milan Kuna, Musik an der Grenze des Lebens, Frankfurt a. M. 1993, S. 42ff.

³ Vgl. Volker Dahm, Nationale Einheit und partikulare Vielfalt. Zur Frage der kulturpolitischen Gleichschaltung im Dritten Reich, in: Vierteljahrshefte für Zeitgeschichte 43 (1995), S. 221–265.

⁴ Vgl. Adelheid von Saldern, „Kunst fürs Volk". Vom Kulturkonservatismus zur nationalsozialistischen Kulturpolitik, in: dies., Politik – Stadt – Kultur. Aufsätze zur Gesellschaftsgeschichte des 20. Jahrhunderts, Hamburg 1999, S. 169–204, hier S. 179.

⁵ Vgl. Georg Bollenbeck, Tradition, Avantgarde, Reaktion: Deutsche Kontroversen um die kulturelle Moderne 1880–1945, Frankfurt a. M. 1999.

⁶ Adolf Hitler, Mein Kampf, München 1940 (494.–498. Aufl.), S. 331.

⁷ Walter Groß, Kunst und Rasse, in: Kunst und Volk 5 (1937), S. 318–325, hier S. 323.

⁸ Vgl. u. a. Hans-Ulrich Thamer, Geschichte und Propaganda. Kulturhistorische Ausstellungen in der NS-Zeit, in: Geschichte und Gesellschaft 24 (1998), S. 349–381, hier S. 351; Erhard Schütz, Wunschbilder des Nationalsozialismus in Kultur und Künsten, in: Bernd Sösemann (Hrsg.), Der Nationalsozialismus und die deutsche Gesellschaft, Stuttgart/München 2002, S. 221–238, hier S. 225.

⁹ Vgl. Peter-Klaus Schuster (Hrsg.), Nationalsozialismus und „Entartete Kunst". Die „Kunststadt" München 1937, München ⁵1998, S. 87ff.

[10] Zit. nach: ebd., S. 217f.
[11] Zit. nach: ebd., S. 98.
[12] Von Saldern, Kunst fürs Volk (wie Anm. 4), S. 182.
[13] Vgl. Michael H. Kater, Gewagtes Spiel. Jazz im Nationalsozialismus, Köln 1995.
[14] Vgl. Inge Marßolek/Adelheid von Saldern unter Mitarbeit von Daniela Münkel, Monika Pater und Uta C. Schmidt (Hrsg.), Zuhören und Gehörtwerden, Bd. 1: Radio im Nationalsozialismus. Zwischen Lenkung und Ablenkung, Tübingen 1998.
[15] Vgl. dazu ausführlich von Saldern, Kunst fürs Volk (wie Anm. 4), S. 182ff.
[16] Vgl. Peter Reichel, Der schöne Schein des Dritten Reiches. Faszination und Gewalt des Faschismus, München/Wien 1991, S. 321ff.
[17] Zit. nach: Adelheid von Saldern, Kunst fürs Volk (wie Anm. 4), S. 183.
[18] Vgl. dazu Daniela Münkel, Produktionssphäre, in: Marßolek/von Saldern, Zuhören und Gehörtwerden (wie Anm. 14), S. 99f., 103.
[19] Vgl. Elfie Rembold, Die Geburt der „deutschen Volksseele" aus dem Geiste deutscher Barockmusik. Das Reichsbachfest in der Musikstadt Leipzig 1935, in: Adelheid von Saldern (Hrsg.), Städtische Repräsentationen in drei politischen Systemen. NS – DDR – BRD (Arbeitstitel), Stuttgart 2004.
[20] Vgl. Rainer Stommer, Die inszenierte Volksgemeinschaft. Die „Thing-Bewegung" im Dritten Reich, Marburg 1985.
[21] Peter Reichel, Der schöne Schein (wie Anm. 16), S. 321.

Die Amerikanisierung

[1] Hans-Peter Schwarz, Die Ära Adenauer. Gründerjahre der Republik 1949–57 (Geschichte der Bundesrepublik Deutschland, hrsg. von Karl-Dietrich Bracher u. a., Bd. 2), Stuttgart 1981, S. 375; Axel Schildt/Arnold Sywottek (Hrsg.), Modernisierung im Wiederaufbau. Die westdeutsche Gesellschaft der 50er Jahre, Bonn 1993.
[2] Ralph Willett, The Americanization of Germany, 1945–1949, London/New York ²1992, S. 19–24.
[3] Günter Eich, Inventur, abgedr. in: Hermann Glaser, Die Kulturgeschichte der Bundesrepublik Deutschland, Bd. 1: Zwischen Kapitulation und Währungsreform 1945–1948, Frankfurt a. M. 1990, S. 17f.
[4] Zit. in: Glaser, Kulturgeschichte (wie Anm. 3), S. 100.
[5] Axel Schildt, Moderne Zeiten. Freizeit, Massenmedien und Zeitgeist in der Bundesrepublik der 50er Jahre, Hamburg 1995.
[6] Axel Schildt, Ankunft im Westen. Ein Essay zur Erfolgsgeschichte der Bundesrepublik, Frankfurt a. M. 1999, S. 68.
[7] Udo Lindenberg, zit. in: Christoph Kleßmann/Georg Wagner (Hrsg.), Das gespaltene Land. Leben in Deutschland 1945 bis 1990, München 1993, S. 294f.
[8] Kaspar Maase, Bravo Amerika. Erkundungen zur Jugendkultur der Bundesrepublik in den fünfziger Jahren, Hamburg 1992, S. 104–111, hier S. 104.
[9] Schildt, Ankunft (wie Anm. 6), S. 70.
[10] Maase, Bravo Amerika (wie Anm. 8), S. 131–140, betont allerdings den erweiterten Spielraum, den sich die Mädchen nach und nach verschafften.
[11] Zum Folgenden Axel Schildt/Detlef Siegfried/Karl Christian Lammers (Hrsg.), Dynamische Zeiten. Die 60er Jahre in den beiden deutschen Gesellschaften, Hamburg 2000; Ulrich Herbert (Hrsg.), Wandlungsprozesse in Westdeutschland. Belastung, Integration, Liberalisierung 1945–1980, Göttingen 2002; Manfred Görtemaker, Geschichte der Bundesrepublik Deutschland. Von der Gründung bis zur Gegenwart, München 1999, S. 328–596.
[12] Görtemaker, Geschichte der Bundesrepublik (wie Anm. 11), S. 652–686; hier auch zum Folgenden.
[13] Kolja Mensing, Papa, was ist eine Revolution? In: Die Tageszeitung vom 27. 1. 2001.
[14] Florian Illies, Generation Golf. Eine Inspektion, Berlin 2000 (Klappentext).

Parteiauftrag:
Der neue Mensch

[1] Gerhard Scholz, Faust-Gespräche, Berlin 1967, S. 6 ff.
[2] Milan Kundera, Das Leben ist anderswo, München/Wien 1990, S. 299.
[3] Die Ausbürgerung. Anfang vom Ende der DDR, hrsg. von Fritz Pleitgen, Berlin 2001.
[4] Günter de Bruyn, Vierzig Jahre. Ein Lebensbericht, Frankfurt a. M. 1996, S. 215 f.
[5] Stefan Heym, Der Winter unseres Mißvergnügens. Aus den Aufzeichnungen des OV Diversant, München 1996.

Wirtschaft und Sozialstaat

[1] Vgl. Carl-Ludwig Holtfrerich, Die deutsche Inflation 1914–1924, Berlin 1980, S. 194.
[2] Vgl. Martin Geyer, Verkehrte Welt. Revolution, Inflation und Moderne: München 1914–1924, Göttingen 1998.
[3] Vgl. Gerald D. Feldman (Hrsg.), Konsequenzen der Inflation, Berlin 1989.
[4] Angaben nach: Detlev Peukert, Die Weimarer Republik. Krisenjahre der klassischen Moderne, Frankfurt a. M. 1987, S. 125.
[5] Angaben nach: Eberhard Kolb, Die Weimarer Republik, München ³1984, S. 287.
[6] Vgl. Knut Borchardt, Zwangslagen und Handlungsspielräume in der großen Weltwirtschaftskrise der frühen dreißiger Jahre, in: ders., Wachstum, Krisen, Handlungsspielräume der Wirtschaftspolitik, Göttingen 1982, S. 165–182, hier S. 179.
[7] Vgl. Hans Jäger, Geschichte der Wirtschaftsordnung in Deutschland, Frankfurt a. M. 1988, S. 156.
[8] Rudolf Hilferding, Die Aufgaben der Sozialdemokratie in der Republik, in: Sozialdemokratischer Parteitag 1927 in Kiel, Protokoll, Berlin 1927, abgedr. in: Wolfgang Luthardt (Hrsg.), Sozialdemokratische Arbeiterbewegung und Weimarer Republik. Materialien zur gesellschaftlichen Entwicklung 1927–1933, 2 Bde., Frankfurt a. M. 1978, hier Bd. 1, S. 165–184.
[9] Ebd., S. 369–393.
[10] Erik Nölting, Wirtschaftsdemokratie. Zum Kongreß des ADGB, in: Metallarbeiterzeitung vom 1. 9. 1928, abgedr. in: Luthardt (Hrsg.), Sozialdemokratische Arbeiterbewegung (wie Anm. 8), hier Bd. 1, S. 293 ff.
[11] Artikel 163 der Weimarer Reichsverfassung, in: Die Verfassung des Deutschen Reiches vom 11. August 1919, hrsg. von Karl Pannier, Leipzig 7. Aufl. o. J.
[12] Vgl. das Reichsjugendwohlfahrtsgesetz von 1922, das Reichsjugendgerichtsgesetz von 1923 und die gesetzliche Regelung der Sozialfürsorge durch die Notverordnungen vom 13. 2. 1924 und 4. 12. 1924.
[13] Artikel 165 der Weimarer Reichsverfassung, in: Die Verfassung des Deutschen Reiches (wie Anm. 11).
[14] Vgl. Heinrich A. Winkler, Der Schein der Normalität. Arbeiter und Arbeiterbewegung in der Weimarer Republik 1924 bis 1930, Berlin 1985, S. 557–572.
[15] Volker Hentschel, Die Sozialpolitik der Weimarer Republik, in: Karl-Dietrich Bracher/Manfred Funke/Hans-Adolf Jacobsen (Hrsg.), Die Weimarer Republik 1918–1933. Politik – Wirtschaft – Gesellschaft, Bonn ²1988, S. 197–217, hier S. 199.

Die deutsche Kriegswirtschaft

[1] Wesley K. Wark, The ultimate Enemy. British Intelligence and Nazi Germany 1933–1939, London 1985, S. 230 f.
[2] Vgl. Christof Mauch, Schattenkrieg gegen Hitler: Das Dritte Reich im Visier der amerikanischen Geheimdienste 1941–1945, Stuttgart 1999, S. 58 ff.
[3] Der Parteitag der Ehre vom 8. bis 14. September 1936. Offizieller Bericht über den Verlauf des Reichsparteitages mit sämtlichen Kongressreden, München 1936, S. 42.
[4] So Werner Abelshauser, Kriegswirtschaft

und Wirtschaftswunder. Deutschlands wirtschaftliche Mobilisierung für den Zweiten Weltkrieg und die Folgen für die Nachkriegszeit, in: Vierteljahrshefte für Zeitgeschichte 47 (1999), S. 503–538, hier S. 512.

⁵ So Christoph Buchheim, Die Wirtschaftsentwicklung im Dritten Reich – mehr Desaster als Wunder. Eine Erwiderung auf Werner Abelshauser, in: Vierteljahrshefte für Zeitgeschichte 49 (2001), S. 653–664, hier S. 655 ff.

⁶ Zit. nach: Wilhelm Deist u. a., Ursachen und Voraussetzungen des Zweiten Weltkrieges, Frankfurt a. M. 1989, S. 335.

⁷ Vgl. Avraham Barkai, Das Wirtschaftssystem des Nationalsozialismus, Frankfurt a. M. 1988, S. 211.

⁸ Vgl. dazu u. a. Deist u. a., Ursachen und Voraussetzungen (wie Anm. 6), S. 347 ff.

⁹ Hier deutet sich noch ein anderer wichtiger Aspekt nationalsozialistischer Lohnpolitik – jenseits von Lohnstopp und Lohnstabilität – an, nämlich die Hinwendung zum „Lohn nach Leistung"; vgl. Marie-Luise Recker, Sozialpolitik, in: Wolfgang Benz u. a. (Hrsg.), Enzyklopädie des Nationalsozialismus, München 1997, S. 123–134, hier S. 127.

¹⁰ Vgl. Daniela Münkel, Nationalsozialistische Agrarpolitik und Bauernalltag, Frankfurt a. M./New York 1996, S. 123 f.

¹¹ Vgl. u. a. Rolf-Dieter Müller, Albert Speer und die Rüstungspolitik im Totalen Krieg, in: Bernhard R. Kroener u. a., Organisation und Mobilisierung des deutschen Machtbereichs. Kriegsverwaltung, Wirtschaft und personelle Ressourcen 1942–1944/5 (Das Deutsche Reich und der Zweite Weltkrieg, Bd. 5,2), Stuttgart 1999, S. 275–773, hier besonders S. 545 ff.

¹² Vgl. Ulrich Herbert, Geschichte der Ausländerpolitik in Deutschland. Saisonarbeiter, Zwangsarbeiter, Gastarbeiter, Flüchtlinge, München 2001, S. 137.

¹³ Vgl. dazu u. a. Ulrich Herbert, Fremdarbeiter. Politik und Praxis des „Ausländer-Einsatzes" in der Kriegswirtschaft des Dritten Reiches, Bonn ²1986, S. 76 ff.

¹⁴ Vgl. Neil Gregor, Stern und Hakenkreuz. Daimler-Benz im Dritten Reich, Berlin 1997, S. 278.

¹⁵ Zit. nach: Herbert, Ausländerpolitik (wie Anm. 12), S. 142.

¹⁶ Vgl. u. a. Gregor, Stern und Hakenkreuz (wie Anm. 14), S. 265 ff.; Hans Mommsen/ Manfred Grieger, Das Volkswagenwerk und seine Arbeiter im Dritten Reich, Düsseldorf 1996, S. 713 ff.

¹⁷ Vgl. Mark Spoerer, Zwangsarbeit unter dem Hakenkreuz. Ausländische Zivilarbeiter, Kriegsgefangene und Häftlinge im Deutschen Reich und im besetzten Europa 1939–1945, Stuttgart/München 2001, S. 184 ff.

Wirtschaftswunder

¹ Eindrücke eines Berliners aus Düsseldorf, in: Sie, Berlin, vom 29. September 1946, abgedr. in: Christoph Kleßmann/Georg Wagner (Hrsg.), Das gespaltene Land. Leben in Deutschland 1945 bis 1990, München 1993, S. 86 f., hier S. 86.

² Alexander von Plato, Fremde Heimat. Zur Integration von Flüchtlingen und Einheimischen in die neue Zeit, in: Lutz Niethammer/ ders. (Hrsg.), „Wir kriegen jetzt andere Zeiten." Auf der Suche nach der Erfahrung des Volkes in nachfaschistischen Ländern. Lebensgeschichte und Sozialkultur im Ruhrgebiet 1930–1960, Bd. 3, Berlin/Bonn 1985, S. 172–219, hier S. 183.

³ Lutz Niethammer, Privat-Wirtschaft. Erinnerungsfragmente einer anderen Umerziehung, in: ebd., S. 17–105, hier S. 84.

⁴ Michael Wildt, Am Beginn der ‚Konsumgesellschaft'. Mangelerfahrung, Lebenshaltung, Wohlstandshoffnung in Westdeutschland in den fünfziger Jahren, Hamburg 1994, S. 35.

⁵ Ludwig Erhard, Marktwirtschaft im Streit der Meinungen. Rede vor dem 2. Parteikongreß der CDU der britischen Zone am 28. August 1948 in Recklinghausen, in: ders.: Deutsche Wirtschaftspolitik. Der Weg der Sozialen Marktwirtschaft, Düsseldorf u. a. 1962, S. 69–85, hier S. 70 f.

⁶ Gabriele Metzler, Der deutsche Sozialstaat. Vom bismarckschen Erfolgsmodell zum Pflegefall, Stuttgart/München 2003, S. 169–190.

⁷ Axel Schildt, Die Grindelhochhäuser. Eine Sozialgeschichte der ersten deutschen Wohnhochhausanlage. Hamburg-Grindelberg 1945 bis 1956, Hamburg 1993.

⁸ Gerd Hardach, Krise und Reform der Sozialen Marktwirtschaft. Grundzüge der wirtschaftlichen Entwicklung in der Bundesrepublik der 50er und 60er Jahre, in: Axel Schildt/Detlef Siegfried/Karl Christian Lammers (Hrsg.), Dynamische Zeiten. Die 60er Jahre in den beiden deutschen Gesellschaften, Hamburg 2000, S. 197–217.

⁹ Arbeitgeber 1961, S. 480 f., abgedr. in: Kleßmann/Wagner, Das gespaltene Land (wie Anm. 1), S. 191 ff., hier S. 192.

¹⁰ Hans-Günter Hockerts, Metamorphosen des Wohlfahrtsstaats, in: Martin Broszat (Hrsg.), Zäsuren nach 1945. Essays zur Periodisierung der deutschen Nachkriegsgeschichte, München 1990, S. 35–45.

¹¹ Wildt, Am Beginn (wie Anm. 4).

¹² In: von Plato, Fremde Heimat (wie Anm. 2), S. 199 f.; Hardach, Krise und Reform (wie Anm. 8), S. 205.

¹³ Axel Schildt, Moderne Zeiten. Freizeit, Massenmedien und ‚Zeitgeist' in der Bundesrepublik der fünfziger Jahre, Hamburg 1995.

¹⁴ Axel Schildt, Materieller Wohlstand – pragmatische Politik – kulturelle Umbrüche. Die 60er Jahre in der Bundesrepublik, in: Schildt u. a., Dynamische Zeiten (wie Anm. 8), S. 21–53, hier S. 26; zum Folgenden Manfred Görtemaker, Geschichte der Bundesrepublik. Von der Gründung bis zur Gegenwart, München 1999, S. 597–620.

¹⁵ Werner Abelshauser, Wirtschaftsgeschichte der Bundesrepublik 1945–1980, Frankfurt a. M. 1983, S. 119–132.

¹⁶ Hartmut Kaelble (Hrsg.), Der Boom 1948–1973. Gesellschaftliche und wirtschaftliche Folgen in der Bundesrepublik Deutschland und in Europa, Opladen 1992.

¹⁷ Josef Mooser, Abschied von der ‚Proletarität'. Sozialstruktur und Lage der Arbeiterschaft in der Bundesrepublik Deutschland in historischer Perspektive, in: Werner Conze/M. Rainer Lepsius, Sozialgeschichte der Bundesrepublik Deutschland. Beiträge zum Kontinuitätsproblem, Stuttgart 1983, S. 143–186.

¹⁸ Dennis Meadows u. a., Die Grenzen des Wachstums. Bericht des Club of Rome zur Lage der Menschheit, Stuttgart 1972, S. 17.

¹⁹ Jens Hohensee, Der erste Ölpreisschock 1973/74, Stuttgart 1996; Knut Borchardt, Zäsuren in der wirtschaftlichen Entwicklung. Zwei, drei oder vier Perioden?, in: Broszat, Zäsuren (wie Anm. 10), S. 21–33.

Sozialistische Planwirtschaft

¹ Philosophisches Wörterbuch, hrsg. von Georg Klaus und Manfred Buhr, Bd. 1, Leipzig ⁶1969, S. 171.

² Herbert Wolf, Hatte die DDR je eine Chance?, Hamburg 1991, S. 46 f.

³ Vgl. Monika Kaiser, Knock out für den Mittelstand, Berlin 1990: mit dem Schwergewicht auf der Entwicklung vor 1972 aber ausführlich und mit reichem Zahlenmaterial Hannsjörg F. Buck, Formen, Instrumente und Methoden zur Verdrängung, Einbeziehung und Liquidierung der Privatwirtschaft in der SBZ/DDR, in: Materialien der Enquete-Kommission „Aufarbeitung von Geschichte und Folgen der SED-Diktatur in Deutschland", Bd. II/2, S. 1070 ff.; hier vor allem S. 1139–1141.

⁴ Statistisches Jahrbuch der DDR 1972, S. 188, und ebd. 1973, S. 174.

⁵ 11. Parteitag der LDPD. Protokoll des 11. Parteitages der LDPD (16.–19. 2. 1972) in Weimar, Bl. 473.

⁶ SAPMO-BArch, ZPA, J IV 2/202/477.

⁷ SAPMO-BArch, ZP, DY 30/31970/1, Büro Jarowinsky, Information Werner Jarowinsky an Erich Honecker über den Preis der Erdöl- und Erdgaslieferungen der UdSSR im Rahmen

der Abkommen über Investitionsbeteiligungen, 26. 6. 1975.

[8] Heinz Bernhardt, Sortimentskonzeptionen – wichtige Instrumente für die sozialistische Verbraucherpreispolitik, in: Der Handel 4 (1975), S. 137–140, hier 138 f.

[9] SAPMO-BArch, ZPA, DY 30/31970/1, Büro Jarowinsky.

[10] Ebd., Bl. 2.

[11] SAPMO-BArch, ZPA, DY 31976/2, Büro Jarowinsky, Information zu den Ergebnissen der weiteren Verbesserung mit Exquisit- und Delikaterzeugnissen, 16. 12. 1977, Bl. 2.

[12] SAPMO-BArch, ZPA, DY 30/31970/1, Büro Jarowinsky, Information zu Preisen an Honecker o. D. [1979], Bl. 1.

[13] Vollständiger Abdruck in: Das Parlament 38/94 vom 23. 9. 1994, S. 13 f.

[14] Werkzeuge des SED-Regimes. Der Bereich kommerzielle Koordinierung und Alexander Schalck-Golodkowski. Bericht des 1. Untersuchungsausschusses des 12. Deutschen Bundestages, in: Zur Sache 2/94, Anlageband 3, Dokument 749, S. 3225 f.

[15] Ebd.

[16] Maria Haendcke-Hoppe-Arndt, Wer wußte was? Der ökonomische Niedergang der DDR, in: Deutschland Archiv 6, 1995, S. 588–602, Zitat S. 590.

[17] Ute Reinhart, Die verwaltete Krise, in: Tagesspiegel vom 30. 7. 1989; dazu u. a.: Neues Deutschland vom 3. 8. 1989 und Tagesspiegel vom 4. 8. 1989.

Weimarer Weltanschauungen

[1] Erich Fromm, Arbeiter und Angestellte am Vorabend des Dritten Reiches. Eine sozialpsychologische Untersuchung. In: ders., Gesammelte Werke, hrsg. von Rainer Funke, Bd. 3, Stuttgart 1981.

[2] Vgl. Heinrich A. Winkler, Der Schein der Normalität. Arbeiter und Arbeiterbewegung in der Weimarer Republik 1924 bis 1930, Berlin 1985, S. 146–151.

[3] Vgl. hierzu Arend Lijphart, The Politics of Accommodation. Pluralism and Democracy in the Netherlands, Berkeley 1968.

[4] Dies ist im Einzelnen dokumentiert in: Datenatlas zur religiösen Geographie im protestantischen Deutschland von der Mitte des 19. Jahrhunderts bis zum Zweiten Weltkrieg, hrsg. von Lucian Hölscher unter Mitarb. von Tillmann Bendikowski, Claudia Enders und Markus Hoppe, 4 Bde., Berlin 2001.

[5] Vgl. die Bände zum Projekt „Solidargemeinschaft und Milieu. Sozialistische Kultur- und Freizeitorganisationen in der Weimarer Republik", z. B.: Bd. 1: Franz Walter, Sozialistische Akademiker- und Intellektuellenorganisationen in der Weimarer Republik, Bonn 1990.

[6] Vgl. Norbert Busch, Katholische Frömmigkeit und Moderne. Zur Sozial- und Mentalitätsgeschichte des Herz-Jesu-Kultes in Deutschland zwischen Kulturkampf und Erstem Weltkrieg, Gütersloh 1997.

[7] Vgl. Kurt Nowak, Geschichte des Christentums in Deutschland. Religion, Politik und Gesellschaft vom Ende der Aufklärung bis zur Mitte des 20. Jahrhunderts, München 1995, S. 217 f.

[8] Jüdische Rundschau vom 15. 11. 1918, S. 357.

[9] Vgl. Fritz Stern, The Burden of Success: reflections on German Jewry, in: ders., Dreams and Delusions. The Drama of German History, New York 1987, S. 100.

[10] Georg Decker (ursprünglich: Georg Jury Denicke), Offenbarungen der Tat, in: Die Gesellschaft 9 (1929), S. 224–235, hier S. 224.

[11] Thomas Mann, Von deutscher Republik, in: ders., Von deutscher Republik. Politische Reden und Schriften in Deutschland, hrsg. von Hanno Helbing, Frankfurt a. M. 1984, S. 118–159, hier S. 127.

[12] Vgl. Reinhart Koselleck, Artikel „Volk, Nation, Nationalismus, Masse", XIV: Volk, Nation, Nationalismus und Masse 1914–1945, in: Geschichtliche Grundbegriffe Bd. 7, Stuttgart 1992, S. 389–431, hier S. 417.

¹³ Gustav Radbruch, Parteienstaat und Volksgemeinschaft, in: Die Gesellschaft, 6,2 (1929), S. 97–102, zit. in: Karl Egon Lönne (Hrsg.), Die Weimarer Republik 1918–1933, Darmstadt 2002, S. 321–326, hier S. 324.

„Volksgenossen" und „Volksgemeinschaft"

¹ Geleitwort Joseph Goebbels' zur 10. Funk-Ausstellung in Berlin vom 18. bis 27. August 1933, zit. nach: Heide Riedel, 70 Jahre Funkausstellung. Politik – Wirtschaft – Programm, Berlin 1994, S. 62.
² Vgl. Inge Marßolek/Adelheid von Saldern unter Mitarbeit von Daniela Münkel, Monika Pater und Uta C. Schmidt (Hrsg.), Zuhören und Gehörtwerden, Bd. 1: Radio im Nationalsozialismus. Zwischen Lenkung und Ablenkung, Tübingen 1998.
³ Heinz Boberach (Hrsg.), Meldungen aus dem Reich. Die geheimen Lageberichte des Sicherheitsdienstes der SS 1938–1945, Herrsching 1984, S. 941
⁴ RSHA [II B 4–982/39 J] Erlass vom 20. September 1939, abgedr. in: Joseph Walk (Hrsg.), Das Sonderrecht für die Juden im NS-Staat, Karlsruhe 1981, S. 305.
⁵ Vgl. RSHA [IV 1 Nr. 677 V/39–176] Erlass vom 19. Oktober 1939, abgedr. in: ebd., S. 307.
⁶ Vgl. dazu allgemein Jeffrey Verhey, Der „Geist von 1914" und die Erfindung der Volksgemeinschaft, Hamburg 2000.
⁷ Fritz Reinhardt, Vom Wesen der Volksgemeinschaft (Grundlagen, Aufbau und Wirtschaftsordnung des nationalsozialistischen Staates, Heft 8), Berlin 1937, S. 12 f.
⁸ Ebd., S. 12.
⁹ Vgl. u. a. Timothy W. Mason, Arbeiterklasse und Volksgemeinschaft. Dokumente und Materialien zur deutschen Arbeiterpolitik 1936–1939, Opladen 1975.
¹⁰ Vgl. dazu u. a. Bernd Weisbrod, Der Schein der Modernität. Zur Historisierung der „Volksgemeinschaft", in: Karsten Rudolf/ Christel Wickert (Hrsg.), Geschichte als Möglichkeit. Über die Chancen von Demokratie, Essen 1995, S. 224–242.
¹¹ Norbert Frei, Der Führerstaat. Nationalsozialistische Herrschaft 1933 bis 1945, München ⁷2002, S. 113.
¹² Ebd., S. 105 ff.
¹³ Vgl. Alf Lüdtke, Eigen-Sinn. Fabrikalltag, Arbeitererfahrungen und Politik vom Kaiserreich bis in den Faschismus, Hamburg 1993, S. 283 ff.
¹⁴ Vgl. u. a. Bernd Stöver, Volksgemeinschaft im Dritten Reich. Die Konsensbereitschaft der Deutschen aus der Sicht sozialistischer Exilbereiche, Düsseldorf 1993, S. 337 ff.
¹⁵ Vgl. Ian Kershaw, Hitlers Macht. Das Profil der NS-Herrschaft, München ³2001; ders., Hitler, 2 Bde.; Stuttgart 1998/2000.
¹⁶ Vgl. Wolfgang Benz, Herrschaft und Gesellschaft im nationalsozialistischen Staat, Frankfurt a. M. 1990, S. 16 f.
¹⁷ Vgl. Daniela Münkel, Nationalsozialistische Agrarpolitik und Bauernalltag, Frankfurt a. M./New York 1996, S. 361 ff.
¹⁸ Stader Tageblatt vom 2. 10. 1934.
¹⁹ Lu Seegers, Wehrhaftigkeit, Sauberkeit und „deutsche Wertarbeit". Die Inszenierung der Zwickauer Geschichte und Gegenwart bei den Stadtjubiläen im Nationalsozialismus und der DDR, in: Adelheid von Saldern (Hrsg.), Städtische Repräsentationen in drei politischen Systemen. NS – DDR – BRD (Arbeitstitel), Stuttgart 2004; vgl. auch Werner Freitag (Hrsg.), Das Dritte Reich im Fest. Führermythos, Feierlaune und Verweigerung in Westfalen 1933–1945, Bielefeld 1997.
²⁰ Vgl. Jörg Friedrich, Der Brand. Deutschland im Bombenkrieg 1940–1945, München 2002, S. 465 ff.
²¹ Benz, Herrschaft (wie Anm. 16), S. 28.

Liberalisierung der Lebensformen

[1] Manfred Görtemaker, Geschichte der Bundesrepublik Deutschland. Von der Gründung bis zur Gegenwart, München 1999, S. 475.
[2] Ingrid Gilcher-Holtey, Die 68er-Bewegung. Deutschland – Westeuropa – USA, München 2001, S. 25–35.
[3] Michael Schneider, Demokratie in Gefahr? Der Konflikt um die Notstandsgesetze: Sozialdemokratie, Gewerkschaften und intellektueller Prozeß 1958–1968, Bonn 1986.
[4] Zit. in: Görtemaker, Geschichte der Bundesrepublik (wie Anm. 1), S. 488.
[5] Ebd.
[6] Spiegel-Spezial: Die wilden '68er, zit. in: Hermann Glaser, Die Kulturgeschichte der Bundesrepublik Deutschland, Bd. 3: Zwischen Protest und Anpassung 1968–1989, Frankfurt a. M. 1990, S. 47.
[7] Ingo Juchler, Die Studentenbewegung in den Vereinigten Staaten und der Bundesrepublik Deutschland der sechziger Jahre. Eine Untersuchung hinsichtlich ihrer Beeinflussung durch Befreiungsbewegungen und -theorien der Dritten Welt, Berlin 1996.
[8] Jürgen Habermas, Die Scheinrevolution und ihre Kinder, zit. in: Walter Reese-Schäfer, Jürgen Habermas, Frankfurt a. M./New York ³2001, S. 120.
[9] Richard Löwenthal, zit. in: Görtemaker, Geschichte der Bundesrepublik (wie Anm. 1), S. 481.
[10] Ulrich Chaussy, Die drei Leben des Rudi Dutschke. Eine Biographie, Neuausgabe Berlin 1993.
[11] Stefan Aust, Der Baader-Meinhof-Komplex, Hamburg 1985.
[12] Karl-Werner Brand u. a., Aufbruch in eine andere Gesellschaft. Neue soziale Bewegungen in der Bundesrepublik, Frankfurt a. M. 1984.
[13] Glaser, Kulturgeschichte (wie Anm. 6), S. 120–125.
[14] Rede von Helke Sander vom „Aktionsrat zur Befreiung der Frauen" auf der 23. Delegiertenkonferenz des SDS im September 1968 in Frankfurt am Main, abgedr. in: http://www.dhm.de/lemo/html/dokumente/Kontinuitaet UndWandel_redeSanderzurNeuenFrauenbewegung/index.html
[15] Vgl. hierzu Ursula Linnhoff, Die Neue Frauenbewegung. USA – Europa seit 1968, Köln 1974, S. 18.
[16] Alice Schwarzer, 10 Jahre Frauenbewegung. So fing es an!, Köln 1981.
[17] Gerd Langguth, Der grüne Faktor. Von der Bewegung zur Partei?, Osnabrück/Zürich 1984.
[18] Elisabeth Noelle-Neumann, Werden wir alle Proletarier? Wertewandel in unserer Gesellschaft, Zürich 1978, S. 11, 15.
[19] Ronald Inglehart, The Silent Revolution. Changing Values and Political Styles Among Western Publics, Princeton, N. J. 1977.
[20] Frank Bösch, Macht und Machtwechsel. Die Geschichte der CDU, Stuttgart/München 2002, S. 269.
[21] Vgl. Glaser, Kulturgeschichte (wie Anm. 6), S. 183.
[22] Görtemaker, Geschichte der Bundesrepublik (wie Anm. 1), S. 651.
[23] Jürgen Habermas, Interview mit Angelo Bolaffi, abgedr. in: ders., Die nachholende Revolution. Kleine politische Schriften VII, Frankfurt a. M. 1990, S. 21–28, hier S. 28.

Die DDR

[1] Weltall, Erde, Mensch. Ein Sammelwerk zur Entwicklungsgeschichte von Natur und Gesellschaft. Neufassung, Verlag Neues Leben, Berlin ¹⁵1967, S. 5.
[2] Im Jahre 1975 wurde ›Weltall, Erde, Mensch‹ durch das Geschenkbuch ›Der Sozialismus – Deine Welt‹ ersetzt. Dieses erschien bis 1982 im Verlag Neues Leben in acht neu bearbeiteten Auflagen; darauf folgte 1983 der Band ›Vom Sinn unseres Lebens‹, der bis 1987 im gleichen Verlag in fünf Auflagen erschien; vgl. Christian Fischer, Wir haben das Gelöbnis

vernommen. Konfirmation und Jugendweihe im Spannungsfeld, Leipzig 1998, S. 232.
³ Weltall, Erde, Mensch (wie Anm. 1), S. 232.
⁴ Ebd.
⁵ Milan Kundera, Verratene Vermächtnisse, Frankfurt a. M. 1996, S. 18.
⁶ Vgl. Wolfgang Jäger, Die Überwindung der Teilung. Der innerdeutsche Prozeß der Vereinigung 1989/90 (Geschichte der deutschen Einheit, 3), Stuttgart 1998, S. 80 ff.
⁷ Neues Deutschland vom 23. 10. 1948.
⁸ Siegfried Mampel, Die sozialistische Verfassung der Deutschen Demokratischen Republik. Kommentar, Goldbach ³1997, S. 81.
⁹ Meyers Neues Lexikon, 2. Aufl., 18 Bde., Leipzig 1971 ff.
¹⁰ Meyers Universal-Lexikon, 4 Bde., Leipzig 1978–80.
¹¹ BStU, MfS, JHS, VVS 001–19/79 I, Bl. 13.
¹² BStU, MfS, BV Berlin, AKG, Information über Aktivitäten feindlich-negativer Personenkreise am 5. Februar 1988, 6. 2. 1988, Bl. 1.
¹³ Reinhard Schult, Von der Bürgerbewegung zur organisierten Verantwortungslosigkeit. Warum ich die Gruppe Neues Forum/ Bürgerbewegung verlasse. Persönliche Erklärung vom 7. September 1995, als Pressemitteilung verbreitet; vgl. Neues Deutschland vom 13. 9. 1995.
¹⁴ BStU, MfS, BV Berlin, Abt. XX, Information vom 15. 9. 1986 über aktuelle Erfahrungen und Erkenntnisse bei der Bekämpfung feindlich-negativer Kräfte und Gruppierungen politischer Untergrundtätigkeit in der Hauptstadt Berlin, Bl. 2.

Vom Ersten Weltkrieg zum Nationalsozialismus

¹ Zusammenfassung des Mitte der 1920er-Jahre entworfenen Konzepts: Maurice Halbwachs, Das kollektive Gedächtnis, Frankfurt a. M. 1991.
² Zu dieser Perspektive auf die deutsche Gedächtnisgeschichte: Rudy Koshar, From Monuments to Traces. Artifacts of German Memory, 1870–1990, Berkeley 2000.
³ Vgl. Wolfgang Schivelbusch, Die Kultur der Niederlage. Der amerikanische Süden 1865, Frankreich 1871, Deutschland 1918, Berlin 2001.
⁴ Kurt Heinig, Hohenzollern. Wilhelm II. und sein Haus. Der Kampf um den Kronbesitz, Berlin 1921, S. 66.
⁵ Vgl. zu dem Vorgang Winfried Speitkamp, Das Erbe der Monarchie und die Denkmalpflege in der Weimarer Republik, in: Deutsche Kunst und Denkmalpflege 50 (1992), S. 10–21.
⁶ Maoz Azaryahu, What is to be remembered: The struggle over street names in Berlin, 1921–1930, in: Tel Aviver Jahrbuch für deutsche Geschichte, 17/1988, S. 241–258.
⁷ Die folgenden Zitate nach: Ursachen und Folgen. Vom deutschen Zusammenbruch 1918 und 1945 bis zur staatlichen Neuordnung Deutschlands in der Gegenwart. Eine Urkunden- und Dokumentensammlung zur Zeitgeschichte, hrsg. und bearb. von Herbert Michaelis u. a., Bd. 3, Berlin [1958], S. 400, 404 f.
⁸ Wolfgang Schivelbusch, Die Bibliothek von Löwen. Eine Episode aus der Zeit der Weltkriege, München 1988.
⁹ Stenographische Berichte über die Verhandlungen der verfassungsgebenden Deutschen Nationalversammlung, Bd. 327, Berlin 1920, S. 1083.
¹⁰ Zit. nach: Hans Mommsen, Die verspielte Freiheit. Der Weg der Republik von Weimar in den Untergang 1918 bis 1933, Berlin 1989, S. 86.
¹¹ Jürgen von Ungern-Sternberg/Wolfgang von Ungern-Sternberg, Der Aufruf „An die Kulturwelt". Das Manifest der 93 und die Anfänge der Kriegspropaganda im Ersten Weltkrieg. Mit einer Dokumentation, Stuttgart 1996.
¹² Heinrich Schnee, Die koloniale Schuldlüge, München 1926, zahlreiche weitere Auflagen. Zum Kolonialrevisionismus: Horst Gründer, Geschichte der deutschen Kolonien, Paderborn ⁴2000, S. 216 ff.

¹³ Hans Grimm, Volk ohne Raum, München 1926 (Neuauflage: Lippoldsberg 1975).
¹⁴ Der Weltkrieg 1914–1918, 14 Bde., 2 Sonderbde., Berlin 1925–1956. Vgl. Markus Pöhlmann, Kriegsgeschichte und Geschichtspolitik: Der Erste Weltkrieg. Die amtliche deutsche Militärgeschichtsschreibung 1914–1956, Paderborn 2002, S. 163–194.
¹⁵ Vgl. Gerd Krumeich, Die Dolchstoß-Legende, in: Etienne François/Hagen Schulze (Hrsg.), Deutsche Erinnerungsorte, 3 Bde., München 2001, hier Bd. 1, S. 585–599.
¹⁶ Gerhard Hirschfeld u. a. (Hrsg.), „Keiner fühlt sich hier mehr als Mensch ..." Erlebnis und Wirkung des Ersten Weltkrieges, Frankfurt a. M. 1993; ders. u. a. (Hrsg.), Kriegserfahrungen. Studien zur Sozial- und Mentalitätsgeschichte des Ersten Weltkrieges, Essen 1997; Sabine Kienitz, „Fleischgewordenes Elend". Kriegsinvalidität und Körperbilder als Teil einer Erfahrungsgeschichte des Ersten Weltkrieges, in: Nikolaus Buschmann/Horst Carl (Hrsg.), Die Erfahrung des Krieges. Erfahrungsgeschichtliche Perspektiven von der Französischen Revolution bis zum Zweiten Weltkrieg, Paderborn 2001, S. 215–237. Quellenauszüge: Bernd Ulrich/Benjamin Ziemann (Hrsg.), Krieg im Frieden. Die umkämpfte Erinnerung an den Ersten Weltkrieg. Quellen und Dokumente, Frankfurt a. M. 1997.
¹⁷ Carl Heinrich Becker, Kulturpolitische Aufgaben des Reiches, Leipzig 1919, S. 4f.
¹⁸ Vgl. Willi Oberkrome, Volksgeschichte. Methodische Innovation und völkische Ideologisierung in der deutschen Geschichtswissenschaft 1918–1993, Göttingen 1993.
¹⁹ Vgl. Winfried Speitkamp, Die Verwaltung der Geschichte. Denkmalpflege und Staat in Deutschland 1871–1933, Göttingen 1996, S. 171–186, 214–226, 383–393.
²⁰ Annegret Heffen, Der Reichskunstwart – Kunstpolitik in den Jahren 1920–1933. Zu den Bemühungen um eine offizielle Reichskunstpolitik in der Weimarer Republik, Essen 1986; Winfried Speitkamp, „Erziehung zur Nation". Reichskunstwart, Kulturpolitik und Identitätsstiftung im Staat von Weimar, in: Helmut Berding (Hrsg.), Nationales Bewußtsein und kollektive Identität. Studien zur Entwicklung des kollektiven Bewußtseins in der Neuzeit 2, Frankfurt a. M. 1994, S. 541–580.
²¹ Eduard Spranger, Psychologie des Jugendalters, Leipzig ⁹1927, S. 154f., Anm. 1.
²² Vgl. Bernd Buchner, Um nationale und republikanische Identität. Die deutsche Sozialdemokratie und der Kampf um die politischen Symbole in der Weimarer Republik, Bonn 2001.
²³ Deutsche Einheit – Deutsche Freiheit. Gedenkbuch der Reichsregierung zum 10. Verfassungstag, 11. August 1929, Berlin 1929.
²⁴ Akten der Reichskanzlei. Weimarer Republik. Das Kabinett Müller I. 27. März bis 21. Juni 1920, bearb. von Martin Vogt, Boppard a. Rh. 1971, S. 304, Anm. 1.
²⁵ Ursula Mader, Wie das „Deutschlandlied" 1922 Nationalhymne wurde, in: Zeitschrift für Geschichtswissenschaft 38 (1990), S. 1088–1100.
²⁶ Fritz Schellack, Nationalfeiertage in Deutschland von 1871 bis 1945, Frankfurt a. M. 1990, S. 133 ff. passim.
²⁷ Ebd., S. 189–192, 204, 231–246, 266–276, Quellenzitat S. 192.
²⁸ Sabine Behrenbeck, Heldenkult oder Friedensmahnung? Kriegerdenkmale nach beiden Weltkriegen, in: Gottfried Niedhart/Dieter Riesenberger (Hrsg.), Lernen aus dem Krieg? Deutsche Nachkriegszeiten 1918–1945, München 1992, S. 344–364; Meinhold Lurz, Kriegerdenkmäler in Deutschland, Bd. 4: Weimarer Republik, Heidelberg 1985.
²⁹ Vgl. Benjamin Ziemann, Die deutsche Nation und ihr zentraler Erinnerungsort. Das „Nationaldenkmal für die Gefallenen im Weltkriege" und die Idee des „Unbekannten Soldaten" 1914–1935, in: Helmut Berding u. a. (Hrsg.), Krieg und Erinnerung. Fallstudien zum 19. und 20. Jahrhundert, Göttingen 2000, S. 67–91; Speitkamp, Reichskunstwart (wie Anm. 20), S. 571–573.
³⁰ Jürgen Tietz, Das Tannenberg-National-

denkmal. Architektur, Geschichte, Kontext, Berlin 1999.

[31] Adolf Hitler, Mein Kampf. Zwei Bände in einem Band, München 1935 (162.–163. Aufl.), S. 311–362, 726–758.

[32] Die Denkmalpflege 35/7 (1933), S. 193; vgl. Winfried Speitkamp, Denkmalpflege und Heimatschutz in Deutschland zwischen Kulturkritik und Nationalsozialismus, in: Archiv für Kulturgeschichte 70 (1988), S. 149–193.

[33] Hans-Ulrich Thamer, Nationalsozialismus und Denkmalskult, in: Historische Denkmäler. Vergangenheit im Dienste der Gegenwart? Bergisch Gladbach 1994, S. 9–35; ders., Von der Monumentalisierung zur Verdrängung der Geschichte. Nationalsozialistische Denkmalpolitik und die Entnazifizierung von Denkmälern nach 1945, in: Winfried Speitkamp (Hrsg.), Denkmalsturz. Zur Konfliktgeschichte politischer Symbolik, Göttingen 1997, S. 109–136.

[34] Reichsgesetzblatt 1935, T. I, S. 1145 f.

[35] Verhandlungen des Reichstags. Stenographische Berichte, 15. 9. 1935, S. 60.

[36] Peter Reichel, Der schöne Schein des Dritten Reiches. Faszination und Gewalt des Faschismus, München 1991; Hans-Ulrich Thamer, Verführung und Gewalt. Deutschland 1933–1945, Berlin 1986, S. 417–429.

[37] Alfred Rosenberg, Der Mythus des 20. Jahrhunderts. Eine Wertung der seelisch-geistigen Gestaltenkämpfe unserer Zeit, München 1934 (35.–36. Aufl.), S. 514, 566.

[38] Robert Ley, Durchbruch der sozialen Ehre. Reden und Gedanken für das schaffende Deutschland, München [7]1939.

[39] Sabine Behrenbeck, Der Kult um die toten Helden. Nationalsozialistische Mythen, Riten und Symbole 1923 bis 1945, Vierow 1996.

[40] Irmgard Weyrather, Muttertag und Mutterkreuz. Der Kult um die „deutsche Mutter" im Nationalsozialismus, Frankfurt a. M. 1993, S. 152–161.

[41] Peter Wapnewski, Das Nibelungenlied, in: François/Schulze, Erinnerungsorte (wie Anm. 15), Bd. 1, S. 159–169, hier S. 164 f.; Bernd Ulrich, Stalingrad, ebd., Bd. 2, S. 332–348, hier S. 335 f.

[42] Hans Bahn, Die denkmalpflegerische Lage in Hamburg 1943. Ein Überblick und ein Ausblick, in: Deutsche Kunst und Denkmalpflege 9 (1944), S. 28–35, hier S. 29.

[43] Die Tagebücher von Joseph Goebbels. Im Auftrag des Instituts für Zeitgeschichte hrsg. von Elke Fröhlich, Teil II: Diktate 1941–1945, Bd. 15: Januar–April 1945, München 1995, S. 549.

[44] Vgl. Hugh R. Trevor-Roper, Hitlers letzte Tage, o. O. 1947, S. 58.

„Drittes Reich"

[1] Alexander und Margarete Mitscherlich, Die Unfähigkeit zu trauern. Grundlagen kollektiven Verhaltens, München 2001 (25. Aufl.).

[2] Hermann Lübbe, Der Nationalsozialismus im deutschen Nachkriegsbewußtsein, in: Historische Zeitschrift 236 (1983), S. 579–599.

[3] Ralph Giordano, Die zweite Schuld *oder* Von der Last, Deutscher zu sein, Köln 1987.

[4] Manfred Kittel, Die Legende von der „Zweiten Schuld". Vergangenheitsbewältigung in der Ära Adenauer, Berlin 1993.

[5] Klaus von Beyme, Der Wiederaufbau. Architektur und Städtebaupolitik in beiden deutschen Staaten, München 1987, S. 37.

[6] Zit. nach: Thamer, Monumentalisierung (wie oben Anm. 33), S. 127.

[7] Franz-Josef Sladeczek, Ein Hitlerkopf wird in einen Adenauer umgearbeitet, in: Cécile Dupeux u. a. (Hrsg.), Bildersturm. Wahnsinn oder Gottes Wille?, München 2000, S. 402.

[8] Maos Azaryahu, Zurück zur Vergangenheit? Die Straßennamen Ost-Berlins 1990–1994, in: Speitkamp, Denkmalsturz (wie oben Anm. 33), S. 137–154, hier S. 141.

[9] Ulrike Puvogel u. a., Gedenkstätten für die Opfer des Nationalsozialismus. Eine Doku-

mentation, Bd. 1, Bonn ²1996; Bd. 2, Bonn 1999. Vgl. Peter Reichel, Politik mit der Erinnerung. Gedächtnisorte im Streit um die nationalsozialistische Vergangenheit, München 1995, S. 127 ff. passim.

[10] Gerd R. Ueberschär (Hrsg.), Der Nationalsozialismus vor Gericht. Die alliierten Prozesse gegen Kriegsverbrecher und Soldaten 1943–1952, Frankfurt a. M. 1999; Peter Reichel, Vergangenheitsbewältigung in Deutschland. Die Auseinandersetzung mit der NS-Diktatur von 1945 bis heute, München 2001, S. 42–66; Bernd Boll, Wehrmacht vor Gericht. Kriegsverbrecherprozesse der Vier Mächte nach 1945, in: Geschichte und Gesellschaft 24 (1998), S. 570–594

[11] Clemens Vollnhals (Hrsg.), Entnazifizierung. Politische Säuberung und Rehabilitierung in den vier Besatzungszonen 1945–1949, München 1991; Lutz Niethammer, Die Mitläuferfabrik. Die Entnazifizierung am Beispiel Bayerns, Bonn 1982 (Neuausgabe); Rainer Möhler, Entnazifizierung in Rheinland-Pfalz und im Saarland unter französischer Besatzung von 1945 bis 1952, Mainz 1992; Manfred Wille, Entnazifizierung in der Sowjetischen Besatzungszone Deutschland 1945–1949, Magdeburg 1993.

[12] Cornelia Rauh-Kühne, Die Entnazifizierung und die deutsche Gesellschaft, in: Archiv für Sozialgeschichte 35 (1995), S. 35–70, hier S. 35.

[13] Vgl. Norbert Frei, Vergangenheitspolitik. Die Anfänge der Bundesrepublik und die NS-Vergangenheit. München 1999, S. 309 ff.

[14] Helmut Dubiel, Niemand ist frei von der Geschichte. Die nationalsozialistische Herrschaft in den Debatten des Deutschen Bundestages, München 1999, S. 43.

[15] Martin Broszat, Siegerjustiz oder strafrechtliche „Selbstreinigung". Aspekte der Vergangenheitsbewältigung der deutschen Justiz während der Besatzungszeit 1945–1949, in: Vierteljahrshefte für Zeitgeschichte 29 (1981), S. 477–544.

[16] Vgl. Matthias Meusch, Die Frankfurter „Euthanasie"-Prozesse 1946–1948. Zum Versuch einer umfassenden Aufarbeitung der NS-„Euthanasie", in: Hessisches Jahrbuch für Landesgeschichte 47 (1997), S. 253–286.

[17] Gerhard Werle/Thomas Wandres, Auschwitz vor Gericht. Völkermord und bundesdeutsche Strafjustiz. Mit einer Dokumentation des Auschwitz-Urteils, München 1995, S. 19–22.

[18] Friedrich Meinecke, Die deutsche Katastrophe. Betrachtungen und Erinnerungen, Wiesbaden 1946.

[19] Zit. nach: Christoph Kleßmann, Die doppelte Staatsgründung. Deutsche Geschichte 1945–1955, Bonn ⁴1986, S. 377.

[20] Ebd., S. 378.

[21] Vgl. Martin Greschat, Vorgeschichte, in: Claudia Lepp/Kurt Nowak (Hrsg.), Evangelische Kirche im geteilten Deutschland (1945–1989/90), Göttingen 2001, S. 11–45, hier S. 24 ff.

[22] Vgl. Hartmut Berghoff, Zwischen Verdrängung und Aufarbeitung. Die bundesdeutsche Gesellschaft und ihre nationalsozialistische Vergangenheit in den Fünfziger Jahren, in: Geschichte in Wissenschaft und Unterricht 49 (1998), S. 96–114, hier S. 110.

[23] Hans Günther Hockerts, Wiedergutmachung in Deutschland. Eine historische Bilanz 1945–2000, in: Vierteljahrshefte für Zeitgeschichte 49 (2001), S. 167–214.

[24] Vgl. Reichel, Vergangenheitsbewältigung (wie Anm. 10), S. 97 ff.; Frei, Vergangenheitspolitik (wie Anm. 13), S. 309 ff.

[25] Vgl. Edgar Wolfrum, Geschichte als Waffe. Vom Kaiserreich bis zur Wiedervereinigung, Göttingen 2001, S. 117–122.

[26] Matthias Meusch, Von der Diktatur zur Demokratie. Fritz Bauer und die Aufarbeitung der NS-Verbrechen in Hessen (1956–1968), Wiesbaden 2001.

[27] Werle/Wandres, Auschwitz (wie Anm. 17); Reichel, Vergangenheitsbewältigung (wie Anm. 10), S. 158–181.

[28] Helmut Schelsky, Die skeptische Generation. Eine Soziologie der deutschen Jugend, Düsseldorf 1957.

[29] Heinz Bude, Das Altern einer Generation. Die Jahrgänge 1938–1948, Frankfurt a.M. 1995.

[30] Zu 1968 und den Folgen: Ingrid Gilcher-Holtey, Die 68er Bewegung. Deutschland – Westeuropa – USA, München 2001.

[31] Adam Krzeminski, Der Kniefall, in: François/Schulze, Erinnerungsorte (wie oben Anm. 15), Bd. 1, S. 638–653.

[32] „Historikerstreit". Die Dokumentation der Kontroverse um die Einzigartigkeit der nationalsozialistischen Judenvernichtung, München ³1987.

Geteilte Vergangenheit

[1] Michael Feldkamp, Der Parlamentarische Rat 1948–1949. Die Entstehung des Grundgesetzes, Göttingen 1998.

[2] Dieter Bartetzko, Denkmal für den Aufbau Deutschlands. Die Paulskirche in Frankfurt am Main, Königstein 1998, S. 40–50.

[3] Michael Jeismann, Die Nationalhymne, in: François/Schulze, Erinnerungsorte (wie oben Anm. 15), Bd. 3, S. 660–664, hier S. 662.

[4] Harald Schmid, Erinnern an den „Tag der Schuld". Das Novemberpogrom von 1938 in der deutschen Geschichtspolitik, Hamburg 2001.

[5] Jan-Holger Kirsch, „Wir haben aus der Geschichte gelernt". Der 8. Mai als politischer Gedenktag in Deutschland, Köln 1999; Edgar Wolfrum, Die Unfähigkeit zu feiern? Der 8. Mai und der 17. Juni in der bundesrepublikanischen Erinnerungskultur, in: Sabine Behrenbeck/Alexander Nützenadel (Hrsg.), Inszenierungen des Nationalstaats. Politische Feiern in Italien und Deutschland seit 1860/71, Köln 2000, S. 221–241.

[6] Andreas Wöll, „Wegweisend für das deutsche Volk" – Der 20. Juli 1944: Öffentliche Erinnerung und Vergangenheitsbewältigung in der Bundesrepublik Deutschland, in: Helmut König u.a. (Hrsg.), Vergangenheitsbewältigung am Ende des zwanzigsten Jahrhunderts, Opladen 1998, S. 17–37; Gerd R. Ueberschär (Hrsg.), Der 20. Juli 1944. Bewertung und Rezeption des deutschen Widerstandes gegen das NS-Regime, Köln 1994.

[7] Edgar Wolfrum, Geschichtspolitik und deutsche Frage. Der 17. Juni im nationalen Gedächtnis der Bundesrepublik (1953–89), in: Geschichte und Gesellschaft 24 (1998), S. 382–411; ders., Geschichtspolitik in der Bundesrepublik Deutschland. Der Weg zur bundesrepublikanischen Erinnerung 1948–1990, Darmstadt 1999.

[8] Ulrich Schlie, Die Nation erinnert sich. Die Denkmäler der Deutschen, München 2002, S. 145ff.

[9] Wolfgang Jäger, Historische Forschung und politische Kultur in Deutschland. Die Debatte 1914–1980 über den Ausbruch des Ersten Weltkrieges, Göttingen 1984, S. 106ff.

[10] Vgl. Peter Steinbach, Widerstandsforschung im politischen Spannungsfeld, in: ders./Johannes Tuchel (Hrsg.), Widerstand gegen den Nationalsozialismus, Bonn 1994, S. 597–622.

[11] Klaus von Beyme u.a. (Hrsg.), Neue Städte aus Ruinen. Deutscher Städtebau der Nachkriegszeit, München 1992.

[12] Vgl. Dirk van Laak, Der Platz des Holocaust im deutschen Geschichtsbild, in: Konrad H. Jarausch/Martin Sabrow (Hrsg.), Die historische Meistererzählung. Deutungslinien der deutschen Nationalgeschichte nach 1945, Göttingen 2002, S. 163–193, hier 185f.

[13] Vgl. Dubiel, Niemand ist frei von der Geschichte (wie oben Anm. 14), S. 206–215; Aleida Assmann/Ute Frevert, Geschichtsvergessenheit – Geschichtsversessenheit. Vom Umgang mit deutschen Vergangenheiten nach 1945, Stuttgart 1999, S. 269ff.

[14] Martin Sabrow (Hrsg.), Verwaltete Vergangenheit. Geschichtskultur und Herrschaftslegitimation in der DDR, Leipzig 1997; Jeffrey Herf, Zweierlei Erinnerung. Die NS-Vergangenheit im geteilten Deutschland, Berlin 1998.

[15] Vgl. Jochen Laufer, Die Verfassungs-

gebung in der SBZ 1946–1949, in: Aus Politik und Zeitgeschichte B 22–33 (1998), S. 29–41.

[16] Heike Amos, Auferstanden aus Ruinen ... Die Nationalhymne der DDR 1949–1990, Berlin 1997.

[17] Monika Gibas, „Auferstanden aus Ruinen und der Zukunft zugewandt!" Politische Feier- und Gedenktage der DDR, in: Behrenbeck/Nützenadel, Inszenierungen (wie Anm. 5), S. 191–220.

[18] Jana Scholze, Ausgezeichnete Höchstleistungen. Leistungsstimulierungen in der DDR, in: Fortschritt, Norm und Eigensinn. Erkundungen im Alltag der DDR, hrsg. vom Dokumentationszentrum Alltagskultur der DDR e.V., Berlin 1999, S. 85–103.

[19] Zit. nach: Gibas, Auferstanden aus Ruinen (wie Anm. 17), S 203.

[20] Manfred Overesch, Buchenwald und die DDR, oder Die Suche nach Selbstlegitimation, Göttingen 1995.

[21] Thomas Friedrich, „Welch eine Kraft es gab, als Stalin sprach". Personenkult und SED, Mainz 1992.

[22] Vgl. Alexander Demandt, Vandalismus. Gewalt gegen Kultur, Berlin 1997, S. 201–204.

[23] Vgl. Tine Stein, Vergangenheitsbewältigung im Medium der Verfassungspolitik? Die deutsche Verfassungsdiskussion nach 1989 zwischen Vergangenheit und Zukunft, in: König u.a., Vergangenheitsbewältigung (wie Anm. 6), S. 136–156.

[24] Anschaulich: Jana Hensel, Zonenkinder, Reinbek 2002, S. 14–26.

[25] Azaryahu, Zurück zur Vergangenheit? (wie oben Anm. 8); Stefan Berkholz, Wohin mit Lenin? In Berlin hat die Diskussion über die Zukunft der Partei- und Staats-Denkmäler begonnen, in: Die Zeit, Nr. 34 vom 17. 8. 1990, S. 48; Friedrich Karl Fromme, Symbole, die zu löschen sind, in: Frankfurter Allgemeine Zeitung vom 26. 10. 1990, S. 1.

[26] Vgl. Ute Frings, Die Abrißbirne als Mittel der Vergessenstechnik? Kritische Rekonstruktion oder Geschichsrevision: Vom schwierigen Umgang mit der DDR-Architektur, in: Frankfurter Rundschau vom 14./15. 6. 1995, S. 6.

[27] Manfred Sack, Das Berliner Schloßgespenst, in: Die Zeit, Nr. 52 vom 18. 12. 1992, S. 43f.; Christian Thomas, Ein Schloß wird kommen. Zu den ersehnten Rekonstruktionsvorhaben in der Berliner Kupfergrabenlandschaft, in: Frankfurter Rundschau vom 18. 12. 1995, S. 7; Gerwin Zohlen, Wir sind der Platz. Der Streit um Berlins neue alte Mitte ist auch ein Streit um das Selbstbild des wiedervereinigten Landes, in: Die Zeit, Nr. 41 vom 3. 11. 1997, S. 51f.

[28] Vgl. „Ein Bild von Erz und Stein". Kaiser Wilhelm am Deutschen Eck und die Nationaldenkmäler, Koblenz 1997.

[29] Vgl. Winfried Speitkamp, Erinnerungsorte und Landesgeschichte, in: Beiheft der Zeitschrift des Vereins für Thüringische Geschichte, Beiheft 34, Jena 2003.

[30] Daniela Büchten/Anja Frey (Hrsg.), Im Irrgarten deutscher Geschichte. Die Neue Wache 1818 bis 1993, Berlin [1993]; Christoph Stölzl (Hrsg.), Die Neue Wache Unter den Linden. Ein deutsches Denkmal im Wandel der Geschichte, Berlin 1993; James E. Young, Nach-Bilder des Holocaust in zeitgenössischer Kunst und Architektur, Hamburg 2002, S. 218f.

[31] Petra Bock, Vergangenheitspolitik in der Revolution von 1989, in: dies./Edgar Wolfrum (Hrsg.), Umkämpfte Vergangenheit. Geschichtsbilder, Erinnerung und Vergangenheitspolitik im internationalen Vergleich, Göttingen 1999, S. 82–100; Annette Weinke, Der Umgang mit der Stasi und ihren Mitarbeitern, in: König u.a., Vergangenheitsbewältigung (wie Anm. 6), S. 167–191.

[32] Materialien der Enquete-Kommission „Aufarbeitung von Geschichte und Folgen der SED-Diktatur in Deutschland" (12. Wahlperiode des Deutschen Bundestages), hrsg. vom Deutschen Bundestag, 9 Bde. in 18 Teilbänden, Frankfurt a.M. 1995.

Die Zukunft der Geschichte heute

[1] Vgl. z. B. Harald Welzer u. a., „Opa war kein Nazi". Nationalsozialismus und Holocaust im Familiengedächtnis, Frankfurt a. M. 2002; Ulrich Baer (Hrsg.), „Niemand zeugt für den Zeugen". Erinnerungskultur und historische Verantwortung nach der Shoah, Frankfurt a. M. 2000; Habbo Knoch, Die Tat als Bild. Fotografien des Holocaust in der deutschen Erinnerungskultur, Hamburg 2001.

[2] Francis Fukuyama, Das Ende der Geschichte. Wo stehen wir?, München 1992.

[3] Helmut König, Von der Diktatur zur Demokratie oder Was ist Vergangenheitsbewältigung, in: ders. u. a., Vergangenheitsbewältigung (wie oben Anm. 6), S. 371–392; Helmut Quaritsch, Theorie der Vergangenheitsbewältigung, in: Der Staat 31 (1992), S. 519–551.

[4] Jan Assmann, Das kulturelle Gedächtnis. Schrift, Erinnerung und politische Identität in frühen Hochkulturen, München ³2000, S. 51–54.

[5] Piere Nora (Hrsg.), Les lieux de mémoire, 3 Teile, 7 Bde., Paris 1984–1992; die Einführung in deutscher Übersetzung in: ders., Zwischen Geschichte und Gedächtnis, Frankfurt a. M. 1998, S. 11–42.

[6] François/Schulze, Erinnerungsorte (wie oben Anm. 15).

[7] Ebd., Bd. 1, S. 390.

[8] Ebd., S. 470.

[9] Ebd., S. 10 f.

[10] Ebd., S. 569.

[11] Heinrich August Winkler, Der lange Weg nach Westen, Bd. 1: Deutsche Geschichte vom Ende des Alten Reiches bis zum Untergang der Weimarer Republik; Bd. 2: Deutsche Geschichte vom „Dritten Reich" bis zur Wiedervereinigung, München 2000.

[12] Heinrich August Winkler, Ende aller Sonderwege, in: Der Spiegel, Nr. 24 vom 11. Juni 2001, S. 168–180, Zitate S. 172, 178 f.

[13] Vgl. Young, Nach-Bilder (wie oben Anm. 30), S. 178–215.

[14] Vgl. Jan-Holger Kirsch, Nationaler Mythos oder historische Trauer? Der Streit um ein zentrales „Holocaust-Mahnmal" für die Berliner Republik, Köln u. a. 2003.

[15] Eva Manesse, Der Wirbelmacher. Im Auftrag von Lea Rosh: Die Holocaust-Werbeindustrie boomt, in: Frankfurter Allgemeine Zeitung vom 3. 12. 2002, S. 37.

[16] Vgl. Reichel, Politik mit der Erinnerung (wie oben Anm. 9), S. 313–320.

[17] Frank Schirrmacher (Hrsg.), Die Walser-Bubis-Debatte. Eine Dokumentation, Frankfurt a. M. 1999, Zitate S. 12 f.

[18] Hans-Günther Thiele (Hrsg.), Die Wehrmachtsausstellung. Dokumentation einer Kontroverse, Bonn 1997.

[19] Daniel Jonah Goldhagen, Hitlers willige Vollstrecker. Ganz gewöhnliche Deutsche und der Holocaust, Berlin 1996; Michael Schneider, Die „Goldhagen-Debatte". Ein Historikerstreit in der Mediengesellschaft, in: Archiv für Sozialgeschichte 37 (1997), S. 460–481.

[20] Norman G. Finkelstein, Die Holocaust-Industrie. Wie das Leiden der Juden ausgebeutet wird, München 2000. Dazu vor allem kritische Beiträge: Ernst Piper (Hrsg.), Gibt es wirklich eine Holocaust-Industrie? Zur Auseinandersetzung um Norman Finkelstein, Zürich 2001.

[21] Peter Novick, Nach dem Holocaust. Der Umgang mit dem Massenmord, Stuttgart 2001.

[22] Dokumentation der Vertreibung der Deutschen aus Ost-Mitteleuropa, bearb. von Theodor Schieder u. a., hrsg. vom Bundesministerium für Vertriebene, Flüchtlinge und Kriegsgeschädigte, 5 Bde., [Bonn 1956/57], ND München 1984. Vgl. als Überblick und Einordnung: Edgar Wolfrum, Zwischen Geschichtsschreibung und Geschichtspolitik. Forschungen zu Flucht und Vertreibung nach dem Zweiten Weltkrieg, in: Archiv für Sozialgeschichte 36 (1996), S. 500–522.

[23] Siehe zu hessischen Beispielen: Werner Dettmar, Die Zerstörung Kassels im Oktober 1943. Eine Dokumentation, Fuldabrück 1983;

Richard Humphrey u. a. (Hrsg.), Der Untergang des alten Gießen. Hundert Zeitzeugen berichten von den Bombardierungen der Stadt im Zweiten Weltkrieg, Gießen 1994.

[24] W. G. Sebald, Luftkrieg und Literatur, München 1999, S. 82, 93, 103.

[25] Gespräch mit Hans-Ulrich Wehler in: Der Spiegel, Nr. 2 vom 6. 1. 2003, S. 51 f.

[26] Jörg Friedrich, Das Gesetz des Krieges. Das deutsche Heer in Rußland 1941 bis 1945. Der Prozeß gegen das Oberkommando der Wehrmacht, München 1995, S. 714–742, 887–889.

[27] Jörg Friedrich, Der Brand. Deutschland im Bombenkrieg 1940–1945, München 2002.

[28] Binjamin Wilkomirski, Bruchstücke. Aus einer Kindheit 1939–1948, Frankfurt a. M. ^{4}1996; vgl. Aleida Assmann, Falsche Erinnerungen. Der Fall Grosjean/Dössecker/Wilkomirski, in: Paragrana. Internationale Zeitschrift für Historische Anthropologie 9 (2000), H. 2, S. 91–103.

[29] Young, Nach-Bilder (wie Anm. 30), S. 227 f.

[30] Zitiert nach: Heffen, Reichskunstwart (wie oben Anm. 20), S. 255.

Literaturverzeichnis

Weimarer Republik

Bähr, Johannes, Staatliche Schlichtung in der Weimarer Republik. Tarifpolitik, Korporatismus und industrieller Konflikt zwischen Inflation und Deflation 1919–1932, Berlin 1989.

Barth, Karl, Der Römerbrief, Bern 1919.

Blaich, Fritz, Der Schwarze Freitag. Inflation und Wirtschaftskrise, München 1985.

Bollenbeck, Georg, Bildung und Kultur. Glanz und Elend eines deutschen Deutungsmusters, Frankfurt a. M. ²1994.

Borchardt, Knut, Zwangslagen und Handlungsspielräume in der großen Weltwirtschaftskrise der frühen dreißiger Jahre, in: ders., Wachstum, Krisen, Handlungsspielräume der Wirtschaftspolitik, Göttingen 1982, S. 165–182.

Broszat, Martin, Die Machtergreifung. Der Aufstieg der NSDAP und die Zerstörung der Weimarer Republik, München ⁵1994.

Crew, David F., Germans on Welfare from Weimar to Hitler, Princeton 1998.

Eksteins, Modris, Die Geburt der Moderne und der Erste Weltkrieg, übers. von Bernhard Schmid, Reinbek 1990.

Fallada, Hans, Bauern, Bonzen und Bomben, Berlin 1931.

Feldman, Gerald D., The Great Disorder. Politics, Economics, and Society in the German Inflation, 1914–1924, Oxford 1993.

Geyer, Martin, Verkehrte Welt. Revolution, Inflation und Moderne: München 1914–1924, Göttingen 1998.

Grab, Walter/Avraham Barkai (Hrsg.), Juden in der Weimarer Republik. Skizzen und Porträts, Darmstadt ²1998.

Hermand, Jost/Frank Trommler, Die Kultur der Weimarer Republik, Frankfurt a. M. 1998.

Holtfrerich, Karl Ludwig, Alternativen zu Brünings Wirtschaftspolitik in der Weltwirtschaftskrise, Wiesbaden 1982.

Jäger, Hans, Geschichte der Wirtschaftsordnung in Deutschland, Frankfurt a. M. 1988.

Jasper, Gotthard, Die gescheiterte Zähmung. Wege zur Machtergreifung Hitlers 1930–1934, Frankfurt a. M. 1986.

Kisch, Egon Erwin, Der rasende Reporter. Hetzjagd durch die Zeit, Berlin ⁶1993 (1. Auflage 1924).

Kittel, Manfred, Provinz zwischen Reich und Republik. Politische Mentalitäten in Deutschland und Frankreich 1918–1933/36, München 2000.

Kolb, Eberhard, Die Weimarer Republik, München ⁶2002.

Lehnert, Detlef/Klaus Megerle (Hrsg.), Pluralismus als Verfassungs- und Gesellschaftsmodell. Zur politischen Kultur in der Weimarer Republik, Opladen 1993.

Ders./Klaus Megerle (Hrsg.), Politische Identität und nationale Gedenktage. Zur politischen Kultur in der Weimarer Republik, Opladen 1989.

Ders./Klaus Megerle (Hrsg.), Politische Teilkulturen zwischen Integration und Polarisierung. Zur politischen Kultur in der Weimarer Republik, Opladen 1990.

Lepsius, M. Rainer, Parteiensystem und Sozialstruktur: zum Problem der Demokratisierung der deutschen Gesellschaft, in: ders., Demokratie in Deutschland. Soziologisch-historische Konstellationsanalysen, Göttingen 1993, S. 25–50.

Mallmann, Klaus-Michael, Kommunisten in der Weimarer Republik. Sozialgeschichte einer revolutionären Bewegung, Darmstadt 1996.

Mehring, Reinhard, Thomas Mann. Künstler und Philosoph, München 2001.

Midgley, David, Writing Weimar critical realism in German literature, 1918–1933, Oxford 2000.

Müller-Seidel, Walter, Literarische Moderne und Weimarer Republik, in: Karl-Dietrich Bracher/Manfred Funke/Hans-Adolf Jacobsen (Hrsg.), Die Weimarer Republik 1918–1933. Politik – Wirtschaft – Gesellschaft, Bonn ²1988, S. 429–453.

Nowak, Kurt, Evangelische Kirche und Weimarer Republik. Zum politischen Weg des deutschen Protestantismus zwischen 1918 und 1932, Göttingen ²1988.

Ders., Geschichte des Christentums in Deutschland. Religion, Politik und Gesellschaft vom Ende der Aufklärung bis zur Mitte des 20. Jahrhunderts, München 1995, S. 205–242.

Ders. (Hrsg.), Protestantismus und Antisemitismus in der Weimarer Republik, Frankfurt a.M. 1994.

Peukert, Detlev J. K., Die Weimarer Republik. Krisenjahre der klassischen Moderne, Frankfurt a.M. 1987.

Schönhoven, Klaus, Die deutschen Gewerkschaften, Frankfurt a.M. 1987.

Ders., Reformismus und Radikalismus. Gespaltene Arbeiterbewegung im Weimarer Sozialstaat, München 1989.

Sontheimer, Kurt, Antidemokratisches Denken in der Weimarer Republik. Die politischen Ideen des deutschen Nationalismus zwischen 1918 und 1933, München 1962.

Troeltsch, Ernst, Die Fehlgeburt einer Republik. Spektator in Berlin 1918 bis 1922, hrsg. von Johann Hinrich Claussen, Frankfurt a.M. 1994.

Weichlein, Siegfried, „Die alte Schönheit ist nicht mehr wahr, und die neue Wahrheit ist noch nicht schön". Epochenwahrnehmungen und Zukunftsvorstellungen der republikanischen Kräfte in der Weimarer Republik, in: Karsten Fischer (Hrsg.), Neustart des Weltlaufs? Fiktion und Faszination der Zeitenwende, Frankfurt a.M. 1999, S. 139–163.

Ders., Multifunktionäre und Parteieliten in Katholizismus und Sozialdemokratie zwischen Kaiserreich und Republik, in: Dieter Dowe/Jürgen Kocka/Heinrich A. Winkler (Hrsg.), Parteien im Wandel vom Kaiserreich zur Weimarer Republik. Rekrutierung – Qualifizierung – Karrieren, München 1999, S. 183–209.

Ders., Sozialmilieus und politische Kultur in der Weimarer Republik. Lebenswelt, Vereinsmilieu, Politik in Hessen, Göttingen 1996.

Winkler, Heinrich August, Weimar 1918–1933. Die Geschichte der ersten deutschen Republik, München 1993.

Ders. (Hrsg.), Organisierter Kapitalismus. Voraussetzungen und Anfänge, Göttingen 1974.

Nationalsozialismus

Abelshauser, Werner, Kriegswirtschaft und Wirtschaftswunder. Deutschlands wirtschaftliche Mobilisierung für den Zweiten Weltkrieg und die Folgen für die Nachkriegszeit, in: Vierteljahrshefte für Zeitgeschichte 47 (1999), S. 503–538.

Barkai, Avraham, Das Wirtschaftssystem des Nationalsozialismus, Frankfurt a.M. 1988.

Benz, Wolfgang, Herrschaft und Gesellschaft im nationalsozialistischen Staat, Frankfurt a.M. 1990.

Ders. u.a. (Hrsg.), Enzyklopädie des Nationalsozialismus, München 1997.

Bollenbeck, Georg, Tradition, Avantgarde, Reaktion: deutsche Kontroversen um die kulturelle Moderne 1880–1945, Frankfurt a.M. 1999.

Bracher, Karl Dietrich u.a. (Hrsg.), Deutschland 1933–1945. Neue Studien zur nationalsozialistischen Herrschaft, Bonn ²1993.

Dahm, Volker, Nationale Einheit und partikulare Vielfalt. Zur Frage der kulturpolitischen Gleichschaltung im Dritten Reich, in: Vier-

teljahrshefte für Zeitgeschichte 43 (1995), S. 221–265.
Frei, Norbert, Der Führerstaat. Nationalsozialistische Herrschaft 1933 bis 1945, München ⁷2002.
Friedrich, Jörg, Der Brand. Deutschland im Bombenkrieg 1940–1945, München 2002.
Herbert, Ulrich, Fremdarbeiter. Politik und Praxis des „Ausländer-Einsatzes" in der Kriegswirtschaft des Dritten Reiches, Bonn ²1986.
Ders., Geschichte der Ausländerpolitik in Deutschland. Saisonarbeiter, Zwangsarbeiter, Gastarbeiter, Flüchtlinge, München 2001.
Kater, Michael H., Gewagtes Spiel. Jazz im Nationalsozialismus, Köln 1995.
Kershaw, Ian, Hitler, 2 Bde. Stuttgart 1998 und 2000.
Ders., Der „Hitler-Mythos". Führerkult und Volksmeinung, Stuttgart 1999.
Ders., Der NS-Staat. Geschichtsinterpretationen und Kontroversen im Überblick, Reinbek 1994.
Marßolek, Inge/Adelheid von Saldern (Hrsg.) unter Mitarbeit von Daniela Münkel, Monika Pater und Uta C. Schmidt, Zuhören und Gehörtwerden, Bd. 1: Radio im Nationalsozialismus. Zwischen Lenkung und Ablenkung, Tübingen 1998.
Mason, Timothy W., Arbeiterklasse und Volksgemeinschaft. Dokumente und Materialien zur deutschen Arbeiterpolitik 1936–1939, Opladen 1975.
Mommsen, Hans/Susanne Willems (Hrsg.), Herrschaftsalltag im „Dritten Reich", Düsseldorf 1988.
Müller, Rolf-Dieter, Albert Speer und die Rüstungspolitik im Totalen Krieg, in: Bernhard R. Kroener u.a., Organisation und Mobilisierung des deutschen Machtbereichs. Kriegsverwaltung, Wirtschaft und personelle Ressourcen 1942–1944/45, Stuttgart 1999, S. 275–773.
Münkel, Daniela, Nationalsozialistische Agrarpolitik und Bauernalltag, Frankfurt a.M./New York 1996.

Petzina, Dieter, Autarkiepolitik im Dritten Reich. Der nationalsozialistische Vierjahresplan, Stuttgart 1968.
Reichel, Peter, Der schöne Schein des Dritten Reiches. Faszination und Gewalt des Faschismus, München/Wien 1991.
Saldern, Adelheid von, „Kunst fürs Volk". Vom Kulturkonservatismus zur nationalsozialistischen Kulturpolitik, in: dies., Politik – Stadt – Kultur. Aufsätze zur Gesellschaftsgeschichte des 20. Jahrhunderts, Hamburg 1999, S. 169–204.
Schuster, Peter-Klaus (Hrsg.), Die „Kunststadt" München 1937. Nationalsozialismus und „Entartete Kunst", Darmstadt ⁵1998.
Sösemann, Bernd (Hrsg.), Der Nationalsozialismus und die deutsche Gesellschaft, Stuttgart/München 2002.
Spotts, Frederic, Hitler and the Power of Aesthetics, London 2002.
Stöver, Bernd, Volksgemeinschaft im Dritten Reich. Die Konsensbereitschaft der Deutschen aus der Sicht sozialistischer Exilberichte, Düsseldorf 1993.
Thamer, Hans-Ulrich, Geschichte und Propaganda. Kulturhistorische Ausstellungen in der NS-Zeit, in: Geschichte und Gesellschaft 24 (1998), S. 349–381.
Ders., Verführung und Gewalt. Deutschland 1933–1945, Berlin 1998.
Verhey, Jeffrey, Der „Geist von 1914" und die Erfindung der Volksgemeinschaft, Hamburg 2000.
Volkmann, Hans Erich, Ökonomie und Expansion, Grundzüge der NS-Wirtschaftspolitik, München 2003.
Wehler, Hans-Ulrich, Deutsche Gesellschaftsgeschichte 1914–1949, München 2003.

Bundesrepublik Deutschland

Abelshauser, Werner, Wirtschaftsgeschichte der Bundesrepublik 1945–1980, Frankfurt a.M. 1983.
Benz, Wolfgang, Die Gründung der Bundesre-

publik. Von der Bizone zum souveränen Staat, München ³1989.

Benz, Wolfgang, Potsdam 1945. Besatzungsherrschaft und Neuaufbau im Vier-Zonen-Deutschland, München ²1992.

Brand, Karl-Werner u. a., Aufbruch in eine andere Gesellschaft. Neue soziale Bewegungen in der Bundesrepublik, Frankfurt a. M. 1984.

Broszat, Martin (Hrsg.), Zäsuren nach 1945. Essays zur Periodisierung der deutschen Nachkriegsgeschichte, München 1990.

Bude, Heinz/Bernd Greiner (Hrsg.), Westbindungen: Amerika in der Bundesrepublik, Hamburg 1999.

Conze, Werner/M. Rainer Lepsius, Sozialgeschichte der Bundesrepublik Deutschland. Beiträge zum Kontinuitätsproblem, Stuttgart 1983.

Doering-Manteuffel, Anselm, Die Bundesrepublik in der Ära Adenauer. Außenpolitik und innere Entwicklung 1949–1963, Darmstadt 1983.

Ders., Wie westlich sind die Deutschen? Amerikanisierung und Westernisierung im 20. Jahrhundert, Göttingen 1999.

Ellwein, Thomas, Krisen und Reformen. Die Bundesrepublik seit den sechziger Jahren, München 1989.

Gilcher-Holtey, Ingrid, Die 68er-Bewegung. Deutschland – Westeuropa – USA, München 2001.

Glaser, Hermann, Die Kulturgeschichte der Bundesrepublik Deutschland, 3 Bde., Frankfurt a. M. 1990.

Görtemaker, Manfred, Geschichte der Bundesrepublik Deutschland. Von der Gründung bis zur Gegenwart, München 1999.

Herbert, Ulrich (Hrsg.), Wandlungsprozesse in Westdeutschland. Belastung, Integration, Liberalisierung 1945–1980, Göttingen 2002.

Herbst, Ludolf, Option für den Westen. Vom Marshallplan bis zum deutsch-französischen Vertrag, München 1989.

Hockerts, Hans Günter, Drei Wege deutscher Sozialstaatlichkeit: NS-Diktatur, Bundesrepublik und DDR im Vergleich, München 1998.

Junker, Detlef (Hrsg.), Die USA und Deutschland im Zeitalter des Kalten Krieges, 1945–1990. Ein Handbuch, 2 Bde., Stuttgart/München 2001.

Kaelble, Hartmut (Hrsg.), Der Boom 1948–1973. Gesellschaftliche und wirtschaftliche Folgen in der Bundesrepublik Deutschland und in Europa, Opladen 1992.

Kleßmann, Christoph, Die doppelte Staatsgründung. Deutsche Geschichte 1945–1955, Bonn 1982.

Ders., Zwei Staaten, eine Nation. Deutsche Geschichte 1955–1970, Bonn ²1997.

Koenen, Gerd, Das rote Jahrzehnt. Unsere kleine deutsche Kulturrevolution 1967–1977, Köln 2001.

Kraushaar, Wolfgang, 1968 als Mythos, Chiffre und Zäsur, Hamburg 2000.

Langguth, Gerd, Protestbewegung. Entwicklung – Niedergang – Renaissance. Die Neue Linke seit 1968, Köln 1983.

Maase, Kaspar, Bravo Amerika. Erkundungen zur Jugendkultur der Bundesrepublik in den fünfziger Jahren, Hamburg 1992.

Metzler, Gabriele, Der deutsche Sozialstaat. Vom bismarckschen Erfolgsmodell zum Pflegefall, Stuttgart/München 2003.

Morsey, Rudolf, Die Bundesrepublik Deutschland. Entstehung und Entwicklung bis 1969, München ⁴2000.

Naumann, Klaus (Hrsg.), Nachkrieg in Deutschland, Hamburg 2001.

Otto, Karl A., Vom Ostermarsch zur APO. Geschichte der Außerparlamentarischen Opposition in der Bundesrepublik 1960–1970, Frankfurt a. M./New York 1980.

Pommerin, Reiner (Hrsg.), The American Impact on Postwar Germany, Providence/Oxford 1995.

Schildt, Axel, Ankunft im Westen. Ein Essay zur Erfolgsgeschichte der Bundesrepublik, Frankfurt a. M. 1999.

Ders., Moderne Zeiten. Freizeit, Massenme-

dien und ‚Zeitgeist' in der Bundesrepublik der fünfziger Jahre, Hamburg 1995.
Ders./Detlef Siegfried/Karl Christian Lammers (Hrsg.), Dynamische Zeiten. Die 60er Jahre in den beiden deutschen Gesellschaften, Hamburg 2000.
Ders./Arnold Sywottek (Hrsg.), Modernisierung im Wiederaufbau. Die westdeutsche Gesellschaft der 50er Jahre, Bonn 1993.
Wildt, Michael, Am Beginn der ‚Konsumgesellschaft'. Mangelerfahrung, Lebenshaltung, Wohlstandshoffung in Westdeutschland in den fünfziger Jahren, Hamburg 1994.
Willett, Ralph, The Americanization of Germany, 1945–1949, London/New York ²1992.
Winkler, Heinrich August, Der lange Weg nach Westen, Bd. 2: Deutsche Geschichte vom „Dritten Reich" bis zur Wiedervereinigung, München 2000.

Deutsche Demokratische Republik

Bahrmann, Hannes/Christoph Links, Chronik der Wende, 2 Bde., Berlin 1994–1995.
Barck, Simone/Martina Langermann/Siegfried Lokatis, „Jedes Buch ein Abenteuer". Zensur-System und literarische Öffentlichkeit in der DDR bis Ende der sechziger Jahre, Berlin 1997.
Ehrlich, Lothar/Gunther Mai, Weimarer Klassik in der Ära Ulbricht, Köln/Weimar/Wien 2000.
Emmerich, Wolfgang, Kleine Literaturgeschichte der DDR, Leipzig 1996.
Engler, Wolfgang, Die Ostdeutschen. Kunde von einem verlorenen Land, Berlin 1999.
Foitzik, Jan, Sowjetische Militäradministration in Deutschland (SMAD) 1945–1949, Berlin 1999.
Herbst, Andreas u.a., Die SED. Geschichte, Organisation, Politik. Ein Handbuch, Berlin 1997.
Kaminsky, Anette, Wohlstand, Schönheit, Glück. Kleine Konsumgeschichte der DDR, München 2001.

Kowalczuk, Ilko-Sascha, Geist im Dienste der Macht. Hochschulpolitik in der SBZ/DDR 1945 bis 1961, Berlin 2003.
Krise im Realsozialismus. Die politische Ökonomie der DDR in den 80er Jahren, Berlin 2001.
Kuhrt, Eberhard (Hrsg.), Am Ende des realen Sozialismus, Bd. 2: Die wirtschaftliche und ökologische Situation, Opladen 1996.
Mählert, Ulrich, Kleine Geschichte der DDR, München 1998.
Maier, Charles S., Das Verschwinden der DDR und der Untergang des Kommunismus, Frankfurt a.M. 1999.
Merkel, Ina, Utopie und Bedürfnis. Geschichte der Konsumkultur in der DDR, Köln/Weimar/Wien 1999.
Mittenzwei, Werner, Die Intellektuellen. Literatur und Politik in Ostdeutschland 1945–2000, Leipzig 2001.
Neubert, Ehrhart, Geschichte der Opposition in der DDR 1949–1989, Berlin 1998.
Pirker, Theo, Der Plan als Befehl und Fiktion. Wirtschaftsführung in der DDR, Opladen 1995.
Poutrus, Patrice G., Die Erfindung des Goldbroilers, Köln/Weimar/Wien 2002.
Rühle, Jürgen, Die Schriftsteller und der Kommunismus, Köln 1988 (Neuausgabe).
SBZ-Handbuch. Staatliche Verwaltungen, Parteien und gesellschaftliche Organisationen, München 1990.
Schroeder, Klaus unter Mitarbeit von Steffen Alisch, Der SED-Staat. Partei, Staat und Gesellschaft 1949–1990, München 1998.
Simon, Anette, Versuch, mir und anderen die ostdeutsche Moral zu erklären, Gießen 1995.
Stephan, Gerd-Rüdiger u.a., Die Parteien und Organisationen der DDR. Ein Handbuch, Berlin 2002.
Weber, Hermann, Die DDR 1945–1990, München ³2000.
Ders., Geschichte der DDR, München 1999.
Wolle, Stefan, Die heile Welt der Diktatur. Alltag und Herrschaft in der DDR 1971–1989, Berlin 1998.

Das deutsche Gedächtnis

Assmann, Aleida/Ute Frevert, Geschichtsvergessenheit – Geschichtsversessenheit. Vom Umgang mit deutschen Vergangenheiten nach 1945, Stuttgart 1999.

Behrenbeck, Sabine, Heldenkult oder Friedensmahnung? Kriegerdenkmale nach beiden Weltkriegen, in: Gottfried Niedhart/Dieter Riesenberger (Hrsg.), Lernen aus dem Krieg? Deutsche Nachkriegszeiten 1918–1945, München 1992, S. 344–364.

Dies., Der Kult um die toten Helden. Nationalsozialistische Mythen, Riten und Symbole 1923 bis 1945, Vierow 1996.

Berghoff, Hartmut, Zwischen Verdrängung und Aufarbeitung. Die bundesdeutsche Gesellschaft und ihre nationalsozialistische Vergangenheit in den Fünfziger Jahren, in: Geschichte in Wissenschaft und Unterricht 49, 1998, S. 96–114.

Bock, Petra/Edgar Wolfrum (Hrsg.), Umkämpfte Vergangenheit. Geschichtsbilder, Erinnerung und Vergangenheitspolitik im internationalen Vergleich, Göttingen 1999.

Büchten, Daniela/Anja Frey (Hrsg.), Im Irrgarten deutscher Geschichte. Die Neue Wache 1818 bis 1993, Berlin [1993].

Cullen, Michael S. (Hrsg.), Das Holocaust-Mahnmal. Dokumentation einer Debatte, Zürich 1999.

Domansky, Elisabeth/Harald Welzer (Hrsg.), Eine offene Geschichte. Zur kommunikativen Tradierung der nationalsozialistischen Vergangenheit, Tübingen 1999.

Dubiel, Helmut, Niemand ist frei von der Geschichte. Die nationalsozialistische Herrschaft in den Debatten des Deutschen Bundestages, München 1999.

François, Etienne/Hagen Schulze (Hrsg.), Deutsche Erinnerungsorte, 3 Bde., München 2001.

Frei, Norbert, Vergangenheitspolitik. Die Anfänge der Bundesrepublik und die NS-Vergangenheit, München 1999.

Ders. u.a. (Hrsg.), Geschichte vor Gericht. Historiker, Richter und die Suche nach Gerechtigkeit, München 2000.

Goschler, Constantin, Wiedergutmachung. Westdeutschland und die Verfolgten des Nationalsozialismus (1945–1954), München 1992.

Haardt, Miriam, Zwischen Schandmal und nationaler Sinnstiftung. Die Debatte um das Holocaust-Mahnmal in Berlin, Bremen 2001.

Herf, Jeffrey, Zweierlei Erinnerung. Die NS-Vergangenheit im geteilten Deutschland, Berlin 1998.

Hirschfeld, Gerhard u.a. (Hrsg.), „Keiner fühlt sich hier mehr als Mensch …" Erlebnis und Wirkung des Ersten Weltkriegs, Frankfurt a.M. 1993.

Ders. u.a. (Hrsg.), Kriegserfahrungen. Studien zur Sozial- und Mentalitätsgeschichte des Ersten Weltkriegs, Essen 1997.

„Historikerstreit". Die Dokumentation der Kontroverse um die Einzigartigkeit der nationalsozialistischen Judenvernichtung, München ³1987.

Historische Denkmäler. Vergangenheit im Dienste der Gegenwart? Bergisch Gladbach 1994.

Hockerts, Hans Günther, Wiedergutmachung in Deutschland. Eine historische Bilanz 1945–2000, in: Vierteljahrshefte für Zeitgeschichte 49 (2001), S. 167–214.

Jarausch, Konrad H./Martin Sabrow (Hrsg.), Die historische Meistererzählung. Deutungslinien der deutschen Nationalgeschichte nach 1945, Göttingen 2002.

Kielmansegg, Peter Graf, Lange Schatten. Vom Umgang der Deutschen mit der nationalsozialistischen Vergangenheit, Berlin 1989.

Kienitz, Sabine, „Fleischgewordenes Elend". Kriegsinvalidität und Körperbilder als Teil einer Erfahrungsgeschichte des Ersten Weltkrieges, in: Nikolaus Buschmann/Horst Carl (Hrsg.), Die Erfahrung des Krieges. Erfahrungsgeschichtliche Perspektiven von der Französischen Revolution bis zum

Zweiten Weltkrieg, Paderborn 2001, S. 215–237.
Kirsch, Jan-Holger, „Wir haben aus der Geschichte gelernt". Der 8. Mai als politischer Gedenktag in Deutschland, Köln 1999.
Knigge, Volkhard/Norbert Frei (Hrsg.), Verbrechen erinnern. Die Auseinandersetzung mit Holocaust und Völkermord, München 2002.
König, Helmut u. a. (Hrsg.), Vergangenheitsbewältigung am Ende des zwanzigsten Jahrhunderts, Opladen 1998.
Koshar, Rudy, From Monuments to Traces. Artifacts of German Memory, 1870–1990, Berkeley 2000.
Lübbe, Hermann, Der Nationalsozialismus im deutschen Nachkriegsbewußtsein, in: Historische Zeitschrift 236 (1983), S. 579–599.
Meusch, Matthias, Von der Diktatur zur Demokratie. Fritz Bauer und die Aufarbeitung der NS-Verbrechen in Hessen (1956–1968), Wiesbaden 2001.
Niethammer, Lutz, Die Mitläuferfabrik. Die Entnazifizierung am Beispiel Bayerns, Bonn 1982 (Neuausgabe).
Overesch, Manfred, Buchenwald und die DDR oder Die Suche nach Selbstlegitimation, Göttingen 1995.
Reichel, Peter, Politik mit der Erinnerung. Gedächtnisorte im Streit um die nationalsozialistische Vergangenheit, München 1995.
Ders., Vergangenheitsbewältigung in Deutschland. Die Auseinandersetzung mit der NS-Diktatur von 1945 bis heute, München 2001.
Sabrow, Martin (Hrsg.), Geschichte als Herrschaftsdiskurs. Der Umgang mit der Vergangenheit in der DDR, Köln 2000.
Ders. (Hrsg.), Verwaltete Vergangenheit. Geschichtskultur und Herrschaftslegitimation in der DDR, Leipzig 1997.
Schirrmacher, Frank (Hrsg.), Die Walser-Bubis-Debatte. Eine Dokumentation, Frankfurt a. M. 1999.
Schivelbusch, Wolfgang, Die Kultur der Niederlage. Der amerikanische Süden 1865, Frankreich 1871, Deutschland 1918, Berlin 2001.
Schlie, Ulrich, Die Nation erinnert sich. Die Denkmäler der Deutschen, München 2002.
Schmid, Harald, Erinnern an den „Tag der Schuld". Das Novemberpogrom von 1938 in der deutschen Geschichtspolitik, Hamburg 2001.
Speitkamp, Winfried (Hrsg.), Denkmalsturz. Zur Konfliktgeschichte politischer Symbolik, Göttingen 1997.
Thamer, Hans-Ulrich, Nationalsozialismus und Denkmalskult, in: Historische Denkmäler. Vergangenheit im Dienste der Gegenwart?, Bergisch Gladbach 1994, S. 9–35.
Thiele, Hans-Günther (Hrsg.), Die Wehrmachtsausstellung. Dokumentation einer Kontroverse, Bonn 1997.
Tietz, Jürgen, Das Tannenberg-Nationaldenkmal. Architektur, Geschichte, Kontext, Berlin 1999.
Ueberschär, Gerd R. (Hrsg.), Der Nationalsozialismus vor Gericht. Die alliierten Prozesse gegen Kriegsverbrecher und Soldaten 1943–1952, Frankfurt a. M. 1999.
Ulrich, Bernd/Benjamin Ziemann (Hrsg.), Krieg im Frieden. Die umkämpfte Erinnerung an den Ersten Weltkrieg. Quellen und Dokumente, Frankfurt a. M. 1997.
Vollnhals, Clemens (Hrsg.), Entnazifizierung. Politische Säuberung und Rehabilitierung in den vier Besatzungszonen 1945–1949, München 1991.
Welzer, Harald u. a., „Opa war kein Nazi". Nationalsozialismus und Holocaust im Familiengedächtnis, Frankfurt a. M. 2002.
Werle, Gerhard/Thomas Wandres, Auschwitz vor Gericht. Völkermord und bundesdeutsche Strafjustiz. Mit einer Dokumentation des Auschwitz-Urteils, München 1995.
Wolfrum, Edgar, Geschichte als Waffe. Vom Kaiserreich bis zur Wiedervereinigung, Göttingen 2001.
Ders., Geschichtspolitik in der Bundesrepublik Deutschland. Der Weg zur bundesrepubli-

kanischen Erinnerung 1948–1990, Darmstadt 1999.

Wolfrum, Edgar, Die Unfähigkeit zu feiern? Der 8. Mai und der 17. Juni in der bundesrepublikanischen Erinnerungskultur, in: Sabine Behrenbeck/Alexander Nützenadel (Hrsg.), Inszenierungen des Nationalstaats. Politische Feiern in Italien und Deutschland seit 1860/71, Köln 2000, S. 221–241.

Ders., Zwischen Geschichtsschreibung und Geschichtspolitik. Forschungen zu Flucht und Vertreibung nach dem Zweiten Weltkrieg, in: Archiv für Sozialgeschichte 36 (1996), S. 500–522.

Ziemann, Benjamin, Die deutsche Nation und ihr zentraler Erinnerungsort. Das „Nationaldenkmal für die Gefallenen im Weltkriege" und die Idee des „Unbekannten Soldaten" 1914–1935, in: Helmut Berding u.a. (Hrsg.), Krieg und Erinnerung. Fallstudien zum 19. und 20. Jahrhundert, Göttingen 2000, S. 67–91.

Die Deutschen im 20. Jahrhundert – eine Chronologie

1918
- 28. 10. Parlamentarisierung der deutschen Reichsverfassung
- 3. 11. Matrosenaufstand in Kiel
- 3.–9. 11. Ausweitung der Aufstände; Bildung von Arbeiter- und Soldatenräten in vielen Städten des Reichs als „Nebenregierung"
- 9. 11. Ausrufung der Deutschen Republik; Abdankung des Kaisers Wilhelm II.
- 10. 11. Bildung des „Rats der Volksbeauftragten" aus SPD- und USPD-Politikern
- 11. 11. Waffenstillstandsabkommen in Compiègne
- 15. 11. Zentralarbeitsgemeinschafts-Abkommen („Stinnes-Legien-Abkommen")
- 16.–20. 12. Rätekongress in Berlin; Entscheidung für die parlamentarische Demokratie

1919
- 1. 1. Gründung der KPD
- 5.–15. 1. Spartakusaufstand; Ermordung von Karl Liebknecht und Rosa Luxemburg (15. 1.)
- 19. 1. Wahlen zur Nationalversammlung
- 6. 2. Eröffnung der Nationalversammlung in Weimar
- 11. 2. Wahl Friedrich Eberts (SPD) zum Reichspräsidenten
- 13. 2. Vereidigung des Kabinetts Scheidemann aus SPD, DDP und Zentrum („Weimarer Koalition")
- 21. 2. Ermordung des bayerischen Ministerpräsidenten Kurt Eisner (USPD)
- 7. 4.–2. 5. Räterepublik in München
- 7. 5. Übergabe der alliierten Friedensbedingungen an die deutsche Delegation
- 16. 6. Ultimatum der Alliierten zur Annahme der Friedensbedingungen
- 20. 6. Rücktritt der Regierung Philipp Scheidemann; Bildung der Regierung Bauer (SPD, Zentrum)
- 28. 6. Friedensvertrag zwischen dem Deutschen Reich und den Alliierten in Versailles
- 11. 8. Inkrafttreten der Weimarer Reichsverfassung
- 18. 11. Propagierung der „Dolchstoß-Legende" durch Hindenburg vor dem Untersuchungsausschuss der Nationalversammlung

1920
- 13.–16. 3. Kapp-Lüttwitz-Putsch; Flucht der Regierung nach Stuttgart; Niederschlagung des Putsches nach Generalstreik
- 6. 6. Reichstagswahl; erhebliche Verluste der „Weimarer Koalition"; bürgerliches Minderheitenkabinett unter Konstantin Fehrenbach (Zentrum)
- 1. 10. Inkrafttreten des Versailler Vertrags
- 16. 10. Spaltung der USPD; Anschluss des linken Flügels an die KPD im Dezember

1921
- 24.–29. 1. Pariser Konferenz: Festsetzung der deutschen Reparationsschuld auf 269 Milliarden Goldmark
- März „Märzaktionen" der KPD in Mitteldeutschland
- 27. 4. Londoner Zahlungsplan: Festsetzung der deutschen Reparationsschuld auf 132 Milliarden Goldmark
- 4. 5. Rücktritt des Kabinetts Konstantin Fehrenbach (Zentrum)
- 10. 5. Bildung des Kabinetts Joseph Wirth; Annahme des Londoner Zahlungsplans nach ultimativer Aufforderung (5. 5.); Beginn der „Erfüllungspolitik"
- 26. 8. Ermordung des „Erfüllungspolitikers" Matthias Erzberger (Zentrum)

1922
- 16. 4. Abschluss des Vertrages von Rapallo zwischen Deutschland und Sowjetrussland
- 24. 6. Ermordung des deutschen Außenministers Walther Rathenau durch Rechtsextreme
- August Beschleunigung der Inflation
- 24. 9. Vereinigung der Rest-USPD mit der MSPD

1923

11. 1.	Besetzung des Ruhrgebiets durch französische und belgische Truppen
13. 1.	Verkündung des passiven Widerstands; Beginn des Ruhrkampfs
26. 9.	Abbruch des passiven Widerstands im Ruhrgebiet
Oktober	Reichsexekution gegen die SPD/KPD-Regierung in Sachsen; separatistische Bewegungen im Rheinland und der Pfalz
8./9. 11.	Hitler-Ludendorff-Putsch in München
15. 11.	Beendigung der Hyperinflation durch Einführung der Deutschen Rentenmark

1924

1. 4.	Verurteilung Hitlers zu fünf Jahren Festungshaft
4. 5.	Reichstagswahlen: Verluste von Regierung und SPD; Gewinne an beiden Rändern
29. 8.	Annahme des „Dawes-Planes" im Reichstag
7. 12.	Vorzeitige Reichstagswahlen nach Regierungsauflösung, Verluste der Extremisten
17. 12.	Vorzeitige Haftentlassung Hitlers

1925

15. 1.	Bildung der ersten „Bürgerblock-Regierung" unter Hans Luther (parteilos)
27. 2.	Neugründung der NSDAP nach dem Verbot vom 23. 11. 1923
28. 2.	Tod des Reichspräsidenten Friedrich Ebert
26. 4.	Wahl Paul von Hindenburgs zum neuen Reichspräsidenten
14. 7.	Beginn der Räumung des Ruhrgebiets durch die Alliierten (Abschluss bis 1. 8.)
5.–15. 10.	Konferenz von Locarno
27. 11.	Annahme der Verträge von Locarno durch den Reichstag

1926

24. 4.	Deutsch-sowjetischer Freundschafts- und Neutralitätsvertrag („Berliner Vertrag")
12. 5.	Flaggenstreit, Rücktritt des Kabinetts Luther
20. 6.	Volksentscheid zur Fürstenenteignung
8. 9.	Aufnahme Deutschlands in den Völkerbund
10. 12.	Friedensnobelpreis für den deutschen Außenminister Gustav Stresemann (DVP)

1927

16. 7.	Einführung der Arbeitslosenversicherung
18. 9.	Einweihung des Tannenberg-Denkmals

1928

20. 5.	Vorgezogene Reichstagswahlen, Gewinne für Linksparteien
28. 6.	Bildung einer Großen Koalition unter Hermann Müller (SPD)
27. 8.	Unterzeichnung des Briand-Kellogg-Paktes („Kriegsächtungspakt")
Okt./Nov.	Ruhreisenstreit
20. 10.	Übernahme des DNVP-Vorsitzes durch Alfred Hugenberg
9. 12.	Übernahme des Zentrum-Vorsitzes durch den Prälaten Ludwig Kaas

1929

3. 10.	Tod des deutschen Außenministers Gustav Stresemann
10. 12.	Literaturnobelpreisvergabe an Thomas Mann für die ›Buddenbrooks‹

1930

23. 1.	Ernennung Wilhelm Fricks zum ersten nationalsozialistischen Minister (Thüringen)
12. 3.	Annahme des „Young-Plans" durch den Reichstag
29. 3.	Ernennung Heinrich Brünings (Zentrum) zum Reichskanzler; erstes Präsidialkabinett
30. 6.	Vorgezogene Räumung des Rheinlandes durch die Alliierten
14. 9.	Vorgezogene Reichstagswahlen, Stimmengewinne vor allem für die NSDAP
1. 10.	Beginn der Deflationspolitik durch mehrere Notverordnungen

1931

Februar	Fast fünf Millionen Arbeitslose
6. 7.	Hoover-Moratorium: Unterbrechung aller internationalen Zahlungsverpflichtungen (Reparationen, Schulden) für ein Jahr; Zahlungen danach nicht wieder aufgenommen
11. 10.	Treffen der „nationalen Opposition" in Bad Harzburg („Harzburger Front")

1932

Februar	6,128 Millionen Arbeitslose
10. 4.	Wiederwahl Paul von Hindenburgs zum Reichspräsidenten

13. 4.	Verbot der SA	20. 7.	Abschluss eines Reichskonkordats mit dem Vatikan
30. 5.	Entlassung Heinrich Brünings; Franz von Papen bildet das „Kabinett der Barone" (1. 6.)	18.–27. 8.	10. Funk-Ausstellung in Berlin; der „Volksempfänger" wird der Öffentlichkeit präsentiert
16. 5.	Aufhebung des SA-Verbots		
16. 6.–9. 7.	Konferenz von Lausanne: Aufhebung aller Reparationszahlungen	31. 8.–3. 9.	NSDAP-Reichsparteitag („Parteitag des Sieges") in Nürnberg
20. 7.	„Preußenschlag": Absetzung der geschäftsführenden preußischen Regierung	22. 9.	Gesetz zur Errichtung der Reichskulturkammer unter Joseph Goebbels
		4. 10.	Schriftleitergesetz
31. 7.	Vorgezogene Reichstagswahlen: Aufstieg der NSDAP zur stärksten Partei	14. 10.	Austritt Deutschlands aus dem Völkerbund
6. 11.	Vorgezogene Reichstagswahlen: Verluste der NSDAP, die aber stärkste Partei bleibt	**1934**	
		8. 1.	Aufruf zum „revolutionären Sturz" des NS-Regimes durch das „Prager Manifest" der Sopade
17. 11.	Rücktritt des (Präsidial-)Kabinetts von Papen		
		20. 4.	Ernennung Heinrich Himmlers zum Chef der Gestapo
2. 12.	Kabinett Kurt von Schleicher (parteilos); Quer-Front-Pläne		
		24. 4.	Einrichtung des „Volksgerichtshofes"
1933		6. 6.	Gründung der „Nationalsozialistischen Kulturgemeinde" (NSKG) unter Alfred Rosenberg
28. 1.	Rücktritt des (Präsidial-)Kabinetts von Schleicher		
30. 1.	Ernennung Adolf Hitlers zum Reichskanzler	30. 6.	„Röhm-Revolte"(Entmachtung und Ermordung der SA-Spitze)
27. 2.	Reichstagsbrand	1. 8.	„Gesetz über das Oberhaupt des Deutschen Reiches" (Vereinigung des Reichspräsidenten- und Reichskanzleramtes)
28. 2.	Verordnung des Reichspräsidenten „Zum Schutz von Volk und Staat", Verbot der KPD		
5. 3.	Reichstagswahlen	2. 8.	Tod Hindenburgs; Hitler wird „Führer und Reichskanzler"; Vereidigung der Reichswehr direkt auf Hitler
13. 3.	Einrichtung des „Reichsministeriums für Volksaufklärung und Propaganda" unter Joseph Goebbels		
		5.–10. 9.	NSDAP-Reichsparteitag („Triumph des Willens") in Nürnberg
21. 3.	„Tag von Potsdam"		
23. 3.	„Ermächtigungsgesetz"	**1935**	
31. 3.	Vorläufiges Gesetz zur Gleichschaltung der Länder mit dem Reich	13. 1.	Saarabstimmung zur Rückgliederung an das Deutsche Reich
1. 4.	Boykott jüdischer Geschäfte	16. 3.	„Gesetz über den Aufbau der Wehrmacht", Wiedereinführung der allgemeinen Wehrpflicht
7. 4.	„Gesetz zur Wiederherstellung des Berufsbeamtentums"		
2. 5.	Zerschlagung der Gewerkschaften	26. 6.	Einführung der allgemeinen Arbeitsdienstpflicht
3./4. 5.	Einführung von „Reichsständen" für Handwerk und Handel		
		25. 7.	VII. Weltkongress der Kommunistischen Internationale in Moskau (bis 20. 8.), Beschluss zur Bildung einer „antifaschistischen Volksfront"
10. 5.	Bücherverbrennungen, Gründung der Deutschen Arbeitsfront (DAF)		
Mai	Bildung des sozialdemokratischen Exilparteivorstandes (Sopade) in Saarbrücken, ab Juni in Prag, 1938–1940 in Paris, ab 1940 in London		
		10.–16. 9.	NSDAP-Reichsparteitag („Reichsparteitag der Freiheit") in Nürnberg
		15. 9.	Nürnberger Rassengesetze; „Reichsbürgergesetz"
22. 6.	Verbot der SPD, Selbstauflösung aller übrigen Parteien	15. 9.	Nürnberger Reichflaggengesetz: Einführung der Hakenkreuzflagge als Reichsflagge
14. 7.	„Gesetz zur Verhütung erbkranken Nachwuchses"; „Gesetz gegen die Neubildung von Parteien"		
		18. 10.	„Gesetz zum Schutze der Erbgesundheit des deutschen Volkes"

Oktober	„Brüsseler Konferenz" der KPD; Beschluss einer Einheits- und Volksfronttaktik	ab April	Systematische Enteignung jüdischer Betriebe („Arisierung")
Oktober	Umwidmung des „Nationaldenkmals Tannenberg" zum „Reichsehrenmal" durch Hitler	30. 5.	Anweisung Hitlers an die Wehrmacht zur Zerschlagung der Tschechoslowakei
1936		31. 5.	Gesetz über die entschädigungslose Enteignung „entarteter Kunst"
7. 3.	Einmarsch der Wehrmacht in das entmilitarisierte Rheinland; Aufkündigung des Locarno-Vertrages	5.–12. 9.	NSDAP-Reichsparteitag („Parteitag Großdeutschlands") in Nürnberg
1.–16. 8.	XI. Olympische Sommerspiele in Berlin	29.–30. 9.	Münchner Konferenz (Deutschland, England, Italien, Frankreich): Beschluss der Abtretung des Sudetengebietes an Deutschland
August	Zerschlagung der Widerstandsgruppe „Sozialistische Front" in Hannover; Geheime Denkschrift Hitlers über die wirtschaftliche Lage und die zukünftige Wirtschaftspolitik	1. 10.	Einmarsch deutscher Truppen in das Sudetengebiet
		7. 11.	Attentat Herschel Grynszpans auf den Legationssekretär an der deutschen Botschaft in Paris, Ernst vom Rath
8.–14. 9.	NSDAP-Reichsparteitag („Parteitag der Ehre") in Nürnberg		
9. 9.	Verkündung des „Vierjahresplanes"	9. 11.	Massenausschreitungen gegen Juden: „Reichspogromnacht"
1. 12.	Hitlerjugend wird zur Staatsjugend („Gesetz über die Hitlerjugend")	12. 11.–3. 12.	Sonderverordnungen und Kollektivbestrafungen gegen deutsche Juden
1937		**1939**	
30. 1.	Verlängerung des „Ermächtigungsgesetzes" durch den Reichstag um vier Jahre	15. 3.	Einmarsch deutscher Truppen in die Rest-Tschechoslowakei
		16. 3.	Bildung des „Reichsprotektorats Böhmen und Mähren"
26. 6.	Zusammenschluss der Organisationen NS-Kulturgemeinde, „Amt Feierabend" und des Deutschen Volksbildungswerks zu „Kraft durch Freude" (KdF)	23. 3.	Einmarsch deutscher Truppen in das Memelgebiet
		25. 3.	Dienstverpflichtung aller Jugendlichen von 10 bis 18 Jahren zur HJ
18. 7.	Eröffnung „Große Deutsche Kunstausstellung" in München	22. 5.	Abschluss eines Militärpaktes Deutschland–Italien („Stahlpakt")
19. 7.	Eröffnung der Ausstellung „Entartete Kunst" in München	23. 8.	Abschluss eines Nichtangriffspaktes Deutschland–Sowjetunion („Hitler-Stalin-Pakt")
6.–13. 9.	NSDAP-Reichsparteitag („Parteitag der Arbeit") in Nürnberg		
1938		1. 9.	Deutscher Angriff auf Polen; Beginn des Zweiten Weltkrieges
4. 2.	Entlassung des Reichskriegsministers Werner von Blomberg und des Oberbefehlshabers des Heeres, Werner Freiherr von Fritsch („Fritsch-Krise"), Hitler wird zum „Oberbefehlshaber der Wehrmacht"; Bildung eines „Oberkommandos der Wehrmacht" (OKW) unter General Wilhelm Keitel; Rücktritt Außenminister Konstantin von Neuraths und Ersetzung durch Joachim von Ribbentrop	3. 9.	Kriegserklärung Großbritanniens und Frankreichs an Deutschland
		27. 9.	Errichtung des Reichssicherheitshauptamtes; Kapitulation Warschaus
		8. 11.	Scheitern des Attentats von Georg Elser auf Hitler im Münchner Bürgerbräukeller
		1940	
		8. 3.	Verkündung der „Polenerlasse", u.a. öffentliche Kennzeichnung polnischer Zwangsarbeiter
12. 3.	Einmarsch deutscher Truppen in Österreich	9. 4.	Besetzung Dänemarks und Invasion in Norwegen
13. 3.	„Gesetz über die Wiedervereinigung Österreichs mit dem Deutschen Reich" („Anschlussgesetz")	10. 5.	Angriff Deutschlands auf Belgien, Luxemburg, Niederlande, Frankreich

Die Deutschen im 20. Jahrhundert – eine Chronologie

25. 5.	Kapitulation der Niederlande
28. 5.	Kapitulation Belgiens
10. 6.	Kriegseintritt Italiens; Kapitulation Norwegens
22. 6.	Deutsch-französischer Waffenstillstand
13. 8.	Beginn der „Luftschlacht um England"
27. 9.	Dreimächtepakt Deutschland–Italien–Japan
ab Herbst	Errichtung jüdischer Ghettos in den besetzten Ostgebieten
18. 12.	Vorbereitung des Überfalls auf die Sowjetunion (Weisung Nr. 21 „Barbarossa")
1941	
2. 3.	Einmarsch deutscher Truppen in Bulgarien
31. 3.	Angriff des deutschen „Afrika-Korps" unter Erwin Rommel in der Cyrenaika
6. 4.	Beginn des Feldzuges gegen Griechenland und Jugoslawien
6. 6.	„Kommissarbefehl" des Oberkommandos der Wehrmacht: Befehl zur umfassenden Ermordung sowjetischer Funktionäre
22. 6.	Überfall auf die Sowjetunion; Beginn systematischer Judenmordung durch Einsatztruppen der SS in den eroberten Territorien im Osten
19. 9.	Tragezwang des „gelben Sterns" für alle Juden ab sechs Jahren im Reich
14. 10.	Befehl zur Deportation der deutschen Juden in die Ghettos im Osten
31. 10.	Beschluss zum Einsatz sowjetischer Kriegsgefangener und „Zivilarbeiter" im Reich
11. 12.	Kriegserklärung Deutschlands an die USA
19. 12.	Übernahme des Oberbefehls über das Heer durch Hitler
Dezember	Beginn der Judenvernichtung durch Vergasung
1942	
20. 1.	„Wannsee-Konferenz": Beschluss zur „Endlösung der Judenfrage"
26. 4.	Hitler wird „Oberster Gerichtsherr"
26. 5.	Attentat auf Reinhard Heydrich in Prag
Juni	Beginn massenhafter Vergasungen in Auschwitz-Birkenau
20. 8.	Roland Freisler wird Präsident des Volksgerichtshofes
3. 11.	Beginn des Rückzugs des „Afrika-Korps"
Herbst	Zerschlagung der Widerstandsgruppe „Rote Kapelle"
22. 11.	Einschluss der 6. Armee bei Stalingrad; Kriegswende
1943	
31. 1.–2. 2.	Kapitulation der 6. Armee in Stalingrad
18. 2.	Verkündung des „totalen Krieges" durch Joseph Goebbels im Berliner Sportpalast; Verhaftung der Mitglieder der studentischen Widerstandsgruppe „Weiße Rose"
März	Protest von Frauen in der Berliner Rosenstraße gegen die Internierung ihrer jüdischen Ehemänner und „halbjüdischen" Kinder
19. 4.	Aufstand im „Warschauer Ghetto" (Niederschlagung am 19. Mai)
Frühsommer	Ausweitung des Bombardements deutscher Städte durch die Alliierten
10. 7.	Alliierte Landung auf Sizilien
24. 8.	Heinrich Himmler wird Reichsinnenminister
2. 9.	Albert Speer wird „Reichsminister für Rüstung und Kriegsproduktion"
1944	
12. 3.	Besetzung Ungarns durch deutsche Truppen
6. 6.	Invasion alliierter Truppen in der Normandie
22. 6.	Beginn der sowjetischen Offensive gegen die Heeresgruppe Mitte
3. 7.	Zusammenbruch der Heeresgruppe Mitte im Osten
20. 7.	Scheitern des Attentats auf Hitler durch die Gruppe um Claus Graf Schenk von Stauffenberg
25. 7.	Joseph Goebbels wird „Reichsbevollmächtigter für den totalen Kriegseinsatz"; Heinrich Himmler wird „Oberbefehlshaber des Ersatzheeres"
August	Höhepunkt des alliierten Bombenkrieges
25. 9.	Bildung des „Volkssturms" – Einberufung aller Männer zwischen 16 und 60 Jahren
1. 11.	Einstellung der Vergasungen in Auschwitz
16.–24. 12.	Deutsche Ardennen-Offensive

295

1945

27. 1.	Befreiung des Konzentrationslagers Auschwitz durch sowjetische Truppen
13./14. 2.	Bombardierung Dresdens
19. 3.	Befehl Hitlers zur „verbrannten Erde" („Nero-Befehl") – er wird nicht mehr befolgt
13.–16. 4.	Eroberung Wiens durch die Rote Armee, Großangriff auf Berlin
30. 4.	Selbstmord Hitlers; Übernahme der Reichspräsidentschaft durch Großadmiral Karl Dönitz
7./8./9. 5.	Unterzeichnung der deutschen Kapitulation
5. 6.	Einteilung Deutschlands in vier Besatzungszonen, Übernahme der obersten Regierungsgewalt durch die Alliierten
9. 6.	Konstituierung der Sowjetischen Militäradministration (SMAD) in Berlin
11. 6.	Bildung und Aktionsprogramm der Kommunistischen Partei Deutschlands (KPD)
15. 6.–5. 7.	Bildung von SPD, CDU und Liberal-Demokratischer Partei Deutschlands (LDPD) auf dem Gebiet der SBZ
14. 7.	Bildung einer „Einheitsfront der antifaschistisch-demokratischen Parteien" aus KPD, SPD, CDU und LDPD auf dem Gebiet der SBZ
3.–10. 9.	Entschädigungslose Enteignung von Grundbesitz über 100 ha im Zuge der Bodenreform in der SBZ
20. 11.	Beginn der „Nürnberger Prozesse"

1946

21./22. 4.	Zwangsvereinigung von KPD und SPD zur Sozialistischen Einheitspartei Deutschlands (SED) in der SBZ
30. 6.	Entschädigungslose Enteignung der Betriebe von Nazi- und Kriegsverbrechern in der gesamten SBZ nach einem Volksentscheid in Sachsen

1947

4. 1.	Erstausgabe des Nachrichten-Magazins „DER SPIEGEL"
3. 2.	Verabschiedung des „Ahlener Programms" der CDU
25. 2.	Auflösung des Landes Preußen durch den Alliierten Kontrollrat
12. 3.	Formulierung der „Truman-Doktrin" durch US-Präsident Truman
Juni	Bekanntgabe des wirtschaftlichen Wiederaufbauprogramms für Europa (European Recovery Program) durch den US-Außenminister George Marshall („Marshall-Plan")

1948

31. 3.	Ende der Entnazifizierung in der US-Zone
21. 4.	Gründung der National-Demokratischen Partei Deutschlands (NDPD) in der SBZ als Auffangbecken für ehemalige NSDAP-Mitglieder und Nazi-Sympathisanten
21. 6.	Währungsreform in den West-Zonen (ohne West-Berlin)
23.–28. 6.	Einführung der „Ostmark" durch die SMAD für die SBZ und Groß-Berlin
24. 6.	Blockade West-Berlins durch die UdSSR (bis 4. 5. 1949); Bildung einer westalliierten „Luftbrücke"
1. 8.	Erstausgabe des Magazins „stern"

1949

23. 5.	Inkrafttreten des Grundgesetzes der Bundesrepublik Deutschland
29./30. 5.	Bestätigung der zukünftigen DDR-Verfassung durch den „3. Deutschen Volkskongress"
15. 9.	Wahl Konrad Adenauers (CDU) zum Bundeskanzler
7. 10.	Konstituierung der Provisorischen Volkskammer der DDR; Inkrafttreten der DDR-Verfassung
10. 10.	Wahl Wilhelm Piecks (SED) zum Präsidenten der DDR
11. 10.	Wahl Otto Grotewohls (SED) zum Ministerpräsidenten der DDR

1950

8. 2.	Bildung des Ministeriums für Staatssicherheit (MfS), der „Stasi"
25. 6.	Beginn des Koreakriegs (bis 27. 7. 1953)
20.–24. 7.	Abschluss des Umbaus der SED zur „Partei neuen Typs" nach sowjetischem Vorbild durch die Schaffung eines Zentralkomitees (ZK) und der Wahl Ulbrichts zum Generalsekretär

1951

15. 1.	Einweihung der Gedenkstätte für die Helden der DDR auf dem Friedhof Berlin-Friedrichsfelde

1952

23. 6.	Inkrafttreten des Vertrags über die Europäische Gemeinschaft für Kohle und Stahl („Montanunion")

Die Deutschen im 20. Jahrhundert – eine Chronologie

24. 6.	Erstausgabe der Boulevardzeitung „BILD"	13.–15. 11.	Verabschiedung des „Godesberger Programms" der SPD
9.–12. 7.	Beschluss zum „planmäßigen Aufbau der Grundlagen des Sozialismus" in der DDR: Kollektivierung der Landwirtschaft, Säuberung und Militarisierung der Gesellschaft	**1960**	
		14. 4.	Abschluss der Landwirtschafts-Kollektivierung in der DDR
		Ostern	Beginn der „Ostermärsche" in der Bundesrepublik; Entstehung einer Protestkultur
23. 7.	Zentralisierung der DDR: Abschaffung der Länder und Ersetzung durch 14 Bezirke	7. 9.	Tod Wilhelm Piecks
		12. 9.	Einführung des Staatsrats als oberstes Staatsorgan mit Walter Ulbricht an der Spitze
10. 9.	Wiedergutmachungsabkommen zwischen der Bundesrepublik Deutschland und Israel, in Kraft getreten am 27. 3. 1953	**1961**	
		April–Dez.	Eichmann-Prozess in Jerusalem
1953		1. 6.	Einführung der Anti-Baby-Pille in Deutschland
16./17. 6.	Volksaufstand in der DDR (in der Bundesrepublik als „Tag der deutschen Einheit" Feiertag bis 1990)	13. 8.	Bau der Berliner Mauer
		1962	
		Oktober	„SPIEGEL-Affäre"
1954		**1963**	
1. 1.	Verzicht der UdSSR auf weitere Reparationen durch die DDR	22. 1.	Paraphierung des „Élysée-Vertrags" zwischen Frankreich und Deutschland
25. 3.	‚Souveränitätserklärung' der DDR durch die Sowjetunion		
4. 7.	Deutschland wird erstmals Fußballweltmeister	20. 12.	Beginn der Auschwitz-Prozesse (Urteil am 19. 8. 1965)
		16. 10.	Wahl Ludwig Erhards (CDU) zum Bundeskanzler; Ende der „Ära Adenauer"
1955			
5. 5.	Inkrafttreten der Pariser Verträge; Aufhebung des Besatzungsstatutes	**1964**	
9. 5.	Beitritt der Bundesrepublik Deutschland zur NATO	4. 8.	US-Bombenangriffe auf Nordvietnam; Beginn des Vietnamkrieges
14. 5.	Beitritt der DDR zum Warschauer Pakt	17. 9.	Verlust der absoluten Mehrheit für die CDU/CSU bei den Bundestagswahlen; Bildung einer Koalition mit der FDP
1956			
Okt./Nov.	Unruhe an den Universitäten der DDR wegen der weiterhin stalinistischen Politik der SED trotz des Tauwetters in der UdSSR; Verhaftung Wolfgang Harichs (29. 11.)	**1965**	
		3. 12.	Abschluss eines langfristigen Handelsabkommens der DDR mit der UdSSR
		15.–18. 12.	Kritik an DDR-Künstlern und Verbot nahezu der gesamten DEFA-Jahresproduktion durch das 11. Plenum des ZK: Hintergrund ist ein Richtungsstreit in der SED, weil den Konservativen um Erich Honecker die Reformbemühungen Ulbrichts zu weit gehen
1957			
25. 3.	Paraphierung der Römischen Verträge (Europäische Wirtschaftsgemeinschaft und Europäische Atomgemeinschaft)		
1958			
14. 9.	Einweihung der „Nationalen Mahn- und Gedenkstätte Buchenwald"		
Dezember	Einrichtung der „Zentralen Stelle zur Aufklärung nationalsozialistischer Verbrechen" in Ludwigsburg	**1966**	
		1. 12.	Bildung der Großen Koalition zwischen CDU/CSU und SPD unter Kurt-Georg Kiesinger (CDU); Willy Brandt (SPD) wird Außenminister; Formierung der Außerparlamentarischen Opposition (APO)
1959			
1. 10.	Einführung der neuen Staatsflagge in der DDR mit Staatswappen (Hammer, Sichel, Ährenkranz)		

1967
- 1.1. Gründung der „Kommune 1"
- 2.6. Tödlicher Schuss auf den Studenten Benno Ohnesorg auf der Anti-Schah-Demonstration in Berlin

1968
- 6.–18.2. Erstmaliges Auftreten von zwei deutschen Olympiamannschaften bei den Winterspielen in Grenoble
- 3.4. Brandanschlag auf zwei Frankfurter Kaufhäuser durch Andreas Baader und Gudrun Ensslin
- 9.4. Inkrafttreten der neuen DDR-Verfassung, die den Führungsanspruch der SED nun auch verfassungsrechtlich festschrieb
- 11.4. Attentat auf Rudi Dutschke
- 28.4. Einzug der rechtsextremen NPD in den Baden-Württembergischen Landtag
- 30.5. Verabschiedung der Notstandsverfassung durch den Bundestag
- Mai Höhepunkte der Proteste der APO in der Bundesrepublik
- Mai–August „Prager Frühling"; Besetzung der ČSSR durch Truppen des Warschauer Paktes (21.8.)

1969
- 22.10. Bildung der sozialliberalen Bundesregierung unter Willy Brandt (SPD)

1970
- 19./21.3. Treffen zwischen Bundeskanzler Willy Brandt (SPD) und Ministerpräsident Willi Stoph (SED)
- Mai Gründung der „Rote Armee Fraktion" (RAF)
- 12.8. Paraphierung des „Moskauer Vertrags" zwischen der Bundesrepublik Deutschland und der UdSSR
- 7.12. Paraphierung des „Warschauer Vertrags" zwischen der Bundesrepublik Deutschland und Polen, Kniefall Willy Brandts vor dem Mahnmal des Warschauer Ghetto-Aufstands

1971
- 3.5. Entmachtung Walter Ulbrichts durch das ZK der SED; neuer starker Mann wird Erich Honecker
- 6.6. Erscheinen des „stern"-Hefts „Wir haben abgetrieben"; Kampagne gegen § 218
- 3.9. Unterzeichnung des Viermächteabkommens über Berlin durch die Siegermächte des Zweiten Weltkrieges

1972
- 3.6. Inkrafttreten der Ostverträge
- 21.12. Paraphierung des „Grundlagenvertrags" zwischen der Bundesrepublik Deutschland und der DDR

1973
- 18.9. Aufnahme beider deutscher Staaten in die UNO
- 17.10. Erhöhung des Ölpreises durch die OPEC; erste Ölpreiskrise
- 11.12. Paraphierung des „Prager Vertrags" zwischen der Bundesrepublik Deutschland und der ČSSR

1974
- 20.2. Ratifizierung des Atomsperrvertrages durch die Bundesrepublik Deutschland
- 2.5. Austausch Ständiger Vertretungen zwischen der Bundesrepublik und der DDR
- 6.5. Rücktritt Willy Brandts (SPD) als Bundeskanzler wegen der „Guillaume-Affäre"
- 16.5. Wahl Helmut Schmidts (SPD) zum neuen Bundeskanzler

1975
- 31.3. Demonstrationen von Atomkraftgegnern in Wyhl
- 1.8. Unterzeichnung der KSZE-Schlussakte von Helsinki

1976
- 18.8. Selbstverbrennung des Pfarrers Brüsewitz auf dem Marktplatz von Zeitz (DDR) aus Protest gegen die Diskriminierung junger Christen
- 16.11. Ausbürgerung des DDR-Liedermachers Wolf Biermann durch die DDR
- 22.12. Ausweisung des DDR-Korrespondenten der ARD Lothar Loewe durch die DDR

1977
- 30.7. Ermordung des deutschen Bankiers Jürgen Ponto
- Sept./Okt. Höhepunkt des Terrorismus der RAF im „Deutschen Herbst"
- 5.9. Entführung des Arbeitgeberpräsidenten Hanns Martin Schleyer durch die RAF
- 18.10. Befreiung der nach Mogadischu entführten Lufthansamaschine „Landshut"; Selbstmord der in Stuttgart-Stammheim inhaftierten Terroristen

Die Deutschen im 20. Jahrhundert – eine Chronologie

	Andreas Baader, Gudrun Ensslin und Jan-Carl Raspe; Ermordung Schleyers	11. 5.	Ernennung Michail Gorbatschows zum neuen Generalsekretär der KPdSU
1978		11. 12.	Beginn der Protestaktionen um die Wiederaufbereitungsanlage (WAA) Wackersdorf
10. 1.	Schließung des Ostberliner Büros des Nachrichtenmagazins „DER SPIEGEL" durch die DDR		
1979		1986	
22. 1.	Sendebeginn der amerikanischen Serie „Holocaust" im bundesdeutschen Fernsehen	17.–21. 4.	Bestätigung von Politik und Führung der SED durch den XI. Parteitag; die Perestroika Gorbatschows findet in der DDR keinerlei Widerhall
16./17. 3.	Gründung der Partei DIE GRÜNEN	26. 4.	Reaktorkatastrophe von Tschernobyl
12. 12.	„NATO-Doppelbeschluss"	1987	
1980		6.–9. 6.	Krawalle Ost-Berliner Jugendlicher mit Sicherheitskräften anlässlich eines Konzerts im Westteil der Stadt; Sprechchöre skandierten „Die Mauer muss weg"
13. 10.	Proklamation der „Geraer Forderungen" der SED		
1981			
	Erste Fälle der Immunschwächekrankheit AIDS in den USA		
10. 8.	Demonstration der Friedensbewegung anlässlich des NATO-Gipfels in Bonn	September	Besuch des Staatsratsvorsitzenden der DDR Erich Honecker in der Bundesrepublik
15. 8.	Eröffnung der Ausstellung „Preußen – Eine Bilanz" in West-Berlin	25. 11.	Verhaftung von Mitarbeitern der Umweltbibliothek in Ost-Berlin; erstmals kommt es zu offener Opposition in Form von Mahnwachen, die zur Freilassung der Mitarbeiter führen
1982			
1. 10.	Koalitionswechsel der FDP; Wahl Helmut Kohls (CDU) zum neuen Bundeskanzler nach einem konstruktiven Misstrauensvotum gegen Helmut Schmidt (SPD)		
		1988	
25./26. 11.	Verschärfung der Wirtschaftskrise in der DDR; erstmals werden Engpässe in der Lebensmittelversorgung durch die SED zugegeben	9. 11.	Rede des Bundestagspräsidenten Philipp Jenninger zum 50. Jahrestag der Pogrome von 1938
		1989	
1983		6. 2.	Das letzte Maueropfer: Der zwanzigjährige Chris Gueffroy wird von DDR-Grenzern erschossen
6. 3.	Erstmaliger Einzug der GRÜNEN in den Bundestag	2. 5.	Ungarn kündigt den Abbau der Grenzanlagen zu Österreich an: der Eiserne Vorhang wird durchlässig
6. 10.	Ankündigung der Demontage von Selbstschussanlagen an der DDR-Grenze durch Honecker	Sommer	Sammlung tausender ausreisewilliger DDR-Bürger vor den Botschaften der Bundesrepublik Deutschland in Prag und Budapest
1984			
22. 9.	Symbolträchtiger Händedruck zwischen dem französischen Präsidenten François Mitterrand und dem deutschen Bundeskanzler Helmut Kohl vor den Soldatengräbern Verduns	4. 9.	Anschwellen der Leipziger Montagszu Massendemonstrationen gegen die SED
		11. 9.	Massenflucht von ca. 30 000 DDR-Bürgern gen Westen nach zeitweiser Öffnung der ungarischen Westgrenze; Zustimmung der DDR zur Ausreise der in die bundesdeutschen Botschaften in Prag und Warschau geflüchteten DDR-Bürger
1985			
5. 5.	Symbolträchtige Kranzniederlegung des amerikanischen Präsidenten Ronald Reagan und Bundeskanzlers Kohl im Konzentrationslager Bergen-Belsen und auf dem Soldatenfriedhof in Bitburg		
		7. 10.	Jubelfeiern der DDR zum 40. Jahrestag

16. 10.	Demonstration in Leipzig: 100 000 Demonstranten fordern Demokratie	**1996** 31. 3./12. 4.	Beginn der so genannten Goldhagen-Debatte noch vor Erscheinen
18. 10.	Absetzung Erich Honeckers von allen Ämtern		von dessen Buch ›Hitlers willige Vollstrecker. Ganz gewöhnliche Deutsche
9. 11.	Öffnung der Mauer		und der Holocaust‹ in deutscher
28. 11.	Verkündung eines 10-Punkte-Programms für die DDR durch Helmut Kohl	**1997**	Sprache
1990		12. 7.	Teilnahme von einer Million Menschen an der „Love-Parade"
31. 8.	Einigungsvertrag zwischen der Bundesrepublik Deutschland und der DDR	**1998**	in Berlin
12. 9.	Paraphierung des „Zwei-plus-Vier-Vertrags"; Deutschland erlangt die volle außenpolitische Souveränität als Voraussetzung für die Vereinigung	11. 10.	Beginn der so genannten Walser-Bubis-Kontroverse mit der Rede Martin Walsers in der Frankfurter Paulskirche
3. 10.	Wiedervereinigung Deutschlands; Tätigkeitsbeginn der Berliner „Gauck-Behörde" zur Aufbewahrung und Auswertung der „Stasi-Unterlagen"	**1999** Juni **2000**	Beschluss des Bundestages zur Errichtung des Holocaust-Denkmals in Berlin
1991		Januar	Erscheinen von Norman G. Finkelsteins ›Die Holocaust-Industrie. Wie
20. 6.	Beschluss des Deutschen Bundestags für Berlin als Hauptstadt der Bundesrepublik Deutschland		das Leiden der Juden ausgebeutet wird‹; Beginn der so genannten Finkelstein-Debatte
1993		**2001**	
14. 11.	Einweihung der umgestalteten Neuen Wache in Berlin als „Zentrale Gedenkstätte der Bundesrepublik Deutschland"	27. 1. 11. 9. 28. 11.	Symbolischer Baubeginn des Berliner Holocaust-Denkmals Terroranschläge in den USA Neueröffnung der überarbeiteten „Wehrmachtsausstellung"
1995 März	Eröffnung der Ausstellung „Vernichtungskrieg. Verbrechen der Wehrmacht 1941–1944"		

Abbildungsnachweis

Die Abbildungen auf Seite 4, 31, 36, 43, 51, 59, 61, 69, 71, 82, 87, 96, 111, 121, 125, 137, 152, 160, 165, 177, 182, 188, 200, 206, 214, 236, 244 und 256 stammen von AKG; S. 18: Daniela Münkel; S. 130: bpk Berlin.

Namenregister

Abelshauser, Werner 132
Adenauer, Konrad VII, 30–34, 81, 84, 214, 219, 222, 224, 231–233
Adorno, Theodor W. 227
Albers, Josef 59
Andermann, Fritz 42
Andersch, Alfred 220
Arndt, Ernst Moritz 240, 251
Assmann, Jan 250
Augustus 5

Baader, Andreas 174
Bach, Johann Sebastian 74, 78, 241
Bachmann, Josef 174
Bahr, Egon 36
Bahro, Rudolf 47
Barlach, Ernst 208f.
Barth, Karl 63, 153
Barzel, Rainer 35
Bastian, Gert 177
Bauer, Fritz 225f.
Bayer, Herbert 72
Bebel, August 202
Becher, Johannes R. 65, 90, 237
Becker, Boris 88
Becker, Karl Heinrich 153, 201
Beckmann, Max 71
Beethoven, Ludwig van 78, 241
Benn, Gottfried 56, 65, 81
Benz, Wolfgang 168
Berg, Alban 3
Bernhardt, Heinz 139
Beuys, Joseph 86
Biermann, Wolf 43, 47, 96f.
Bismarck, Otto von 26, 149, 202, 207, 233
Bogen, Reiner 123
Bohley, Bärbel 247
Böll, Heinrich 177, 222
Bonaparte, Napoleon 149, 195
Borchardt, Knut 103
Borchert, Wolfgang 80f.
Bowie, David 188
Brando, Marlon 83
Brandt, Willy VII, 34–37, 174, 188, 228, 252
Brasch, Thomas 96
Braun, Otto 10

Braun, Volker 92, 98
Brecht, Bertolt 3, 42, 56, 60, 61, 90
Breitscheid, Rudolf 239
Breschnjew, Leonid Iljitsch 139
Broszat, Martin 17
Bruckner, Ferdinand 60
Brüning, Heinrich 3, 6, 8f., 11f., 103
Brunner, Emil 63
Bruyn, Günter de 47, 97
Buback, Siegfried 175
Buber, Martin 55
Bubis, Ignaz 257
Burckhardt, Jacob 5

Cäsar, Julius 5
Cassirer, Ernst 63
Chaplin, Charlie 63
Chruschtschow, Nikita Sergejewitsch 45
Churchill, Winston VII, 40
Clay, Lucius D. 28
Collodi, Carlo 94

Darré, Richard Walther 15f., 207
Dean, James 78, 83
Decker, Georg 156
De Gaulle, Charles VII
Degen, Michael 20
Dessau, Paul 189
Deutschkron, Inge 20
Dibelius, Otto 153
Dirks, Walter 220
Dix, Otto 56
Döblin, Alfred 56, 60
Donderer, Josef 160
Dresen, Adolf 92
Dutschke, Rudi 172, 174

Eberlein, Werner 94, 142
Ebert, Friedrich 4f., 7, 11, 196, 202f.
Eco, Umberto 87
Eggebrecht, Axel 62
Erhardt, Heinz 78
Eich, Günter 80
Eichmann, Adolf 224, 227
Eisenman, Peter 253

Eisenstein, Sergej 66
Eisler, Hanns 237
Elsner, Georg 16, 25
Ende, Michael 86
Engels, Friedrich 239, 243
Ensslin, Gudrun 174
Erhard, Ludwig 34, 124f., 128
Erzberger, Matthias 154

Fallada, Hans 60
Feuchtwanger, Lion 60
Fichte, Johann Gottlieb 202, 240
Finkelstein, Norman 258
Fischer, Fritz 233
Fischer, Joschka 87, 229
Flex, Walter 64
Fontane, Theodor 91
François, Etienne 250
Frank, Anne 222
Frank, Leonhard 204
Frei, Norbert 162
Freiligrath, Ferdinand 202
Friedrich II., König 196, 240f.
Friedrich, Jörg 260
Frings, Joseph 123

Gagarin, Juri 93f.
Gandhi, Mahatma 170
Gauck, Joachim 247
Gayl, Wilhelm von 202
Geißler, Heiner 229
Genscher, Hans-Dietrich 50
Gerlach, Manfred 139
Gersdorff, Rudolf-Christoph 21
Gerz, Jochen 255
Giordano, Ralph 213
Glaeser, Ernst 60
Globke, Hans 224
Gneisenau, August Graf von 240
Goebbels, Joseph 65, 68, 70, 72–74, 159, 166, 208, 211f.
Goerdeler, Carl 208
Goethe, Johann Wolfgang von 78, 81, 89–91, 155, 202, 241
Gogarten, Friedrich 63
Goldhagen, Daniel J. 257f.
Gorbatschow, Michail XI, 38f.
Göring, Hermann 16, 114–116, 119, 208, 210f.

Grass, Günter 86, 172, 222, 252, 259
Grimm, Hans 198
Grönemeyer, Herbert 87
Gropius, Walter 3, 57, 60, 72, 208
Groß, Walter 69
Grosz, George 56
Gründgens, Gustaf 159
Guardini, Romano 152 f.
Guevara, Ernesto Ché 173, 191

Habermas, Jürgen XIV, 26, 86, 173, 180, 191, 252
Hacks, Peter 45
Haendcke-Hoppe-Arndt, Maria 142
Hagen, Eva-Maria 96
Hagen, Nina 96
Hager, Kurt 38
Halbwachs, Maurice 195, 250
Haley, Bill 78, 83
Händel, Georg Friedrich 241
Harlan, Veit 223
Harnack, Adolf von 64
Hartlaub, Georg Friedrich 58
Hasenclever, Walter 60
Hauptmann, Gerhart 56
Heartfield, John 56
Hedler, Wolfgang 223
Hegel, Georg Wilhelm Friedrich 202
Heidegger, Martin 63
Heine, Heinrich 185, 208, 241
Heinemann, Gustav 234
Heinig, Kurt 196
Heinrich der Löwe 209
Heinrich I., Kaiser 209
Heller, Hermann 10
Hermlin, Stephan 42
Herrmann-Neiße, Max 65
Herwegh, Georg 202
Herzog, Roman 255
Hesse, Hermann 55
Heuss, Theodor 202, 231
Heym, Stefan 97 f.
Hilferding, Rudolf 105
Himmler, Heinrich 73, 207
Hindenburg, Paul von 5 f., 8 ff., 12 f., 149, 198, 199, 202, 205 f., 208–211
Hitler, Adolf VII, X, 9–17, 20 f., 23 f., 40 f., 57, 68, 70, 74, 108, 113 f., 116–118, 160, 165, 167 f., 205–210, 214, 221–223, 225, 228, 231, 233, 235, 251

Hobsbawm, Eric VIII
Hochhuth, Rolf 84
Hoffmann, Adolph 150
Holdefleiss, Emma 45
Hölderlin, Friedrich 43
Honecker, Erich 38, 46, 50, 92, 96, 136–142, 144, 185
Horkheimer, Max 172, 227
Höß, Rudolf 225
Huch, Ricarda 56
Hugenberg, Alfred 62

Jackob-Marks, Christine 253 f.
Jackson, Robert H. 216
Jäckel, Eberhard VIII
Jarowinsky, Werner 139
Jenninger, Philipp 256 f.
Johnson, Uwe 170 f.
Johst, Hanns 57

Kaiser, Fritz 71
Kaiser, Georg 56, 60
Kant, Hermann 42
Kästner, Erich XII, 81
Kautsky, Karl 7
Kelly, Petra 177
Kennan, George F. VII
Kennedy, John F. 34
Kerr, Alfred 60, 66
Kershaw, Ian 17
Kiesinger, Kurt-Georg 34, 171 f.
Kisch, Egon Erwin 58
Kittel, Manfred 213
Klarsfeld, Beate 172
Klee, Paul 3
Knopp, Guido 258
Kogon, Eugen 220
Kohl, Helmut 37–39, 183 f., 235 f., 242, 255
Kolb, Uwe 50
Kollwitz, Käthe 245
Kramer, Josef 67
Krauch, Carl 114
Kraus, Peter 78
Krenz, Egon 98, 142
Krockow, Christian Graf von VIII
Kühn, Heinz 34
Kundera, Milan 41, 183
Kunzelmann, Dieter 170

Laban, Rudolf von 72
Lafontaine, Oskar 252
Lagarde, Paul de 202
Lampel, Peter Martin 60
Lang, Fritz 62

Langbehn, Julius 202
Lassalle, Ferdinand 202
Leber, Julius 25
Lehr, Robert 223
Lenin, Wladimir Iljitsch VII, 189, 239 f., 243 f.
Lessing, Gotthold Ephraim 241
Ley, Robert 211
Liberman, E. G. 46
Libeskind, Daniel 253
Liebknecht, Karl 196, 238–240, 243
Lindenberg, Udo 82
Löbe, Paul 202
Löns, Hermann 64
Löwenstein, Kurt 152
Löwenthal, Richard 173
Lübbe, Hermann 213
Lubitsch, Ernst 62
Lübke, Heinrich 224
Lüth, Erich 223
Luther, Hans 203
Luther, Martin 153
Luxemburg, Rosa 238–240, 243

Mager, Ralf 129
Mahler, Gustav 208
Mallmann, Klaus-Michael 18
Mandela, Nelson VII
Mann, Heinrich 56, 62, 90, 154
Mann, Thomas 56, 61 f., 66, 80, 154, 156
Mao Tse-Tung VII
Marcuse, Herbert 172 f.
Marquard, Odo 179
Marx, Karl 90, 134, 145, 239, 243
März, Josef 143
Mason, Timothy W. 162
McKenzie, Scott 169
Mehring, Franz 239
Meinecke, Friedrich 81, 156, 220
Meinhof, Ulrike 174
Mendelssohn, Moses 208
Mielke, Erich 47
Mitscherlich, Alexander und Margarete 213, 227
Mitterrand, François 39, 235 f.
Modrow, Hans 183
Moellendorff, Wolfgang von 105
Moltke, Helmuth von 240
Mommsen, Hans 21
Morgenthau jr., Henry 40
Morlock, Max 82
Moser, Hans 78
Mozart, Wolfgang Amadeus 241
Müller, Hermann 6, 10

Namenregister

Münzenberg, Willi 66
Murnau, Friedrich Wilhelm 62
Muromez, Ilja 94
Musil, Robert 62
Mussolini, Benito VII
Mutschmann, Martin 74

Naumann, Friedrich 202, 255
Nena 87
Nicole 88
Niemöller, Martin 221
Nixon, Richard 174
Noelle-Neumann, Elisabeth 178
Nolde, Emil 70
Nora, Pierre 250
Noske, Gustav 7
Novik, Peter 258

Ohnesorg, Benno 174
Orwell, George 48
Ossietzky, Carl von 8

Pabst, Georg Wilhelm 62
Papen, Franz von 9, 12 f., 107, 202
Paul, Gerhard 18
Peters, Carl 208, 215
Peukert, Detlev 17 f.
Pieck, Wilhelm 239
Piscator, Erwin 56
Pius XII., Papst 84
Polanski, Roman 20
Ponto, Jürgen 175
Presley, Elvis 78, 82 f., 85
Preuß, Hugo 196
Puschkin, Alexander 94

Rabehl, Bernd 172
Radbruch, Gustav 157
Rathenau, Walther 154, 196
Rauch, Christian Daniel 196
Reagan, Ronald 37, 235
Redslob, Edwin 201, 261
Reger, Erik 60
Remarque, Erich Maria 65, 199
Remer, Otto Ernst 223
Richter, Hans Werner 220
Rilke, Rainer Maria 55, 64
Ritter, Gerhard 233
Rohe, Mies van der 72, 208
Roon, Albrecht Graf von 240
Roosevelt, Franklin D. 40
Roosevelt, Theodore VII
Rosenberg, Alfred 68, 70, 207, 210
Rosh, Lea 253
Roth, Carola 71
Roth, Joseph 61

Saldern, Adelheid von 72
Sauckel, Fritz 120
Schäfer, Hans 82
Schalk-Golodkowski, Alexander 142–144
Scharnhorst, Gerhard Johann David von 240
Schauwecker, Franz 64
Scheidemann, Philipp 65, 198
Schelsky, Helmut 131, 227
Schenk von Stauffenberg, Claus Graf 239
Schenzinger, Karl Aloys 66
Schieder, Theodor 233
Schiffer, Claudia 256
Schiffer, Marcellus 58
Schiller, Friedrich 74, 78, 91, 241
Schlageter, Albert Leo 208
Schleicher, Kurt von 9, 12 f.
Schlemmer, Oskar 59
Schleyer, Hanns Martin 175
Schmidt, Helmut 35, 37
Schmidt-Rottluff, Karl 202
Schmitt, Carl 10
Schnitzler, Arthur 56
Schnitzler, Karl-Eduard von 186
Scholl, Hans und Sophie 239
Scholochow, Michail 91
Schröder, Gerhard 255
Schröder, Rudolf Alexander 231
Schult, Reinhard 192
Schulze, Hagen 250
Schumacher, Kurt 30, 32, 222
Schürer, Gerhard 142
Schwarz, Hans-Peter VII
Schwarzer, Alice 176
Sebald, W. G. 259
Seeckt, Hans von 203
Seghers, Anna 42
Serra, Richard 253
Severing, Carl 9
Simonow, Konstantin 91
Speer, Albert 113, 116–118, 209
Spielberg, Steven 20
Spoliansky, Mischa 58
Spranger, Eduard 201
Staat, General Dr. vom 154
Stalin, Josef VII, XI, 41, 91, 98, 136, 239 f.
Staudte, Wolfgang 222
Stein, Karl Freiherr vom 202
Steiner, Rudolf 86
Stern, Fritz 154
Sternberger, Dolf 252
Storm, Theodor 91
Strasser, Gregor 12

Strauß, Franz Josef 143
Stresemann, Gustav 5 f., 156, 196

Tessenow, Heinrich 205
Thälmann, Ernst 239 f.
Thatcher, Margret 37
Thurneysen, Eduard 63
Tillich, Paul 153
Todt, Fritz 116
Tolkien, J. R. R. 86
Toller, Ernst 60
Tolstoj, Alexej 94
Trakl, Georg 204
Traut, Bruno 57
Treitschke, Heinrich von 202
Tresckow, Henning von 21
Trittin, Jürgen 87
Troeltsch, Ernst 5
Tübke, Werner 246

Ulbricht, Walter 43, 47, 90, 94–96, 136, 138, 144, 181
Unruh, Fritz von 204

Vogel, Bernhard 245
Voltaire 183

Wagner, Richard 78
Walser, Martin 86, 257
Wassermann, Jakob 56
Wayne, John 78
Wehler, Hans-Ulrich 259
Weiss, Peter 173
Weizsäcker, Richard von 235, 242
Werfel, Franz 56
Wessel, Horst 167, 208 f.
Wigman, Mary 72
Wilhelm I., Kaiser 209, 240
Wilhelm II., Kaiser 56, 196 f., 207, 210
Winkler, Heinrich August 252
Wirth, Josef 156
Wissell, Rudolf 105
Wolf, Christa 48, 92 f., 98
Wolf, Friedrich 60
Wolf, Konrad 94
Wurm, Theodor 221

York von Wartenburg, Peter Graf 21, 240
Young, James E. 261

Zetkin, Clara 243
Ziegler, Adolf 70
Zöberlein, Hans 64
Zuckmayer, Carl 60, 80
Zweig, Arnold 60, 90

Autoren

Julia Angster, Dr. phil., Jg. 1968, wissenschaftliche Assistentin am Seminar für Zeitgeschichte der Universität Tübingen. Veröffentlichungen u. a.: Konsenskapitalismus und Sozialdemokratie. Die Westernisierung von SPD und DGB, München 2003; Der neue Stil. Die Amerikanisierung des Wahlkampfs und der Wandel im Politikverständnis bei CDU und SPD in den 1960er Jahren, in: Matthias Frese u. a. (Hrsg.), Demokratisierung und gesellschaftlicher Aufbruch. Die sechziger Jahre als Wendezeit der Bundesrepublik, Paderborn u. a. 2003, S. 181–204.

Daniela Münkel, Dr. phil., Jg. 1962, wissenschaftliche Mitarbeiterin am Historischen Seminar der Universität Hannover. Veröffentlichungen u. a.: Der lange Abschied vom Agrarland. Agrarpolitik, Landwirtschaft und ländliche Gesellschaft zwischen Weimar und Bonn, Göttingen 2000; Auf dem Weg nach vorn. Willy Brandt und die SPD 1947–1972 (Berliner Ausgabe Bd. 4), Bonn 2000; Geschichte als Experiment. Studien zu Politik, Kultur und Alltag im 19. und 20. Jahrhundert, Frankfurt a. M./New York 2004 (zus. mit Jutta Schwarzkopf).

Winfried Speitkamp, Dr. phil., Jg. 1958, Professor für Neuere Geschichte an der Universität Gießen. Veröffentlichungen u. a.: Restauration als Transformation. Untersuchungen zur kurhessischen Verfassungsgeschichte 1813–1830, Darmstadt 1986; Die Verwaltung der Geschichte. Denkmalpflege und Staat in Deutschland 1871–1933, Göttingen 1996; Jugend in der Neuzeit. Deutschland vom 16. bis zum 18. Jahrhundert, Göttingen 1998; (Hrsg.), Denkmalsturz. Zur Konfliktgeschichte politischer Symbolik, Göttingen 1997; (Mithrsg.), Krieg und Erinnerung. Fallstudien zum 19. und 20. Jahrhundert, Göttingen 2000.

Siegfried Weichlein, Dr. phil., Jg. 1960, Privatdozent für Neuere und Neueste Geschichte an der Humboldt-Universität zu Berlin; zurzeit Lehrstuhlvertretung an der Universität Köln. Veröffentlichungen u. a.: Sozialmilieus und politische Kultur in der Weimarer Republik. Lebenswelt, Vereinskultur, Politik in Hessen, Göttingen 1995; Nation und Region. Integrationsprozesse im Bismarckreich, Düsseldorf 2004; Milieu und Mobilität: Generationelle Gegensätze in der gespaltenen Arbeiterbewegung der Weimarer Republik, in: Klaus Schönhoven/Klaus Tenfelde (Hrsg.), Generationen in der Arbeiterbewegung, München 2004.

Edgar Wolfrum, Dr. phil., Jg. 1960, Professor für Zeitgeschichte an der Universität Heidelberg. Veröffentlichungen u. a.: Geschichtspolitik in der Bundesrepublik Deutschland. Der Weg zur bundesrepublikanischen Erinnerung 1948–1990, Darmstadt 1999; Geschichte als Waffe. Vom Kaiserreich bis zur Wiedervereinigung, Göttingen ²2002; Krieg und Frieden in der Neuzeit. Vom Westfälischen Frieden bis zum Zweiten Weltkrieg, Darmstadt 2003; (Hrsg. zus. mit Ulrike Weckel), „Bestien" und „Befehlsempfänger". Frauen und Männer in NS-Prozessen nach 1945, Göttingen 2003.

Stefan Wolle, Dr. phil., Jg. 1950, Mitarbeiter der Akademie der Wissenschaften der DDR; 1989/1990 Teilnahme an der Stasi-Auflösung; Mitarbeiter der Behörde des Bundesbeauftragten für die Stasi-Unterlagen; Assistent an der Humboldt-Universität; seit 2002 Mitarbeiter im Forschungsverbund SED-Staat der Freien Universität Berlin. Veröffentlichungen u. a.: „Ich liebe euch doch alle!". Befehle und Lageberichte des MfS, Berlin 1990 (zus. mit A. Mitter); Untergang auf Raten. Unbekannte Kapitel der DDR-Geschichte, München 1993 (zus. mit A. Mitter); (Mithrsg.), Der Tag X. 17. Juni 1953, Berlin 1995; Die heile Welt der Diktatur. Alltag und Herrschaft in der DDR, Berlin 1998; Roter Stern über Deutschland. Die Sowjetarmee in der DDR, Berlin 2001 (zus. mit I.-S. Kowalczuk); Der 17. Juni 1953, hrsg. von der Landeszentrale für politische Bildung Thüringen, Erfurt 2003.